북한의 주체시기 시문학사

북한의 주체시기 시문학사

초판 1쇄 발행 2022년 2월 21일

지은이 | 김경숙

펴낸곳 | (주)태학사
등록 | 제406-2020-000008호
주소 | 경기도 파주시 광인사길 217
전화 | 031-955-7580
전송 | 031-955-0910
전자우편 | thspub@daum.net
홈페이지 | www.thaehaksa.com

편집 | 조윤형 여미숙 김선정
디자인 | 한지아 이보아
마케팅 | 김일신
경영지원 | 정충만
인쇄·제책 | 영신사

ⓒ 김경숙, 2022. Printed in Korea.

값 20,000원

ISBN 979-11-6810-051-0 (93830)

책임편집 | 조윤형
표지디자인 | 이윤경
본문디자인 | 최형필

1960년대 주체사상 성립기부터 ———— 1990년대 김일성 사망 시기까지

북한의
주체시기
시문학사

김경숙 지음

태학사

서문

　북한에 김정은 정권이 들어선 지도 어느덧 10년이 되었다. 그동안 북한은 정상국가화를 목표로 설정하고, 대외관계를 개선하기 위해 다양한 노력을 기울여 왔다. 그런 만큼 일시적인 침체와 단절은 있을지언정, 현실적으로 남북교류협력의 재개 및 확대 가능성은 더욱 높아져 가고 있다고 보아야 할 것이다. 그리고 이를 위한 준비 작업으로서 북한의 과거와 현재에 대한 체계적이고 깊이 있는 연구가 다른 어느 때보다도 절실히 요구되는 시점이라고 할 수 있다. 왜냐하면 우리가 앞으로 북한과 올바른 관계를 형성해 나가기 위해서는 무엇보다도 북한의 실체에 대해 정확한 인식을 갖출 필요가 있기 때문이다.

　이 책은 1960년대 주체사상 성립 시기부터 1990년대 김일성 사망 시기까지 북한의 시(詩)문학사를 연구한 것이다. 주체시기 북한의 시문학사는 당 문예정책의 요구에 따라서 다섯 가지 핵심 주제인 수령형상주제, 사회주의건설주제, 조국통일주제, 조국해방전쟁주제, 사회주의현실주제 등을 형상화하고 있다. 필자는 180여 권의 서정시집과 서사시집을 읽어 나가는 과정을 통해 이 다섯 가지 주제에서 공통적으로 나타나는 시대변화의 마디들을 발견하였다. 이에 따라 각각의 시대에 해당하는 중요 작품들을 선별하고 작품을 구체적으로 분석함으로써 주체시기 북한 시문학사의 전개양상을 보다 논리적으로 규명해 낼 수 있었다. 그리고 북한에서 출판된 대표적인 문학잡지와 문학이론서, 문학사와 문학예술사전 등에 서술된 내용과의 비교분석을 제시함으로써 이 새로운 논리에 대한 객관성을 확보하였다.

　한편, 이 책에 실린 논문들의 발표 과정에서 필자는 많은 편견의 장벽을 넘어서야 했다. 첫째, 필자가 각 시대를 대표하는 중요 작품으로 선별해 낸

작품들에 대하여 남한의 연구자들은 생소한 작품이며, 기존의 북한문학사에서 언급되지 않았다는 이유를 내세워 자의적인 선택이라고 판단한다. 하지만 새로운 문학사 서술은 객관적인 자료를 토대로 한 실증주의적 접근방식과 더불어 대상을 바라보는 연구자의 주체적인 가치판단을 반영하기 마련이다. 기존의 북한문학사가 시대에 따라 변모하는 사회정치적 맥락에 근거하여 이에 부합하는 작품들을 대표작으로 내세웠다면, 필자는 문학 자체의 상대적 자율성에 근거하여 당대 현실을 제대로 반영하고 있는 작품들을 보다 주목할 만한 대표작으로 뽑은 것이다.

둘째, 대부분의 남한 연구자들은 북한문학사의 시각을 무비판적으로 수용하고 있다. 이로 인해 문학작품의 의미를 북한의 정치경제적 상황을 중심으로 해석하고 있으며, 이에 대한 근거로서 북한문학이 지니는 도식성을 강조한다. 그러나 북한문학이 아무리 당성, 계급성, 인민성 등을 지향한다고 하더라도 문학의 고유한 자율성이 존재할 수밖에 없다. 즉, 남한의 연구자들은 북한문학의 도식적 특성을 해석의 중요한 잣대로 삼고 있지만, 그리고 그것이 북한문학을 이해하는 핵심 요소라고 강조하고 있지만, 그것은 문학의 상대적 자율성을 간과한 연구자 자신의 속류사회학적 시각이라고 볼 수 있다. 이와 달리, 북한문학의 실체를 보다 객관적으로 이해하기 위해서는 북한의 현실 속에서 끊임없이 변모하는 당과 인민의 관계양상이 문학작품에 어떻게 반영되고 있는지를 살펴보는 것이 중요하다.

이 책을 준비하는 동안 오랜 세월이 흘렀다. 그러나 2022년 이제 남한에 새 정부가 들어설 것이고 그에 따라 남북관계도 새로운 변화와 발전을 앞두고 있는 시점에서, 이렇게 제때에 책이 나올 수 있었던 것은 전적으로 태학사 조윤형 선생님 덕분이다. 논문이 책으로 완성되기까지 수고해 주신 태학사 관계자 분들께도 진심으로 감사드린다.

2022년 2월
저자 씀

차례

서문   4

제1부 주체사상 시기 북한의 시문학

'수령형상주제작품'의 역사적 변모양상   11
— 1960~1990년대 서정시를 중심으로 —
1. '주체문학'에서 '수령형상주제작품'이 차지하는 위상   11
2. '수령형상주제작품'의 역사적 변모, 그 지속과 단절의 변증법   16
3. '수령형상주제작품'에서 발견하는 통일문학사적 의미   62

'사회주의건설주제작품'의 역사적 변모양상   64
— 1960~1990년대 서사시를 중심으로 —
1. 주체사상 시기에 '서사시'가 많이 창작되는 이유   64
2. '사회주의건설주제' 서사시에서 나타나는 현실반영의 양상   66
3. 주체사상 시기에 창작된 '사회주의건설주제' 서사시의 특징   111

'조국통일주제작품'의 역사적 변모양상   118
— 1960~1990년대 서정시를 중심으로 —
1. 북한문학에서 주목해야 할 '조국통일'과 '민족통일'의 차이점   118
2. '조국통일주제작품'에서 특별히 강조되는 '갈등' 문제   123
3. '조국통일주제작품'의 역사적 변모, 그 이념과 정치의 변주   126
4. '조국통일주제작품'에서 드러나는 '통일의식'의 한계성   172

'조국해방전쟁주제작품'의 역사적 변모양상 175
— 1960~1990년대 서정시를 중심으로 —
 1. '조국해방전쟁주제작품'이 내포하는 '사실과 해석'의 이중구조 175
 2. '조국해방전쟁주제작품'의 분석을 위한 기본 틀 177
 3. '조국해방전쟁주제작품'의 역사적 변모, 그 '기억'의 수사학 184
 4. '조국해방전쟁주제작품'에서 요구되는 '기억'의 복수(複數)화 225

'사회주의현실주제작품'의 역사적 변모양상 229
— 1960~1990년대 서정시를 중심으로 —
 1. '주체문학'에서 '사회주의현실주제작품'이 차지하는 위상 229
 2. '사회주의현실주제작품'에서 핵심을 이루는 '갈등문제' 234
 3. '사회주의현실주제작품'의 역사적 변모, 그 '생활과 정치'의 투쟁 238
 4. '사회주의현실주제작품'에서 발견하는 체제존속의 가능성 277

제2부 북한 서정시의 특수성

'개작' 과정을 통해서 본 1950년대 서정시의 특징 283
— 월북·재북 시인들의 1930년대 서정시를 중심으로 —
 1. 1950년대 문예정책과 '개작'의 필요성 283
 2. '사회주의 리얼리즘' 창작방법과 '개작'의 세 방향 286
 3. 1950년대의 '개작'이 함의하는 시문학사적 의미 325

서정시에서 '당'과 '여성'의 관계 맺기   330
— 여성시에 관한 몇 가지 오해 —
  1. 여성과 여성시   330
  2. 여성시의 특징   332
  3. 제3세계 여성과 북한   355

주체사상 시기 서정시에서 요구되는 '서정성'의 실체   359
— 1980년대 서정시를 중심으로 —
  1. 주체문예이론에서 제시하는 '서정성'의 개념   359
  2. 주체사상 시기 서정시 속 '서정성'에 대한 남한 연구자의 시각 검토   363
  3. 1980년대 서정시에서 강조되는 '서정성'의 효용과 모순   375
  4. 주체사상 시기 서정시 속 '서정성'의 의의와 한계   403

  참고문헌   407
  찾아보기   421

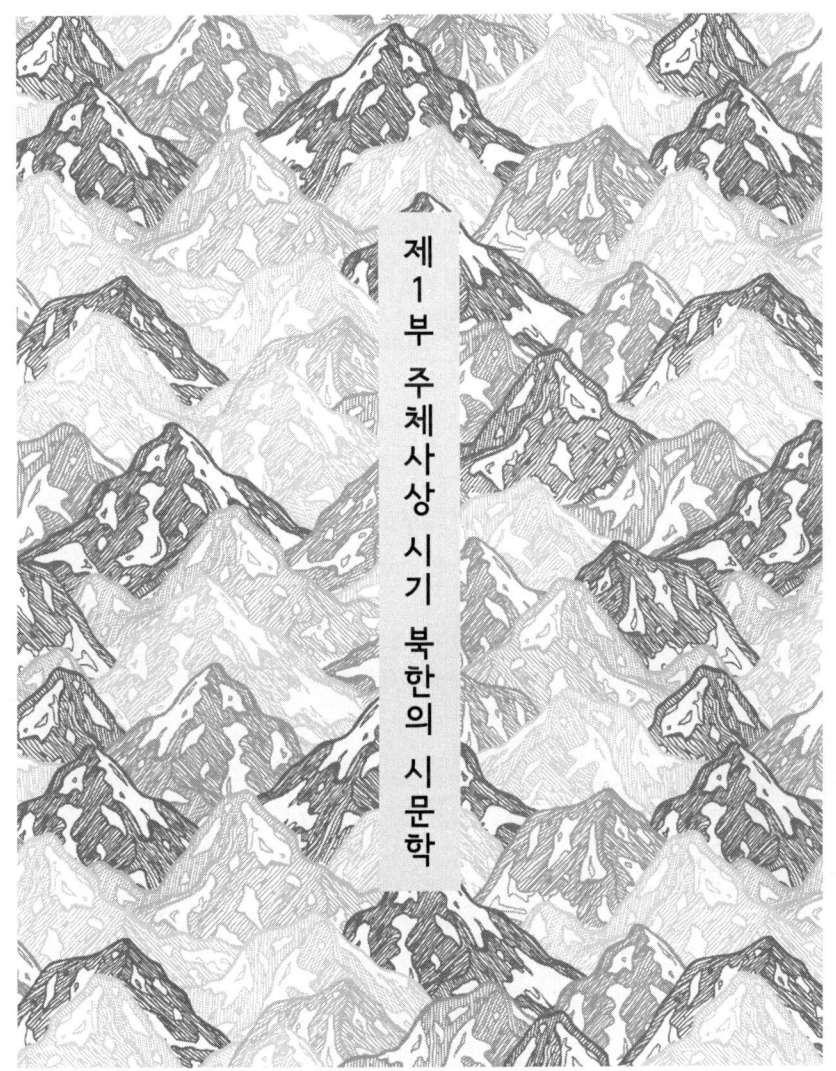

제1부 주체사상 시기 북한의 시문학

'수령형상주제작품'의 역사적 변모양상
-1960~1990년대 서정시를 중심으로-

1. '주체문학'에서 '수령형상주제작품'이 차지하는 위상

　북한문학의 역사는 1960년대 중반을 기점으로 하여 크게 변화한다. 이전에는 마르크스-레닌주의에 의거한 사회주의리얼리즘문학이 중심을 이루었으나, 이후에는 주체사상에 의거한 주체문학으로 변모했다. 이 주체문학은 오늘날 북한문학의 근간을 형성하고 있으며, 분단 이후 남북한문학사가 이질화되는 결정적 계기를 이루고 있다. 따라서 북한문학에 대하여 보다 정확하게 이해함으로써 통일문학사가 나아갈 올바른 방향을 정립하기 위해서는 무엇보다도 우선적으로 주체문학의 성격과 본질을 규명하는 작업이 요구된다.

1) '수령형상주제작품'의 사전적 개념 및 확장

　주체문학에서 문학적으로 형상화할 것이 요구되는 첫 번째 대상은 바로 '수령형상창조'이다. 왜냐하면 북한문학은 인민대중을 교화하고 선전·선동하는 사상적 무기로서 기능하는데, 북한의 체제원리인 주체사상에서 제1원칙은 '수령에 대한 충실성'이기 때문이다. 이로 인해 남한에서는 '수령형상문학은 김일성을 우상화하는 문학'이라는 논리와 '북한문학은 어용문학' 이라는 인식이 만연하게 되었다.¹ 하지만 역설적이게도 '수령형상문학'은 북한의 체제원리와 작동방식 간의 거리, 문학과 정치의 상호작용, 이념과 욕망의 갈등양상 등을 가장 총체적으로 담아내고 있는 텍스트라고 할 수 있다. 따라서 '수령형상주제작품'을 보다 깊이 있게 연구할 때 우리는 지금까지의 편견에서 벗어나 북한의 문학과 사회와 인간을 보편적 층위에서 이해할 수 있으며, 북한문학이 지니는 의의와 문학적 진정성이 무엇인지를 발견할 수 있을 것이다.

수령의 형상 창조: 사회주의, 공산주의 문학예술에서 로동계급의 위대한 수령의 영광찬란한 혁명활동력사와 숭고한 공산주의적 풍모를 형상하는 것. (중략) 수령의 형상을 창조하는 것은 사회주의, 공산주의 문학예술의 건설과 창조에서 나서는 가장 중요한 문제이며 로동계급의 혁명적 문학예술의 당성을 규정하는 근본적인 고리이다. (중략) 사회주의, 공산주의 문학예술은 수령의 혁명사상을 구현하고 수령의 혁명위업에 복무하는 것을 사명으로 한다. 사회주의, 공산주의 문학예술이 수령의 혁명사상을 구현하며 수령의 혁명위업에 복무하려면 수령을 빛나게 형상하는 것이 무엇보다도 중요한 문제로 나선다.²

---

1 송명희는 주체문예이론기인 1967년 이후의 북한문학에서 가장 중요한 특징은 '수령형상문학'의 등장이라고 말한다. 그런데 수령형상문학의 내용은 김일성의 혁명업적과 혁명적 가정에 대한 찬양 곧 김일성 우상화이며, 지금까지도 북한문학은 이와 같은 도식주의에서 벗어나지 못하고 있다고 평가한다. (송명희, 「북한의 문학과 주체문예이론-수령형상시를 중심으로」, 『한국문학이론과 비평』 제4집, 한국문학이론과 비평학회, 1999, 287~316면.) 김관웅도 북한에서 수령형상문학은 천편일률의 도식주의에서 벗어나지 못하고 있으며, 그로 인해 북한의 문학인들은 대부분 작가로서의 주체성을 완전히 상실하고 김일성과 김정일 부자의 어용문인으로 전락하고 말았다고 주장한다. (김관웅, 「북한 주체문학시기 수령형상문학의 전근대성」, 『비평문학』 제20호, 한국비평문학회, 2005, 207~240면.) 이와 같이 두 필자는 북한 수령형상문학의 내용을 시대의 변화와 관계없이 도식적이며 고정불변하는 것으로 인식하고 있다.

그런데 '수령형상주제작품'이라는 용어에 나오는 '수령'은 특정 직위를 나타내는 보편적 명칭이 아니라 주체사상의 창시자이자 북한노동당의 창건자인 '김일성'을 의미한다. 이처럼 '수령형상주제작품'과 김일성의 관계는 떼려야 뗄 수 없는 연관성을 지닌다. 따라서 '수령형상주제작품'의 역사적 발전과정 속에서도 북한 '수령형상주제작품'의 가장 근간이 되는 시기는 주체문학이 성립된 1960년대 중반부터 김일성이 사망한 1990년대 중반까지라고 할 수 있다.

또한, 위의 글에서 볼 수 있는 바와 같이 '수령형상주제작품'은 북한의 사회주의문학예술에서 당성이 발현된 최고의 형태라고 할 수 있다. 따라서 역설적으로 '수령형상주제작품'에서는 당파성과 당성의 갈등양상 또한 가장 첨예하게 드러날 수밖에 없다. 필자는 '수령형상주제작품'에 나타나는 이 '당파성과 당성의 상관관계'를 추적함으로써 북한문학의 실체를 보다 구체적으로 밝혀보고자 한다.

2) '수령형상주제작품'에서 당파성과 당성의 상관관계

이 글에서 필자는 북한문학의 양대 이론 틀을 형성하고 있는 마르크스-레닌주의 문학예술론과 주체주의 문학예술론, 전자의 창작방법인 '사회주의적 사실주의'와 후자의 창작방법인 '주체적 사실주의'의 상관관계 속에서 북한의 '수령형상주제작품'을 살펴보고자 하며, 이를 위하여 구체적으로는 '당파성과 당성 간의 갈등관계'를 인식 틀로 삼아 작품을 분석하고 문학사적 변모양상을 규명해 보고자 한다.

'당파성'의 개념은 레닌이 「당조직과 당문학」이라는 논문에서 밝힌 사상으로서 마르크스-레닌주의 문학예술론에서 일반적으로 적용되는 이론적·방법적 원칙이다. 당파성은 당과의 이념적·조직적 결속을 의미하는데, 각

---

2 사회과학원 주체문학연구소, 『문학예술사전 (중)』, 과학백과사전종합출판사, 1991, 306면.

각의 분야에서 당파성이 이루어지는 구체적인 방식은 다르다. 문학예술 분야에서 예술가는 당과 긴밀한 관계를 갖고 예술에 당파성을 나타내야 한다. 하지만 당에의 소속 여부나 당의 지침 또는 당 정책의 충실한 수행 여부로 예술의 당파성이 이해되어서는 안 된다. 예술의 당파성은 프롤레타리아당의 활동에 의해 자발적으로 드러나는 작가의 정치적 입장이 그의 상상력 속에서 관철될 때 이루어지며, 당파성이 이념적·미적 원리로 나타나는 것은 작가의 정치적 입장이 아니라 작품의 사회적 기능에서 찾아져야 한다.[3]

물론 북한의 문학예술은 마르크스-레닌주의 문학예술론을 토대로 출발하였다. 그러나 주체사상이 등장한 이후 마르크스-레닌주의 문학예술론과의 차별성을 강조하면서 독자적인 '주체주의 문학예술론'을 추구해왔다. 북한의 주체문학예술은 근본적으로 노동계급의 '당성'을 추구하는 문학이다. 북한에서는 사회주의문학예술의 당성이 당에의 소속 여부와 당 정책에 대한 충실한 수행 여부에 따라서 달리 이해된다는 점에서 이전 시기 문학예술의 당파성과 근본적으로 구별된다고 말한다.

당성 (문학예술에서): 로동계급의 당과 수령의 사상을 구현하며 그의 혁명위업을 위하여 복무하는 사회주의문학예술의 사회계급적 본성. (중략) 사회주의적 문학예술은 로동계급의 계급적 관점과 당의 혁명적 립장에서 인간생활과 사회현실을 예술적으로 반영하고 로동계급과 근로인민대중의 리익과 요구를 표현하며 당과 혁명을 위하여 복무한다. 이로부터 사회주의문학예술, 로동계급의 혁명적 문학예술은 당성을 본질적 속성으로 가지게 된다. 사회주의문학예술의 당성은 당과 수령에 대한 충실성, 당과 수령의 혁명위업에 대한

---

[3] Lenin, V. I., 이길주 역, 『레닌의 문학예술론』, 논장, 1988, 52~56면; 소연방과학아카데미 편, 편집부 역, 『미학의 기초 I』, 논장, 1988, 252~254면; 소연방과학아카데미 편, 편집부 역, 『미학의 기초 II』, 논장, 1988, 243~252면 참조.

복무성에서 집중적으로 표현된다. (중략) 문학예술이 당의 수중에 장악된 힘 있는 사상적 무기로서 당과 수령에게 충실하고 당과 수령의 혁명위업을 위하여 복무하려면 마땅히 수령의 혁명사상, 당의 유일사상으로 일관되여야 한다. 사회주의문학예술은 창작사업에서 수령의 사상과 그 구현인 당 정책에 철저히 의거함으로써 당성을 뚜렷이 구현하게 된다. 수령의 사상과 당 정책을 창작의 기초로 하고 창작 전과정의 지침으로 삼으며 창작총화의 기준으로 삼는데 사회주의문학예술이 당성을 철저히 구현한 혁명적 문학예술로 되는 확고한 담보가 있다.[4]

그러나 마르크스-레닌주의 문학예술론에서 제기된 '당파성'의 개념과 북한의 주체주의 문학예술론에서 제기된 '당성'의 개념을 비교해 보았을 때, 당파성이 이념적 원칙론을 주장하고 있다면 당성은 실천적 방법론을 강조하고 있는 것으로 대비시킬 수 있다. 즉, 북한의 문학예술에서 아무리 당파성의 개념을 비판하면서 당성의 개념을 내세우고 있다고 할지라도, 당성의 개념은 언제나 당파성의 개념을 전제로 성립할 수밖에 없다는 것이다.

북한에서 주장하는 당성의 개념을 작품분석의 기준으로 무조건 수용할 경우, 우리는 북한의 문학예술에서 당성의 개념이 시대적인 변화에 따라 어떻게 다른 방식으로 형상화되고 있는지를 속류사회학적 관점에서 규명할 수 있을 뿐이다. 하지만 필자가 제시한 바와 같이 당파성과 당성 개념의 상관관계를 작품분석의 틀로 삼을 경우 개인과 사회, 문학과 정치, 이념과 현실 사이에서 갈등하고 고뇌하는 북한 문학예술인들의 내면의식을 보다 심층적으로 이해할 수 있으며, 북한문학예술의 역사적 변모양상이 왜, 어떻게 발생하게 되었는지를 보다 객관적으로 밝혀낼 수 있을 것이다.

---

[4] 사회과학원 주체문학연구소, 『문학예술사전 (상)』, 과학백과사전종합출판사, 1991, 469~470면.

2. '수령형상주제작품'의 역사적 변모, 그 지속과 단절의 변증법

사회정치적인 변화와 요구를 적극적으로 반영하는 북한문학에서는 '수령형상창조'라는 동일한 주제를 다루더라도 당 문예정책의 변화에 따라서 각각의 시기에 시인들이 형상화하는 중심 내용은 바뀌게 된다. 하지만 어떤 사회에서든 문예정책과 작품창작은 어느 한쪽의 일방적인 주도 하에 이루어지는 관계가 아니다. 그런 점에서 '당 문예정책'의 변화에 따라 북한문학사를 시대구분하고 해당시기 문예정책의 내용에 따라 문학작품을 해석하고 평가하는 것은 '문학의 선도성(先導性)'을 무시하는 태도라고 할 수 있다. 이에 필자는 당대의 시작품과 평론 등을 토대로 하여 북한문학사를 통시적으로 이해하는 데 도움을 줄 수 있는 시대구분의 새로운 틀을 모색함으로써 북한 '수령형상주제작품'의 역사적인 변모양상을 보다 체계적으로 규명해보고자 한다.[5]

---

[5] 기존의 북한문학 연구는 각각의 시기에 정치적 필요에 따라 제기되는 당 문예정책을 기준으로 삼아 북한문학의 특징과 변화 양상을 조망하고, 그것에 부합하는 작품을 선별하여 제시함으로써 자신의 논리를 뒷받침하고 있다. 그러다 보니 북한에서 간행된 문학사 연구서에서 사용하고 있는 시대구분의 틀이나 서술하고 있는 내용에서 자유로울 수 없고, 결과적으로 독창적인 자기만의 시각과 견해를 마련하지 못하고 있다. 주체사상 이후의 북한문학사에 대해서 김재용은 '1967~1979년:1970년대, 1980~1988년:1980년대, 1989~?년:1990년대'로 시기구분하고 있다. 1967년 5월 당 중앙위원회 제4기 15차 전원대회, 1980년 1월 제3차 조선작가동맹대회, 1989년 새로운 문예정책의 제시(?) 등 김일성의 교시 혹은 당 문예정책의 변화를 시기구분의 기준으로 삼고 있는 것이다. (김재용, 『북한문학의 역사적 이해』, 문학과지성사, 1994.) 이명재 편은 '1960년대 북한문학, 1970~80년대 북한문학, 1990년대 북한문학'으로 시기구분하고 있다. 서술의 편의에 따라 임의적으로 시대구분하고 있는 것이다. (이명재 편, 『북한문학의 이념과 실체』, 국학자료원, 1998.) 김종회 편은 '1960~66년의 북한문학, 1967~79년의 북한문학, 1980~1990년대 중반의 북한문학'으로 시기구분하고 있다. 수령의 교시와 당 정책을 근거로 삼거나 북한에서 출판된 문학사 연구서들의 시대구분을 그대로 답습하고 있는 것이다. (김종회 편, 『북한문학의 이해』, 청동거울, 1999.) 하지만 북한문학과 북한문학사를 보다 객관적으로 연구하기 위해서는 무엇보다 우선적으로 당대에 창작된 문학작품과 문학평론을 연구의 일차자료로 삼아야 하며, 이 일차자료들을 꼼꼼히 읽고 분석함으로써 그 자체 내에서 북한문학의

1) 수령의 '위상' 세우기: 1965~1972년

이 시기에는 마르크스-레닌주의에 의거한 사회주의 체제에서 벗어나 본격적으로 주체사상에 의거한 유일체제를 준비하는 작업이 진행된다. 유일체제의 준비를 위한 핵심적인 내용으로서는 '수령의 위상 세우기'가 전개된다. 그리고 이를 위하여 다음의 두 가지 방법이 시도된다.

첫째, '주체 확립'의 문제를 새롭게 제기한다. 주체의 확립을 위하여 '주체의 개념'을 변모시키고 구체화시키는 것이다. 사실상 북한문학사에서는 1950년대부터 '주체'를 강조해 왔는데, 그 당시에는 이것이 '민족의 독립성과 독자성'을 의미했다면 이 시기에는 '수령에 대한 충실성'을 의미하는 것으로 변모하고 있다.

김일성 동지의 가르침은 조선의 현실에 창조적으로 적용된 맑스-레닌주의이다. (중략) 김일성 동지에 의하여 우리나라의 현실에 창조적으로 적용된 맑스-레닌주의적인 우리 당의 로선과 정책은 우리의 모든 활동을 향도하는 유일하게 정당한 지침이다. (중략) 그러므로 김일성 동지의 교시를 자로 삼고 행동할 때만이 맑스-레닌주의적인 과학적 태도에 설 수 있으며 계급적으로 옳은 립장에 설 수 있다.[6]

위의 글에 의거하면 김일성이 마르크스-레닌주의 노선을 북한의 현실에 창조적으로 적용한 것이 당의 유일사상체계이며, 당의 노선과 정책은 주체적 관점과 견해를 형성하는 지침이므로, 주체를 확고히 세우려면 김일성의 가르침에 철저히 따라야 한다는 논리가 도출된다. '주체를 세운다는 것'은 곧 '김일성의 교시에 충실하다는 것'을 의미하게 되는 것이며, 이를 토대로

특징과 시대적인 변화 양상을 찾아내야 한다.
6 「당 정책을 창작활동에 철저히 관철하자」, 『조선문학』, 문학예술출판사, 1967. 7, 19면.

하여 인민을 당의 유일사상체계로 무장시키기 위해서는 무엇보다도 수령에 대한 충실성의 정신으로 교양해야 한다는 지침이 세워지는 것이다.

이와 관련하여 이 시기 '수령형상주제작품'의 첫 번째 특징으로는 '김일성의 숭고한 풍모'를 형상화하고 있다는 점을 들 수 있다.

이에 해당하는 작품으로는 최승칠의 「고난의 행군」,[7] 오영재의 「태양은 누리를 비친다」,[8] 「주체의 태양」,[9] 김병만의 「전호속의 이야기」,[10] 리맥의 「백두산」[11] 등이 있다.

> 오, 백두산이여!
> 만고풍상을 이겨낸 조선의 산이여!
> 경애하는 어버이수령님을 우러를 때
> 언제나 함께 떠오르는 이름이여!
>
> 이 나라 강산에 해와 달은 빛을 잃었어도
> 인민은 너를 우러러보았다.
> 네 머리우에 빛나는 하나의 큰 별,
> 찬란히 광채를 뿌리는 장수별을…
>
> 아, 민족의 태양 김일성장군!
> 조국의 운명을 한몸에 안으시고
> 동에 번쩍 서에 번쩍
> 일제의 머리우에 불벼락 안길 때

---

7 최승칠, 『빛나는 모습들』, 문예출판사, 1974, 31~37면.
8 오영재, 『행복한 땅에서』, 문예출판사, 1973, 54~70면.
9 『인민의 념원』, 문예출판사, 1976, 23~27면.
10 『조선은 하나다』, 문예출판사, 1976, 76~79면.
11 『인민의 념원』, 문예출판사, 1976, 61~66면.

너의 천만산악은 장군님의 징검돌이 되였고
너의 뢰성벽력은 장군님의 서리발기상이 되였다

―리맥, 「백두산」(1969) 부분

'백두산'은 만고풍상을 이겨낸 '조선의 기상'을 상징하는 산이다. 그런데 화자는 이 백두산을 보면서 "어버이 수령"을 연상한다. 항일혁명투쟁시기에 '빛'이 사라진 조선의 현실 속에서도 인민에게 한줄기 희망을 준 것이 바로 '백두산의 장수별'로 상징되는 "김일성 장군"이기 때문이다. 이처럼 김일성은 조국의 운명을 짊어진 채 일제와 싸웠고 "일제의 머리우에 불벼락 안"김으로써 인민을 구했다는 것이다. 따라서 화자는 김일성을 "민족의 태양"으로 상징화한다.

둘째, '김일성의 혁명적 가정'을 형상화하는 문제를 작가들의 중점 과제로 부각시킨다.

오직 조국의 광복과 인민의 자유와 해방을 위한 성스러운 혁명위업에 모든 것을 다 바쳐 싸우신 불요불굴의 반일혁명투사이신 김형직 선생님과 강반석 어머님의 형상에 바쳐지는 혁명적 작품은 전체 당원들과 근로자들 속에서 당의 유일사상체계를 철저히 세우며 그들을 혁명화, 로동계급화 하는 데서 커다란 작용을 한다. 그것은 또한 애국적이며 혁명적인 가정에서 탄생하시여 일찌기 부모님으로부터 혁명적 교양을 받으시고 조국과 인민에 대한 열렬한 사랑과 일제침략자들에 대한 불타는 증오와 적개심을 키우신 김일성 동지의 유년시절과 소년시절, 특히 조선혁명의 뿌리가 내리기 시작한 그이의 초기 혁명활동에 대한 영광스러운 화폭을 보여주는 것으로 하여 그 의의는 비상히 크다. 이것은 우리나라 민족해방운동의 탁월한 지도자이신 김형직 선생님과 열렬한 녀성혁명투사이신 강반석 어머님의 형상에 바쳐지는 작품의 창작이 위대한 수령의 형상을 재현하는 우리 문학의 영광스러운 사업의 중요한 구성부

분으로 된다는 것을 말해준다.[12]

위의 글에 의거하면 '김일성의 부모'에 대한 형상화는 수령의 형상을 창조하는 작업의 일환이 된다는 점에서 의의가 있는 것인데, 보다 구체적으로 '김일성의 혁명적 가정'에 대한 형상화는 김일성의 어린 시절과 초기 혁명 활동을 보여준다는 점에서 의미가 있는 것이다. 즉, 가계의 혁명적 혈통을 통하여 '김일성의 위대성'을 부각시키는 방법을 사용하고자 하는 것이다.

이와 관련하여 이 시기 '수령형상주제작품'의 두 번째 특징으로는 '김일성의 혁명적 가정'을 형상화하고 있다는 점을 들 수 있다.

이에 해당하는 작품으로는 윤두만의 「강반석어머님」,[13] 오영재의 「푸른 소나무」,[14] 「혁명의 비바람속으로 아드님을 이끌어가시며…」,[15] 김룡산의 「새아침을 불러오시려고…」[16] 등이 있다.

> 칡넝쿨에 휘감긴채
> 무겁게 눈서리에 덮인 소나무
> 그러나 그 순간 선생님께서는 무엇을 보시였던가
> 그것은
> 그 모진 된서리마저 머리에 이고도
> 숙어들줄 모르는 조선의 소나무,
> 유난히 눈에 부시게 빛나는
> 그 소나무의 푸른 빛이였다.

---

12 「모든 혁명적 작품에 당의 유일사상을 더욱 철저히 구현하자」, 『조선문학』, 문학예술출판사, 1970. 1, 10~11면.
13 『당의 기치 따라』, 문예출판사, 1970, 52~60면.
14 위의 책, 40~51면.
15 오영재, 앞의 책, 44~46면.
16 『위대한 어머님께 드리는 노래』, 녀성출판사, 1972, 25~27면.

(중략)

조선의 거센 숨결이 흘러넘치는
그밤,
가물거리는 등잔불밑에서
글줄을 고르고 또 고르시던 김형직선생님,
다시 지우시고 또 쓰시며
조국강산이 다 잠에 든
그 밤에 태여난 불같은 심장의 글줄이여!

남산의 저 푸른 소나무가
눈서리에 파묻혀서
천신만고 괴롬받다가
양춘을 다시 만나 소생할줄을
동무야 알겠느냐

—오영재, 「푸른 소나무」(1970) 부분

  김형직은 독립운동을 하다가 일제에 의해 체포되어 "악형"을 받았다. 출옥 후 다시 혁명을 도모하며 쇠약해진 몸을 치료하기 위해 고향인 만경대로 돌아왔다. 고향집에서 새벽마다 앞산에 올랐는데, 어느 날 아침 산속에서 칡넝쿨에 휘감긴 채 절벽 위에 서 있는 '소나무' 한 그루를 발견했다. '뻗어오르는 칡넝쿨'과 '칡넝쿨에 휘감겨 괴롭게 서 있는 소나무'의 대비 속에서 김형직은 소나무의 "몸부림"과 "항거"를 느꼈다. 그것은 "일제의 쇠사슬"과 그 쇠사슬에 휘감겨 고통 받는 "조국의 모습"을 상징하는 것으로 인식되었다.
  만경봉에 첫서리가 내린 "어느 이른 아침" 김형직은 칡넝쿨에 휘감긴 채

눈서리에 덮인 소나무를 다시 보게 되었다. 그러나 '칡넝쿨'과 '소나무'의 대비 속에서 이번에는 "된서리마저 머리에 이고도 / 숙어들 줄 모르는" "눈에 부시게 빛나는" 그 소나무의 '푸른 빛'을 보았다. "수난과 고통" 속에서도 굴함 없는 소나무의 그 '투쟁'은 일제의 "탄압과 만행" 속에서도 결코 꺾일 수 없는 "조선의 기상"을 상징하는 것으로 재인식되었다.

그날 밤 "만경대의 작은 초가집"에서 김형직은 "불같은 심장"으로 소나무의 '소생'을 기약하는 한 편의 시를 지었다. 소나무를 통하여 스스로 싸워 찾지 않는다면 그 누구도 조국을 '구원'해 줄 수 없고 '독립'을 가져다줄 수 없음을 깨달은 김형직은 그날 이후부터 "뜻깊은 맹세"를 다져나갔고 조국의 독립을 위하여 다시 길을 떠났다. 그 후 독립운동의 무장력을 키웠고, 혁명의 후대들을 양성하였다. 화자는 바로 여기에서 조선혁명이 태동하게 되었고 김형직의 그 '혁명의 뜻'은 "민족의 억센 기상"으로 오늘도 이어지고 있다고 말한다. 즉, 화자에게 있어서 '푸른 소나무'는 "불요불굴의 반일혁명투사"인 '김형직' 자신을 상징하는 것으로 인식이 전환되고 있다.

이상에서 살펴본 바와 같이, 이 시기의 '수령형상주제작품'에서 당은 시인들에게 김일성의 숭고한 풍모와 혁명적 가정을 통하여 '그의 위대성'을 형상화할 것을 요구하였다. 그리고 시인들은 이러한 당 정책을 반영하기 위하여 '백두산, 장수별, 태양 / 칡넝쿨, 소나무, 푸른 빛' 등과 같은 관습적인 '자연물 상징'을 사용하고 있다. 자연물 상징은 그것이 지닌 '보편성'과 '불변성'의 속성을 통하여 당대 사회의 '전체성'과 '무갈등성'을 표현하는 데 기여한다. 당대 사회 내부에는 비본질적인 모순은 존재할지언정 본질적인 모순은 존재하지 않으며 따라서 당 정책에 대한 이견도 존재하지 않는다는 것이다.

본래, 조선노동당이 마르크스-레닌주의를 조선의 현실에 창조적으로 적용하기 위해 모색한 것이 주체사상이고, 그들이 이 주체사상을 통하여 근본적으로 실현하고자 한 것은 사회주의·공산주의의 전진과 승리이다. 이것은 조선노동당이 '이념적 측면'에서 갖고 있는 특징으로서 '당파성'에 해당한다. 반면에, 조선노동당이 주체사상을 인민의 생활 속에 실질적으로 구현하기 위해서는 현실 장악력이 요구되었고 이를 위해서 당은 김일성 수령이라는 강력한 구심점을 구축하였다. 이제 당은 곧 '김일성의 당'을, 당성은 곧 '김일성에 대한 충실성'을 의미하였다. 이것은 조선노동당이 '정치·권력적 측면'에서 갖고 있는 특징으로서 '당성'에 해당한다. 그런데 인민의 삶의 질은 1960년대 중반 이후 사실상 '둔화'되기 시작했고, 김일성의 우상화는 모순과 갈등의 변증법적 지양과정을 통하여 도출된 '사회적 합의점'이 아니라 김일성 개인에 대한 충실성을 반대하는 정치세력을 '숙청'[17]함으로써 도달한 지점이라는 점에서 결코 정당화되기 어렵다.

이와 같이 이 시기에는 '당파성'과 '당성' 간의 거리가 극대화되었고 당파성이 당성으로 경직화하였다고 진단할 수 있다.

2) 혁명적 '수령관' 공고화하기: 1972~1989년

이 시기에는 주체사상과 주체문예이론을 체계화하는 작업이 진행된다. 핵심적으로는 '사람이 모든 것의 주인이며 모든 것을 결정한다.'는 것이 주체사상의 기초이며, 주체문예이론은 이 근본원리로부터 출발한다는 점에서 '인간학으로서의 문예이론'이라고 규정한다.

---

17 "박금철과 이효순 등 갑산파는 1960년대 북한정권 내에서 남로당파, 소련파, 연안파 등이 모두 숙청된 후 유일하게 남은 세력이었다. 갑산파가 세력을 얻은 1960년대에는 소련식 계획경제와 김일성의 농업집단화가 모두 실패하고 암시장과 농민시장 등 지하경제가 범람해 김일성 지배가 종말을 고하게 될지도 모를 위기였다. 경제난의 와중에서 갑산파가 일어나 '국방과 경제의 병행' 방책을 내놓고 수정주의 경제학의 시장경제를 도입했다. (중략) 하지만 김정일이 주도해서 갑산파를 숙청한 명분은 '반당 수정주의'였다. (중략) 1967년 5월 4일부터 8일까지 갑산파는 반당 수정주의로 낙인 찍혀 숙청되었다." (신일철, 『북한 주체사상의 형성과 쇠퇴』, 생각의 나무, 2004, 138~141면.)

위대한 맑스-레닌주의자이시며 혁명의 영재이신 경애하는 수령 김일성 동지께서는 《사회적 제 관계의 총체》로서의 인간에 대한 맑스-레닌주의적 리론을 사람의 자주성에 관한 리론으로 더욱 발전 풍부화시키심으로써 전형성 문제 해결의 새로운 리론적 기초를 마련하여 주시였다. 사람의 자주성에 관한 혁명의 위대한 수령 김일성 동지의 독창적인 사상은 사회와 자연의 법칙을 인식하고 그것을 목적지향성 있게 리용하여 나아가는 인간의 능동적 역할에 대한 심오한 해명에 기초하고 있다. 사람의 자주성에 관한 위대한 수령 김일성 동지의 독창적인 사상이 천명됨으로써 환경의 적극적인 개척자, 자기 운명의 능동적인 개척자로서의 인간의 전형적 성격을 창조할 데 대한 사실주의적 전형화의 사상 리론적 기초가 밝혀지게 되였다.[18]

인간학으로서의 문학예술 가운데 하나인 마르크스-레닌주의 문예이론은 사람을 '사회적 제 관계의 총체'로 보고 그들의 계급관계와 물질적 생활 조건에 기초하여 인간을 전형적으로 묘사할 것을 밝혔으나 이것만으로는 사회적 존재로서의 인간 그 사체에 대하여 완전한 해명을 줄 수 없었다고 본다. 하지만 사람의 본성을 '자주성을 생명으로 하는 사회적 존재'로 규정한 김일성의 주체사상이 천명됨으로써 인간학으로서의 문학예술에 관한 이론, 특히 인간의 전형적 성격 문제를 중심으로 하는 전형성 이론은 비로소 새로운 단계로 올라서게 되었다는 것이다.
그런데 다른 한편으로는, 이 전형성 이론에서 의미를 갖는 핵심적 요소로서 '정치적 생명'에 관한 이론을 강조한다.

정치적 생명에 관한 혁명의 위대한 수령 김일성 동지의 독창적인 리론에 의하여 사회주의적 사실주의 문학예술의 긍정적 주인공, 참다운 인간들의 전

---

18 오승련, 「자주성을 생명으로 하는 인간의 전형을 훌륭히 창조하기 위하여」, 『조선문학』, 문학예술출판사, 1973. 4, 20~21면.

형창조에서 틀어쥐고 나가야 할 주도적 핵이 심오하게 밝혀지게 되었다. 정치적 생명을 귀중히 여기는 인간의 전형적 성격을 창조함에 있어서 핵으로 되는 것은 사람들에게 정치적 생명을 주는 수령님에 대한 그들의 끝없는 신뢰와 불같은 충성심을 깊이 있게 보여주는 것이다.[19]

사회적 존재인 인간에게 있어서는 육체적 생명보다 정치적 생명이 더 소중하며, 정치적 생명은 자주성에서 비롯된다는 것이다. 그런데 정치적 생명을 주는 것은 수령이므로 '수령에 대한 충실성'이야말로 자주성을 본성으로 하는 인간의 가장 높은 품성이라는 것이다.

이와 같은 주체문예이론의 내용을 따져보면 '자주성'과 '수령에 대한 충실성'은 논리적으로 모순된다. '환경과 인간의 관계'를 중심으로 전형화를 추구하는 사실주의적 미학전통 속에서 '환경' 쪽에 더 무게를 두었던 기존의 마르크스-레닌주의 문예이론과 차별화하여 '인간' 쪽에 더 무게를 둠으로써 새로운 문예이론을 모색해 보고자 하는 맥락에서 나온 것이 '자주성'이라고 할 수 있다. 따라서 인간학과 자주성 이론은 사실주의 문예이론의 발전적 전개를 탐색해보고자 하는 '이념적 욕망'의 산물이라고 할 수 있다.

반면에 '개인과 사회의 관계'를 중심으로 국가의 성격을 규정하는 정치철학의 흐름 속에서 '개인-육체' 쪽에 더 의미를 부여하는 일반적인 민주국가들과 달리 '사회-정치' 쪽에 더 의미를 부여함으로써 일심단결의 혁명국가를 건설해 보고자 하는 맥락에서 나온 것이 '수령에 대한 충실성'이라고 할 수 있다. 따라서 정치적 생명과 수령에 대한 충실성 이론은 대내외적으로 입지가 약화되는 정세 속에서 기존권력의 체제를 유지하고자 하는 '현실적 욕망'의 산물이라고 할 수 있다.

이러한 점에서 볼 때 '자주성'과 '수령에 대한 충실성'의 양립은 이 시기에 '당파성'과 '당성' 간에 만만치 않은 대립과 갈등이 존재하고 있음을 반증하

---

19 위의 글, 23면.

는 동시에 양자의 역학관계가 끊임없이 변화하며 재조정되어 나갈 것임을 예고한다.

(1) 혁명의 '주체' 이원화하기 (1972~1978년)

이 시기는 당의 유일사상체계를 세우는 사업의 '새로운 단계'에 해당하며, 사업의 기본 방향은 '수령의 혁명사상으로 온 사회를 일색화하는 것' 즉 '수령의 혁명사상으로 인민의 사상의식을 개조하는 것'으로 제시된다.[20] 북한 사회가 궁극적으로 지향하는 것은 '공산주의 사회'를 건설하는 것인데, 이 목표에 도달하기 위해서는 전 인민이 수령의 혁명사상으로 무장할 필요가 있다는 것이다.

그런데 이와 같은 사업을 추진하는 주체로서 이 시기에 전면적으로 부각되는 것이 바로 '당'이라는 점을 주목할 필요가 있다.

당의 의도와 당의 방침은 수령님의 혁명사상과 교시의 구현이며 수령님께서는 당을 통하여 모든 사업을 조직 령도하신다. 당 중앙의 의도와 방침, 당 중앙의 유일적 지도를 받드는 것은 곧 위대한 수령님의 혁명사상과 교시를 받드는 것이며, 수령님의 령도를 받드는 것이다. 그러므로 문학예술사업에서 당의 유일사상체계를 튼튼히 세우기 위하여서는 당의 유일적 지도를 높이 받들

---

20 "현 시기 우리 당 사상사업의 기본 임무는 온 사회를 위대한 수령 김일성 동지의 혁명사상으로 일색화하는 것이다. 당에서 밝혀준 바와 같이 온 사회를 수령님의 혁명사상으로 일색화하는 것은 위대한 수령 김일성 동지의 혁명사상을 유일한 지도적 지침으로 하여 온 사회의 혁명화 과정을 다그치며 혁명을 전진시켜 수령님의 혁명사상에 기초하여 공산주의 사회를 건설하고 완성해 나간다는 것을 말한다. (중략) 온 사회를 수령님의 혁명사상으로 일색화하는 것은 위대한 수령 김일성 동지께서 개척하시고 령도하여 오시는 우리 혁명위업의 계속이며 그 폭과 심도에서 새로운 높은 단계에로의 발전이다." (방연승, 「위대한 수령 김일성 동지의 혁명사상으로 온 사회를 일색화하는 영광스러운 혁명위업에 이바지하는 것은 우리의 사회주의적 문학예술의 기본사명」, 『조선문학』, 문학예술출판사, 1974. 9, 4~5면.)

어야 한다. (중략) 당의 유일적 지도를 높이 받드는 것은 우리 작가, 예술인들이 영원히 수령님께 충성하는 길이며 우리 당적 문학예술이 영원히 번영하는 길이다.[21]

수령의 혁명사상과 교시는 당의 의도와 방침을 통해 구현될 수 있으며, 수령에 대한 인민의 충성은 당과 당 중앙의 유일적 지도를 받듦으로써 발현될 수 있다는 것이다.

여기에서 당이 수령과 인민 사이의 매개자로서 부상하는 것을 가능케 한 것은 바로 '주체사상의 이론화 작업'이라고 할 수 있다. 수령의 교시를 사상적으로 체계화한 이론이 그 제출자인 '수령'과 그 집행자인 '당'의 이원화를 발생시켰기 때문이다. 본래 주체사상의 이론화 작업은 '당파성'의 이념지향과 연관된 사안이지만, 이것을 기회로 수령에게서 당 중앙에게로 권력의 무게중심을 이동해가려는 '당성'의 현실지향과 연관된 모종의 움직임이 일어났음을 짐작할 수 있다.[22]

한편, 이와 같은 변화의 흐름 속에서 이 시기에는 '수령형상문학'도 보다 새로운 차원에서 전개됨으로써 본격적 궤도에 오르게 되었음을 선언하고 있다. 유일사상체계가 마련되고 온 사회를 유일사상으로 일색화하는 문제가 해결됨으로써 수령형상주제작품 또한 새로운 국면에 들어서게 되었다는 것이다.

우리 당에 의하여 수령형상작품을 전면적으로 창작하는 단계에로 우리의 문학예술이 비약적으로 발전한 것은 참으로 거대한 의의를 가진다. 이 세상에

---

21 위의 글, 16면.
22 "김정일은 당의 2대 부서를 장악하고 황장엽으로 하여금 주체사상 체계를 세우게 함으로써 통치 이데올로기의 이념개발을 주도하게 되었다. 마르크스·레닌주의의 국제사회주의 이념과는 다른 북한 독자의 통치이념을 만드는 것이 김정일의 후계자 권력승계의 계책이었던 점에서 당의 반대도 만만치 않았다." (신일철, 앞의 책, 146면.)

프로레타리아 문학예술이 나오고 발전해 온 지 100여 년을 헤아리지만 로동계급의 혁명적 문학예술 앞에 가장 중요한 문제로 나서는 수령형상문제가 리론실천적으로 해결되지 못하였다. 오직 혁명의 영재이시며 위대한 사상리론가이신 경애하는 수령 김일성 동지께서 유일사상체계와 혁명전통에 관한 사상, 온 사회의 혁명화, 로동계급화에 관한 사상과 혁명의 대를 이을 데 대한 사상을 독창적으로 창시하심으로써 그리고 우리 당이 온 사회를 하나의 사상으로 일색화할 데 대한 독창적인 사상을 제기하고 대를 이어 혁명을 완성할 데 대한 문제를 전면적으로 해결함으로써 이 세상에 프로레타리아 문학예술이 나온 지 한 세기를 넘은 우리 시대에 와서 주체의 조국인 우리나라에서 수령형상문제가 본격적으로 제기되고 전면적으로 해결되고 있다.[23]

먼저, 이 시기 '수령형상주제작품'의 첫 번째 특징으로는 '김일성의 인간애'를 형상화함으로써 수령의 위상을 높이고자 하는 점을 들 수 있다.

이에 해당하는 작품으로는 최승칠의 「밀영의 깊은 밤」,[24] 리동후의 「영원한 사랑의 불빛」,[25] 김석주의 「창밖에 비가 와도 눈이 내려도」,[26] 박세옥의 「어버이사랑에 대한 이야기」[27] 등이 있다.

이전 시기에는 '숭고한 풍모'를 통하여 김일성의 위대성을 표현하고 있다면, 이 시기에는 '인간애'를 통하여 김일성의 위상을 드높이고자 하는 것이다. '숭고함'이 수령과 인민의 수직적 거리감을 극대화시키는 방법으로서 '우상화'의 성격이 강하다면, '인간애'는 수령과 인민의 수평적 유대감을 극대화시키는 방법으로서 '친밀화'의 성격이 강하다. 우상화에서 친밀화로의

---

[23] 방연승, 「위대한 수령님의 영광찬란한 혁명력사와 혁명적 가정을 형상하는 것은 우리 혁명적 문학예술의 첫째가는 과업」, 『조선문학』, 문학예술출판사, 1975. 4, 31면.
[24] 최승칠, 앞의 책, 18~22면.
[25] 『인민은 수령님의 만수무강 축원합니다』, 문예출판사, 1977, 143~146면.
[26] 김석주, 『들꽃』, 문예출판사, 1985, 100~102면.
[27] 『인민의 념원』, 문예출판사, 1976, 119~126면.

이와 같은 전환은 정당성을 확보하려는 김일성 정권의 시도가 시대정서의 변화에 맞추어 달라지고 있음을 보여주는 것이다.

>무릎을 가리운 병사의 낡은 솜옷
>전선에서 아버지가 입고 온것이리
>그이의 시선은 무거우셨고,
>용감한 병사의 아들다웁게
>어깨를 쭉 펴고 서있는
>그 소년이 기특하신듯
>작은 어깨를 두드리시던 어버이수령님
>
>(중략)
>
>그날 밤 평양에서는
>긴급히 내각회의가 소집되였다.
>의례히 강철문제가 토의되리라.
>일군들의 기대와는 달리
>뜻밖에도 내각회의에서는
>온 나라 아이들에게 옷을 공급할데 대한
>의정이 토의되였다.
>
>(중략)
>
>―전쟁이 끝났어도 우리 당은
>　아직 아이들에게 옷을 갈아입히지 못했소
>
>(중략)

―우리가 허리띠를 한번 졸라매면
　　　온 나라 아이들에게 옷을 갈아입힐수 있소
　　　허리띠를 졸라맵시다!

　　(중략)

　　여느날과 다름없이
　　아들이 점심밥을 가지고 왔을 때
　　마치소리 높던 온 작업장이 조용해졌다
　　사람들은 병사의 솜옷을 걸친
　　그 소년을 바라보았다.
　　그들의 눈에 굵은 이슬이 맺혔다.
　　그 소년은
　　자기가 입은 솜옷이
　　병사의 솜옷이라는것을
　　그제야 안듯
　　아버지를 쳐다보았다.

　　―박세옥, 「어버이사랑에 대한 이야기」(1976) 부분

　김일성은 "제강소 구내"를 걷다가 전선에서 아버지가 입고 온 "병사의 솜옷"을 입고 있는 소년을 만났다. 여기에서 화자는 수령이 입고 있는 "전선의 찬바람과 포연에 그슬린" 옷과 소년이 걸치고 있는 "병사의 큰 솜옷"을 대비시키면서 본인의 낡은 옷에 대해서는 아무렇지 않게 생각하면서도 소년의 낡고 맞지 않는 옷을 보고서는 전쟁을 겪은 이 땅이 그 소년에게 "아무것도 줄 수 없"음에 가슴아파하는 수령의 모습을 부각시킨다.
　그날 밤 평양으로 돌아온 김일성은 내각회의를 소집하여 아이들에게 옷

을 공급하는 문제를 토의하였다. 이때 화자는 "강철문제"와 "온 나라 아이들에게 옷을 공급할 데 대한 의정"을 대비시키면서 후자를 회의의 안건으로 올린 것의 '의외성'을 강조한다. 이를 통해 온 나라가 복구건설만을 생각하고 있을 때 무엇을 위해 조국을 건설하는가를 가르쳐주면서 아이들에게 옷을 공급하기 위해 "허리띠를 졸라" 맬 것을 호소하는 '김일성의 인간애'를 표현하고 있다.

온 나라 아이들에게 옷을 공급하기로 한 소식은 순식간에 전국으로 퍼졌고, 기쁨에 들뜬 사람들은 큰길가로 나와 전선주에 매달린 스피커 소리에 귀를 기울인다. 제강소 구내에서는 여느 날과 다름없이 아버지의 점심밥을 가지고 온 병사의 솜옷을 걸친 그 소년을 바라보며 사람들이 굵은 눈물을 흘린다. 이 땅의 아이들을 향한 김일성의 사랑이 사람들의 얼어붙은 마음을 녹이게 되었다는 것이다. 그리고 이와 같은 변화로 인하여, 사람들은 김일성의 뜻을 받들어 전쟁으로 폐허가 된 땅 위에 새조국을 건설하는 일에 매진할 것이며, 이를 통해 더욱 "강대한 조국의 래일"을 일으킬 것이라는 여운을 남긴다.

다음으로, 이 시기 '수령형상주제작품'의 두 번째 특징으로는 '김일성의 혁명적 가정'을 형상화하고 있다는 점, 그 중에서도 특히 김일성의 아내인 '김정숙'을 부각시키고 있다는 점을 들 수 있다.

이에 해당하는 작품으로는 리계심의 「충성의 미소」,[28] 조성관의 「가실 때에는」,[29] 정동찬의 「진달래」,[30] 정렬의 「회령고향길」,[31] 정문향의 「주고주신 그 사랑 끝이 없건만」[32] 등이 있다.

김정숙은 조국을 위해 일생을 바친 누구보다도 용감한 혁명투사이자 아

---

28 『해방후서정시선집』, 문예출판사, 1979, 139~141면.
29 위의 책, 142~143면.
30 위의 책, 144~145면.
31 정렬,『병사시절』, 문예출판사, 1979, 55~58면.
32 정문향,『날이 가고 세월이 갈수록』, 문예출판사, 1978, 19~21면.

들을 낳음으로써 '김일성의 혁명적 가계'를 지속시켜주는 존재이다. 이러한 점에서 볼 때 김정숙에 대한 형상화는 '수령의 위상'을 높이는 데 기여하는 것으로 해석할 수 있다. 반면에 김정숙은 누구보다도 수령에게 충실한 혁명투사의 전형이자 당 중앙인 김정일의 어머니로서 아버지인 김일성과 더불어 '김정일의 혁명적 가정'을 구성하는 존재이다. 이러한 점에서 볼 때 김정숙에 대한 형상화는 '당 중앙의 위상'을 높이는 데 기여하는 것으로 해석할 수 있다. 이 두 가지 경향은 이 시기의 북한문학사 속에서 엄연히 공존하고 있지만, 이것이 양자 간의 상보성을 의미하는 것이라기보다는 양자 간의 대립과 갈등을 암시하는 것이라고 생각된다.

아, 위대한 수령님을 위하여
바치고바치신 충성의 한길에서
이 세상 더없는 불멸의 영광과 위대한 사랑을
이 나라 강산에 안겨주신 김정숙어머님,

위대하여라! 총검도 바람에 우는
천고밀림 설한풍속에서
성에 낀 군복자락 여며가시며
조국의 미래를 그 품속에 안으시고
헤쳐오신 비바람은 얼마이시였던가!

새벽이슬 내리는 수도의 하늘가
꺼질줄 모르는 당중앙의 불빛속에
따사로운 어머님의 영상을 우러르며
조선의 해솟는 맑은 아침을 맞이하는 우리의 마음,

아, 위대한 수령님과 당중앙을 받들어가는

우리의 충성의 한마음속에
그 언제나 서계시는 어머님,
영원한 사랑의 해발로 이 땅우에
끝없는 행복을 빛내여주시는 혁명의 품이여!

―정문향, 「주고주신 그 사랑 끝이 없건만」(1976) 부분

  화자는 온갖 "고초와 풍상"을 겪으며 '혁명의 길'에서 "한생을 다 바쳐오신" "김정숙 어머님"에 대하여 노래한다. 화자는 김정숙을 한편으로는 수령에 대한 지극한 '충성'을 통하여 이 나라에 "불멸의 영광"과 "위대한 사랑"을 안겨준 존재로서, 다른 한편으로는 "천고밀림 설한풍 속에서" "조국의 미래"로 상징되는 김정일을 품에 안고 비바람을 헤쳐 온 존재로서 인식한다. 이와 같은 자신의 생각을 '우리의 마음'으로 확대시켜 표현하고, 김정숙을 본받아 "수령님과 당중앙"을 "충성의 한마음"으로 받들어갈 것을 역설한다. '어머니의 전형인 김정숙'을 매개로 김일성에게서 김정일에게로 이어지는 혁명의 계승성을 강조하는 동시에 '충신의 전형인 김정숙'을 매개로 김정숙이 김일성에게 충성을 다하였듯이 인민은 김정일에게 충성을 다해야 함을 강조하고 있는 것이다.
  마지막으로, 이 시기 '수령형상주제작품'의 세 번째 특징으로는 '당 중앙의 영도'를 형상화하고 있다는 점을 들 수 있다.
  이에 해당하는 작품으로는 리맥의 「어디서나 바라보이는 향도의 별이여」,[33] 「2월의 영광을 노래합니다」,[34] 김우협의 「인민의 념원」,[35] 김상오의 「친애하는 지도자 동지께 드리는 말씀」[36] 등이 있다.

---

[33] 리맥, 『푸른 하늘 아래서』, 문예출판사, 1983, 40~44면.
[34] 위의 책, 45~48면.
[35] 김우협, 『언제나 조국과 함께』, 문예출판사, 1978, 19~21면.
[36] 김상오, 『나의 조국』, 문예출판사, 1988, 26~28면.

이 시기에는 유일체제를 형성해 나가는 첫 단계로서 '수령의 위상 세우기'를 전개했던 이전 시기에서 한 걸음 더 나아가 '주체문예의 이론화하기'가 진행된다. '수령의 위상 세우기' 단계에서는 주체사상의 성립과정과 수령인 김일성의 우상화 과정이 맞물리고 있다면, '주체문예의 이론화하기' 단계에서는 주체사상과 수령인 김일성 사이에 거리두기가 시도되고 있다는 점이 특징적이다. 물론 김일성 수령이 주체사상을 창시했지만, 주체사상 자체를 이론적으로 탄탄하게 구조화함으로써 수령이라는 개인의 주관성으로부터 독립시켜 자체완결성을 지닌 하나의 틀로서 객관화시키고 있는 것이다. 그 결과 주체사상에 대한 김일성의 창시자로서의 영향력은 상대적으로 약화되고, 대신 주체사상을 이론적으로 완성시키고 독창적으로 재해석하여 더욱 풍요롭게 만들며 그것을 현실에 적용하여 실천적 효과를 끌어내는 역할을 수행하는 인물인 김정일의 영향력이 상대적으로 강화된다. 즉 '주체문예의 이론화하기' 과정은 김일성에게서 김정일에게로 권력의 무게중심이 이동해가는 과정과 맞물리게 되는 것이다.

    그 언제나 우러러보아도
    태양의 영원한 빛을 간직한
    꺼질줄 모르는 당중앙의 불빛이여!
    그 어디서나 우러러보아도
    가장 높은곳에서 비쳐오는
    밝고밝은 향도의 빛발이여!

    (중략)

    일찌기 풍파사나운 그 밤
    만리광야의 키낮은 초가집에서
    우리 수령님께서

주체의 기치로 높이 드신 조선의 불빛
천만리 눈보라길
사령부의 귀틀집창문가에서
밀림의 긴긴 밤을 지새우시며
우리 당의 첫 강령을 적으시던 그 불빛,

아, 가슴 뭉클하게 뜨거워지는 생각이여
세월과 세월을 넘어
그 불빛 꺼질줄 몰라라
오늘은 우리의 당중앙
주체의 기치를 높이 드시고
그 위업 빛내이시며
우리 당 행군로우에
혁명의 불을 휘황히 밝히시였구나

―리맥, 「어디서나 바라보이는 향도의 별이여」(1975) 부분

제목에서 알 수 있듯이, 화자는 김정일을 "별"에 비유한다. 그리고 이 '별빛'을 '태양의 빛'을 간직한 "꺼질 줄 모르는" 빛이자 "가장 높은 곳에서 비쳐오는 / 밝고 밝은" 빛으로 인식한다. 전자에서, 이 '별빛'은 "풍파 사나운 그 밤" "밀림의 긴긴 밤"으로 표상되는 과거 항일혁명투쟁시기에 '수령'이 "주체의 기치"로 "당의 첫 강령"으로 치켜든 불빛이 "세월과 세월을 넘어" 이어져오는 "당중앙의 불빛"이라는 것이다. 후자에서, 이 '별빛'은 "오늘"로 표상되는 당대의 현실 속에서 "당 중앙"이 '주체의 위업'을 빛내기 위해 "당 행군로 우에 / 혁명의 불"을 밝힌 "향도의 빛발"이라는 것이다. 이와 같은 인식 과정을 통하여 화자는 김정일의 '혁명적 계승성'을 강조하고 있다.

이상에서 살펴본 바와 같이, 이 시기의 '수령형상주제작품'에서 당은 한편으로는 김일성의 인간애를 통하여 '수령의 위상'을 형상화할 것을 요구하였고, 다른 한편으로는 김정일의 혁명적 계승성을 통하여 '당 중앙의 영도'를 형상화할 것을 요구하였다. 시인들은 이러한 당 정책을 반영하기 위하여 전자의 경우에는 '이야기를 도입'하는 방법을 사용하고 있고, 후자의 경우에는 이전 시기와 마찬가지로 '태양, 별, 불빛' 등과 같은 '자연물 상징'을 사용하고 있다.

조선노동당의 역사 속에서 볼 때 이 시기에는 김일성이 '기존의 체계'를 대표하는 존재였다면, 김정일은 '새로운 체계'를 대표하는 존재였다. 전자에서 수령과 인민의 관계는 유교적인 '충'의 이념에 근거하고 있다. 이것을 '수신-제가-치국-평천하'라는 유교의 이상적인 삶의 방식에 연관시켜 볼 때, 김일성은 인간애가 뛰어나고 혁명적 가정을 이루었으므로 가히 나라를 다스릴 만한 인물이라는 평가가 성립되는 것이다. 그런데 다시 '제가(齊家)'의 차원을 고려할 때 아버지인 '김일성의 완전성'은 자연스럽게 아들인 '김정일의 완전성'을 내포하게 된다. 따라서 '김일성 중심'의 당성을 지향하는 기존세력은 자신의 정치권력을 지켜내야 하는 상황 속에서도 부자간의 권력승계가 지닌 정당성을 부정할 수 없는 딜레마에 빠지게 된다.

반면에, 후자에서 기존체계와 신규체계의 관계는 변증법적인 '발전'의 논리에 근거하고 있다. '정-반-합'이라는 변증법의 과정에 대입해 볼 때, 기존의 체계에서는 내적 모순이 발현되어 반대세력을 형성하게 되는데 이때 양자를 모두 지양하여 새로운 체계를 모색해야 한다는 논리가 성립되는 것이다. 그런데 다시 '모순(矛盾)'과 '지양(止揚)'의 차원을 고려할 때 기존체계의 한계는 필연적으로 신규체계의 변별성을 요구하게 된다. 따라서 '김정일 중심'의 당성을 지향하는 신규세력은 부자간의 권력승계를 토대로 하면서도 기존 정치세력과의 변별성을 확보해야 하는 또 다른 딜레마에 봉착하게 된다.

한편, 어떤 사회에서나 권력의 중심에서 벗어나 있는 사람은 분명히 존재하기 마련이고, 따라서 북한사회에서도 당 정책에 순응하지 않는 사람이 반드시 존재하였을 것이다. 이들을 기존체계에 대한 '비판세력'이라고 규정할 수 있으며 그런 의미에서 '당파성'을 지향하는 제3의 세력이라고 할 수 있다. 특히, 정치적 차원에서 김일성을 중심으로 하여 당성을 추구했던 사람들 가운데 일부가 현실정치를 체험하는 과정에서 '당파성과 당성 간의 거리'를 실감하고 이념적 차원에서 갈등을 겪게 되었을 수도 있다. 그리고 이러한 시기에 '주체사상의 이론화하기'를 통하여 김일성과 차별화를 시도하고 있는 김정일에게서 미래의 새로운 가능성을 찾고자 했을지도 모른다. 하지만 이와 같은 비판세력은 그 존재 자체만으로도 기존체계의 실패를 의미하게 되고, 이로 인해 기존체계를 긍정하는 부자간의 권력승계 방식을 통하여 새로운 정권을 창출하고자 하는 세력 즉 '김정일 중심'의 당성을 지향하는 신규세력과는 하나로 통합될 수 없다는 딜레마에 직면하게 된다.

이와 같이 이 시기에는 당성에 대한 반동으로써 당파성에 대한 지향의식이 강하게 되살아나는 한편, 당성을 추구하는 사람들의 내부에서 균열[37]이 발생했다고 진단할 수 있다.

(2) 혁명의 '대(代)' 형성하기 (1978~1985년)

이 시기에는 문학예술사업에 대한 '당의 영도'를 더욱 강화할 것에 대한 사상이 제시되고 있다. 당의 영도에 의해서만 노동계급의 문학을 건설할 수 있다는 것이다.

---

37 "김정일은 1974년에는 후계자의 지위를 획득했다. 1973년의 '3대 혁명소조'는 김정일 주도의 권력승계의 홍위병적 사조직으로 북한통치의 실권이 이미 김정일의 손에 쥐어졌음을 의미한다. 당·정·군과 내각과는 별도로 김정일 사조직 3대 혁명소조의 횡포는 김정일이 아버지 김일성을 상징적 수령으로 우상화하고 통치실권은 그 자신이 행사하는 '2원집권제' 같은 구조를 꾀한 것으로 이에 대해서 황장엽은 1974년 이후의 북한통치 구조를 '김일성·김정일의 공동집권'이라고 표현하기도 했다." (신일철, 앞의 책, 146~147면.)

로동계급의 당은 사회주의, 공산주의 건설을 위한 모든 혁명투쟁을 조직하고 령도하는 참모부이며 향도적 력량이다. 조선인민의 운명과 조선혁명의 종국적 승리는 전적으로 우리 당의 령도에 달려 있다. 당의 령도를 떠나서는 혁명과 건설을 성과적으로 진행할 수 없으며 사회주의, 공산주의 사회를 건설할 수 없다. 혁명투쟁과 건설사업의 모든 분야에서 당의 령도를 끊임없이 강화하는 것은 우리의 혁명위업의 승리를 위한 결정적 담보이다.[38]

한편, 이 시기에는 그동안 역사적으로 미해결의 문제로 남아있던 수령형상문제가 비로소 당에 의해 빛나게 해결되었고, 이를 통해 '수령형상주제 작품'이 한 단계 발전하게 되었다고 주장한다. 당이 수령형상이론을 하나의 완성된 이론으로 내놓았으며, 이로 인하여 작가와 예술인들이 수령의 혁명역사와 혁명적 가정을 더욱 '전면적으로 형상하는 과업'을 수행해 나갈 수 있게 되었다는 것이다.

수령형상창조 리론은 수령의 위업을 계승한 후계자만이 내놓을 수 있는 어렵고 무거운 과업이다. 오직 위대한 수령님의 주체의 위업을 빛나게 완성해 나가는 우리 당에 의하여 수령형상창조에서 확고히 견지해야 할 지도리론이 전면적으로 완벽하게 밝혀질 수 있게 되였다.[39]

먼저, 이 시기 수령형상이론이 제시하고 있는 첫 번째 원칙은 '수령의 영도의 현명성과 고매한 덕성'을 깊이 있고 격조 높게 형상화하는 것이다.

이에 해당하는 작품으로는 정문향의 「아, 만경대여」,[40] 「빛나라, 주체의

---

[38] 류만, 「당의 령도를 강화하는 것은 공산주의 문학 건설의 결정적 담보」, 『조선문학』, 문학예술출판사, 1980. 10, 36면.
[39] 방연승, 「우리 문학예술에 위대한 수령님의 불멸의 형상을 정중히 모실 데 대한 당의 방침과 그 위대한 생활력」, 『조선문학』, 문학예술출판사, 1981. 2, 51면.
[40] 정문향, 앞의 책, 6~9면.

조국이여」,⁴¹ 박세영의 「보통강아, 이야기하라」,⁴² 오영재의 「만민의 태양」⁴³ 등이 있다.

그런데 이 이론에서 특히 주목할 것은 수령의 혁명활동역사를 '학습의 대상'으로 상정하고 있다는 점이다.⁴⁴ 작가가 직접 체험하지 못했어도 학습을 통해 수령의 혁명활동역사를 진실하게 그려낼 수 있다는 것이다. 이에 따라 김일성과 관련된 장소를 사적지로 지정하여 체험학습을 권장하기도 하였다. 이와 같이 수령의 혁명역사에 대한 '학습'을 강화함으로써 세대가 바뀌어 젊은 작가들이 수령의 혁명역사를 직접 알지 못하는 현실 속에서도 수령의 혁명업적을 '대를 이어' 길이 전할 수 있게 되었다는 것이다. 하지만 수령의 혁명활동을 학습의 대상으로 상정함으로써 사실상 수령의 혁명활동은 '역사화'된다. 그것은 더는 현재의 사건이 아니라 과거의 사건이 되는 것이며, 당대 인민에 대한 당의 영향력이 직접적으로 강화되는 것에 반비례하여 수령의 영향력은 그만큼 간접적으로 약화되는 것이다.

> 해와 달도 그 기약 담을길 없던
> 암담한 조국과 민족의 운명을
> 한몸에 안으시고 떠나시던 수령님
> 혁명의 수십만리길,
> 혈전의 20여성상,

---

41 『행복하여라 인민의 나라』, 문예출판사, 1978, 9~17면.
42 위의 책, 74~77면.
43 『인민은 태양을 우러러』, 문예출판사, 1979, 17~20면.
44 "높은 충성심을 가지고 력사상 전무후무한 비상한 견인력을 가진 위대한 수령님의 영생불멸의 주체사상과 영광찬란한 혁명활동력사를 깊이 학습하여 자기의 뼈와 살로 만들며 폭넓고 깊이 파고들어 끝없이 감동될 때 비록 창작가는 직접 체험하지 못해도 위대한 수령님의 항일혁명투쟁력사를 생활적으로 진실하게 그려낼 수 있다. 이것이 바로 우리 당이 수령형상작품의 사상예술적 성과를 확고히 담보하는 기본고리를 밝혀준 첫째가는 원칙이다." (방연승, 앞의 글, 52면.)

그 첫자욱 떼시던 뜨락이여!

(중략)

아, 만경대
대를 이어 바치고 바치신
애국의 불길이 력사의 새벽빛이 되고
동터오는 노을이 되여 태양을 안아올린 땅
위대한 인민의 수령
김일성동지께서 탄생하신곳

—정문향, 「아, 만경대여」(1978) 부분

    화자는 김일성의 혁명적 유적지 가운데 하나인 그의 고향집 "만경대"를 노래한다. 먼저, 화자는 만경대를 수령이 "조국과 민족의 운명"을 안고 떠난 혁명의 길에서 "그 첫 자욱 떼시던" 곳으로, 즉 '혁명의 시작'을 알리는 상징적 공간으로 인식한다. 따라서 "수십만리 길"과 "20여 성상"의 시공간적 거리로 표상되듯이, 혁명이 간고하면 할수록 그 첫 자국을 뗀 만경대의 의미는 깊어진다. 또한, 화자는 만경대를 그의 조상들이 대를 이어 바쳐온 애국심이 "위대한 인민의 수령"인 김일성을 탄생시킨 곳으로, 즉 '혁명적 수령의 탄생'을 알리는 신성한 공간으로 인식한다. 따라서 "애국의 불길"이 "력사의 새벽빛"과 "동터오는 노을"로 그리고 다시 "태양"으로 전이되듯이, 조국의 현실이 암담하면 할수록 김일성이 탄생한 만경대의 의미는 각별해진다.
    다음으로, 이 시기 수령형상이론이 제시하고 있는 두 번째 원칙은 '김일성의 혁명적 가정'을 형상화하는 것인데, 이 시기에 특히 주목할 것은 김일성의 아들인 '김정일'을 부각시키고 있다는 점이다.
    이에 해당하는 작품으로는 최영화의 「위대한 날에」,[45] 정서촌의 「조선의 영광」,⁴⁶ 홍현양의 「2월의 흰 눈송이」,⁴⁷ 김학연의 「시대의 봄언덕우에서」⁴⁸ 등이 있다.

　김정일은 김일성의 장남으로서 김일성의 혁명적 가계를 '혈연적'으로 계승하는 존재인 동시에 백두산 밀림 속에서 나고 자란 혁명 2세대로서 김일성의 혁명 정신을 '사상적'으로 계승하는 존재이다. 이처럼 양자가 하나로 통합되어 '권력의 세습' 문제와 '혁명의 대'를 잇는 문제를 동시에 내포하고 있는 존재이기도 하다. 즉, 김정일에게 있어서 '후계자'로서의 속성은 혈연성과 사상성이라는 이중성을 띠고 있는 것이다.

　　이 강산
　　얼어붙고 빛이 없고
　　삶이 피눈물에 멍들 때
　　2월의 봄임을
　　조선의 해돋이였음을
　　제일 먼저 알려준
　　너는 꽃송이

　　그래서 차디찬 겨울날을 모르는
　　조선의 봄날
　　너는 이 웃음이더라
　　4월을 눈속에서도 받들어 가꾸어주는
　　그 순결함
　　너는 그 빛이더라

---

45 『서정시선집(1979~1985)』, 문예출판사, 1986, 19~21면.
46 위의 책, 11~13면.
47 위의 책, 39~41면.
48 김학연, 『푸른 언덕 우에서』, 문예출판사, 1985, 25~27면.

불밝은 락원의 창가에
내리고 쌓이며
준엄한 밀림의 우등불가
그 사향가를 불러주는
너는 그날에 그려보던
오늘의 조국
조국의 미래

(중략)

네가 있기에
흰 눈송이
이것은 조국이란 말
네가 있기에
흰 눈송이
이것은 차거움을 모르는
오늘의 밝은 웃음

―홍현양, 「2월의 흰 눈송이」(1982) 부분

    화자는 "2월의 흰 눈송이"를 바라보며 느끼는 자신의 생각과 정서를 이미지의 대립과 변용을 통해 표현하고 있다. '2월의 흰 눈송이'에는 '2월'이 지닌 '겨울→하강'의 이미지와 '흰 눈송이'가 지닌 '상승→봄'의 이미지가 결합되어 있다. 따라서 '2월의 흰 눈송이'를 매개로 하여, 화자는 "얼어붙고" "빛이 없고" "피눈물에 멍"드는 부정적인 상황 속에서 "봄" "해돋이" "꽃송이"와 같은 긍정적인 의미를 찾아내고 있다. "2월"의 "차디찬 겨울날" 속에서 "4월"의 "봄날"을, 봄날의 그 "웃음"과 "순결함"과 "빛"을 감지해내고 있다.

또한, '2월의 흰 눈송이'는 끊임없이 내려 쌓임으로써 연속성의 이미지를 지니고 있다. 따라서 '2월의 흰 눈송이'를 매개로 하여, 화자는 '여기'의 공간인 "락원의 창가"에서 '저기'의 공간인 "밀림의 우등불가"를 떠올린다. 그 회상은 항일혁명투쟁시기인 "그날"에서 "오늘의 조국"으로 그리고 다시 "조국의 미래"로 이어진다. 이와 같이 '2월의 흰 눈송이'는 여기와 저기를, 과거와 현재와 미래를 하나로 연결시켜주는 존재인 것이다.

결과적으로, 화자에게 있어서 '2월의 흰 눈송이'는 "조국"의 이미지이며 "밝은 웃음"의 이미지이다. 그런데 화자는 "네가 있기에" '2월의 흰 눈송이'가 이와 같은 긍정적 이미지를 띨 수 있음을 강조한다. 바로 여기에서 화자가 '2월의 흰 눈송이'를 단순한 객관적 사물이 아니라 '너'라는 특정 인물을 지칭하는 하나의 '관습적 상징'으로 사용하고 있다는 사실이 드러난다. 그리고 화자가 예찬하는 '너'가 곧 '김정일'임을 짐작할 수 있다. 왜냐하면 북한사회에서 2월과 4월은 각각 그 달이 생일인 '김정일'과 '김일성'을 지칭하는 사회적 기호로서 통용되기 때문이다. 이와 같이 화자는 '2월의 흰 눈송이'가 지닌 복합적 이미지를 통하여 김정일이 지닌 '후계자'로서의 다양한 면모를 노래하고 있는 것이다.

마지막으로, 이 시기 수령형상이론이 제시하고 있는 세 번째 원칙은 '김정일의 영도의 현명성'을 형상화하는 것이다.

이에 해당하는 작품으로는 김철의 「두고 떠나신 마음」,[49] 「백두의 새날」,[50] 리맥의 「위대한 영상」,[51] 홍현양의 「2월의 찬가」[52] 등이 있다.

수령의 혁명활동을 역사화하고 아들인 김정일을 통한 혁명적 가계의 계승성을 강조함으로써, 이 시기 '수령형상문학'의 이론이 궁극적으로 해결하고자 하는 것은 바로 '혁명의 대를 잇는 문제'라고 할 수 있다. 당은 사실상

---

[49] 김철, 『어머니』, 문예출판사, 1989, 41~42면.
[50] 위의 책, 28~32면.
[51] 리맥, 앞의 책, 32~35면.
[52] 홍현양, 『나의 추억』, 문예출판사, 1987, 38~41면.

'당 중앙의 영도'에 의해 좌우되는 것인데, 당 중앙은 바로 김정일이다. 따라서 혁명의 대를 잇는 실질적 주체는 '김정일'이라는 새로운 도식이 도출되고, 이에 따라 김정일의 현명한 영도를 형상화할 것이 요구되는 것이다.

오, 백두야, 조선의 산아 보느냐
흰말에 높이 자리를 정하시고
항일의 전장을 굽어보시는
저분이 바로 그이시구나!
너의 자랑이며 끝없는 영광
민족의 태양이시며 만민의 구성이신
위대한 수령 **김일성**동지

수령님 바라보시는 무한대의 공간에
예지의 안광 번쩍이시는
저분이 바로 그이시로다!
너 그리도 깨끗한 눈송이로
찬란한 앞길을 축복해드린
친애하는 지도자 **김정일**동지

(중략)

말고삐 힘주어 다잡으시는
혁명의 위대한 기수 **김정일**동지
손을 높이 드시여
연연 뻗어내린 조국의 산발들과
구름밖 먼먼곳을 가리키시자
경애하는 어버이 **김일성**동지께서

만면에 환한 미소를 지으신다

(중략)

남해끝까지
지구의 한끝까지
주체의 새날을 펼치며 펼치며
백두산의 메아리 삼천리를 떨친다!
백두산의 메아리 온 누리를 떨친다!

―김철, 「백두의 새날」(1980) 부분

 화자는 지금 백두산에 올라 "그날"을 회상한다. "백두의 산발"에 귀 기울이고 "그날의 말발굽소리"를 듣는다. "두 필의 준마"를 타고 오는 "거연한 모습"을 본다. "흰 말"에 탄 사람은 "항일의 전장"이었던 백두산에서 혁명투쟁을 벌임으로써 "민족의 태양" "만민의 구성"이 된 "위대한 수령 김일성 동지"이다. 그리고 "밤빛 말"에 탄 사람은 그곳에서 나고 자람으로써 백두산이 "찬란한 앞길을 축복해드린" "친애하는 지도자 김정일 동지"이다.
 이처럼 화자는 "이 산을 집으로 삼으셨던 전설적 장군"과 "이 산을 요람으로 삼으셨던 영명하신 지도자"가 함께 백두산을 찾아왔던 '그날'을 떠올리는 것이다. '흰 말'은 "감회"가 새롭고 '밤빛 말'은 "영광의 만리길이 앞에 있어" 기대에 부풀어 있다. "혁명의 위대한 기수"인 김정일이 손을 들어 "먼 먼 곳"을 가리키자 김일성은 "환한 미소"로써 흡족함을 표현한다. '그날'부터 김일성의 뜻을 받들어 김정일이 '혁명의 기수'가 되었음을 밝히고 있는 것이다. '그날'부터 "주체의 새날"이 시작되었다는 것이다. 이와 같이 화자는 김일성이 세운 '주체의 위업'이 김정일에 의해 계승됨으로써 "백두의 새날"로 상징되는 '조국의 미래'가 보장되었음을 노래하고 있는 것이다.

이상에서 살펴본 바와 같이, 이 시기의 '수령형상주제작품'에서 당은 젊은 작가들이 학습을 통해 '수령의 혁명역사'를 지속적으로 형상화해나갈 것과 혁명의 후계자로서 '김정일의 현명한 영도'를 형상화할 것을 요구하였다. 시인들은 이러한 당 정책을 반영하기 위하여 '2월, 4월 / 만경대, 백두산' 등과 같이 사회적으로 통용되는 시공간적 상징을 사용하고 있다.

조선노동당의 역사 속에서 볼 때, 한편으로 이 시기에는 '당파성'을 지향하는 비판세력 사이에서 분화가 발생한다. 먼저, 주체사상에 의거하여 인민중심의 공산주의 이념을 실현하고자 하는 부류 즉 '원칙론'의 입장에서 볼 때 봉건사회의 잔재인 부자간의 권력승계는 그 어떤 논리로도 정당화될 수 없는 것이었다. 따라서 이들은 '김정일 중심'의 당성을 지향하는 신규세력 자체를 부정할 수밖에 없었고, 그들에 의해 숙청될 수밖에 없는 운명이었다.[53] 다음으로, 공산주의 이념의 본래적 속성을 회복하면서도 정치적인 추진력을 확보하고자 하는 부류 즉 '실천론'의 입장에서 볼 때 주체사상을 창시한 김일성에게서 그것을 이론화한 김정일에게로 혁명가 간의 사상승계는 '당파성과 당성 간의 거리 좁히기'라는 현실적인 목적에 부합하는 측면이 있어 보였다. 물론 이들의 입장에서도 부자간의 권력승계는 정당하지 못한 것이었지만 목적을 위해 수용할 수밖에 없는 수단으로 치부되었을 것이다. 따라서 이들은 '김정일 중심'의 당성을 지향하는 신규세력과 손을 잡을 수밖에 없었고, 바로 이 지점에서 이들의 현실타협적인 면모를 엿볼 수 있다.

다른 한편으로 이 시기에는 '김일성 중심'의 당성을 지향하던 기존세력이 밀려나고 '김정일 중심'의 당성을 지향하는 신규세력이 떠오르고 있었다.[54] 먼저, 이들은 '김형직 → 김일성 → 김정일'과 같이 혈통과 사상의 '지

---

[53] 동기춘은 「은인」(동기춘, 『인생과 조국』, 문예출판사, 1991, 48-51면.)이라는 시에서 이 시기에 시를 잘못 지어 숙청을 당했다가 1987년 무렵 김정일에 의해 복권되었음을 암시하는 내용을 서술하고 있다. 이에 대해서는 자료 조사를 통하여 보다 구체적으로 연구해볼 필요가 있다.

속성' 속에 내포되어 있는 세대변화, 그리고 '김형직 → 김일성 / 김일성 → 김정일'과 같이 부자지간의 '반복성' 속에 내포되어 있는 관계변화를 강조한다. 이때, 자신들의 견해에 정당성을 부여하기 위해서 위의 논리를 자연의 순환법칙, 다시 말해서 '봄 → 여름 → 가을 → 겨울'과 같이 시간의 '지속성' 속에 내포되어 있는 계절변화, 그리고 '봄 → 겨울 / 겨울 → 새봄'과 같이 계절의 '반복성' 속에 내포되어 있는 자연변화와 연관시킨다. 이를 통해서 김정일의 권력세습이 자연의 순리에 부합한다는 사실을 보여주고자 하는 것이다. 다음으로, 이들이 변증법적 발전논리에 따라 자신들의 존재기반을 구축하기 위해서는 기존체계와 다른 '변별성'을 확보해야만 했다. 그리고 이를 위해서 '당파성'을 지향하는 비판세력을 끌어들일 필요가 있었다. 따라서 한편으로는 부자간의 권력승계 자체를 비판하는 '원칙론'의 부류를 숙청하면서도, 다른 한편으로는 현실정치 속에서 '당파성과 당성 간의 거리 좁히기'를 모색하는 '실천론'의 부류와 새로운 연합을 시도하게 된다.

이와 같이 이 시기에는 당파성에 대한 지향의식이 '원칙론'과 '실천론'으로 분화하는 가운데, '당파성과 당성 간의 거리 좁히기'라는 사회적 과제 아래 '당파성-실천론'을 추구하는 세력과 '김정일 중심'의 당성을 추구하는 세력 사이에 새로운 연합전선이 형성되었다고 진단할 수 있다.

(3) 혁명의 '후계자' 세우기 (1985~1989년)

이 시기에는 '혁명적 수령관'을 확고히 정립하는 문제가 제시되고 있다. 그리고 혁명적 수령관 확립을 위해서 가장 중요한 역할을 하는 것이 바로 '수령형상창조'임을 강조하고 있다.

---

54 "1982년 김일성의 고희를 계기로 마침내 통치철학의 발표권이 김정일에게 옮겨진다. 주체사상이 김일성이 아니라 김정일의 담화형식으로 발표된 것은 북한의 최고통치자가 김정일로 공인되었다는 점에서 대단히 주목된다. 이로써 김정일이 아버지보다 앞선 '김정일 · 김일성 공동정권' 시대가 열린 것이다." (신일철, 앞의 책, 266~267면.)

그런데 이 시기의 '수령형상주제작품'에서 나타나는 획기적인 변화는 '김정일의 위대성'에 대한 형상화 작업이 시작되고 있다는 점이다.

우리 문학의 사상예술적 높이는 무엇보다 로동계급의 문학에서 초미의 문제이며 혁명적 수령관 확립에서 기본을 이루는 수령형상창조를 성과적으로 진행하고 있는 데서 나타나고 있다. (중략) 여기에서 우리를 기쁘게 하는 것은 영광스러운 당중앙을 영원히 모시고 따르려는 우리 인민의 절절한 념원과 의지를 반영하여 사상의 영재이시며 탁월한 령도력과 고매한 공산주의적 덕성의 체현자이신 친애하는 지도자 김정일 동지의 숭고한 모습을 다양한 형식으로 모시기 시작한 것이다.[55]

수령형상창조의 작업을 통하여 혁명적 수령관을 확립하는 것이 무엇보다 중요한 과제인데, 김정일의 숭고한 모습을 형상화함으로써 이 과제를 성과적으로 진행하고 있다는 것이다.

또한, 김정일에 대한 문학적 형상화가 지니는 궁극적인 의의에 대해서는 그것이 '주체혁명의 위업을 대를 이어 완수'하는 데 기여할 수 있기 때문이라고 말한다.[56] 여기에서 주목할 것은 '혁명위업을 대를 이어 계승하고 완성하는 주체'가 문맥상 변화하고 있다는 사실이다. 바로 전 시기에는 대를 잇는 주체가 시간의 흐름에 따라 새롭게 등장한 '젊은 세대'였다면, 이 시기에는 수령의 뒤를 이어 나아갈 '후계자'에 방점이 찍히는 것이다. 물론 이 후계자의 자리를 차지한 것은 김정일이며, 그런 만큼 김정일 체제가 탄탄

---

55 강능수, 「혁명적 문학 건설의 위대한 기치」, 『조선문학』, 문학예술출판사, 1985. 1, 20~21면.
56 "작가들은 친애하는 지도자 동지의 위대성을 감명깊게 형상함으로써 영광스러운 주체의 혁명위업을 대를 이어 빛나게 계승완성하기 위한 우리 당과 인민의 력사적 임무수행에 적극 이바지하여야 한다." (윤상현, 「친애하는 지도자 김정일 동지의 위대성 형상을 위한 예술적 탐구」, 『조선문학』, 문학예술출판사, 1987. 2, 31면.)

하게 자리를 잡게 되었음을 짐작할 수 있다.

먼저, 이 시기 '수령형상주제작품'의 첫 번째 특징으로는 '후계자를 통한 혁명전통의 계승'을 형상화하고 있다는 점을 들 수 있다.

이에 해당하는 작품으로는 김윤호의 「오직 한마음 억년청춘을」,[57] 차영도의 「축원」[58] 등이 있다.

이것은 이 시기에 당 정책으로 등장한 '혁명적 수령관 확립' 문제의 일환으로서 '수령'의 범주를 재해석하고자 하는 것이다. 즉, '왕자'가 없는 '왕'의 권력이 불완전할 수밖에 없듯이, '수령' 또한 특정한 개인 그 자체로서는 미완성이며 '후계자'를 통해 대를 이어 계승될 수 있을 때 비로소 완전성을 갖출 수 있다는 것이다.

 가시덤불과 험산준령 많던
 혁명의 새벽길을 개척하시고
 주체의 락원 조국땅에 마련하신
 위대한 수령님의 찬란한 그 위업

 그 위업 이어받으시여
 주체사상의 깊은 진리
 만민의 가슴가슴에 안겨주시고
 온 누리를 찬연히 빛내이시는
 친애하는 지도자 김정일동지!

 (중략)

---

[57] 김윤호, 『내고향』, 문예출판사, 1987, 20~22면.
[58] 『1980년대 시선』, 문예출판사, 1990, 11~12면.

> 2월, 영광의 명절을 맞는 이 아침에
> 70만은 충성의 노래 드리노라
> 어버이수령님께 드리는 한결같은 그 마음
> 친애하는 지도자동지께 변함없이 이어나갈것을

―김윤호, 「오직 한마음 억년청춘을」(1985) 부분

    화자는 "2월" "명절" 등으로 표상되는 김정일의 생일을 맞이하여 자신이 느끼는 감회를 인민이 그에게 바치는 '충성의 마음'으로 일반화하여 노래하고 있다. 먼저, 화자는 "혁명의 새벽길" "락원" 등으로 비유되듯이 주체사상을 창시하고 그것을 "조국땅"에 구현하는 "찬란한 그 위업"을 이룩한 것은 "위대한 수령님"임을 밝힌다. 그리고 "가슴가슴" "찬연히" 등으로 수식되듯이 주체사상으로 "만민"의 의식을 개조하고 그것의 영향력을 "온 누리"로 확장해나가는 즉 "그 위업 이어받"아 발전시켜 나가는 것은 "친애하는 지도자 김정일 동지"임을 밝힌다. 이때, 화자는 1연의 끝과 2연의 시작에서 "그 위업"이라는 구절을 반복 제시하여 시각적인 '연속성'을 확보하고 이것을 다시 "이어받으시여"라는 구절과 결합시킴으로써, 김일성에게서 김정일에게로 이어지는 혁명의 '계승성'을 강조하고 있다. 다음으로, 화자는 "한결같은"으로 수식되듯이 70만의 '재일조선인'들이 그동안 '수령'에게 '충성의 마음'을 바쳐왔음을 밝힌다. 나아가 "변함없이"로 수식되듯이 앞으로는 '지도자 동지'에게 그 마음을 바쳐나갈 것임을 밝힌다. 이때, 화자는 마지막 연의 3, 4행에서 "어버이 수령님께 ~ 한결같은" "친애하는 지도자 동지께 ~ 변함없이" 등과 같이 동일구조를 반복하여 시각적인 '불변성'을 확보하고 이것을 다시 "이어나갈 것을"이라는 구절과 결합시킴으로써, 김일성에게서 김정일에게로 이어지는 충성의 '지속성'을 강조하고 있다.

    다음으로, 이 시기 '수령형상주제작품'의 두 번째 특징으로는 '김정일의 위대한 업적과 인간 풍모'를 형상화하고 있다는 점을 들 수 있다.

이에 해당하는 작품으로는 김학연의 「위대한 새벽」,[59] 동기춘의 「은인」[60] 등이 있다.

이는 '후계자'를 확실히 세움으로써 '혁명적 수령관'을 총체적으로 완성시키고자 하는 것이다. 후계자인 '김정일'을 형상화할 때 특히 강조되는 면모는 수령에 대한 충성심, 독창적인 사상이론활동, 현명한 영도, 고매한 공산주의적 덕성, 불멸의 혁명업적 등이다.[61] 이를 통해 '김정일의 위대성'을 보여주려는 것이다.

    우주는 정적
    하지만 온밤 꺼지지 않은
    불빛 하나
    아직도 저 하늘가 새별과 마주보며
    누리에 빛발치고있나니
    그이의 집무실
    그 창문에 흐르는 불빛이여라

    (중략)

---

59 김학연, 앞의 책, 30~37면.
60 동기춘, 앞의 책, 48~51면.
61 "친애하는 지도자 동지의 혁명활동과 숭고한 풍모를 형상한 작품들은 그이께서 지니신 경애하는 수령님에 대한 끝없는 충성심, 그리고 그이께서 혁명과 건설의 매 단계마다 끊임없이 심화발전시켜 오신 독창적인 사상리론활동과 온 사회의 주체사상화 위업실현을 위한 혁명투쟁과 건설사업을 빛나는 승리에로 이끌어 오신 현명한 령도, 인민을 끝없이 아끼고 사랑하시며 인민을 위하여 자신의 모든 것을 다 바치시는 한없이 고매한 공산주의적 덕성, 만대에 길이 빛날 혁명업적의 불멸성을 깊이있고 격조높게 형상하여 친애하는 지도자 동지의 위대성을 참으로 감동깊게 보여주고 있다." (박춘택, 「우리 문학에 형상된 친애하는 지도자 김정일 동지의 위대한 풍모」, 『조선문학』, 문학예술출판사, 1986. 2, 19면.)

밤새워 집필하신
또하나의 문헌
마지막 추고를 마치시였는가
이윽고 자리를 뜨시며
천천히 창문가로 걸음 옮기시는
친애하는 **김정일**동지!

(중략)

아, 조국의 새벽은
그이의 심원한 사색과
위대한 환상
그이의 예지로운 구상을 안고
이렇듯 밝아오는것이리…

(중략)

아, 그이께서 두손 드시여
창문을 여신다
때마침 하늘이 열리고 온 대지가 열린다.

―김학연, 「위대한 새벽」(1985) 부분

 화자는 "조국의 하루"가 시작되는 지점으로서 '김정일의 집무실'에 주목하고 그곳에서 펼쳐지는 "위대한 새벽"을 노래한다. 먼저, '우주의 정적' 즉 밤의 '어둠'과 '그이의 집무실' 창문에서 새어나오는 '불빛'을 대비시킴으로써 새로운 하루를 준비하고 있는 김정일의 활동을 환기시킨다. 화자는 밤

새워 "또 하나의 문헌" 집필을 마무리하고 창문가로 다가가는 모습을 통하여 그의 '사상이론적 활동'을 형상화한다. "외교일군들"과 국제기구회의에 참석할 "대표단 성원들"을 위한 친필문건을 준비하고, 북변 제철소와 철도부를 하나로 연결하여 "비약의 새 돌파구"를 찾고 있는 모습을 통하여 그의 '현명한 영도'를 형상화한다. 또한, 탄전에서 만난 젊은 도당지도원의 뒷모습을 떠올리면서 '미더움'을 느끼고, 산간농장에서 만난 익살꾼 분조장이 쌍둥이를 낳았다는 소식을 떠올리면서 '기쁨'을 느끼는 모습을 통하여 그의 '따뜻한 인간애'를 형상화한다. 이와 같이 그의 "심원한 사색" "위대한 환상" "예지로운 구상"으로부터 "조국의 새벽"이 밝아온다고 말함으로써, 화자는 자연적 시간으로서의 '새벽' 이미지를 역사적 시간으로서의 '새벽' 이미지로 전환시키고 있다. 즉, 밤에서 아침으로 변화시켜주는 '매개적 시간'을 주체혁명위업의 태동에서 승리로 견인해주는 '향도적 시간'으로 재해석하고 있다. 김정일이 맞이하는 새벽은 그만큼 "위대한 새벽"이라는 것이다.

이상에서 살펴본 바와 같이, 이 시기의 '수령형상주제작품'에서 당은 '후계자를 통한 혁명전통의 계승'을 형상화할 것과 '김정일의 위대한 업적과 인간 풍모'를 형상화할 것을 요구하였다. 시인들은 이러한 당 정책을 반영하기 위하여 '잇다 / 새벽' 등과 같이 상투적으로 활용되는 '연결 이미지'를 사용하고 있다. 후계자가 지닌 '연속성'을 드러내기 위한 것이다.

조선노동당의 역사 속에서 볼 때 이 시기에는 '당파성과 당성 간의 거리 좁히기'라는 대의명분을 중심으로 '당파성-실천론'을 지향하는 제3세력과 '김정일 중심'의 당성을 지향하는 신규세력 사이에 연합전선이 형성되었다. 먼저, 이들은 수령에게 '후계자'가 있어야 '혁명적 수령관'이 확고하게 정립될 수 있고 혁명위업이 완성될 수 있음을 강조하였다. 그리고 이를 뒷받침하기 위해서 왕에게 아들이 있어야 왕권이 강화되고 왕조를 지켜나갈 수 있다는 '왕위계승론'을 끌어들였다. 다음으로, 이들은 후계자로서 김정일의 자질을 검증받고자 그의 위대성을 강조하였다. 그리고 이를 뒷받침하기 위해서 그동안 쌓아온 업적과 행적에 감화되어 인민이 자발적 충성으로 그를 따르고 있다는 '왕위추대론'을 끌어들였다.

이와 같이 이 시기에는 당파성과 당성을 하나로 결합시킬 수 있는 새로운 주체로서 김정일이 공공연하게 내세워졌고, 김정일을 중심으로 조선노동당이 새롭게 결집하였다고 진단할 수 있다.

3) 혁명적 '대가정(大家庭)' 완성하기: 1989~1995년

북한사회는 1990년대에 들어서면서 국제 정세가 불리해지기 시작하였고, 이로 인하여 정책상 변화를 모색하게 된다. 가장 대표적으로는 '조선민족제일주의정신'을 구현한 '우리식 사회주의' '우리식 문학'을 추구할 것을 내세우고 있다.[62] 이와 같이 북한사회는 객관적 상황이 열악해짐에 따라 이념보다는 '정치의 논리'를 추구하게 되었고, 그러다 보니 개방적인 연대의식보다는 '폐쇄적인 집단의식'을 강조하게 되었다. 따라서 조선민족제일주의정신은 외부현실에 빗장을 걸어 잠그고 대중에게 이성적 판단이 아니라 '주관적 신념'을 극대화시킴으로써 국가의 안위를 도모하고자 했던 정책의 산물이라고 할 수 있다.

한편, 이와 같은 정책의 변화에 따라서 이 시기의 '수령형상주제작품'에서도 새로운 변화 양상이 나타나고 있다.

먼저, 이 시기 '수령형상주제작품'의 첫 번째 특징으로는 김정일의 위대

---

[62] "북한의 공식문서가 사회주의의 좌절을 더 이상 숨길 수 없게 되어 이를 공식적으로 천명하기 시작한 것은 1990년에 들어서면서부터이며 주로 김정일의 담화 형태로 발표되었다. (중략) 이 시기에 사회주의 체제에는 소련, 동유럽과 같이 정치경제 면에서 전면적 개방으로 나가는 길과 1980년 이후의 중국의 실용주의 노선에서와 같이 공산당 1당 독재를 고수하면서 경제개방만을 실시하는 중국적 개방의 길이 있었다. (중략) 대변혁 앞에서 북한은 홀로 '우리식 사회주의'의 고수를 내세우고 있다." (신일철, 앞의 책, 360~362면.)

성에 대한 형상화의 수준을 한 단계 높여 '그의 위대성을 절대화'하는 경향을 들 수 있다. '위대성의 절대화'를 통하여 조선민족제일주의정신을 구현하고자 하는 것이다.

이에 해당하는 작품으로는 백하의 「하늘에 새긴 글발」,[63] 전병구의 「정일봉의 해맞이」[64] 등이 있다.

《김정일화》와 《정일봉》을 노래하는 송가적 작품들이 보여준 새로운 경지는 또한 민족제일주의정신을 투철히 구현함으로써 칭송의 열정을 최상의 높이에로 터쳐올리게 한 데 있다. 시인들은 빛나는 사적들이 체현하고 있는 더없이 긍지로운 내용을 감정의 구체적인 론리로써 설득력있게 형상하면서 그것을 절대적이고 유일무이한 경지로서 밝힘으로써 송축의 감정을 가장 열정적이고 격동적인 것으로 되게 하였다. 위대성을 절대화하는 가장 진실하고 설득력있는 감정의 론리와 열정의 깊이를 보여주는 바로 여기에 이 주제 송가문학의 새로운 세계가 있다. (중략)

인류의 운명과 그 미래를 한몸에 지니신 만민의 향도성, 력사의 향도성으로 위대성 형상의 폭을 비상히 확대하고 민족제일주의의 가장 높은 경지에 칭송의 열정을 끌어올린 것으로 하여 이 주제의 시문학들은 친애하는 김정일 동지를 노래하는 혁명적 송가문학을 새로운 발전의 길로 힘있게 떠밀어 주었다.[65]

김정일의 이름을 딴 '김정일화'가 만들어지고 그가 탄생한 '백두밀영의 고향집'이 복구되었으며 '정일봉'이 세상에 소개되었다. 문학적으로는 '김정일화'와 '정일봉'이라는 상징을 통하여 김정일의 위대성을 형상화하는 경

---

63 『1980년대 시선』, 문예출판사, 1990, 53~55면.
64 위의 책, 47~49면.
65 리수립, 「친애하는 김정일 동지를 높이 우러러 흠모하는 시대적 열정과 시문학의 새로운 세계-《김정일화》와 《정일봉》을 노래하는 시작품들에 대하여-」, 『조선문학』, 문학예술출판사, 1989. 2, 22~23면.

향이 나타나고 있으며, 김정일의 위대성을 칭송하는 송가문학의 형상세계를 '절대적 우상화'의 수준까지 발전시키고 있다는 점에서 이전 시기와 분명하게 차별화된다.

  어머니의 부드러운 손길처럼
  이 땅의 모든 생명을 어루만지며
  절벽가에 깃드는 해빛을
  한가슴에 안아보는 정일봉의 해맞이여

  온 누리를 불태우는 그 빛발에
  나의 심장 나의 넋 모두 맡기노라
  아름다운 강산을 감싸안은 빛발이
  여기에 있었구나

  누리를 밝히는
  향도의 해발로
  가장 밝은
  새 세계의 아침을 불러오는 봉우리

  (중략)

  아, 시대를 비치고 력사를 빛내이는
  은혜론 사랑의 해빛이여
  천만가닥 이 땅우에 비쳐내리는
  위대한 향도의 빛발이여

  ―전병구,「정일봉의 해맞이」(1989) 부분

화자는 "정일봉"에서 해맞이를 하는 감회를 노래하고 있다. 화자가 한가슴에 안아보는 그 "해빛"은 이 땅의 "모든 생명"을 어루만지고, 화자가 심장과 넋을 맡기는 그 "빛발"은 이 "아름다운 강산"을 감싸안는다. 화자는 그 해빛에서 "어머니의 부드러운 손길"을 느끼고, 그 빛발에서 '어머니의 따뜻한 품'을 느낀다. 따라서 "정일봉"이야말로 '누리를 밝히는 해발'로써 '가장 밝은 아침'을 불러오는 봉우리라고 예찬한다. 그런데 여기에서 화자는 그 해발을 "향도의 해발"이라고 지칭하고 그 아침을 "새 세계의 아침"이라고 명시함으로써, "정일봉"을 김정일의 상징으로 인식하는 또 하나의 맥락으로 이동해간다. 이에 따라 화자는 그 해빛에서 "시대를 비치"는 "은혜론 사랑"을 깨닫고, 그 빛발에서 "력사를 빛내이는" "위대한 향도"를 깨닫는다. 이처럼 화자는 정일봉의 해맞이를 통하여 '김정일의 위대성'을 높이 칭송하고 있다.

다음으로, 이 시기 '수령형상주제작품'의 두 번째 특징으로는 수령의 형상을 '수령, 당, 대중의 3위 1체의 원칙'에 따라 형상화하는 경향을 들 수 있다. '3위 1체의 원칙'을 통하여 '혁명적 대가정(大家庭)'을 완성시키고자 하는 것이다.

이에 해당하는 작품으로는 오영재의 「위대하여라 우리 령도자」,[66] 손승태의 「백두산에 오르신다」[67] 등이 있다.

수령형상문학이 혁명발전의 새로운 요구에 맞게 새 출발을 하자면 반드시 수령, 당, 대중의 3위 1체의 원칙에서 당과 대중의 련관 속에서 수령형상을 창조하여야 한다. 로동계급의 수령을 3위 1체의 견지에서 보고 그리는가 못 그리는가 하는 데 따라 수령의 형상을 격이 있게 그려낼 수도 있고 그려내지 못할 수도 있다. (중략) 오직 수령을 3위 1체의 견지에서 보고 그려야 탁월한 사

---

66 『태양은 빛나라』, 문학예술종합출판사, 1995, 5~9면.
67 손승태, 『삶과 미래』, 문학예술종합출판사, 1993, 7~9면.

상과 세련된 령도 예술로 혁명의 참모부인 당의 전투적 기능과 역할을 높이고 대중을 의식화, 조직화하여 하나의 정치적 력량으로 단합시키며 대중의 자주적인 요구와 리익을 가장 철저히 옹호하고 그 실현을 위한 투쟁에로 당과 대중을 불러일으키는 통일단결의 중심, 령도의 중심으로, 인민의 위대한 수령으로 깊이있게 형상할 수 있다.[68]

위의 글에서 '수령, 당, 대중'이라는 3위 1체의 원칙은 '수령=김정일=대중'이라는 등식을 낳게 되고, 이것은 결국 '수령=김정일'이라는 공식을 산출한다.

또한, 김정일은 '참된 인간의 최고 전형'으로서 평가된다.[69] 김정일은 조국의 운명과 인민의 삶을 전적으로 책임지고 있는 존재이면서도 당과 수령에게 끝없이 충실하다는 것이다. 이처럼 정치적으로 실질적인 영도자이자 권력자이면서 윤리·도덕적으로도 참된 인간이라는 것이다. 여기에서 주목할 것은 '수령에 대한 충성심은 곧 효성과 의리'라는 '우리식 사회주의'의 원칙에 따라서 수령과 김정일의 관계가 윤리적인 관계로 재규정되고 있다는 점이다. 그동안 유교 이데올로기 가운데서도 수령과 대중의 관계에 대해서 '충'의 이데올로기를 강조했던 북한이 이 시기에 오면 '효'의 이데올로기를 강조하는 쪽으로 변화하고 있는 것이다. 그리고 이와 같이 국가 이데올로기에서 가정 이데올로기로 무게중심을 이동해가는 이유는 그 어느 때보다도 인민대중의 '일심단결'의 의식을 고취시킬 필요가 있기 때문이다.

---

68 「수령의 위대성을 깊이 체득시키기 위한 문학작품 창작에서 새로운 전환을 일으키자」, 『조선문학』, 문학예술출판사, 1992. 11, 5면.
69 "친애하는 김정일 동지를 형상한 소설은 위대한 인간세계를 진실하고 감명깊게 형상할 것을 형상창조의 기본 과제로 제기한다. 이 주제의 소설은 위대한 인간의 형상을 창조함으로써 인간학의 미학적 요구를 가장 높은 경지에서 구현하는 참다운 공산주의 인간학으로 된다. 당과 수령에게 끝없이 충실하며 온 사회에 대한 정치적 령도를 원만히 실현할 수 있는 품격과 자질을 갖춘 위대한 인간은 조국의 운명과 인민의 삶을 전적으로 책임지고 나가는 가장 매혹적인 인간이며 참된 인간의 최고의 전형이다." (조재희, 「위대한 인간세계의 예술적 탐구」, 『조선문학』, 문학예술출판사, 1990. 2, 32면.)

어떻게 흘러갔던가 애도의 그 나날들이
못잊어라, 그리도 애석하시고 수령님 모습이 그리워
억수로 쏟아붓는 비를 맞으시며 만수대로 오르시던
위대한 령도자 김정일동지의 숭고한 그 모습
너무도 억이 막힌 서거에 그리도 아프시여
그이처럼 몰라보게 수척해지신분 있었던가

(중략)

하여 정녕 그이의 모습은
생존시에 그토록 존경하여 받들어오신
수령에 대한, 스승에 대한 뜨거운 의리로 빛나는 모습이시였다
진정한 혁명가 참다운 공산주의자는
자기 수령을 어떻게 모셔야 하는가를
온 세상앞에 귀감으로 보여주신 숭엄한 모습이시였다

(중략)

위대한 인간이 위대한 인간으로 계승되였노라
공산주의자의 완성된 도덕으로 불멸의 위업이 계승되였노라
아름답고 순수하게 수령의 위업이 빛을 뿌리며
권력이 아니라 복무로 인민과 혼연일체가 된
김정일정치의 기둥이 찬연히 솟아오른 나날이여

핵탄보다 더 위력한 후계자의 이 도덕
세상에 대고 소리높이 말하고싶노라
제국주의의 온갖 압력과 책동 속에서도

우리가 끄떡없이 사회주의를 지켜가고있는
그 비결이 어디에 있었는가를

―오영재, 「위대하여라 우리 령도자」(1994) 부분

화자는 만수대 언덕을 오르며 김일성이 "서거"한 1994년 여름을 회상한다. 김정일은 "몰라보게 수척해"질 정도로 누구보다 슬퍼했고, 그럼에도 불구하고 수령의 "유훈"을 지켜나감으로써 인민의 "슬픔"을 "힘"으로 변모시켜 주었음을 생각한다. "수령"에 대한 의리를 지키는 그와 같은 태도야말로 "참다운 공산주의자"의 귀감을 보여주는 "숭엄한 모습"이라고 예찬한다.

또한, 화자는 김일성에게서 김정일에게로 정권이 계승된 것에 대하여 "위대한 인간이 위대한 인간으로 계승되"었다고 천명하며, "공산주의자의 완성된 도덕"을 실천하는 김정일에 의해 "수령의 위업"이 올바르게 계승되었다고 평가한다. 오늘날 북한을 이끌고 있는 "김정일 정치의 기둥"은 이와 같이 '인민에 대한 복무'를 통하여 '수령, 당, 대중'이 3위 1체가 되는 것이라고 진단한다. 결론적으로 화자는 "제국주의의 온갖 압력과 책동"에 맞서 북한이 "사회주의"를 지켜나가고 있는 "비결"은 바로 "후계자의 이 도덕"이며, 이것은 "핵탄보다 더 위력"하다고 선언한다.

이처럼 화자는 '김정일의 위대성을 절대화'의 경지까지 끌어올리고 있다. 그런데 이와 같은 자신의 생각을 주관적으로 토로하는 방식이 아니라 "~ 빛나는 모습이시였다" "~ 숭엄한 모습이시였다" "~ 인간으로 계승되였노라" "~ 위업이 계승되였노라" 등에서 볼 수 있는 바와 같이, 관찰자의 시선과 일반화의 진술을 사용함으로써 객관적으로 표현하는 형식을 취하고 있다. 이를 통하여 김정일의 위대성을 기정사실화하려는 것이다.

이상에서 살펴본 바와 같이, 이 시기의 '수령형상주제작품'에서 당은 '김정일의 위대성을 절대화'하여 형상화할 것과 '3위 1일체의 원칙에 맞는 수령의 모습'을 형상화할 것을 요구하였다. 시인들은 이러한 당 정책을 반영하기 위하여 '어머니, 햇빛 / 모습이시였다, 계승되였노라, 말하고싶노라' 등과 같이 상투적인 비유나 서술형 어투를 사용하고 있다. 이는 김정일의 모습을 단순명료하고 강하게 각인시키기 위한 것이다.

조선노동당의 역사 속에서 볼 때 이 시기에는 '당파성-실천론'을 지향하는 부류와 '김정일 중심'의 당성을 지향하는 부류 간의 연합세력이 '새로운 집권세력'으로 부상하였다. 먼저, 이들은 불리해진 국제정세 속에서 외부의 적에 대항하기 위한 방법으로 '조선민족제일주의정신'을 주창하였다. 이것은 내부의 '일심단결'을 극대화하려는 처방인데, 이로 인해 부자간의 권력승계가 더욱 힘을 얻게 되었다. 왜냐하면 현실 속에 내재하는 모순과 갈등의 근본원인을 외부에서 찾게 되면 상대적으로 내부의 모순과 갈등은 비본질적인 것으로 치부되고, 이로 인해 집권세력에 대한 반대세력은 다수의 지지를 얻지 못하게 되기 때문이다. 다음으로, 이들은 반대세력 즉 '당파성-원칙론'을 지향하는 세력의 확대를 원천봉쇄하기 위한 방법으로 '혁명적 대가정론'을 제시하였다. 혁명적 대가정이란 '김정일이 가장으로서 수령을 어버이로 모시고 인민을 자식으로 섬기는 가정'에 북한사회를 비유한 것이다. 즉, 김정일이 '가장'으로서의 책임을 다하여 어버이인 수령을 '효'로써 모시고 자식인 인민을 '사랑'으로써 돌보고 있다는 것이다. 유교적인 효의 논리에 의거할 때 자식은 비록 어버이가 잘못하는 일이 있더라도 결코 어버이의 뜻을 거슬러서는 안 된다. 따라서 김정일이 수령의 위업을 받들고 있듯이 인민은 김정일의 향도에 순응해야 한다는 것이다. 결국 '조선민족제일주의정신'과 '혁명적 대가정론'을 통하여 김일성으로부터 김정일에게로 혁명주체의 세대교체는 완결되었다. 김정일이 명실상부 권력의 핵심으로 올라서게 된 것이다.

이와 같이 이 시기에는 '당파성과 당성 간의 거리 좁히기'가 더욱 현실화된 것으로 인식하는 집권세력의 입장과 '당파성과 당성 간의 거리가 다시 극대화'된 것으로 인식하는 반대세력의 입장이 대립하는 가운데, 전자의 목소리가 밖으로 분출되어 나왔다면 후자의 목소리는 안으로 잦아들게 되었다고 진단할 수 있다.

3. '수령형상주제작품'에서 발견하는 통일문학사적 의미

북한 '수령형상주제작품'의 역사적인 변모양상을 추적해 본 결과 필자는 다음과 같은 결론과 의의를 발견하게 되었다. 첫째, 북한의 조선노동당이 당파성과 당성 간의 변증법적 발전과정을 통하여 사회주의·공산주의 건설과제에 매진하지 못하고 권력승계 문제에 집중하게 된 근본적인 이유는 남북한이 서로 다른 체제를 지향하면서 상호대치하고 있는 한반도의 상황 속에서 무엇보다 시급한 과제는 '체제유지'라고 여겼기 때문이다. 이처럼 대외적인 상황이 불리할 때 사회는 대내적으로 경직되기 쉽지만, 역설적이게도 탄력성을 상실한 사회는 입지가 더욱 좁아질 수밖에 없다. 둘째, 주체문학 시기의 북한 시에서 '시적 대상'이 주로 '자연물화'하고 '시적 형상화의 방식'이 극도로 '단순화'하는 이유는 문학적 상상력이 소실되었기 때문이다. 물론 '문학적 상상력의 소실'은 극도로 억압적인 사회 분위기에 기인하는 것으로서, 이 사회에 더는 자유와 변화에 대한 욕구가 존재하지 않는다는 것을 의미한다. 그리고 자유와 변화에 대한 욕구의 부재는 결과적으로 '역사 발전의 단선성'을 가져오게 되는 것이다. 셋째, 주체문학 시기의 북한 문학사에서 당파성을 드러낸 시가 존재하지 않거나 유통되지 않는다는 사실[70]은 '당성의 폐쇄성과 교조성'을 반증하는 것이다. 왜냐하면 시인과 시에 대한 숙청은 조선노동당의 당성이 문학을 바라보는 관점이 과연 어떠한 것

---

70 "북한연구법에서 응당 있어야 할 것이 없으면 바로 그것이 가장 의미있는 발견이 된다. 이것을 '부재(不在)의 발견법'이라고 부르겠다. 북한의 체제보전 정책 중에서 아예 발표하지 않는 것이 있으면 큰 문제가 있다는 증거이다." (신일철, 앞의 책, 320~321면.)

인지를 단적으로 드러내주기 때문이다. 이처럼 '당파성과 당성 간의 긴장 관계 소멸'이 북한사회에 폐쇄성을 불러왔듯이, 그것이 어떤 사회이든 내부의 대립과 갈등을 용인하지 않는다면 그 사회는 필연적으로 출구 없는 디스토피아가 될 것이다.

'사회주의건설주제작품'의 역사적 변모양상
-1960~1990년대 서사시를 중심으로-

1. 주체사상 시기에 '서사시'가 많이 창작되는 이유

주체사상 시기에 북한에서는 서정시 못지않게 서사시가 많이 창작되었으며, 서사시의 문학사적 위상 또한 높다. 그런데 루카치는 서사문학의 중요한 두 형식으로서 서사시와 소설을 비교하면서, 이 두 가지 장르는 작가의 창작의도에 따라 구분되는 것이 아니라, 작가의 창작의도가 직면하고 있는 역사철학적인 상황에 따라서 구분된다고 말하였다. 즉, 소설은 삶의 외연적 총체성이 더 이상 구체적으로 주어지지 않고 있지만 그럼에도 총체성을 지향하고자 하는 현재 시대의 장르라면, 서사시는 삶의 외연적 총체성이 생생히 살아있지만 이제는 완전히 지나가버린 과거 시대의 장르라는 것이다.

별이 빛나는 창공을 보고, 갈 수가 있고 또 가야만 하는 길의 지도를 읽을 수 있던 시대는 얼마나 행복했던가? 그리고 별빛이 그 길을 훤히 밝혀 주던 시대는 얼마나 행복했던가? 이런 시대에 있어서 모든 것은 새로우면서도 친숙하며, 또 모험으로 가득 차 있으면서도 결국은 자신의 소유로 되는 것이다. 그리고 세계는 무한히 광대하지만 마치 자기 집에 있는 것처럼 아늑한데, 왜냐하

면 영혼 속에서 타오르는 불꽃은 별들이 발하고 있는 빛과 본질적으로 동일하기 때문이다.[1]

위에서 알 수 있는 바와 같이 서사시는 그 자체로서 완결된 삶의 총체성을 형상화하는데, 우리시대에는 그 자체로서 완결된 삶의 총체성이 더는 존재하지 않는다는 것이다. 그리고 북한사회도 총체성을 상실한 채 분열된 현실의 모습을 띠고 있는 우리시대에 속하는 존재임을 부인할 수 없다.

그렇다면 과거의 역사적 순간과 결부된 형식인 서사시 장르가 오늘날 북한사회에서는 왜 부활하고 있는가? 이에 대한 해답을 찾기 위해서는 필연적으로 북한 서사시 작품과 북한 사회구조의 상관관계에 대하여 면밀하게 분석해 보아야 한다.

북한의 시문학사에서 서사시의 형태와 역할은 1960년대 '주체사상' 성립을 기점으로 크게 달라지고 있다.[2] 오늘날 북한문학의 근간을 이루는 주체문학에서 북한의 서사시는 주체사상에 의거한 '주체 사실주의'를 추구하고 있으며, 크게 '수령형상주제'의 서사시와 '사회주의건설주제'의 서사시로 양분된다. '수령에 대한 충성심'의 이념을 인민에게 내면화시키는 역할을 담당하고 있는 전자의 경우는 '서정성'이 극대화되는 형태를 띠고 있으며, '사회주의 건설'의 실현을 위하여 인민들을 결집시키는 역할을 담당하고 있는 후자의 경우는 '서사성'이 더욱 강화되는 형태를 띠고 있다.

이 글에서는 후자의 경우만을 구체적으로 분석해 보고자 하는데, 특히 '사회주의건설주제작품'[3]들은 북한의 이념과 현실, 정치와 경제, 당 정책과

---

[1] 게오르그 루카치,『소설의 이론』, 심설당, 1985, 29면.
[2] 마르크스·레닌주의에 의거한 '사회주의 사실주의'를 추구하는 1945년~1960년대 북한 서사시의 특징에 대해서는 김경숙,『북한현대시사』, 태학사, 2004, 95~352면을 참조할 수 있다.
[3] "사회주의건설주제작품은 사회주의, 공산주의 건설에서 높은 혁명적 열의와 창조적 적극성을 발휘하고 있는 근로인민들의 전형적인 모습을 진실하게 형상함으로써 사회주의

생활세계 간의 상호작용을 구체적으로 담아내고 있다. 따라서 북한의 서사시 가운데 '사회주의건설주제작품'을 체계적으로 연구할 때 우리는 북한의 문학과 사회를 보다 깊이 있게 이해할 수 있으며, 북한 서사시가 지니는 보편성과 특수성의 관계양상을 더욱 명확하게 파악할 수 있을 것이다.

2. '사회주의건설주제' 서사시에서 나타나는 현실반영의 양상

북한문학에서 서사시는 서사적 요소와 서정적 요소의 유기적인 결합으로 이루어지는 장르이다. 서사시에서 시인은 현실에서 벌어지는 사건과 거기에 참여한 인간들의 생활과 사상감정을 일정한 이야기 줄거리에 따라 재현하는 동시에, 그것에 대한 자신의 판단과 평가를 직접적으로 토로한다.

> 서사시는 현실에서 벌어지는 사건과 거기에 참가한 인간들의 생활과 사상감정을 일정한 이야기 줄거리에 따라 재현한다. (중략) 서사시에서는 주인공의 성격과 사건에 대한 묘사가 시인의 사상감정, 정서적 체험에 대한 직접적 토로와의 통일 속에서 주어진다.[4]

따라서 서사시에서 나타나는 현실반영의 양상을 분석할 때는 인물의 성격과 서사구조의 전개양상 등을 통해 현실을 재현하는 '서사적 요소'와 더불어, 그에 대한 시인의 사상감정과 정서적 반응 등을 통해 현실을 환기하

제도의 우월성을 보여주고 사람들을 공산주의적으로 교양하며 혁명투쟁과 건설사업에로 힘있게 불러일으키는 데서 커다란 작용을 한다. (중략) 당 정책에 의거하여 사회적 의의가 큰 문제를 제기하고 그것을 당 정책에 맞게 풀으로써 시대와 생활의 물음에 옳바른 해답을 주고 있는 것은 사회주의건설주제작품들의 중요한 특징의 하나이다." (사회과학원 주체문학연구소, 『문학예술사전 (중)』, 과학백과사전종합출판사, 1991, 192면.)
4 위의 책, 241면.

는 '서정적 요소'를 반드시 함께 살펴보아야 한다.

한편, 필자는 당대의 시작품과 평론 등의 일차자료 읽기를 토대로 하여, 북한문학사를 통시적으로 이해하는 데 도움을 줄 수 있는 시대구분의 새로운 틀을 아래와 같이 도출하였다. 이를 통하여 북한 시문학의 역사적인 변모양상을 보다 체계적으로 규명해 볼 수 있을 것이다.[5]

1) '기술개조과정'과 계급 간의 상호협력: 1965~1978년

이 시기의 '사회주의건설주제작품'에서는 '경제혁명의 과학화'를 실현해 나가는 노동현장을 배경으로 농민계급과 노동계급과 인텔리계급이 제각기 맡은 직무는 달라도 공산주의 미래창조라는 하나의 목표를 향하여 나아가는 동행자로서 서로 손을 잡고 노동투쟁을 벌여나가는 새로운 모습을 중점적으로 형상화하고 있다. 농민들의 고된 노동을 덜어주기 위한 기술혁명 수행에서 선구자의 역할을 맡아 나선 노동계급, 그리고 노동계급의 과학자로 거듭남으로써 경제건설 과정에서 중요한 역할을 맡아 나선 인텔리계급 등과 같이 계급 간의 동지적 협력관계를 형상화할 것이 강조되고 있다.

《인민대중의 정치사상적 통일이 강화되고 근로자들 사이의 동지적 협조관계가 날로 발전하는 것은 사회주의제도의 본질적 우월성의 하나입니다.》(《우리나라 사회주의제도를 더욱 강화하자》 단행본, 29페지)

수령님께서 가르치신 바와 같이 착취계급과 온갖 착취제도의 청산은 로동자, 농민, 근로인텔리들의 처지와 사회적 관계를 근본적으로 변화시키였다. 사회주의제도가 수립된 결과 우리 인민은 모두가 사회주의적 근로자로 되였

---

[5] 그 첫 번째 작업으로서 필자는 이미 「북한 '수령형상문학'의 역사적 변모양상—1960~1990년대 북한 서정시를 중심으로—」(『민족문학사연구』 51호, 민족문학사학회, 2013, 477~527면.)를 집필한 바 있다.

으며 그들의 정신도덕적 풍모에서는 근본적인 변화가 일어났다. 이리하여 우리 사회에서는 집단주의 원칙에 기초하여 사람들이 서로 존중하고 신뢰하며 협조하는 진정한 동지적 관계가 온 사회를 지배하게 되였다.[6]

(1) '기술혁명'의 과제와 운명공동체의식 (1965~1972년)

이 시기에 북한에서 전사회적으로 전개한 핵심적인 경제운동 내용은 '경제혁명의 주창'이다. 북한은 1961~1970년의 제1차 7개년 경제발전계획 기간에 중공업우선정책을 통한 군수산업의 확장과 '주체농법'의 도입을 통한 획기적인 농업생산량 증가를 꾀하였다.[7] 그리고 이와 같은 경제혁명의 가속화를 위한 근본동력을 사상 강화에서 찾고 있다. 당 대열의 통일과 단결을 확고히 보장하는 것이 무엇보다 중요하며, 그 구심점을 이루는 것은 바로 당의 유일사상체계로 구체화되는 '수령에 대한 충실성'이라는 것이다.

이 시기에 창작된 '사회주의건설주제작품'의 서사시로는 리맥의 「하나의 길우에서」,[8] 정문향의 『새세대의 노래』[9] 등이 있다. 이 가운데 이 시기를 대표하는 작품인 정문향의 『새세대의 노래』는 '머리시-제1장(1~6)-제2장(1~5)-제3장(1~6)-제4장(1~5)-제5장(1~10)-맺음시'의 형태로 이루어진 '서사시'이다.

서사적 인물과 사건을 바라보는 **화자의 사상과 정서**는 다음과 같다. 화자는 평범한 사람들 모두가 영웅이 되는 '천리마시대' 젊은이들의 이야기를 노래하고자 한다. 수령이 마련한 사회주의제도 속에서 새롭게 태어난 순결

---

6 오승련,「자주성을 생명으로 하는 인간의 전형을 훌륭히 창조하기 위하여」,『조선문학』, 문학예술출판사, 1973. 4, 27면.
7 사실상, 북한은 1960년대 초 '4대군사노선'을 채택하면서 군비증강에 무리한 투자를 함으로써 경제상황이 더욱 어려워졌고, 이로 인해 제1차 7개년 경제발전계획 목표를 달성할 수 없게 되자, 1966년 10월에 개최된 노동당대표자 대회에서 계획기간을 3년간 연장하게 되었다.
8 『조선문학』, 문학예술출판사, 1965. 10, 52~68면.
9 정문향,『새세대의 노래』, 문예출판사, 1970.

하고 아름다운 사람들, 생활과 투쟁 속에서 땀 흘리며 수령이 가리키는 길에서 인간의 보람을 찾는 이들이 바로 새 세대의 노동계급임을 역설하면서, 그들을 예찬하고자 한다.

대표적인 인물로는 강철림과 유송순, 그리고 부직장장이 등장한다.

먼저, 강철림과 유송순은 혁명학원 동창생이다. **강철림**은 공장 구내에서 태어나고 자랐다. 전쟁으로 아버지를 잃었으나 수령의 배려로 혁명학원을 졸업하였고, 초소에서 병사생활을 보냈다. 제대 후 대학에 진학할 수 있었으나 부모의 뜻을 잇기 위해 대학진학을 그만두고 노동현장인 고향의 공장으로 돌아와 기대공이 되었다. 반면에 **유송순**은 혁명학원을 졸업한 후 대학에 진학하여 학문을 연구하는 길을 택하였다. 그는 'ㄴ' 대학 기계제작 학부의 최우등생으로서 졸업과 더불어 기계공학연구소에 배치될 인재이지만, 학사학위논문 준비를 위해 공장에 배치되어 왔다. 이처럼 강철림과 유송순은 기대공과 기사로서 공장에서 재회하게 되었다. 강철림이 새 세대의 노동계급을 대변하는 인물이라면 유송순은 새 세대의 인텔리계급을 대변하는 인물로서, 그들은 기술혁명을 실현해나가는 과정 속에서 서로에 대한 사랑을 키워가고 있다.

다음으로, 강철림과 부직장장은 같은 공장에서 일하는 노동계급이지만 상하관계에 있다. 그들은 일을 수행하는 과정에서 의견 차이를 보임으로써 서로 대립하게 된다. **강철림**은 주어진 과업 앞에서 열정이 앞서는 사람이다. 과업은 제품공정과 숫자적 타산이 아니라 각오와 결심의 문제임을 강조한다. 반면에 **부직장장**은 과업을 수행하는 데 있어서 기술적 타산과 기대공들의 기능 문제를 무엇보다 우선적으로 고려한다. 강철림은 부직장장의 행위에 대해 '보수주의자의 소극성'이라고 비판하고, 부직장장은 강철림의 행위에 대해 '영웅주의자의 공명심'이라고 비판한다. 강철림이 혁명정신을 중시하는 새 세대의 노동계급을 대변하는 인물이라면, 부직장장은 현실상황을 중시하는 기성세대의 노동계급을 대변하는 인물로서, 그들 사이의 갈등은 새 세대를 지지하는 당의 입장과 그것의 정당성을 증명해낸 새 세대의 실천행위에 의해 해소된다.

전체적인 **서사구조의 전개양상**을 살펴보면 아래와 같다.

'**발단**'에 해당하는 제1장~제2장에서, 강철림은 공장의 대형선반작업반 노동자 대표로서 첫 천리마작업반 칭호를 받게 된 지원농장의 과수작업반에 축하인사를 전하러 갔다가, 그곳에서 많은 복숭아를 제때에 처리하지 못했다는 이야기를 듣게 되었다. 그리고 식품 처리에 필요한 석도금판을 더 빨리 더 많이 만들기 위해서는 반드시 〈ㄹ대형 압연기〉를 생산해야 한다는 수상님의 교시를 자신의 과업으로 인식하게 되었다. 화자는 조국의 주체공업을 이끌어갈 새 세대 노동계급이 지녀야 할 새로운 면모로서 '과업에 대한 주체적 인식'을 강조하고 있는 것이다.

> 바로 그해에 수상님께서 말씀하시지 않았는가,
> 황남도 농촌을 돌아보시고 하신 그 교시.
> 석도금판을 더 빨리 더 많이 만든다면
> 과일도 생선도 제때에 처리하고
> 인민들에게 더 값눅게
> 통졸임도 공급할 수 있다 하신 그 말씀,
> 《ㄹ대형압연기》를 기어이 생산해야 한다고
> 거듭 강조하신 수령님의 그 교시!
>
> (중략)
>
> 로동계급이 농민을 이끌어주는것,
> 공장이 농촌을 지원해주는것,
> 그것이 바로 이런 일이 아닌가?
> 저장못한 과일을 보시고 수상님께서 하신 그 말씀은
> 바로 우리에게 주신 과업이 아닌가!

'전개'에 해당하는 제3장에서는, 때마침 〈ㄹ대형 압연기〉를 만들라는 수령의 교시가 내려오고 공장의 작업반 모임에서 이 문제를 제기하게 되었다. 시행착오 끝에 노동자들은 계획된 생산에 변동을 일으킴이 없이 〈ㄹ대형 압연기〉를 생산하는 문제를 해결할 방도를 마련하였지만, 새롭게 〈ㅎ탑신〉을 만들어야 한다는 교시가 공장에 또 부과되었다. 화자는 새 세대의 노동자들이 '천리마기수'답게 어떤 난관에도 굴하지 않고 '수령이 내린 과업'을 완수하기 위해 계속 투쟁해 나가는 모습을 제시하고 있는 것이다.

'위기'에 해당하는 제4장에서는, 공장의 참모회의가 열렸고 당 창건기념일 전까지 두 제품을 한꺼번에 깎아야 한다는 결정이 내려졌다. 이에 강철림은 생산은 숫자적 타산이 아니라 '혁명'임을 강조하였지만, 부직장장은 기술적 타산과 기계공의 기술문제 등 '현실'을 고려해야 한다고 주장하였다. 유송순은 공정원의 입장에서 이와 같은 대립을 해결해야 한다. 그런데 강철림을 포함한 세 명의 기대공이 그날 밤 아무도 몰래 '만부하운동'의 대담한 실천에 착수했고, 유송순과 부직장장 앞에서 기계를 돌려 그 성과를 직접 보여주었다. 유송순은 그들에게서 집단을 우선시하는 노동계급의 힘을 보았고, 개인적 학문탐구를 우선시하던 자신을 뉘우쳤다.[10] 화자는 노동

---

10 "이 서사시는 사회주의건설에 바쳐진 현실주제의 시에서 최근 년간에 거둔 우리의 귀중한 성과의 하나로 보아야 할 것이다. (중략) 그러나 생산 공정에서 주인공들의 성격을 보여주기 위하여서는 그들의 투쟁대상인 낡은 것을 짓부시는 혁명적 기백이 있어야 하며 그러기 위하여 생산 공정에서 제기되는 심각한 문제가 그려져야 할 것이다. 그런데 이 작품에서는 새것과 낡은 것과의 투쟁이 약하게 그려지고 천리마기수들은 다만 성격들 간의 가벼운 오해와 그로 인한 웃음으로 화해하며 또 막혔던 애로도 너무나 쉽게 풀리는 바람에 유쾌한 웃음 속에 만사가 해결되어 대형압연기 제작 드디어 성공! 이라는 벽보판이 내걸리고 꽃보라가 휘날린다. 생산 공정에서 새것과 낡은 것과의 투쟁이 제기되지 않고 만사가 웃음 속에서 순풍에 돛을 단 식으로 잘 되여가는 데서 새것과 낡은 것과의 투쟁도 웃음 속에 용해되여버리는 데서 과연 독자들이 로동계급의 혁명정신을 배울 수 있을 것인가?" (엄호석, 「혁명적 시문학의 사상예술적 질을 전진하는 시대의 요구에 맞게 훨씬 높이기 위하여 (1)」, 『조선문학』, 문학예술출판사, 1972. 2, 100~102면.)

계급의 위대한 힘이 '혁명정신'에서 나오는 것임을 역설하고 있는 것이다.

'절정'에 해당하는 제5장에서, 유송순은 〈ㅎ탑신〉의 안과 밖을 동시에 깎아내는 새로운 착안을 제안했고, 이 창안이 토의에서 채택되자 강철림의 교대가 첫 시험에 나섰다. 첫 시험에 실패하자 유송순은 새로운 방도를 찾기로 약속하였다. 이에 따라 진동을 막기 위해서는 지구의 중간에 받침대를 대야 하는데, 이를 위해서는 내면을 깎는 바이트 날의 회전 상태를 관찰해야 한다는 새로운 과제가 제기되었다. 고민이 계속되던 어느 날 강철림은 돌아가는 탑신의 굴뚝 속으로 뛰어 들어갔다. 그리고 이를 통해 지구의 진동을 막을 방도가 생겨났다. 이와 같이 노동자계급과 인텔리계급은 창안과 실천의 협력과정을 통하여 '기술혁명의 과업을 완수'해 나가고 있다. 화자는 이들과 같은 새 세대의 두 어깨에 '조국의 미래'가 달려 있음을 강조하고 있는 것이다.

'결말'에 해당하는 맺음시에서는, 드디어 노동자들이 〈ㄹ대형 압연기〉와 〈ㅎ탑신〉을 제때에 만들어 과업을 완수하였다. 그러나 기뻐할 사이도 없이 강철림과 유송순은 벌써 청년돌격대의 선두에 서서 새로 일어서는 주강직장 건설장으로 달려갔다. 화자는 과업의 완수를 '새로운 과업의 시작'으로 연결시켜 놓음으로써 이와 같은 새 세대의 건설투쟁이 조국 땅 어느 곳에서나 흔하게 벌어지는 일임을 역설하고 있는 것이다.

결론적으로 서사시의 주제로서 화자가 강조하고 있는 것은 다음과 같다. 이렇듯 평범한 사람들이 영웅이 될 수 있는 것은 바로 그들이 '수령의 혁명사상'으로 무장되어 있기 때문이라는 것이다. 그리고 여기에서 강조하고 있는 수령의 혁명사상이란 바로 '경제건설과 국방건설을 병진시키는 문제'라는 것이다.

　　― 그렇다, 그렇다,
　　　우리에게는 아직도
　　　저 화물렬차가 가닿아야 할

남녘땅이 앞에 놓여있다. ―

　　아, 행복과 고통으로 한 심장속을 갈라놓은
　　미제원쑤여
　　짓밟힌 조국의 남녘땅이여!
　　사랑하는 그대의 가슴을 짓누르는
　　미제침략자의 가슴팍에
　　멸망의 불벼락을 안길 그 시각은 다가오고있다.

　　그대 그렇듯 피흘리며 열망하는
　　4천만 조선인민의 위대한 수령
　　김일성동지의 한품속에 안겨 살
　　통일의 그날은 오고있다!

　　한손엔 총을, 다른 한손엔
　　낫과 마치를 높이 추켜들고
　　무쇠의 갑옷을 번쩍이며
　　그날을 앞당겨 내닫는 영웅들.
　　아, 그들의 가슴속에 언제나 불길로 타번지는
　　위대한 수령의 사상이여!

　지금까지 살펴본 바와 같이, 정문향의 서사시 『새세대의 노래』는 '천리마 시기'인 현재를 시간적 배경으로 삼고 있으며, 노동현장인 공장을 공간적 배경으로 설정하고 있다. 또한, 인물 간의 관계는 '노동과 지식' '혁명과 현실' 사이의 우선순위를 둘러싼 비적대적 갈등양상을 보여주고 있다. 그리고 서사구조의 특징은 다음과 같다.

서사구조	주제
발단	'기술혁명'이라는 수령의 과업에 대한 주체적 인식
전개	과업에 대한 수령의 교시
위기	혁명정신을 통한 수령의 과업 실천
절정	수령의 과업 완수
결말	수령의 새로운 과업에 대한 주체적 인식

 즉, 사건의 진행이 '수령의 과업 인식 → 수령의 과업 완수'라는 완결구조를 띠고 있으며, 발단과 결말이 동일한 내용으로 반복되는 수미상관의 순환구조를 통하여 이 구조적인 완결성을 더욱 강화하고 있다. 마지막으로, 자아와 세계의 대결양상은 '미제 침략자'라는 외부의 적을 상정함으로써 '김일성 수령의 품속'이라는 내부의 '운명공동체'를 부각시키고 있다. 즉, 모든 인민이 제각기 맡은 직무는 달라도 천리마시대를 살아가는 동시대인으로서 김일성 수령의 품속에서 기술혁명을 통한 공산주의 미래창조라는 하나의 목표를 향하여 나아가는 '동행자'임을 강조하고 있다. 이처럼 운명공동체로서의 북한사회는 어떠한 적대적 모순과 갈등도 존재하지 않는[11] 완결된 총체성의 세계를 구현하고 있다는 것이다.

 (2) '노동혁명'의 과제와 인간해방사상 (1972~1978년)
 이 시기에 북한에서 전사회적으로 전개한 핵심적인 경제운동 내용은 '경제혁명의 과학화'이다. 북한은 중국과 소련으로부터 경제독립을 이루기 위하여 자력갱생과 경제자립을 강조하는 '주체경제론'을 강화해 나갔으며, 이를 위하여 1971~1976년의 6개년 경제발전계획 기간에 ①중공업과 경공업 간의 격차를 줄이고, ②농업과 공업 간의 노동임금격차를 줄이고, ③여성

---

[11] "로작에서는 사회주의사회 근로자들의 생활을 그린 작품에서 갈등은 적대적 성격을 띠지 않으며 따라서 그것은 극단적으로 조성되거나 결렬에로 나가는 것으로가 아니라 부정이 극복되고 동지적 단결이 더욱 강화되는 것으로 해결되여야 한다는 것을 명시하였다." (사회과학원 주체문학연구소, 『조선문학사 13』, 사회과학출판사, 1999, 9면.)

의 가사노동 부담을 줄임으로써 여성노동력의 사회화를 이루는 것을 주요 목표로 정하였다.[12] 그리고 이와 같은 경제혁명의 과학화를 위한 이론적 토대를 '주체사상'에서 찾고 있다.

이 시기에 창작된 '사회주의건설주제작품'의 서사시로는 박명도의 「해당화」,[13] 김성조·안창만의 「설레이라 벼바다 강냉이 바다여」[14] 등이 있다. 이 가운데 이 시기를 대표하는 작품인 박명도의 「해당화」는 '머리시-제1장(1~4)-제2장(1~4)-제3장(1~4)-제4장(1~7)-제5장(1~5)-제6장(1~6)-맺음시'의 형태로 이루어진 '서사시'이다.

서사적 인물과 사건을 바라보는 **화자의 사상과 정서**는 다음과 같다. 화자는 인간의 권리조차 못 누렸던 어제 날의 노동자들의 삶을 환기시키면서, 이와는 달리 노동계급을 유해노동에서 해방하려는 인간해방의 설계를 구상하고 있는 김일성의 '위대한 사랑'을 노래하고자 한다. 이와 같은 김일성의 뜻에 따르는 것이 이 시대 인텔리에게는 최고의 영예가 될 것임을 역설하면서, 목숨 바쳐 수령의 구상을 꽃피워가려는 그들의 혁명의지를 예찬하고자 한다.

대표적인 인물로는 민철 기사와 명희 군의, 그리고 치수 기사장과 일남 대장이 등장한다.

먼저, **민철 기사**는 해방시기부터 조선의 야금계와 함께 늙어 온 참다운 인텔리이다. 그는 기술혁명의 횃불을 들고 과학원에서 공장으로 자원해 온 기사이며, 그가 만든 새 제강법은 강철전선에서 새로운 돌파구를 마련해 주었다. 하지만 먼지에 흐려진 해당화를 발견한 그는 기중기 탑 위에 올라가 신기록의 굴뚝에서만 치솟는 검은 연기를 확인하게 된다. 그리고 노동

---

12 사실상, 이 6개년 경제발전계획은 1976년 10월 노동당 제5기 제12차 전원회의에서 ① 관개시설 완공, ② 토지개량사업 추진, ③ 다락밭 건설, ④ 치산치수, ⑤ 간척지 개발 등의 〈자연개조 5대 방침〉을 새롭게 결정함으로써, 계획기간을 3년간 연장하게 되었다.
13 박명도, 「해당화」, 『조선문학』, 문학예술출판사, 1977. 1, 17~41면.
14 『인민의 위대한 태양』, 문예출판사, 1978, 91~122면.

계급을 유해노동으로부터 해방시키는 것이 공산주의자의 숭고한 사명이라던 수령의 뜻을 잊은 채, 노동자의 건강에 대한 관심 없이 강철에만 전념해 온 자신의 과오를 깨닫게 된다. 그날부터 실험실에 박혀 먼지잡이 새 연구에 몰두하였고, 자신이 만들어낸 〈안개식 원리〉에 대중이 발의한 〈계단식 제진〉을 결합하여 〈계단식 제진 탕크〉를 발명하게 된다. **명희**는 현장진료소의 군의이다. 그는 립철공장이 신기록을 달성하여 축포를 터트린 다음날 아침 바닷가에서 먼지에 흐려진 해당화를 발견하고는, 그것을 꺾어가서 공장 사람들에게 보여준다. 그 후 민철 기사의 조수가 되어 그를 도와 〈안개식 원리〉를 만들어내는 데 일조한다.

다음으로, **치수 기사장**은 제대군인으로서 용해장을 맡아 신기록의 진군을 지휘하고 있다. 그는 민철 기사가 제안한 〈안개식 먼지잡이〉도 해야 하지만, 수령에게 맹세한 강철계획을 완수하는 것이 더 중요하다고 생각한다. 그래서 용해공들을 독려하여 신기록 달성의 여세를 몰아 어머니당 대회까지 매진해 나아가고자 한다. 하지만 민철 기사가 스스로 몸을 던져 〈계단식 제진 탕크〉의 폭발원인인 회전로의 낡은 연도를 막아내다 화상을 입고 쓰러진 것을 보고는 그가 하던 일을 대신 맡아서 성공리에 끝마친다. **일남 대장**은 제대군인 돌격대장으로서 용해장의 신기록 영웅이다. 그는 민철 기사를 돕고 싶은 마음에 대중들의 지혜를 모아 〈현상응모도면〉을 수집하여 민철 기사에게 전한다. 그리고 돌격대를 추동하여 〈계단식 제진 탕크〉의 폭발원인인 회전로의 낡은 연도를 막는 일에 온몸으로 떨쳐나선다.

이와 같이 민철 기사와 명희는 '인간해방'이라는 수령의 구상을 꽃피워나가는 인텔리계급을 대표하고, 치수 기사장과 일남 대장은 민철 기사가 발견한 새 원리의 태동을 한마음으로 지켜내고자 하는 노동계급을 대표하고 있다.

전체적인 **서사구조의 전개양상**을 살펴보면 아래와 같다.

'**발단**'에 해당하는 제1장에서, 강철전선의 최전방인 철의 도시에서는 지휘관인 민철 기사를 중심으로 100일간의 강행군 끝에 드디어 립철생산의 신기록을 돌파하여 축포를 쏘아 올렸다. 그런데 신기록의 축포를 쏘아 올린 다음날 아침, 명희가 바닷가에서 먼지에 흐려진 해당화를 발견하고 꺾어서 공장 사람들에게 보여주러 왔다. 민철 기사는 먼지 앉은 꽃을 보면서 노동계급을 위해 유해노동을 덜어주는 것은 공산주의자의 숭고한 사명이자 인간해방의 숭고한 목표라고 했던 수령의 말을 떠올리며 자책감에 사로잡힌다. 그때 치수 기사장이 달려와 수령이 신기록 보고를 듣고 기뻐했다는 소식을 전하면서, 신기록의 기세를 몰아 어머니당 대회까지 지속해 나가자고 용해공들을 독려한다. 하지만 민철 기사는 오직 신기록의 굴뚝에서만 검은 연기가 치솟아 오르는 것을 보고 노동자들의 건강은 돌보지 않고 강철에만 전념해온 것은 자신의 과오임을 깨닫는다. 그리고는 그날부터 신기록의 먼지와 싸우기 시작한다. 화자는 '착취노동'으로부터의 노동계급해방을 넘어서 '유해노동'으로부터의 노동계급해방을 지향하는 '새로운 싸움'의 필요성을 제시하고 있는 것이다.

 '전개'에 해당하는 제2장~제3장에서는, 민철 기사의 조수가 된 명희가 숯불에 얹어 놓은 물주전자가 열린 창문으로 불어 들어오는 바람에 의해 뒤집혔는데 그때 수증기 방울이 날아오른 재티를 물고 내려앉는 것을 보고, 민철 기사는 분무기의 물안개가 굴뚝의 먼지를 물고 떨어지는 것을 연상하여 〈안개식 원리〉를 만들어냈다. 그리고 밤을 새워 〈안개식 제진 탕크〉의 새 도안을 완성하였다. 이에, 강철공장에서는 〈세상에서 가장 귀중한 것은 사람이며 가장 힘 있는 존재도 사람입니다〉라는 김일성 수령의 말씀을 플레카드로 만들어 걸어놓고, 〈제진 탕크〉를 세우는 일에 모두가 앞장서 나섰다. 화자는 유해노동으로부터 노동계급을 해방하려는 과학연구가 '수령의 의지'에 부합하는 것임을 역설하고 있는 것이다.

 '위기'에 해당하는 제4장에서, 치수 기사장은 용해장을 맡아서 신기록의 진군을 지휘하고 있다. 수령에게 맹세한 강철계획을 완수하지 못할까봐 불안해하고 있는데, 민철 기사가 회전로의 심장인 예비배풍기를 제 마음대로 실어간다는 소식을 듣자, 달려가 멈춰 세우며 민철 기사에게 자신과 의논하고 질서를 지켜 일을 처리하라고 말한다. 이에 민철 기사는 바쁜 것만 생각하고 위계질서를 어긴 자신의 잘못을 뉘우친다. 강철도 먼지잡이도 함께 풀어 수령의 심려를 덜어드리지 못한다면 조선의 인텔리로서 자격이 없음을 생각하며 각오를 다진다. 한편, 일남 대장이 대중들의 지혜를 모은 〈현상응모면〉을 민철 기사에게 전하였는데, 민철 기사는 그 안에서 〈계단식 제진〉을 발견하고, 이 방법에 〈안개식 원리〉를 결합하여 마침내 〈계단식 제진 탕크〉를 세운다. 그러나 〈계단식 제진 탕크〉의 시운전을 위해 스위치를 넣는 순간 폭음과 함께 불연기가 솟아올랐다. 제진 탕크가 터지고 회전로가 멎었다. 민철 기사는 자책에 빠졌다. 화자는 이 새로운 싸움이 그만큼 '어려운 싸움'임을 강조하고 있는 것이다.

'**절정**'에 해당하는 제5장에서, 실패한 자신을 고무하는 수령의 말씀을 전해 듣고 민철 기사는 다시 힘을 내어 폭발의 원인이 낡은 연도 때문임을 밝혀낸다.

《…알만하오
회전로마저 멈춰놨으니
어디가 주저앉아 락심하고있을것이요
찾아가 내 인사를 전해주시오.

초행길이란 늘 그렇게 어려운 법이니
계속 완강히 밀고나가시오
우리 로동자들을
유해로동에서 영원히 해방시키는것은
주체조선의 또 하나의 커다란 승리로 될것이요

보시오, 공해때문에 아우성치는 자본주의세계를
하루에도 수천사람들이 숨져가고있소

이런 때 우리 로동자들의 일터에는

한송이 꽃에도 먼지가 앉는 일이 없어야 하오》

일남 대장은 회전로를 식히지 않으면서 낡은 연도를 막는 일에 앞장서 돌격대를 동원하였다. 교대로 횃불을 들고 낡은 연도 속으로 뛰어 들어가 먼지 연기를 내뿜는 낡은 연도목을 내화벽돌로 틀어막는 일을 쉬지 않고 계속하였다. 그러나 민철 기사가 뛰어와 안전규정을 지키라고 제지하여 이들은 할 수 없이 돌아갔다. 모두가 돌아간 후 민철 기사는 그들이 하던 일을 혼자서 반복하다가 화상을 입고 쓰러진다.[15] 화자는 '인간해방'이라는 수령의 구상을 꽃피우는 혁명의 길에서 모든 인텔리계급과 노동계급이 한마음 한뜻으로 '협동단결'해야 함을 강조하고 있는 것이다.

'결말'에 해당하는 제6장에서는, 일남 대장과 돌격대원들이 하던 일을 계속하려고 몰래 담을 넘어 들어왔다가 쓰러진 민철 기사를 발견하여 병원으로 데려간다. 치수 기사장은 스스로 방열복을 입고 그가 하던 일을 이어서 한다. 출근하던 사람들도 그 소식을 듣고 스스로 연도 속으로 뛰어 들어갔고, 그 결과 낡은 연도를 막아냈다. 이렇게 치수 기사장은 연도막이를 끝내고 시운전도 성공리에 마쳤다. 화상을 입은 민철 기사는 수령이 보내준 구급비행기 덕분에 치료를 받고 완쾌되었다. 퇴원 후에 정부로부터 발명휘장을 받고 신기록 공장의 대표로서 당 대회에 참석하기 위해 평양으로 떠났다. 화자는 인텔리 한 명의 생명을 위해서도 온 나라를 불러일으켜 보살펴주는 '수령의 위대한 사랑'과 그러한 수령의 사랑에 보답하기 위해 목숨을 다 바치고자 하는 '인민의 감사하는 마음'을 표현하고 있는 것이다.

---

15 이 서사시에서는 유해노동으로부터 노동자를 해방하는 혁명을 추구한다는 목표와 그 목표를 이루기 위해 민철 기사가 안전규정을 무시한 채 무리한 행위를 강행하다가 화상을 입고 실명의 위기에 처한다는 방법 사이에 심각한 모순과 괴리가 발생하고 있는데, 이것은 이 시기에 강조한 인간해방사상이 지닌 작위성을 반증하는 것이라고 볼 수 있다.

결론적으로 **서사시의 주제로서** 화자가 강조하고 있는 것은 다음과 같다. 야금기지에 피어난 깨끗한 해당화는 바로 유해노동으로부터 근로하는 사람들의 건강을 지켜내려는 수령의 위대한 사랑의 상징이라는 것이다. 그리고 여기에서 강조하고 있는 수령의 위대한 사랑이란 바로 '주체사상을 인간해방 사상으로 정립시키는 문제'라는 것이다.

　　사람!
　　이 한마디 말속에
　　얼마나 뜨거운 사랑이 깃들어있느냐

　　(중략)

　　사슬에서 해방된 그들을
　　고된 일에서 영원히 해방시키고저
　　인민이 사는 그 모든곳으로
　　몸소 찾으시고 문두드리시며
　　그들의 땀을 두고 건강을 두고
　　혈육처럼 보살펴주시는 우리 수령님

　　그 따사로운 사랑의 빛발로
　　풀 한포기 못폈다던 그 옛 공장에
　　이렇듯 해당화바다를 펼쳐주셨고
　　낮과 밤을 가릴길 없었던 머리우에는
　　이렇듯 맑은 하늘을 펼쳐주시지 않았는가

지금까지 살펴본 바와 같이, 박명도의 서사시「해당화」는 '3대혁명 시기'인 현재를 시간적 배경으로 삼고 있으며, 노동현장인 공장을 공간적 배경으로 설정하고 있다. 또한, 인물 간의 관계는 '기술혁명과 노동혁명' 사이의 우선순위를 둘러싼 비적대적 갈등양상을 보여주고 있다. 그리고 서사구조의 특징은 다음과 같다.

서사구조	주제
발단	'노동혁명'이라는 수령의 새로운 과업에 대한 주체적 인식
전개	과업에 대한 수령의 의지
위기	수령의 과업 실천을 위한 각오와 실패
절정	수령의 과업 실천을 위한 상호협력
결말	수령의 과업 완수

즉, 사건의 진행이 '수령의 새로운 과업 인식 → 수령의 과업 완수'라는 완결구조를 띠고 있으며, 이전 시기와 비교해 볼 때 상대적으로 수령의 과업을 실천해나가는 과정에서 겪는 어려움을 고조시킴으로써 새로운 과업의 의의를 더욱 강조하고 있다. 마지막으로, 자아와 세계의 대결양상은 노동계급 착취를 통해 유지되는 '자본주의사회'라는 외부의 적을 상정함으로써 북한 사회주의사회 내부의 주체사상이 '인간해방사상'임을 부각시키고 있다. 즉, '생산보다 더 귀중한 것이 사람'이라는 슬로건 아래 생산부분에서의 기술혁명과 더불어 '환경부분에서의 노동혁명'을 추구하는 주체사상의 의의를 강조하고 있다. 이처럼, 인간해방사상을 근간으로 하는 북한사회는 다른 어떤 사회체제보다도 우월한 총체성의 세계를 구현하고 있다는 것이다.

2) '자연개조과정'과 무조건성의 원칙: 1978~1985년

이 시기의 '사회주의건설주제작품'에서는 '새나라 건설사업'을 펼쳐나가는 건설현장을 배경으로 청년건설자들이 대자연을 개조하는 거대한 사업을 통하여 인민의 삶을 변모시켜나가는 혁명의 위대한 힘을 중점적으로 형상화하고 있다. 향유가 아니라 창조와 헌신이 진정한 행복이자 보람이라는 새 세대의 가치관을 가지고 수령과 당의 요구를 무조건적으로 해내려는 새로운 인간형을 형상화할 것이 강조되고 있다.

우리 시대 청년들의 형상을 창조함에 있어서 우리 당 제6차 대회가 제시한 1980년대 사회주의 경제건설의 웅대한 강령을 수행하기 위한 그들의 투쟁을 잘 반영하는 것은 매우 중요한 의의를 가진다. 우리 당중앙은 청년들이 혁명의 요구라면 물과 불 속에라도 서슴없이 뛰어드는 그러한 열정과 기백을 가지고 사회주의건설의 모든 전선에서 돌격대적 역할을 훌륭히 수행할 것을 바라고 있다. (중략) 특히 발전소건설과 갑문건설, 간석지개간, 새땅찾기를 비롯한 만년대계의 대기념비적 창조물들을 일떠세우는 들끓는 사회주의 건설장들에 적극 진출하여 세상 사람들을 놀래우는 기적과 위훈을 떨치고 있는 청년들의 형상을 빛나게 창조하는 데 힘을 기울여야 한다.[16]

이 시기에 북한에서 전사회적으로 전개한 핵심적인 경제운동 내용은 '새 나라 건설의 의지'이다. 북한은 지난 시기에 이어 '주체경제론'을 토대로 경제발전을 도모해 나갔으며, 이를 위하여 1978~1984년의 제2차 7개년 경제발전계획 기간에 ① 경제의 자립화, 현대화, 미학화 운동, ② 물자절약운동, ③ 대외무역증진운동, ④ 철도수송부문의 강화 등을 주요 목표로 정하였다.[17] 그리고 이와 같은 목표를 실현하기 위해 '80년대 속도창조 운동'을 전개한다.

---

16 「청년들을 당의 전투적 후비대로 튼튼히 준비시키는 데 힘있게 이바지하는 혁명적 문학작품을 더 많이 창작하자」, 『조선문학』, 문학예술출판사, 1982. 1, 35~36면.
17 사실상, 새롭게 설정한 〈사회주의 경제건설 10대 전망 목표〉와 기존의 〈자연개조 5대 방침〉이 계획대로 추진되지 못하자, 1981년 10월 노동당 제6기 제4차 전원회의에서 이를 〈자연개조 4대 방침〉으로 수정발표하면서 ① 서해갑문건설, ② 대천발전소건설, ③ 30만 정보 간석지개간, ④ 20만 정보 새땅찾기운동 등을 새롭게 추진하였고, 계획목표를 달성하지 못하자 다시 1984년에 계획기간을 2년간 연장하게 되었다.

이 시기에 창작된 '사회주의건설주제작품'의 서사시로는 오영재의 『철의 서사시』,[18] 『대동강』[19] 등이 있다. 이 가운데 이 시기를 대표하는 작품인 오영재의 『대동강』은 '머리시-제1편(1~6)-제2편(1~7)-제3편(1~7)-제4편(1~6)-맺음시'의 형태로 이루어진 '장편서사시'이다.

서사적 인물과 사건을 바라보는 **화자의 사상과 정서**는 다음과 같다. 화자는 평양의 중심을 흐르고 있는 대동강을 답사하면서 그곳에서 만나게 되는 다양한 사람들과 그들의 여러 가지 생활들을 기록하고자 한다. 대동강 기행을 통해 지난날 눈물의 강, 수난의 강이었던 대동강이 수령과 지도자 동지의 사랑의 손길 아래 행복의 강, 낙원의 강으로 전변된 역사를 열렬한 조국애의 감정으로 노래하고자 한다.[20]

대표적인 인물로는 리수옥과 명훈, 그리고 최 교수와 시인 화자가 등장한다.

먼저, **리수옥**은 수몰지 마을에서 나고 자란 처녀로서 금성호를 건설하기 위해 대동강에 언제를 쌓을 때 조국의 위대한 변천에 동참하고자 자진해서 수송직장의 신호공이 되었다. 언제 준공식이 끝난 후에는 동료들과 함께 남포갑문건설장으로 옮겨 가서 일하였고, 지금은 그곳에서 기중기를 운전

---

[18] 오영재, 『철의 서사시』, 문예출판사, 1981.
[19] 오영재, 『대동강』, 문예출판사, 1985.
[20] "이 작품의 시행마다에는 어버이 수령님과 친애하는 지도자 동지께서 펼쳐주신 우리 시대에 대한 절절한 공감과 주체조국에 대한 열렬한 사랑이 넘쳐흐르고 있다. 시인은 이렇듯 열렬한 조국애를 금성호와 연풍호에 넘치는 은혜로운 사랑과 대동강 굽이굽이에 깃든 영광의 자욱 그리고 봉화와 미림의 갑문을 거쳐 남포갑문건설장에서 꽃피고 있는 위대한 구상을 통하여 격조높이 노래하고 있기에 사람들을 뜨겁게 공감시킬 수 있었다. 시인의 이러한 애국주의적 열정은 시인 자신의 감정의 분출로만이 아니라 이 서사시에 나오는 주요 인물들의 사상감정 속에 깊이 있게 용해되고 있는 것이 특징적이다. 즉 수난의 력사를 체현하고 있는 윤 로인과 한평생 조국 땅 방방곡곡을 탐구의 걸음으로 다녀온 최 교수, 새 생활을 창조하며 행복과 사랑을 꽃피워가는 수옥과 명훈 등 인물들의 구체적인 사상감정을 통하여 조국애는 다양하게 노래되고 있다." (강진, 「조국에 대한 관점과 사랑을 형상적으로 구현하는 데서 나서는 기본 요구」, 『조선문학』, 문학예술출판사, 1986. 9, 41면.)

하고 있다. 금성언제공사장에서 언제를 쌓을 당시에 운송직장의 운전수로 일하던 명훈이와 사귀었다. 하지만 직장을 옮기고 이상적 가정을 꾸리자는 명훈의 제안을 거절한다. 왜냐하면 수옥은 향유가 아니라 창조, 헌신, 희생에서 행복과 보람과 영예를 찾기 때문이다. **명훈**은 평양에서 금성호 건설 현장으로 파견된 부기장의 맏아들로서 금성언제공사장에서 운송직장의 운전수로 일하였으나, 언제공사가 끝난 후에는 식료차 반트럭을 운전하게 되었다. 그는 공업대학에 들어가서 개인적인 이름을 내고 편히 살 수 있는 길을 선택한다. 수옥을 사랑하므로 설득하여 의과대학에 보내고 결혼하여 이상적인 가정을 꾸리고자 하며, 자신의 제안을 거절한 수옥에게 분노한다. 그러나 남포갑문건설장에서 벌어지는 거창하고 참다운 생활광경을 목격하고는 인생관이 변하게 된다. 수옥과 명훈은 새 세대를 대표하는 인물로서, 수옥은 집단적 위훈을 중시하는 가치관을 지니고 있으며, 명훈은 개인적 성취를 중시하는 가치관을 지니고 있다. 이와 같이 수옥과 명훈 사이에 발생한 가치관의 대립을 통해 새 세대의 내면적 갈등과 고뇌를 드러내는 동시에, 대동강개조사업이 벌어지는 이 격동의 시대에 새 세대가 지향해야 하는 가치관이 무엇인지를 제시한다.

 다음으로, 지리학자인 **최 교수**는 수령의 혁명사상인 주체사상의 입장에서 볼 때 자연의 의미는 인간에 대한 복무에 있고, 지리학의 가치는 국가와 인민에 대한 봉사에 있다고 믿는다. 따라서 조국과 인민에 대한 김일성 수령의 사랑으로 이루어진 대동강개조공사를 조선의 큰 자랑으로 인식한다. 이에 최 교수는 다섯 번째의 대동강 편답을 통해 대동강의 새 지도를 완성하고, 수령의 사랑에 대한 감사 표현으로서 대동강을 수령의 이름으로 새 지도에 새겨 넣고자 한다. **시인 화자**는 조국의 여러 고장들을 편답하며 시를 짓고 있다. 지난해부터는 대동강을 소재로 시를 지어보고자 그 기슭에서 벌어지는 언제공사 현장에 직접 참여하기도 하였다. 그리고 대동강을 더 잘 알기 위해 다시 답사의 길에 올랐다. 시인 화자는 공업도시 덕천 땅에서 지리학자인 최 교수를 우연히 만나 함께 대동강을 답사하게 된다. 최 교수가 대동강의 이름을 수령의 이름으로 새 지도에 새겨 넣고자 하는 것을 알고, 시인 화자는 그에게 또 다른 제안을 한다. 대동강개조공사라는 수령의 숙원을 받들어 김정일 동지가 이 공사의 대단원을 이루는 남포갑문건설공사를 맡아 나선 것처럼 김일성의 사랑이 대를 이어 김정일을 통해 지속될 것이므로, 남포갑문의 이름을 김정일의 이름으로 새겨 넣을 것을 새롭게 제안한다. 이와 같이 이 시대의 인텔리계급을 대표하는 지리학자 최교수와 시인 화자가 대동강 답사에서 도출한 결론을 서로 주고받는 과정을 통해서, 대동강개조공사가 지니는 역사적 의의가 무엇인지를 밝힌다.

전체적인 **서사구조의 전개양상**을 살펴보면 아래와 같다.

'**발단**'에 해당하는 제1편에서, 시인 화자는 조국과 수도 평양의 핵심을 이루는 대동강을 답사하기로 한다. 대동강의 상류에 새롭게 생긴 금성호에서 하류의 남포갑문까지를 기행하기 위해 열차를 타고 금성호로 갔다. 여행길을 시작하기 전날 밤 낚시터에서 만난 칠낚군 윤 노인의 말동무가 되어 대동강에 얽힌 그의 사연을 듣게 된다. 그는 1898년의 대동강 대홍수로 아버지와 외가 식구를 잃었다. 그리고 1923년 물난리에는 그의 고향인 숲동마을 전체가 망가졌다. 윤 노인은 백성의 만년숙원이 이루어진 호수를 바라보며 감회에 젖는다. 시인은 다음날 아침에 금성호에서 여객선을 탄다. 그리고 그곳에서 수옥이를 만난다. 이 수몰지 마을에서 나고 자란 수옥이는 대동강에 언제를 쌓던 시절 수송직장에서 신호공으로 일하였는데, 언제 준공식이 끝나자 동료들과 함께 남포갑문으로 옮겨갔고, 지금은 남포갑문 건설장에서 기중기를 운전하고 있다. 잠시 휴가를 받아 고향마을에 왔다가 돌아가는 길이다. 수옥은 언제를 쌓던 당시에 평양에서 금성호 건설현장으로 파견된 부기장의 맏아들로서 운수직장에서 운전수로 일하던 명훈이와 사귀고 있었다. 시인은 언제의 부두에서 배를 내리기 직전에 명훈의 안부를 물었다. 수옥은 자세한 대답 대신에 일기장을 내놓으면서, 기행의 마지막 지점인 남포갑문에서 만나 돌려줄 것을 약속한 채 헤어졌다. 언제에 내린 시인은 숲동공원의 의자 위에 앉아 수옥의 일기책을 꺼내 읽으며, 수옥에게 이별과 배반의 아픔을 주고 떠난 명훈에 대해 생각해본다.

'전개'에 해당하는 제2편에서, 시인은 공업도시인 덕천 땅에서 지리학자인 최 교수를 우연히 만난다. 최 교수는 대동강을 다섯 번째 편답하는 중인데, 시인은 최 교수가 무엇을 찾고자 대동강을 편답하는지 궁금증을 안은 채 그와 동행한다. 그들은 조국해방전쟁시기 수령의 행적에 관한 이야기를 담아 새로 꾸린 〈옥천혁명사적지〉를 함께 둘러보고, 다음날 성천의 비류강에서 다시 만날 것을 기약하며 헤어진다. 시인은 북창으로 가는 길에 만난 기사장을 따라서 풍곡양어장을 둘러보고, 북창에 도착하여 평남관개의 첫 관문을 둘러보면서 가뭄을 해소해 준 수령의 은혜를 되새긴다. 다음날 다시 연풍호에 도착한 시인은 연풍관개관리소의 지배인으로 일하고 있는 옛 전우인 손 동무와 옥녀 동무 부부를 찾아간다. 옛이야기를 하다가 시인의 고향인 영산강과 옥녀 동무의 고향인 한강, 그리고 그날의 격전지였던 낙동강의 홍수를 생각하며, 분단된 현실에 가슴아파한다.

'위기'에 해당하는 제3편에서, 시인은 다시 길을 떠나기 위해 역으로 가던 중 거리에서 우연히 식료품 반트럭을 운전하는 명훈을 만난다. 그가 직업을 바꾼 경위와 수옥과 헤어진 경위에 대해서 듣다가 열차에 오를 시간이 되어, 지원물자를 싣고 오는 날 남포갑문에서 다시 만날 것을 기약하고 헤어진다. 시인은 열차 안에서 남포갑문으로 옮겨가는 언제건설자들을 바라보며 명훈의 말을 떠올리고, 수옥과 명훈의 생활에 대한 견해가 그들의 이상과 포부가 어떻게 달라진 것인지 궁금하여 다시 수옥의 일기장을 읽는다. 한편, 시인은 성천에 내려 비류강을 둘러보고, 삭창리에 묵고 있는 교수를 만나러 간다. 교수는 해방직후 장군님이 이곳의 비류강을 찾은 그날을 회상하면서, 장군님에 비추어볼 때 자신이 지닌 조국에 대한 사랑이 보잘 것 없음을 고백한다. 시인은 성천 마을을 떠나며 교수와 작별하였는데, 교수는 남포갑문에서 꼭 보여줄 것이 있다며 그곳에서 다시 만날 것을 약속하였다. 그리고 시인은 신흥도시인 평성으로 가서, 그곳의 백송리에 있는 종합대학에 들렀다. 전쟁 시기에 세워진 그 종합대학은 수령이 대동강

개조의 원대한 구상을 학생들에게 처음으로 제시한 곳으로서, 시인은 이곳에서 수령의 위대성을 다시 느낀다.

'**절정**'에 해당하는 제4편에서는, 봄에 시작한 대동강 답사가 어느덧 여름에 이르렀을 때 시인은 평양에 도착했다. 남해 바닷가 출신인 시인에게 평양은 제2의 고향이다. 당중앙청사를 바라보며 시인은 조국의 미래를 빛내어 갈 김정일에 대하여 생각한다. 시인은 평양에서 다시 배를 타고 남포로 향한다. 그리고 하류의 대자연개조 전투장이자 이 대동강 기행의 마지막 지점인 남포갑문건설장에 도착한다. 거대한 개조의 대단원인 남포갑문건설은 수령의 숙원인데, 이 난공사를 김정일 동지가 맡아서 4년 만에 완공할 것을 약속했다. 이러한 김정일에게서 시인은 조국의 새 시대와 미래의 새 세계를 감지한다. 한편, 시인은 건설현장에서 교수와 재회한다. 함께 그곳을 둘러보며 집단의 위대한 힘을 느낀다. 소낙비가 퍼붓는 속에서도 병사들은 일손을 멈추지 않았는데, 명훈은 지원물자를 수송해왔다가 그 장면을 목격하지만 도망치고 말았다. 그리고는 시인에게 자신이 새로운 생활을 설계할 수 있도록 도와달라는 편지를 보내왔다. 시인이 명훈의 그 편지를 수옥에게 보여주자, 수옥은 갑문건설장에서 새 생활을 설계하라고 시인 대신 자신이 명훈에게 답장하겠다고 말한다.

'**결말**'에 해당하는 맺음시에서, 교수는 남포갑문건설장의 등성이에 자리잡은 그의 연구실로 시인을 데려가 이날까지 편답하며 그가 그려온 대동강의 새 지도를 보여준다. 그리고 사랑의 강인 대동강을 수령의 이름으로 새 지도에 새겨 넣고 싶다고 말한다.

> 교수의 두눈은 깊은 생각으로 빛나라
> 《내가 다섯번째로
> 이 대동강을 편답한것은
> 이 조국땅에 깃든
> 위대한 수령님의 사랑을 다시 새겨

그 사상 그 정신의 높이에서
　내 한생을 총화하자는것이였습니다
　이 지도는 그 산물이라고 할가요
　그런데 시인선생》

　다음 말을 망설이는듯
　잠시 침묵끝에 이어가는 말
《대동강의 편답을 끝마치고 보니
　생각이 달라졌습니다
　(중략)

　이번의 편답을 마치며
　나에게 하나의 소원이 생겼습니다
　옛날에는 이 강을 패수라고 불렀고
　대동강이라는 이름은
　많은 강들이 모여 흐른다는 뜻으로
　근대에 와서 붙인 이름이지요
　시대와 인민의 요구에 따라
　강의 이름도 달라질수 있지요
　어버이수령님의 위대한 사랑으로 차넘치는
　이 강의 이름을
　그이의 존함으로 부르며
　또 그렇게 새 지도에 새겨넣고싶습니다》

　그러자 이에 덧붙여 시인은 교수가 완성한 대동강의 새 지도에 사랑의 지킴이인 남포갑문을 김정일의 이름으로 새겨 넣을 것을 새롭게 제안한다.

《교수선생…》
나는 창문에 다가가
일어서는 언제를 바라보며
조용히 흥분에 떨고있는
교수의 손을 잡았다

《대동강의 하구를 봉쇄한
 저 갑문을 보며
 저도 생각되는바가 있습니다
 수령님의 사랑이 한방울도 새지 않게
 굳건히 막아선 저 갑문말입니다

 저 갑문이 있어
 그 사랑은 온 나라에
 생명의 젖줄기로 퍼지고
 저 갑문이 있어
 그 사랑은 대를 이어 세월을 넘어
 살기 좋은 내 조국땅에
 찬란한 번영의 꽃을 피워갈것이 아닙니까

 저 갑문이야말로
 우리의 친애하는 김정일동지
 그 이름과 함께
 시대의 대기념비로
 사랑하는 조국땅에
 후손만대 인민들의 가슴속에
 길이 솟아 빛날것입니다》

결론적으로 **장편서사시의** 주제로서 화자가 강조하고 있는 것은 다음과 같다. 수령이 대동강개조공사를 시작했고 수령의 숙원을 받들어 그 마지막 관문인 남포갑문건설공사를 김정일 동지가 끝내고자 하듯이, 인민에 대한 김일성의 사랑이 대를 이어 김정일을 통해 지속될 것이며, 따라서 인민은 수령과 당의 요구를 이루어내기 위해 '무조건성의 원칙'에 의거하여 희생하고 헌신할 때 비로소 참된 삶을 살 수 있다는 것이다. 그리고 여기에서 강조하고 있는 대자연의 개조는 바로 '주체사상의 승리'를 의미한다는 것이다.

지금까지 살펴본 바와 같이, 오영재의 서사시 『대동강』은 '80년대속도창조 시기'인 현재를 시간적 배경으로 삼고 있으며, 대동강 일대의 대자연개조건설현장을 공간적 배경으로 설정하고 있다. 또한, 인물 간의 관계는 '집단과 개인' '김일성 수령과 김정일 지도자' 사이의 상관관계를 둘러싼 비적대적 갈등양상을 보여주고 있다. 그리고 서사구조의 특징은 다음과 같다.

서사구조	답사과정	주제 ①	주제 ②
발단	상류의 금성호에서 답사 시작.	수옥을 만나서 수옥과 명훈의 결별을 알게 됨.	
전개	중류의 연풍호 답사.		대동강 편답 중인 최 교수를 만나서 동행함.
위기	중류의 비류강 답사.	명훈을 만나서 수옥과 명훈의 결별 원인을 알게 됨.	최 교수는 조국에 대한 수령의 위대한 사랑을 역설함.
절정	하류의 남포갑문건설장에서 답사 끝.	수옥과 명훈을 만나서 둘의 재결합 의지를 확인함.	시인은 김정일에게서 조국의 새로운 미래를 예감함.
결말	최 교수가 새 지도 완성.		시인은 새 지도에 김일성과 김정일의 이름을 함께 새겨 넣을 것을 제안함.

즉, 사건의 진행이 크게 두 갈래로 나뉘고 양자가 상호 유기적으로 연관된다.[21] ①수옥과 명훈의 '만남→이별→재회'가 가치관의 변화에 따라 '사랑→결별→진정한 사랑'이라는 성취적 양상을 띠고 전개된다. ②대동

강 개조공사의 '김일성 구상 → 김일성 착공 → 김정일 완공'이 역사의 흐름에 따라 사회주의조국의 '과거 → 현재 → 미래'라는 발전적 양상을 띠고 전개된다. 마지막으로, 자아와 세계의 대결양상은 '난폭한 자연'이라는 외부의 적을 상정함으로써 '사회주의조국'이라는 내부집단의 '단결'을 부각시키고 있다. 즉, 수령과 당의 요구를 무조건적으로 해내려는 새로운 인간형을 통해서만 새나라 건설을 위해 대자연을 개조하는 거대한 사업에 있어서, 인민의 강인한 의지로 자연의 법칙을 극복하고 조국의 모습을 변모시켜 나갈 수 있음을 강조하고 있다. 이처럼 대동강개조공사를 통해 사회주의조국의 더 나은 미래를 향해 번영해 나가는[22] 북한사회는 인민에 대한 수령과 지도자의 한없는 사랑, 그리고 수령과 지도자에 대한 인민의 다함없는 충성으로 충만한 총체성의 세계를 구현하고 있다는 것이다.

---

21 "장편서사시 《대동강》은 서사시로서 응당 구비해야 할 체모를 훌륭히 갖추게 하면서도 기행체 형식의 특성을 최대한 발양시킬 수 있는 형상의 고리를 찾아냈다. 작품은 시인과 깊은 인연관계를 맺고 있는 중심인물을 설정하고 작품의 첫머리와 중간과 마감에 등장시키는 독특한 줄거리로 구성을 엮어 나갔다. 그렇기 때문에 비록 일관된 사건적인 줄거리는 아니지만 인물들의 정신적 미와 이야기의 결말에 대한 동경과 기대를 가지고 작품을 읽어나갈 수 있는 강한 견인력을 보장할 수 있었던 것이다. 실례로 작품의 제3편에서 시인과 수옥의 대화를 통하여 결렬된 수옥이의 사랑이 앞으로 어떻게 될 것인가 하는 기대를 독자들에게 주고 나서 제3편 첫머리를 수옥의 애인인 명훈의 이야기로 시작하였으며 대동강 기행이 끝나는 서해갑문건설장에서 비로소 두 사람을 등장시켜 그들의 사랑도 행복한 결말로 매듭짓게 하였다. 여기에 시인과 로학자가 동행하는 이야기를 잘 결합시켰던 것이다." (손승태, 「대동강과 더불어 길이 전해질 조국에 대한 사랑의 서사시—장편서사시 《대동강》에 대하여—」, 『조선문학』, 문학예술출판사, 1986. 11, 51면.)

22 "이 시기 (중략) 수도 평양에서는 주체사상탑, 개선문을 비롯하여 광복거리, 청춘거리 그리고 인민대학습당, 평양산원, 창광원, 빙상관, 5월1일 경기장 등 주체조선의 참모습을 보여주는 건설대상물들이 련이어 일떠서는 눈부신 성과가 이룩되였으며 서해갑문을 비롯하여 전국 도처에 웅대한 기념비적 창조물들이 솟아났다." (사회과학원 주체문학연구소, 『조선문학사 15』, 사회과학출판사, 1998, 158면.)

3) '인간개조과정'과 집단주의정신의 회복: 1985~1995년

이 시기의 '사회주의건설주제작품'에서는 '속도전'을 벌여나가는 건설현장을 배경으로 건설자들이 겪는 세대 간의 갈등, 동료 간의 갈등, 개인내면의 심리적 갈등 등과 같은 인간문제를 중점적으로 형상화하고 있다. 이와 같은 인간문제는 '혁명적 양심'에 대한 문제이며, 혁명적 양심은 개인의 이익을 집단의 이익에 복종시킴으로써 개인의 운명과 집단의 운명을 하나로 통일시켜 나가는 것이라는 새로운 가치관을 형상화할 것이 강조되고 있다.

우리 시대의 근본적인 인간문제는 혁명적 량심에 대한 문제이다. 혁명적 량심을 떠나서는 참된 혁명가에 대하여 생각할 수 없다. 당과 수령에 대한 참된 충성심도, 조국과 민족에 대한 사랑과 인민에 대한 헌신성도, 그리고 혁명적 신념과 지조도 그 모두가 다 혁명적 량심과 결부되여 있다. (중략) 혁명적 량심에 대한 문제는 특히 그것이 혁명과 개인, 집단과 《나》의 계선에서 제기될 때 더욱 절박한 생활적 문제로 된다. 혁명적 인생관은 곧 집단주의적 인생관이다. 이런 의미에서 볼 때 참된 혁명가로 되는 과정이란 곧 개인의 리익을 집단의 리익, 혁명의 리익에 복종시키며 개인의 운명을 집단의 운명과 통일시켜 나가는 과정이라고 말할 수 있을 것이다.[23]

(1) '내부갈등'의 문제와 일심단결의 투쟁방법 (1985~1989년)

이 시기에 북한에서 전사회적으로 전개한 핵심적인 경제운동 내용은 '통큰 사업의 전개'이다. 북한은 1980년대 후반부터 절대적 빈곤상태로 전락하게 되었으며, 경제회복에 총력을 기울이기 위하여 1987~1993년의 제3차 7개년 경제발전계획 기간에 '경제의 주체화, 현대화, 과학화를 계속 강화하

---

23 최언경, 「우리 시대의 청년전위—3대혁명소조원의 형상에서 나서는 몇 가지 문제」, 『조선문학』, 문학예술출판사, 1989. 11, 39면.

고, 사회주의 완전승리를 위한 물질적 토대를 높이는 것'을 기본과제로 정하였다. 그리고 이와 같은 경제회복의 총력전을 위한 구체적인 실천방법으로서는 역설적이게도 '통 큰 정치'를 선택한다.[24]

이 시기에 창작된 '사회주의건설주제작품'의 서사시로는 장건식의 『지평선』,[25] 동기춘의 『고요한 바다』[26] 등이 있다. 이 가운데 이 시기를 대표하는 작품인 장건식의 『지평선』은 '제1장(1~4)-제2장(1~5)-제3장(1~5)-제4장(1~5)-제5장(1~5)-제6장(1~4)-제7장(1~5)-제8장(1~6)-제9장(1~5)-제10장(1~3)'의 형태로 이루어진 '장편서사시'이다.

서사적 인물과 사건을 바라보는 **화자의 사상과 정서**는 다음과 같다. 화자는 이 시대의 젊은이들이 생활현장 속에서 혁명의 참뜻을 깨달아가며 주체형의 새 인간으로 거듭나는 과정을 노래하고자 한다. 그리고 서해 간척지를 농토로 개간하여 조국의 지평선을 확장해 나가는 것을 젊은이들에게 주어진 시대적 사명으로 여기며 당의 구상을 실현해 나가는 이 시대 청춘들을 사랑해줄 것을 독자에게 호소한다.

대표적인 인물로는 김진호와 광철이, 세림이와 은희, 그리고 직장장과 박석근 아바이가 등장한다.

먼저, **김진호**는 소박하고 대바른 성격을 지녔다. 제대 후 대학진학의 길을 그만두고, 어렵고 힘든 일터로 가는 것이 청춘을 값있게 사는 길이라고 생각하며 서해의 간석지 건설장을 사회의 첫 출발지로 선택한다. 그는 명년 4.15까지 공사기일을 지키기 위해서는 채석량과 상선속도를 높일 혁신안이 요구된다고 직장장에게 제안한다. 그리고 어떤 난관에 부딪혀도 스

---

24 이 시기에 북한은 대동강 하구에 8km에 달하는 〈서해갑문〉을 축조함으로써 인민들로 하여금 김정일의 통 큰 통치술에 감동하도록 유도하였으며, 평양 중심지에 105층에 달하는 〈유경호텔〉을 건립함으로써 무엇을 하든지 세계 제1의 것만을 만든다는 이미지를 창출하였다.
25 장건식, 『지평선』, 문예출판사, 1986.
26 동기춘, 『고요한 바다』, 문예출판사, 1989.

스로의 힘으로 맡은 일을 성공시키고자 한다. **광철이**는 진호의 생각에 동의하여 간석지로 왔다. 억센 힘과 숙련된 기술을 가지고 언제나 열심히 일함으로써 창조의 보람을 맛보고, 노동 속에서 맺은 옥이와의 사랑을 키워나간다.

다음으로, **세림이**는 친구들을 따라 간석지를 선택했다. 그러나 군무생활에서도 지배인인 아버지를 내세워 특혜를 바라왔고, 지금도 섬을 나가고 싶어 하며 도시의 예술소조에서만 생활한다. 결국 노력조절의뢰서를 가지고 와서 진호와 광철이에게 섬을 떠나기로 한 결심을 밝히게 되고, 광철이 이를 질책하자 욱하여 혼자 배를 타고 뭍으로 향하다가 태풍을 만나 죽음에 직면한다. 그를 구하러 온 동무들을 보며 후회의 눈물을 흘리고, 마침내 새 공법을 시행하는 날 건설에 동참한다. **은희**는 진호와 유년시절부터 동무이다. 진호가 군에 입대한 동안 그녀는 대학을 졸업하고 교원이 되었다. 제대 후 대학에 진학한다던 진호가 간석지로 가는 길을 택하자 사랑하는 진호를 따라 간석지 분교의 교원이 되고자 사자섬으로 갔지만, 이상과 현실 간의 괴리를 실감하고 간석지를 떠나 도시로 돌아간다. 하지만 도시에서 생활하며 고독감과 절망감에 괴로워하다가 300만산 대발파 소식을 듣고 다시 섬으로 돌아가게 된다.

마지막으로, **직장장**은 젊은이들을 못미더워한다. 연애질을 하거나 설비를 망가뜨리는 건달꾼들이라고 생각한다. 따라서 진호의 대담한 제안에 대립해서 설비와 노력에 근거한 가장 안전한 길을 찾고자 한다. 하지만 박석근 아바이의 나무람을 계기로 비로소 자신에게 주어진 책임을 느끼게 되고, 반성의 의미로서 100톤급 쇠그물이라는 새 공법을 시행할 운반선의 선장으로 나선다. 당 비서인 **박석근 아바이**는 진정어린 마음으로 젊은이들을 당이 제시한 길로 이끌어간다. 진호의 대담한 제안을 지지하며 힘을 실어주고, 젊은이의 제안을 믿지 못한 채 자신의 책임을 회피하고 자리를 보전하려는 직장장을 나무란다. 그리고 3호 제방건설이 위기에 봉착했을 때는 오랜 생활과 경험을 바탕으로 새로운 제안을 하고, 태풍에 제방이 무너져

건설자들이 당황했을 때는 새로운 전투를 준비할 것을 독려한다.

　진호와 광철이는 기득권을 버리고 당대의 사회가 젊은이들에게 요구하는 시대적 가치를 지향하는 인물 군을 대표한다면, 세림이와 은희는 보다 편안한 삶을 보장받을 수 있는 개인적 가치를 추구하는 인물 군을 대표한다. 그리고 직장장은 '통 큰' 사업 작풍을 보여주는 젊은이들과 대립하여 안전주의와 보신주의를 내세우는 관료주의자를 대표하는 인물이며, 박석근 아바이는 젊은이들을 지지하고 격려하며 바른 길로 인도하는 당 일꾼을 대표하는 인물이다.

　전체적인 **서사구조의 전개양상**을 살펴보면 아래와 같다.

　'**발단**'에 해당하는 제1장~제2장에서, 입대 동기인 세 젊은이 김진호, 광철이, 세림이는 어렵고 힘든 일터로 가는 것이 청춘을 값있게 사는 길이라고 생각하여 제대 후 함께 서해의 사자섬 간석지건설장으로 왔다. 그러나 채벌구역 밖에서 나무를 찍는 세림이를 진호가 나무라자, 세림이는 부모가 섬에서 나오기를 독촉하는 편지를 보여준다. 또한 은희는 진호와 함께하기 위해 새로 세워질 분교의 교원이 되려고 사자섬으로 왔지만, 진호가 이제라도 대학에 가기를 바란다. 진호는 4.15까지 공사기일을 지키기 위해 채석량과 상선속도를 높일 혁신안으로서 대발파 설계를 제안하지만, 직장장은 청년들의 엉뚱한 발기라며 못미더워한다.

　'**전개**'에 해당하는 제3장~제4장에서, 광철이는 퇴근 후의 채석장에서 불도젤 운전공인 옥이와 함께 돌을 더 쌓아올리려다가 불도젤을 고장낸다. 이에 성난 직장장은 처녀들을 꼬셔내고 설비를 망가뜨리는 짓이나 하니 건달꾼과 다를 바 없다고 비난한다. 또한, 진호가 제기한 대발파의 발기에 대해 박석근 아바이와 발파공들은 대담하고 통이 큰 일본새라며 설계를 서두르자고 제안하지만, 직장장은 수백톤의 폭약이 드는 문제와 3호 제방건설과 병행해야 하는 문제를 들어 반대한다. 이처럼 평탄한 길을 택해 자신에게 주어진 '책임'을 완수하려는 직장장의 소심한 보신주의와 지름길을 개척하여 '당의 참뜻'을 따르려는 진호의 대담한 정신이 대립하게 된다. 한편,

은희는 진호를 사랑하기에 사자섬에 머물고자 하나, 나약한 마음으로 인해 이 개바닥에 정들일 수 없다. 이상과 현실 사이에서 갈등하는 자신의 마음을 몰라주는 진호가 섭섭하기만 하다.

'**위기**'에 해당하는 제5장~제7장에서, 은희는 결국 진호에게 편지 한 장을 남긴 채 간석지를 떠나 도시로 돌아간다. 그러나 며칠 후 해변도시의 사람들과 함께 제방 위에 나가 사자섬에서 벌어지는 300만산 대발파 성공소식을 듣고 섬으로 돌아갈 결심을 한다. 사업소에서 수용한 대담하고 통이 큰 대발파공사 덕분에 3호 제방건설의 속도는 놀라울 정도로 빨라졌고, 바닷물이 얼어붙기 전에 감탕잡이 둑을 쌓겠다는 청년들은 20리 제방 한끝의 마감막이 구역을 향해 육박해갔다. 그러나 서해 거친 물결이 한곳으로 굽이쳐 쏠린다는 대장천 개고의 사나운 물살은 건설자들의 전진을 가로막았다. 이에 박석근 아바이는 쇠그물 돌자루를 만들어 물속에 넣자고 제안하였다. 그런데 그날 밤 태풍이 휘몰아쳐 그동안 쌓아올린 감탕잡이 제방이 모두 허물어졌다. 그것을 바라보며 진호는 반드시 자연을 인간과 당의 뜻대로 길들일 것을 다짐한다. 한편, 세림이는 섬을 아주 떠나고자 노력조직 의뢰서를 가지고 돌아왔다. 그런데 광철이의 나무람에 마음이 상해 혼자 어로반의 매생이 배를 잡아타고 뭍으로 가다가 태풍을 만났다. 동이 트자 세림이가 실종된 것을 알게 된 진호와 청년들이 찾아 나섰고, 그들이 부르는 소리를 들으며 세림이는 뜨거운 우정을 깨닫고 뉘우친다.

'**절정**'에 해당하는 제8장에서, 청년들은 대형 돌자루들을 개고에 투입했으나 드센 물살에 떠내려가 버렸다. 이에 직장장은 더 큰 쇠그물 돌자루를 실어 나를 대형함형부재를 당에 요구하겠다고 말한다. 하지만 진호는 해보지도 않고 더 이상 당에 손을 내밀 수는 없다고 반대한다.

　　깊은 생각을 좇던 진호
　　숙이였던 고개를 든다
　　《직장장동무!

더는 우에
　손 내밀수는 없습니다》

《됐소, 그만하오》
직장장은 태연한 얼굴로 말을 끊더니
전화통을 끄당기여 송수화기를 들었다
《나는 사업소에 실태를 보고하고
　대책안을 제기해야겠소》

(중략)

《안됩니다. 절대로!
　우리가 해보지도 않고
　힘든 일을 피할수는 없습니다

　어려운 난관이 막아설 때마다
　자신의 일신과
　책임을 걱정하며
　우에 손을 내미는것은
　사실 저 밀려오는 파도보다도
　더 무서운 일입니다》

(중략)

진호의 단호한 목소리는
침착하게 울렸다
《누가 대주지 않아도

우리는 해내고야말것입니다
우리 당이 바라는대로
배없이도
불타는 강을 건너야 하며
고무장화없이도
진펄길을 헤쳐야 합니다. 무조건!》

그러자 박석근 아바이가 청년들의 발기를 믿지 못하고 윗자리에 앉아 일신의 안위만을 챙길 바에는 직위에서 물러나라고 직장장을 나무란다. 이에 힘입어 진호는 통이 크게 백톤급 돌자루를 새로이 생각해냈고, 청년들은 억센 의지로 밤을 새워 또다시 쇠그물을 엮는다. 이처럼 당이 바라는 일이라면 무조건 해내고자 하는 청년들의 모습을 보며 직장장은 지나간 일을 뉘우친다. 또한, 새벽배로 사업소에 건너갔던 박석근 아바이는 분교의 신임교원으로서 은희를 데리고 사자섬으로 돌아왔다. 그러나 진호는 기쁨과 동시에 의혹을 품고 은희를 바라보게 되고, 박석근 아바이는 은희가 혁명의 참뜻을 깨달아가는 과정을 힘껏 도와주어야 한다고 진호에게 충고한다.

'**결말**'에 해당하는 제9장~제10장에서는, 드디어 100톤급 쇠그물에 돌을 담아 내리는 새 공법을 대담하게 실천하는 날이 왔다. 불안과 흥분에 싸인 채 상선장에 모인 젊은이들 사이에서 직장장이 반성의 의미로 운반선의 선장을 맡아 나섰다. 이렇게 돌파구는 열렸고, 이 마감막이 전투에서 그들은 믿음과 사랑 속에 모두 하나가 되었다. 세림이도 자책과 회오를 꺾지 못할 결심으로 바꾸고 이 돌격전에 동참하였다. 은희도 이제 새 세대 새 인간으로 다시 탄생하였고, 진호와의 사랑은 한층 더 깊어졌다. 드디어 퍼붓는 돌무지가 마지막 물길을 누르고 20리 제방이 솟아올랐다. 그리고 2월이 되자 청년건설자들과 섬마을 사람들은 제3호 제방이 준공되어 만 정보의 새 땅을 개간하게 된 감격에 환호하였다.

결론적으로, **장편서사시의 주제**로서 화자가 강조하고 있는 것은 다음과 같다. 당중앙이 밝혀준 공산주의 미래를 향하여 대자연정복에 떨쳐나서는 것이 젊은이들의 시대적 사명이며, 당중앙의 이정표를 따라 하나의 지향으로 나아가는 청년들이야말로 주체형의 새 세대의 탄생을 보여준다는 것이다.

> 주체시대가 펼쳐놓은 새땅과 함께
> 새세대 새 인간들이 태여난 지평선
> 당을 따라
> 끝까지 걸어갈
> 철석같은 신념과 의지로 뭉쳐진
> 충성의 대오가 태여난 지평선이여!
>
> (중략)
>
> 아, 그들은
> 다시 또 떠나가리라
> 개간된 새땅을 뒤에 남기고
> 그 기쁨 고스란히 뭍에 넘기고
>
> 섬에서 섬으로
> 또 외진 섬으로
> 파도 거친 기슭에서
> 폭풍이 울부짖는 날바다를 향해
>
> 위대한 수령님 바라시는곳
> 친애하는 지도자동지 밝혀주신 길로
> 그들의 행군은 이어지리라

푸른 바다 망망한 수평선우에

공산주의노을 비낀 지평선을 향해!

　지금까지 살펴본 바와 같이, 장건식의 장편서사시『지평선』은 '80년대정신 시기'인 현재를 시간적 배경으로 삼고 있으며, 서해간척지 개간사업이 벌어지고 있는 대자연개조건설현장을 공간적 배경으로 설정하고 있다. 또한, 인물 간의 관계는 '시대적 가치와 개인적 가치' '대담한 정신과 소심한 안전주의' 사이의 대립관계를 둘러싼 비적대적 갈등양상을 보여주고 있다. 그리고 서사구조의 특징은 다음과 같다.

서사구조	주제 ①	주제 ②
발단	젊은이들이 서해간척지 건설장으로 옴.	세림이와 은희는 섬을 떠나고 싶어함.
전개	대발과 설계를 두고, 직장장의 소심한 보신주의와 진호의 대담한 정신이 대립함.	은희는 이상과 현실 사이에서 갈등함.
위기	당에서 대발과 설계를 받아들여 건설 속도를 높였으나, 사나운 물살에 쌓아 올린 제방이 모두 허물어심.	은희는 도시로 떠나갔으나 섬으로 돌아갈 것을 결심하고, 세림이는 섬을 떠나고자 했으나 우정을 깨닫고 남기로 함.
절정	대형함형부재를 당에 요구하겠다는 직장장과 더는 손 내밀 수 없다는 진호가 대립하나, 박 아바이의 나무람에 직장장이 뉘우침.	박 아바이가 섬으로 은희를 데리고 왔고, 은희를 도와주라고 진호에게 충고함.
결말	그들은 하나가 되어 제방을 완공하고 간척지를 개간해냄.	세림이와 은희는 새 인간으로 탄생함.

　즉, 사건의 진행이 크게 두 갈래로 나뉘고 양자가 상호 유기적으로 연관된다. ①젊은이들이 참여한 서해간척지 개간사업의 '시작 → 문제·해결 → 완성'에서 당이 새 세대와 기성세대 간의 갈등을 중재하는 주체로서 작용한다. ②가치관이 다른 젊은이들의 '사랑과 우정 → 갈등·해소 → 진정한 사랑과 우정'에서도 당이 새 세대들 사이에 존재하는 갈등을 중재하는 주체로서 작용한다. 마지막으로, 자아와 세계의 대결양상은 '난폭한 자연'이라는 외부의 적과 '개인주의'라는 내부의 적을 동시에 상정함으로써 '공

산주의 조국'을 앞당기기 위한 '일심단결'의 인간관계를 부각시키고 있다. 즉, 새로운 혁명세대인 청년건설자들이 기득권을 버리고 건설현장에 참여함으로써 겪게 되는 내면적 갈등, 그리고 대자연개조사업의 진행과정에서 겪게 되는 세대 간의 갈등을 극복하고 집단주의 정신을 획득해야만 주체형의 새 인간으로 거듭날 수 있음을 강조하고 있다. 이처럼 서해간척지 개간사업을 통해 공산주의 조국의 휘황한 미래를 실현해 나가는 북한사회는, 수령과 당이 부여한 시대적 사명을 인민이 주체적으로 완수해내고자 하는 총체성의 세계를 구현하고 있다는 것이다.

(2) '참다운 양심'의 문제와 조선민족제일주의(1989~1995년)

이 시기에 북한에서 전사회적으로 전개한 핵심적인 경제운동 내용은 '인민대중 중심주의의 선언'이다. 사회주의적 국가중심의 계획경제정책 하에서 집단생산과 집단분배를 원칙으로 하고 있는 북한의 경제 원리는 1990년대 들어서면서 서서히 무너지게 되었으며,[27] 급격히 줄어든 외국원조로 인해 외환사정마저 악화되자 북한은 1992년 10월에 〈외국인 투자법〉을 제정하여 외국기업의 국내투자를 적극적으로 유치하려는 정책을 시작하였다. 그리고 이와 같은 최악의 경제상황을 타개하기 위한 구체적인 실천방법으로서는 모순적이게도 '우리식 사회주의'를 선택한다.

이 시기에 창작된 '사회주의건설주제작품'의 서사시로는 한원희의 『삶은 어디에』,[28] 김병두의 『인간 찬가』[29] 등이 있다. 이 가운데 이 시기를 대표하는 작품인 한원희의 『삶은 어디에』는 '서장-제1장(1~5)-제2장(1~3)-제3장(1~6)-

---

27 이 시기에 북한은 ①농민들의 생산의욕 저하, ②비생산적인 주체농법, ③토양비옥도의 저하, ④기상재해 등으로 인해 식량사정이 극도로 악화되었으며, 이로 인해 국가가 세대 당 개인경작권을 부여하는 분조생산체제를 도입하여 16~30평 정도의 텃밭을 허용하자 자연스레 암시장이 형성되기 시작하였고, 지하경제가 대두하였다.
28 한원희, 『삶은 어디에』, 문예출판사, 1991.
29 김병두, 『인간 찬가』, 문학예술종합출판사, 1993.

제4장(1~5)-제5장(1~5)-제6장(1~3)-제7장(1~3)-제8장(1~3)-제9장(1~4)-제10장(1~3)-종장'의 형태로 이루어진 '장편서사시'이다.

서사적 인물과 사건을 바라보는 **화자의 사상과 정서**는 다음과 같다. 화자는 사람을 참다운 사람으로 만드는 것이 인간의 '양심'임을 강조하면서, 락원 사람들이 수령과 당이 내린 산소분리기 생산과업을 완수하는 데 있어서, 어떻게 양심을 지켰고 그를 통해 거대한 창조물을 낳았는지를 노래하고자 한다. 화자는 양심이란 생활이 어려움에 봉착했을 때 명확히 드러나는 것이며 사회 속에서 때가 되면 진심과 가식, 양심과 비양심이 뚜렷이 갈라지게 됨을 역설하면서, 참다운 양심을 지켜낸 락원 사람들을 예찬하고자 한다.

대표적인 인물로는 최민철과 리일봉, 김욱과 김기태, 그리고 최정임, 황세현, 황병무가 등장한다.

먼저, **최민철**은 대형산소분리기 연구조의 지배인이다. 그는 실패와 고난 끝에 산소분리기 시편 생산에 성공했으나, 작은 공해현상이 발생함을 알고 새로운 탐구의 길인 양심의 길을 가지고 책임연구사 리일봉을 설득한다. 또한, 전쟁시기에 리일봉이 수류탄을 만들어 적의 공격을 막은 숨겨진 사실을 밝혀내어 리일봉의 명예를 회복해준다. 책임연구사 **리일봉**은 염욕법을 개발한 장본인이다. 그는 유해가스가 발생하는 것을 알고 '중화 땅크'를 놓는 방병을 제안한다. 하지만 최민철에게서 새로운 탐구의 길인 양심의 길을 선택할 것을 요구받고 새 〈ㅈ〉법을 연구한다. 사실, 그는 전쟁시기에 늙은 어머니 때문에 군대에 가지 못했기 때문에 아직 당원증을 지니지 못했다. 이로 인해 언제나 자신과 사회 앞에 부끄러워하며 인생길을 조심조심 걸어왔다. 그리고 이러한 과오를 되풀이하지 않기 위해 새 〈ㅈ〉법을 완성시켰고, 수류탄을 만들어 적의 공격을 막았던 숨겨진 과거의 공적이 밝혀져 당원증을 수여받는다.

다음으로, 기계공업부 국장 **김욱**은 외국유학을 갔다 온 기계전문가로서 명성을 쌓고 중견일꾼으로 승진한 인물이다. 그는 염욕법의 문제를 지적하며 새 〈ㅈ〉법을 연구할 것을 제안하는 최민철에게 반대하여 염욕법을 밀고 나가는 것이 연구조에도 리일봉에게도 현실적으로 이익이라고 주장한다. 그는 자신을 과신한 끝에 남을 믿지 않았고, 외국의 이론과 기술을 추종한 끝에 우리의 힘과 기술을 믿지 않았다. 그러나 〈ㅈ〉법이 우리의 기술과 힘으로 탄생하는 것을 보고, 그동안 자신이 개인적인 공명심에 빠져 양심을 저버렸음을 깨닫고 반성한다. **김기태** 기사는 염욕법으로 분리기에 대한 박사학위논문을 준비하고 있다. 그는 김욱의 추천에 의해 대표단 성원으로서 세계의 산소분리기 발전추세를 검토하고 돌아왔다. 세계과학계는 조선의 염욕법을 기적이라 했으며, 〈ㅈ〉법은 불가능하다고 결론 내렸다. 그는 이러한 견해에 근거해서 유독성물질이 발생하는 문제나 시약을 외국에서 사오는 문제는 어쩔 수 없는 일이라 치부하며, 자신이 염욕법을 반드시 완성시킬 것을 다짐한다. 그러나 〈ㅈ〉법이 성공하자 자기의 명예만을 바라며 논문을 썼던 것을 뒤늦게 후회한다.

마지막으로, **최정임**은 최민철 지배인의 딸이며 설계기사이다. 산소분리기 개발에 일조하였으나, 아버지가 염욕법에 문제가 있으니 새 공법을 개발해야 한다고 말하자, 아버지의 의견을 지지한다. 염욕법을 포기하고 〈ㅈ〉법을 다시 시작함으로써 의지를 검열해보고 시련 속에서 사랑을 단련시키자고 세현이와 약속한다. 그런데 특수로의 마지막 부분품을 가공하다가 황병무가 자신의 아들 세현이와 헤어지라고 한 말을 떠올리며 마음이 흔들린다. 〈ㅈ〉법의 시운전에서 노가 폭발했을 때 정임은 사고의 원인이 자기가 깎은 부속품 때문인 것을 알고 자책한다. **황세현**은 정임이와 정혼을 약속한 기계기사이다. 그는 실패한 염욕법을 포기하고 〈ㅈ〉법을 다시 시작함으로써 의지를 검열해보고 시련 속에서 사랑을 단련시키자고 정임이와 약속한다. 그는 〈ㅈ〉법의 시운전이 실패로 돌아가고 사고심의회가 열렸을 때, 그것은 사고가 아니라 부주의에 의한 실수였음을 강변하며 자신이 책임지겠다고 나선다. 그리고 정임이가 자신의 아버지로부터 겪은 일을 듣고서 정임이가 왜 실수를 했는지 깨닫고 사랑을 확인한다. **황병무**는 공장공업시험소 소장이면서 세현이의 아버지이다. 젊어서는 훌륭한 일꾼이었으나, 나이 들어서는 혁신도 과오도 없는 오랜 기술일꾼이다. 그는 김욱과 최민철의 눈치를 보며 중간적 태도를 취한다. 아들 세현이에게도 〈ㅈ〉법의 성공여부가 불투명하니 그것을 전적으로 지지하지 말라고 한다. 그러나 〈ㅈ〉법이 성공하자 그동안 중간에 서서 자신만을 보호하며 살아온 삶을 뉘우친다.

최민철이 일에 있어서 '양심'을 중시한다면, 김욱은 '공명심'이 강한 인물로서 대립적 성격을 지닌다. 그리고 황병무가 자신을 보호하기 위해 '중간적인 태도'를 취한다면, 김기태는 자신의 명예를 위해 진실을 외면하는 '이기적인 태도'를 취하는 인물로서 대비적 성격을 지닌다. 한편, 리일봉은 조심조심 살아가며 흔들리는 모습을 보이지만 끝내 양심을 지켜내는 발전적 성격을 보여주는 중심인물이다. 그리고 정임이와 세현이는 시련 속에서 스스로의 의지를 검열하고 서로 간의 사랑을 키워나가는 새 세대 젊은이의 주체적인 모습을 대변한다.

전체적인 서사구조의 전개양상을 살펴보면 아래의 같다.

'**발단**'에 해당하는 제1장 〈량심의 등불〉과 제2장 〈고요한 시내물〉에서, 락원공장의 대형산소분리기 연구조는 3년에 걸친 탐구의 나날을 보낸 끝에 염욕법을 통해 분리기 심장부인 열교환기의 시편을 생산하는 데 성공하지만, 시편의 최종시험 공정에서 작은 공해현상이 발견됨에 따라 새로운 공법을 찾을 것인지, 그냥 염욕법에 만족할 것인지 고민에 빠진다. 책임연구사 리일봉과 기계공업부 국장 김욱은 중화 땅크를 놓는 방법을 제안하고, 염욕법으로 박사학위논문을 준비 중인 김기태 기사도 염욕법을 지지한다. 며칠 후 최민철 지배인은 리일봉을 찾아가 인간의 창조물이 귀중한 것은 거기에 사람의 양심이 깃들기 때문이라며, 과거에 군대에 가지 않은 것과 같은 과오를 다시 범하지 말고 〈ㅈ〉법이라는 새 공법을 연구해볼 것을 제안한다. 리일봉은 최민철의 말에 설득당해 밤을 새워 〈ㅈ〉법을 연구하기 시작한다. 이로 인해 최민철과 김욱은 서로 다른 과학적 주장을 내세우며 대립하게 되었고, 다음날 이 문제를 협의회에 제기하기로 한다.

'**전개**'에 해당하는 제3장 〈유혹〉에서는, 마침내 협의회가 열렸고, 최민철 지배인과 김욱 국장은 각자 〈ㅈ법〉과 〈염욕법〉을 지지하는 자신들의 입장을 제시한다. 최민철 지배인은 친애하는 지도자 앞에 허점이 있는 분리기를 만들어 내놓을 수는 없다며 참다운 탐구의 길과 깨끗한 양심의 길을 강조한다. 반면에 김욱 국장은 국가의 이익과 개인적 명예를 모두 얻을 수 있다며 현실적인 실현 가능성을 강조한다. 결국 협의회에서는 염욕법과 〈ㅈ〉법으로 역량을 나누어 편성하는 절충안이 확정되었다. 한편, 아들 세현이와 아버지 황병무는 보신주의와 주체주의를 두고 입장이 엇갈린다. 황병무는 자신과 관계없는 일이라 여겨 책임기사 리일봉이 전쟁시기에 수류탄을 만든 공적을 밝혀주기를 거부하지만, 세현이는 수류탄을 만들던 전화의 그날부터 분리기를 만드는 오늘까지 억세게 이어져온 책임연구사의 곧은 마음을 깨닫고, 최민철 지배인에게 이 사실을 알린다.

'**위기**'에 해당하는 제4장 〈슬픔을 넘어서〉와 제5장 〈인생의 모든 것 버린다 해도〉에서는, 가을이 되어 리일봉은 〈ㅈ〉법의 시편을 얻어냈고, 〈ㅈ〉 연구조원들은 새 시편으로 열교환기를 만드는 확대시험을 위해 새 특수로를 건설한다. 이 광경을 보고 김기태 기사는 고민에 빠졌다. 세계과학계는 염욕법으로 분리기 심장부를 만드는 것을 놀라워했고, 〈ㅈ〉법은 불가능하다고 결론 내렸다. 그런데 지금 이론과 실천 사이에서 모순이 생겼기 때문이다. 우리의 기술을 통해 우리의 힘으로 우리식 산소분리기를 완성할 수 있을지도 모르기 때문이다. 한편, 최정임이 특수로의 마지막 부분품 가공을 부탁하기 위해 황병무 소장을 찾아갔다. 그러나 그는 하나밖에 없는 종합연마치절반이 현재 가동 중이니 새벽 교대시간에 직접 하는 방법밖에 없다고 하며, 세현이와 헤어지라고 말한다. 정임이는 그날 새벽 부분품을 가공했고, 그것으로 〈ㅈ법〉의 특수로 조립을 끝마쳤다. 하지만 첫 시운전에서 로가 폭발하여 시험은 실패했고, 책임연구사 리일봉은 최민철 지배인을 구하려다 화상을 입는다. 연구조원들은 사고의 원인을 찾아나갔고, 정임이는 자신이 만든 부속품이 잘못되었음을 발견하고 자책에 빠진다. 사고심의회에서 김욱 국장은 염욕법을 부정하고 혼란을 조장한 책임을 따졌으나, 세현이는 사고가 아니라 부주의에 의한 실수였음을 강변하였고, 〈ㅈ〉 연구조원들은 서로가 책임을 지겠다고 나서는 동지애를 보여주었다. 이를 지켜보면서 김기태는 반드시 자신이 염욕법을 완성하겠다고 다짐한다.

'**절정**'에 해당하는 제6장 〈크나큰 사랑〉, 제7장 〈어머니 목소리〉, 제8장 〈흘러간 세월을 불러〉에서, 김정일은 우리 실정에 맞는 새로운 길과 새 방법을 찾아 나선 락원 사람들의 마음을 기특하게 여기고 있었다. 그런데 뜻밖에 락원의 사고와 실패 소식을 듣는다. 하지만 그는 일을 기술실무적으로 처리하면 안 되고 사람들의 양심을 보아야 한다고 지적하면서 〈ㅈ〉법을 완성시킬 수 있도록 최민철 지배인에게 전화하여 독려한다.

> 하시더니 오늘은 이 무슨 일인가
> 뜻밖에 가슴아프신 보고를 받으시였네
> 락원에서 일어난 사고
> 실패를 말해주는 그 사고
> 엄중한 사고심의회가 열리고
> 새 방법은 전망이 없다는 그 제의
>
> 믿음이 허물어져내리신듯
> 한동안 아무 말씀없이
> 방안을 무겁게 거니시며
> 그이는 조용히 물으시였네
> 다친 사람은 없는가고
>
> (중략)

《그러면 됐습니다
 치료대책을 잘 세워줍시다
 어서 건강한 몸으로 퇴원시켜
 〈ㅈ〉법을 끝까지 완성시키자고
 지배인동무에게 말해주어야 하겠습니다》

(중략)

 하건만 못다주신 믿음이 있으신듯
 그이께서는 조용히 말씀하시네
 그 동무들이 쉬운 길을 버리고
 스스로 어려운 길을 걷는것은
 과학자의 량심이 깨끗하기때문이라고

《사람에게 귀중한것은 혁명적량심입니다
 만약 량심없는 사람이 위훈을 떨쳤다면
 그것은 개인의 이름을 떨치자는것입니다
 사고심의회는 이런 점을 생각지 않고
 순수 기술실무적으로 처리한것 같습니다
 요즈음 나도 산소분리기를 연구해보았는데
 그 동무들의 방법이 옳습니다》

　최민철 지배인과 〈ㅈ〉 조원들은 병원에 입원한 리일봉을 찾아와 〈ㅈ〉법을 끝까지 성공시켜야 한다고 말한, 그리고 리일봉의 과거 생활경력을 다시 알아보라고 지시한 김정일의 이야기를 전한다. 세현이가 지배인의 긴급지시에 따라 마지막 부분품을 가공해오기 위해 공업시험소로 갔다. 이때 아버지인 황병무 소장은 늘 자기 견해를 명백히 하지 않고 중간에 서서 자신

을 보호하고자 했던 삶을 아들 앞에서 뉘우치고, 그날 정임이에게 모질게 대했던 일을 고백한다. 한편, 〈ス〉 조원들이 다시 시운전을 하는 날 최민철 지배인은 김보패 할머니의 증언을 들려주고, 리일봉의 낡은 트렁크에서 찾아낸 수류탄 설계도면을 보여주면서, 리일봉이 과거 전쟁시기에 야간습격 전투에서 수류탄을 만들어 적들을 물리친 공적을 확인시켜주었다. 〈ス〉 조원들은 다시 용기백배하여 시운전을 끝마쳤다.

결말에 해당하는 제9장 〈그것은 무생체가 아니다〉, 제10장 〈삶은 어디에〉, 종장 〈마감 이야기〉에서는, 마침내 〈ス〉 조원들이 시제품으로 생산한 열교환기를 시험하기 위해서 당중앙 일꾼과 이름 있는 과학자들이 왔고, 시험결과는 성공이었다. 김욱은 자신을 과신하여 남을 믿지 않고, 외국의 이론과 기술에 기대어 우리 힘과 기술을 믿지 않은 탓에 자신이 틀렸음을 알게 된다. 그동안 자신이 공명을 좇고 양심을 저버렸음을 깨닫고 반성한다. 그리고 김기태 기사는 자기의 명예만을 위해 쓴 학위논문을 찢어버린다. 한편, 10월의 어느 날 김정일이 산소분리기를 보기 위해 락원의 공장에 왔다. 김정일은 양심을 지킨 최민철과 리일봉을 치하해 주었다. 당원증을 받은 리일봉은 최민철에게 우정을 양심으로 꽃피워준 것에 대해 감사한다. 그리고 황병무는 최민철에게 삶의 진정한 의미를 깨우쳐주었음에 감사하며 용서를 구한다.

결론적으로, **장편서사시의 주제**로서 화자가 강조하고 있는 것은 다음과 같다. 참된 삶은 인간의 양심에 있으며, 그 양심은 수령과 당에 드리는 '충성과 효성'에 있다는 것이다.

　　대기라는 무형무색의 공기속에서
　　때에 따라
　　갖가지 가스들이 제 본색을 드러내며
　　제 갈래로 갈라져나가듯
　　사회라는 사람들의 집단속에서도

때가 되면 흑백이 뚜렷이 갈라지나니

나는 그 모든것을 다 버리고
산소 하나만을 이야기하리라
생명을 가진 이 세상 모든 만물에
그 생명을 주는 이 산소!

그 모습은 보이지 않는다
그때문에 우리는 그것을 잊어버린다
하지만 숨이 막히고 생명이 위험할 때면
그것을 찾고 그 고마움이 뼈에 사무치나니

그와 마찬가지여라
어버이 수령님 위해
친애하는 지도자동지의 뜻을 받들어
남모르는 땀을 바칠줄 아는 사람은
우리의 눈에 인차 띄우지 않아라

허지만 때가 되면
우리 사회에 없지 못할 존재로 나타나고
찬란한 별처럼 솟아올라
그 삶은 빛을 뿌리는것
그 생은 영예로운것

지금까지 살펴본 바와 같이, 한원희의 장편서사시 『삶은 어디에』는 '90년대속도창조 시기'인 현재를 시간적 배경으로 삼고 있으며, 산소분리기 생산현장인 공장을 공간적 배경으로 설정하고 있다. 또한, 인물 간의 관계는 '개인의 명예와 인간의 양심' 사이의 대립관계를 둘러싼 비적대적 갈등 양상을 보여주고 있다. 그리고 서사구조의 특징은 다음과 같다.

서사구조	주제 ①	주제 ②
발단	공해현상이 발견된 〈염욕법〉과 새 공법인 〈ㅈ법〉을 두고 김욱과 최민철이 대립함.	
전개	김기태의 〈염욕법〉 연구와 리일봉의 〈ㅈ법〉 연구로 역량을 나누어 편성함.	황병무와 세현이는 리일봉의 전쟁시기 공적을 밝혀주는 문제로 대립함.
위기	〈ㅈ법〉의 시운전이 실패하자, 김기태는 〈염욕법〉의 완성을 다짐함.	
절정	김정일은 〈ㅈ법〉 연구조원들을 독려함.	김정일은 리일봉의 과거 생활경력 재조사를 지시함. 최민철이 리일봉의 전쟁시기 공적을 밝혀줌.
결말	〈ㅈ법〉의 시운전이 성공함. 김욱과 김기태는 자신들이 틀렸음을 알게 됨.	리일봉은 당원증을 수여받음.

즉, 사건의 진행이 크게 두 갈래로 나뉘고 양자가 상호 유기적으로 연관된다. ① 〈ㅈ법〉에 대한 새 연구의 '실패 → 독려 → 성공'에서 김정일이 '개인적 명예'와 '인간적 양심' 사이의 옳고 그름을 판별하는 주체로서 작용한다. ② 리일봉의 과거 공적의 '묻힘 → 재조사 → 드러남'에서도 김정일이 과거 생활경력의 진실과 거짓을 밝혀주는 주체로서 작용한다. 마지막으로, 자아와 세계의 대결양상은 '공해현상'이라는 외부의 적과 '개인적 명예'라는 내부의 적을 동시에 상정함으로써 '주체조국'을 만들기 위한 '조선민족제일주의'[30]의 정신을 부각시키고 있다. 즉, 생산현장의 기술개발자들이 외

---

[30] "우리 인민이 지닌 이 민족적 긍지와 자부심은 무엇보다 위대한 수령 김일성 동지와 친애하는 지도자 김정일 동지를 높이 우러러 모시고 당의 영도 따라 혁명하는 끝없는 자부심이며 경애하는 수령님께서 창시하신 영생불멸의 주체사상과 그이께서 마련하여 주신 주체의 사회주의조국에서 살며 일하는 끝없는 자랑이다." (「우리 인민의 민족적 긍지와 자부심을 노래한 문학작품을 적극 창작하자」, 『조선문학』, 문학예술출판사, 1990. 9, 4면.)

국 이론기술을 도입하는 쉬운 길을 버리고 우리 이론기술을 개발하는 어려운 길을 선택해 나가는 과정에서 겪게 되는 학문적 어려움, 그리고 '개인적 공명심'을 누르고 당과 수령에 대한 '참다운 양심'을 지켜나가는 과정에서 겪게 되는 심리적 어려움을 극복해야만 '우리식 사회주의'를 해나갈 수 있음을 강조하고 있다. 이처럼 우리의 이론과 기술을 통해 주체위업의 완성을 추구해나가는 북한사회는, 수령과 지도자의 뜻을 받들어 인민이 참다운 양심을 지켜나가고자 하는 총체성의 세계를 구현하고 있다는 것이다.

3. 주체사상 시기에 창작된 '사회주의건설주제' 서사시의 특징

1) '현재, 여기'의 시공간적 배경

본래 서사시는 과거에 일어났던 이야기를 다룬다. 즉, 과거를 재현하는 이야기이다. 그리고 과거를 다룬다는 것은 현재에 대한 부정을 의미한다. 따라서 서사시가 지니는 의미는 총체성이 구현된 세계인 과거의 이야기를 통해서 미래에 대한 전망을 제시하는 데 있다.

그런데 북한 '사회주의건설주제'의 서사시는 현재의 이야기를 다룬다. 그리고 현재의 현실을 반영하는 것이 아니라 그것을 '재구성'한다. 리얼리즘문예이론이 추구하는 현실 '반영이론'에서 창작방법론의 핵심을 이루는 것은 '전형'의 창조이다. 즉, 문학작품은 "전형적인 상황하의 전형적인 인물의 진실된 재현"[31]을 통하여 현실을 반영한다. 하지만 북한의 주체문예이론에서는 이 전형의 개념을 아래와 같이 재해석해내고 있다.

김일성 동지께서는 현실에 대한 진실한 반영을 작가예술가에게 있어서의

---

31 마르크스·엥겔스, 김영기 옮김, 『마르크스 엥겔스의 문학예술론』, 논장, 1989, 88면.

첫째가는 요구로 제기하시면서 언제나 현실을 전형적으로 반영할 것을 동시에 요구하시였다. 김일성 동지께서는 전형성의 기준을 다만 생활의 합법칙성에서만 보신 것이 아니라 더 중요하게 그리고 주로 우리 당의 계급정책과 대중교양의 모범의 정도에서 보시였다. 여기에 전형성에 대한 김일성 동지의 사상의 독창성이 있다.

다 아는 바와 같이 우리 당의 혁명로선과 정책은 생활의 합법칙성과 특히는 우리 혁명발전의 합법칙성을 철저하게 반영하고 있으며 그만큼 그 자체가 철저하게 진실하다. 따라서 우리 당의 혁명로선과 정책에 부합되지 않는 일체 현상은 대중교양의 모범의 대상으로 될 수 없다. 바로 그 때문에 전형성의 기준은 우리 당의 혁명로선과 정책, 대중교양의 모범의 정도에 있으며 그에 부합되는 현상만을 작가들은 가장 전형적인 것으로 전면에 내세우고 있다.[32]

이 새롭게 규정된 '전형'의 개념을 통하여, 우리는 북한 '사회주의건설주제'의 서사시가 존재하는 현실을 반영하는 것이 아니라 '원하는 현실'을 반영하고 있다는 것을 알 수 있다. 그런데 이처럼 현재를 총체성이 구현된 세계로 긍정하는 태도는 과거보다 현재가 더 나아졌고, 현재보다 미래가 더 나을 것이라는 사이비 전망을 도출시킬 수 있다. 즉, 그것은 현실과 동떨어진 전망의 제시를 의미하거나, 미래에 대한 전망의 부재를 의미할 수 있다는 것이다. 따라서 북한 '사회주의건설주제'의 서사시가 담당하는 역할은 현재의 재구성을 통하여 북한의 이상화된 현실을 전면에 제시함으로써, 북한사회가 안고 있는 현실적인 문제점을 철저히 배경화하는 것임을 알 수 있다.

---

32 「김일성 동지께서는 우리의 혁명적 문학예술이 나아갈 길을 휘황히 밝혀주시였다 (2)」, 『조선문학』, 문학예술출판사, 1968. 10~11, 24~25면.

2) '선과 악'의 이분법적 세계인식과 비적대적 인물관계

사회주의 국가인 북한에서는 자본주의 국가에서와 달리 자유의 개념보다는 '평등'의 개념을 중시하고, 개인보다는 '집단'을 우선시한다. 이러한 점에서 볼 때, 내적으로 가치체계의 완결성을 지닌 공동체의 운명을 다루는 서사시의 세계와 북한 사회체제는 나름의 공통점을 지니고 있다. 그리고 이러한 사회에 있어서는 인간들이 서로 질적으로 구별되지 않는다. "물론 영웅과 악당, 의인과 죄인이 있을 수 있다. 그러나 가장 위대한 주인공이라고 하더라도 그는 자기 동료들보다 머리 하나만큼 더 클 뿐"[33]이다. 이것이 북한 '사회주의건설주제'의 서사시에서 인물들 간의 관계가 비적대적 관계로 구성되는 이유이다.

계급이 적대적으로 분렬된 착취사회에서의 사회발전의 추동력은 계급투쟁이다. 그러나 사회주의사회에서의 계급투쟁은 주로 사상투쟁으로서 전개되는바 이 사상투쟁은 인민들의 정치사상적 통일을 강화하는 데 이바지한다. 따라서 문학예술작품이 사회발전의 합법칙성을 정당하게 반영하기 위해서는 착취사회에서는 사회발전을 추동하는 계급투쟁을 반영하여야 하며 사회주의사회에서는 사상투쟁이 어떻게 인민들의 정치사상적 통일을 강화하고 사회주의사회를 발전시키는 데 이바지하는가 하는 것을 해명하여야 한다. (중략)
갈등의 전개방식은 전적으로 착취사회에서의 계급투쟁과 사회주의사회에서의 사상투쟁의 본질과 그의 목적에 의하여 제약된다. 착취사회에서의 적대적 계급들 간의 비타협적인 투쟁을 사회주의 하에서의 동지들 간의 관계에다 그대로 적용할 수 없다. 착취사회에서의 갈등의 전개방식은 《누가 누구를!》하는 적대적인 대립에 기초하고 있다. (중략) 이와 반대로 사회주의 하에서의 낡은 사상잔재와의 투쟁은 공동의 리상을 실현하기 위하여 손잡고 나아가는 근

---
33 게오르그 루카치, 앞의 책, 84면.

로자들 내부의 문제이며 근로대중의 통일과 단결을 위한 투쟁이다.[34]

단결과 협조, 통일이 사회관계의 기본을 이루고 있으며 긍정이 지배적인 자리를 차지하고 있는 북한 사회주의사회에서 당대의 참다운 주인공들인 '숨은 영웅들'은 그 시대 사람들이 따라 배워야 할 본보기이자 훌륭한 모범이며,[35] 이에 반하는 '부정 인물들'은 시대정신에 맞지 않는 사고방식과 생활습성을 가진 발전하는 현실에서 뒤떨어진 사람들이다.[36]

한편, 서사시의 세계를 지배하는 신성(神性)은 선의 상징이고, 방해물과 장해물의 신성인 마성(魔性)은 악의 상징으로서, 신성은 언제나 마성에 대해 승리를 하게끔 되어 있다. 그런데 북한 '사회주의건설주제'의 서사시에서는 '김일성 수령'이 세계를 지배하는 신성 즉 선의 역할을 대신 떠맡고 있다. 그리고 북한사회를 무너뜨리고자 하는 제국주의, 혹은 비과학적 자연, 혹은 수령의 뜻을 따르지 않음으로써 인민의 삶에 해악을 끼치는 반당적 인물들이 마성 즉 악의 역할을 대신 떠맡고 있다. 그렇기 때문에 북한의 '사회주의건설주제' 서사시의 주인공들은 다양한 난관에 직면하지만, 이들이 내저·외적인 난관을 모두 극복해낼 것이라는 사실 자체에는 의문의 여지가 없다. 그리고 바로 여기에서 수령과 당은 위대하고, 수령이 찾아주고 당이 빛내주는 북한의 사회주의 조국은 세상에서 가장 우월한 사회이자 인민의 낙원이라는 사이비 정체성이 만들어진다. 결국, 위대한 수령과 위대한 당이 있어 조국은 위대하다는 것이며, 북한사회에서 이것은 누구도 부정할 수 없는 절대적 진리가 되는 것이다. 그리고 이 절대적 진리를 증명해주는 역할을 하는 구체적인 예시가 바로 북한 '사회주의건설주제'의 서사시인 것이다.

---

34 강능수, 「혁명과 문학 (7)—전형적 환경과 갈등문제—」, 『조선문학』, 문학예술출판사, 1968. 9, 45~49면.
35 사회과학원 주체문학연구소, 『조선문학사 15』, 사회과학출판사, 1998, 93면.
36 조인학, 「문학의 현대성과 현실주제의 작품창작」, 『조선문학』, 문학예술출판사, 1989. 5, 35면.

3) '모순과 갈등의 배제'를 통해 가치를 성취하는 결말구조

서사시의 원형을 이루는 그리스의 서사시는 본래 모순과 갈등이 부재하는 완결된 원의 세계를 보여준다. 그러나 이러한 세계는 더 이상 존재하지 않는다. 이로 인하여 우리는 의지와 욕망, 인식과 행위, 자아와 세계 사이에 메울 수 없는 간극을 갖게 되었다.

그럼에도 불구하고 북한 '사회주의건설주제'의 서사시는 자신들의 사회를 모순과 갈등이 부재하는 완결된 세계로 인식한다. 이에 따라 북한에서는 기존의 '사회주의적 사실주의' 창작방법이 인간에 대한 환경의 규정적이며 결정적인 작용과 역할을 지나치게 강조하고 환경에 대한 인간의 능동적인 반작용과 주동적인 역할을 소홀히 하는 편향을 드러냈다고 비판하면서, '주체 사실주의' 창작방법을 새롭게 제안한다.

> 사람이 세계 속에서 살며 활동하기 때문에 자연적 환경이나 사회적 조건이 사람의 생활과 활동에 일정한 영향을 미치는 것은 부정할 수 없는 사실이다. 그런데 사람은 자연적 환경이나 사회적 조건에 그저 순응하는 것이 아니라 자주적이며 창조적이며 의식적인 활동을 통하여 자기의 요구에 맞게 그것을 개조하고 변혁해 나가는 세계의 유일한 지배자, 개조자이다. 그러므로 문학예술창작에서는 어디까지나 사람 중심의 견지에서 현실세계를 그려야 하며 성격과 환경의 관계도 환경을 위주로 하여 성격을 그릴 것이 아니라 성격을 위주로 하여 환경을 그려야 한다.[37]

즉, 인간과 환경의 관계에 있어서 환경을 위주로 하여 인간을 그리는 것이 아니라 인간을 위주로 하여 환경을 그려야 한다는 것이다. 이에 따라 주

---

37 장형준, 「주체사실주의는 우리 시대의 가장 옳바른 창작방법, 최고의 사실주의 창작방법이다」, 『조선문학』, 문학예술출판사, 1993. 5, 23면.

체사상 시기 북한 '사회주의건설주제'의 서사시는 각 시대별로 세부 주제가 달라지기는 하지만 의지와 욕망, 인식과 행위, 자아와 세계 사이의 모순과 갈등을 넘어서서 가치를 성취하는 결말구조를 보여준다는 점에서는 모두 동일하다. 이때, 가치의 성취는 집단 내부의 인간적 결속을 통해서 가능해지는데, 이것은 외부 환경과의 화합과 상생을 모색하는 형태가 아니라 외부 환경으로부터 오는 영향을 막아내는 형태이며, 그런 점에서 외부 환경에 대한 배타성을 전제로 하는 것이다. 사실상, 북한사회는 본래적으로 모순과 갈등이 부재하는 사회도 아니고, 그렇다고 모순과 갈등을 극복하여 새로운 총체성을 획득한 사회도 아니다. 오히려 북한사회는 스스로가 완결된 사회임을 기정사실화하고, 그 사회의 내적 산물인 모순과 갈등은 사회적 완결성을 깨는 요소이므로, 이것을 결코 허용하지 않는 사회인 것이다.

4) 서사적 주체의 유토피아적 '주관주의'

서사시는 서사의 서경의 결합으로 이루어지는 장르로서, 삶의 총체성이 살아있는 객관적 현실에 대한 시인의 찬양이며 예찬이다. 이것이 서사시의 특징을 규정하는 주객관적인 조건이다. 따라서 서사시는 무엇보다도 우선적으로 서사시를 낳게 하는 객관적 현실, 즉 시인의 열정과 환희를 불러일으키며 특정 집단의 삶에서 커다란 의의를 가지는 격동적인 생활을 요구한다. 이처럼 삶의 총체성은 객관적인 현실의 내용으로부터만 생겨날 수 있는 것이다. 그 다음으로, 그와 같은 현실을 진심으로 찬양할 만한 시인의 주관적인 입장이 요구되는 것이다.

그런데 북한 '사회주의건설주제'의 서사시에서는 서사시의 개념을 규정하는 데 있어서, 이 주객관적 요소의 우선순위를 아래와 같이 뒤집고 있다.

사건과 주인공의 생활이 곧 시대를 이야기한다는 것과 시대의 특징을 일정하게 구현하고 있다는 것과는 스스로 구별되는 것이다. 이러한 차이는 전자가 시인의 특별한 지적이 없이 사건과 주인공의 생활을 노래하기만 하면 곧 시대에 대한 노래로 되는 반면에 후자는 슈제트를 전개시켜 도달된 작가의 결론에 의하여 시대를 이야기할 수 있다는 데 있다.[38]

이처럼 객관적인 삶을 지배하려는 서사적 주체는 혼돈으로 가득한 세계를 질서정연한 세계로, 모순과 갈등으로 가득한 세계를 조화롭고 화해로운 세계로 생각해서 그것을 실제 존재하는 현실로 만들어낼 수도 있다. 하지만 이러한 면들은 모두 화자가 갖는 주관성이다. 이러한 주관성은 당위적으로 추구하는 세계에 독자적인 생명을 부여하고, 그것을 독자적으로 존재하는 현실의 반영으로서 작품 속에 나타나도록 하는 것이다. 그렇기 때문에 이러한 서사시 형식의 완결성은 주관적인 완결성이다.

그리고 이 주관의 행위, 즉 객관적인 세계를 마음대로 재구성하는 창조의 지배권은 총체성이 결여된 서사시 형식의 특징적 요소이다. 서사시의 형식을 필요로 하는 이러한 세계가 만약 실제 체험된 것으로서, 즉 진정한 현실로서 존재하게 된다면, 보다 새롭고도 완결된 총체성이 구축될 수 있을 것이고, 이러한 총체성은 오늘날 우리들의 분열된 현실을 저 뒤의 배경으로 밀어낼 수 있을 것이다. 그러나 이러한 변화는 결코 문학과 예술에 의해서 이루어질 수 없다. 왜냐하면 위대한 서사시란 역사적 순간과 결부된 형식이므로, 유토피아적인 것을 존재하는 것으로 형상화하려는 일체의 시도는 단지 서사시의 형식만을 파괴할 뿐 결코 현실을 창조하지는 못하기 때문이다.[39]

---

38 강능수, 「시대와 서사시」, 『조선문학』, 문학예술출판사, 1966. 10, 83면.
39 게오르그 루카치, 앞의 책, 204~205면.

'조국통일주제작품'의 역사적 변모양상
-1960~1990년대 서정시를 중심으로-

1. 북한문학에서 주목해야 할 '조국통일'과 '민족통일'의 차이점

　　북한의 문학예술론에 의하면 '조국통일'은 외세로부터 자주독립을 달성하고 민족을 통일시켜야 하는 주체혁명과업의 미완성 부분이다. 이에 따라 '조국통일주제작품'을 창작하는 것은 문학예술 분야에서 주체의 혁명과업을 수행하기 위해 해야 하는 중요한 과업 가운데 하나로 규정된다. 그리고 이 '조국통일주제작품'은 "인민들에게 (중략) 남조선에서 미제의 식민지통치를 끝장내고 조국을 통일하는 것이 우리 당과 인민 앞에 나서고 있는 가장 중요한 혁명과업이라는 것을 정확히 인식"[1]시키는 역할을 수행한다. 이처럼 북한은 남한에 대해서 민족의 일부 구성원이지만 '미제'라는 외세의 식민통치하에 놓여있는 이탈적 존재로 인식한다. 즉, 남한을 미제로부터 해방시킬 때 비로소 '조국통일'을 이룰 수 있다는 것인데, 여기에서 '조국'[2]은 바로 '사회주의 조국'인 북한을 지칭한다. 따라서 북한에서 내세우는 '조국

---

[1] 사회과학원 주체문학연구소, 『문학예술사전 (중)』, 과학백과사전종합출판사, 1991, 475면.
[2] 사전적 정의를 살펴보면 "(1) 조상 때부터 대대로 살던 나라, (2) 자기의 국적이 속하여 있는 나라"라는 뜻으로, '나라'의 특수성이 강조된다. (https://stdict.korean.go.kr)

통일'이란 사회주의체제로의 흡수통일을 의미하는 것이다.

반면에 '민족통일'은 "법적·정치적 차원에서 하나의 민족국가를 복원한 상태를 의미한다. 하나의 민족국가가 복원된 상황하에 주권과 영토를 보존하고 역사를 발전시키고 문화를 창조하는 행위"[3]를 의미한다. 즉, 단일민족인 남한과 북한을 분단 상태로부터 해방시킬 때 비로소 '민족통일'을 이룰 수 있다는 것인데, 여기에서 '민족'[4]은 남한과 북한을 동등하게 지칭한다. 따라서 '민족통일'이란 자본주의, 사회주의 같은 사회체제 성격의 배제 혹은 초월을 의미하는 것이다.

그런데 북한문학사에서 사용하는 '조국통일'과 '민족통일' 개념의 상관관계를 살펴보면 '조국통일'은 '민족통일'을 전제로 하면서 그것을 구체적으로 한정하는 개념이다. "사회주의적 민족문학예술은 민족문학예술 발전에서의 새로운 높은 단계로 된다."[5]라는 문장에서도 확인할 수 있듯이, '조국통일'의 기본전제인 '사회주의'와 '민족'은 상호배타적인 개념이 아니라 상호결합적인 개념이며 나아가 '사회주의'가 '민족'을 규정하고 특화하는 관계이다.

이와 같은 특징은 '조국통일주제작품'의 개념과 범주 설정에도 그대로 적용될 수 있다. 아래의 개념정의에서 확인할 수 있듯이 '조국통일주제'는 '남조선혁명주제'를 포함하면서도 그보다 범위가 훨씬 넓다.[6] 첫째, '남조선

---

3 김용제, 『한반도 통일론—통일정책의 전개와 전망—』, 박영사, 2009, 16면.
4 사전적 정의를 살펴보면 "일정한 지역에서 오랜 세월 동안 공동생활을 하면서 언어와 문화상의 공통성에 기초하여 역사적으로 형성된 사회집단"이라는 뜻으로, '사회'의 보편성이 강조된다. (https://stdict.korean.go.kr)
5 사회과학원 주체문학연구소, 『문학예술사전 (상)』, 과학백과사전종합출판사, 1988, 807면.
6 북한문학사에서 '조국통일주제'와 '남조선혁명주제'의 관계를 어떻게 인식하고 있는지를 북한에서 출판된 북한문학사 연구서의 목차 구성을 통해 살펴보면 다음과 같다. 첫째, 1970년대에 출판된 북한문학사 연구서로는 사회과학원 문학연구소, 『조선문학사 (1~5)』, 과학백과사전출판사, 1977~1981을 살펴볼 수 있다. 이 책에서는 〈평화적 민주건설시기 문학〉(1945.8~1950.6)의 일부로 '남조선혁명과 조국통일을 주제로 한 작품들'을 다루고, 〈위대한 조국해방전쟁시기 문학〉(1950.6~1953.7)의 부분으로는 이 주제를 다루

혁명주제작품'은 "남조선혁명가들과 인민들의 생활과 투쟁을 주제로 한 문학예술작품"을 지칭한다면, '조국통일주제작품'은 "공화국북반부인민들과 남조선인민들 그리고 해외동포들의 다양한 생활과 활동을 반영한" 문학예술작품을 지칭한다. 즉, '남조선혁명'의 주체는 남한의 인민과 혁명가에 국한된다면 '조국통일'의 주체는 북한인민, 남한인민, 해외동포 등으로 다양해질 수 있다. 둘째, '남조선혁명주제작품'은 "싸우는 남조선혁명가들과 인

지 않는다. 〈전후복구건설 및 사회주의기초건설시기의 문학〉(1953.7~1958)의 일부로 '남조선혁명과 조국통일을 위한 투쟁을 형상화하는 데 바쳐진 작품들'을 다루고, 〈1959년~1966년 문학〉의 일부로 '조국통일에 대한 불타는 지향과 남녘땅 인민들의 영웅적 투쟁을 반영한 작품들'을 다룬다. 그리고 〈1966년~1975년 문학〉의 일부로 '위대한 주체사상의 기치 밑에 진행된 남조선혁명과 조국통일을 위한 투쟁의 진실한 반영'을 다룬다. 이와 같이 1970년대에 출판된 북한문학사 연구서에서는 '조국통일주제'와 '남조선혁명주제'를 한 항목으로 묶어서 다루면서도 따로 나누어 서술하고 있다. 둘째, 1980년대에 출판된 북한문학사 연구서로는 류만, 『현대조선시문학연구(해방후 편)』, 사회과학출판사, 1988을 살펴볼 수 있다. 이 책에서는 시문학을 형태에 따라 서정시, 서사시, 가사로 분류한 후 시정시 문학을 다시 주제별로 분류하고 있는데, 그 중의 하나로 〈남조선혁명과 조국통일주제 서정시〉를 다룬다. 내용상으로는 남조선혁명주제와 조국통일주제를 따로 나누고 각각에 관하여 해방직후부터 1980년대 중반까지의 변화양상을 서술하고 있다. 이와 같이 1980년대에 출판된 북한문학사 연구서에서는 1970년대 북한문학사 연구서가 '시대별 분류→주제별 분류' 형태를 띤 것과 반대로 '주제별 분류→시대별 분류' 형태를 띠고 있다. 하지만 '조국통일주제'와 '남조선혁명주제'를 한 항목으로 묶어서 다루면서도 따로 나누어 서술하고 있는 점에서는 동일하다. 셋째, 1990년대에 출판된 북한문학사 연구서로는 사회과학원 주체문학연구소, 『조선문학사 (1~15)』, 사회과학출판사, 1991~1999를 살펴볼 수 있다. 이 책에서는 〈평화적 건설시기 문학〉의 일부로 '남조선혁명과 조국통일주제작품의 창작'을 다루고, 〈조국해방전쟁시기 문학〉의 부분으로는 이 주제를 다루지 않는다. 〈전후복구건설과 사회주의기초건설시기 문학〉의 일부로 '조국통일의 념원, 민족의 절규'를 다루고, 〈사회주의 전면적 건설시기 문학〉의 일부로 '왕성하게 창작된 여러 주제의 서정시'를 다룬다. 그리고 〈1970년대 문학〉의 일부로 '조국통일열망의 시적 구현'을 다루고, 〈1980년대 문학〉의 일부로 '조국통일에 대한 지향과 념원을 반영한 시작품들'을 다룬다. 이와 같이 1970년대와 1980년대에 출판된 북한문학사 연구서가 '남조선혁명주제'와 '조국통일주제'를 별개의 주제로 명시했던 것과 달리, 1990년대에 출판된 북한문학사 연구서에서는 대체로 이 두 가지 주제를 '조국통일주제'라는 상위항목으로 합쳐서 명시한 후 그 안에서 다시 하위항목으로 나누어 서술하고 있다.

민들의 생활과 투쟁을 주제로 한 문학예술작품"을 지칭한다면, '조국통일 주제작품'은 "조국통일에 대한 우리 인민의 념원과 그 실현을 위한 투쟁을 주제로 한 문학예술작품"을 지칭한다. 즉, '남조선혁명'의 주제는 '(싸우는) 생활과 투쟁'으로서 투쟁 하나로 수렴된다면 '조국통일'의 주제는 '염원과 투쟁'으로서 양분될 수 있다.

남조선혁명주제작품: 남조선혁명의 승리와 조국통일을 위하여 싸우는 남조선혁명가들과 인민들의 생활과 투쟁을 주제로 한 문학예술작품. (중략) 남조선혁명주제작품에서 특징적인 것은 미제의 식민지통치 밑에서 인민들이 온갖 천대와 멸시, 불행과 고통을 당하는 남조선의 현실과 미제침략자들과 그와 결탁되여있는 지주, 매판자본가, 반동관료배들을 반대하여 떨쳐 일떠선 로동자, 농민, 청년학생, 인테리들을 비롯한 각계각층 인민들과 혁명가들의 투쟁을 진실하게 보여주고 있는 것이다.[7]

조국통일주제작품: 민족지상의 과업인 조국통일에 대한 우리 인민의 념원과 그 실현을 위한 투쟁을 주제로 한 문학예술작품. (중략) 조국통일의 주제는 남조선혁명에 관한 주제와 밀접히 련결되여 있다. 그러나 조국통일주제작품은 조국통일에 대한 지향을 표현하고 있는 데서 남조선혁명주제작품과 공통점을 가지면서도 묘사대상의 범위가 훨씬 넓다. 조국통일주제작품은 민족지상의 과업인 조국통일을 절절히 념원하며 그 실현을 위하여 적극 투쟁하는 공화국북반부인민들과 남조선인민들 그리고 해외동포들의 다양한 생활과 활동을 반영한다.[8]

하지만, 여기에서 주의해야 할 것은 '염원'의 성격이다. 이 '염원'은 '민족

---

[7] 사회과학원 주체문학연구소, 『문학예술사전 (상)』, 과학백과사전종합출판사, 1988, 395면.
[8] 사회과학원 주체문학연구소, 『문학예술사전 (중)』, 과학백과사전종합출판사, 1991, 475면.

통일'을 넘어서서 '조국통일'을 이루는 것이며, 이미 '조국통일'과 '민족통일' 개념의 상관관계에서 살펴보았듯이 염원의 대상인 그 조국은 '사회주의 조국'을 뜻하는 것이다. 흔히, 남한의 연구자들은 북한의 '조국통일주제작품'이 남한사회의 날조를 통하여 북한사회체제의 우월성을 선전하려는 정치적인 목적 차원에서 이용되고 있다고 인식하며,[9] 이 주제의 작품은 하나같이 미국의 식민지인 남한의 비참한 현실과 그 속에서 싸우는 인물들의 모습을 담아내는 것을 유형화된 틀로 삼고 있다고 판단한다.[10] 그러나 이것은 '투쟁'이라는 단일한 성격을 지닌 '남조선혁명주제작품' 일부를 '투쟁과 염원'이라는 양면적 성격을 지닌 '조국통일주제작품' 전체와 동일시하는 잘못된 이해에 기인하는 것이다. 또한, 그들은 1990년대 들어서면서 북한의 '조국통일주제작품'에서 북한인민이 겪는 이산가족의 아픔을 탈이념적 차원에서 다루는 작품이 나오는 등의 변화가 나타나기 시작했다고 판단하면서, 이러한 변화가 향후 북한사회의 냉전논리해체와 통일과정에 중요한 영향을 미칠 수 있다고 진단한다.[11] 그러나 이것은 '조국통일주제작품'이 지닌

---

9 노희준, 「냉전과 공생의 짝패」, 『북한문학의 이해 4』(김종회 편), 청동거울, 2007, 128면.
10 김종회, 「북한문학에 나타난 경자년 마산의거와 4월 혁명」, 위의 책, 111~124면.
11 김재용은 북한 '조국통일주제의 문학'이 시대적으로 뚜렷한 변화를 보여주고 있다는 견해를 제시한다. 조국통일주제의 작품들은 전통적으로 남한의 현실이나 해외동포의 현실을 소재로 삼아왔는데, 1990년대에 들어서면서 특이하게도 북한 내부의 사람들이 겪는 이산가족의 아픔을 다루기 시작했다는 것이다. 이 변화의 원인으로는 1989년에 있었던 남한 사람들의 방북사건을 들고 있다. 북한 위정자들의 의도와는 달리, 북한 사람들은 예기치 못했던 남한 사람들의 방북을 보면서 그동안 내면에 억눌려 있던 소망을 분출하게 되었는데, 그것은 국가 이데올로기에 의해 채색된 것이기보다는 심정적이고 인도적인 것이라고 판단한다. 또한, 북한 사람들의 이 새로운 현실을 보면서 일군의 작가들은 과거와는 다른 방식으로 조국통일의 문제를 다루어야 할 필요성을 느끼게 되었고, 이러한 변화는 북한문학이 국가의 공식적인 이데올로기에서 벗어나기 시작했음을 보여주는 것이라는 점에서 의의가 있다고 평가한다. (김재용, 『북한 문학의 역사적 이해』, 문학과지성사, 1994, 288면. 307~308면.) 또한, 홍용희는 통일시대를 열어가기 위한 문학적 논의에서는 남북한 문학의 이질성, 대립성의 요소에 대한 강조보다 동질성, 유사성의 요소를 재발견하고 인식하는 유화적인 자세가 요구된다고 전제

사회주의 조국에 대한 '이념적 성격의 염원'을 단일민족에 대한 '탈이념적 성격의 염원'으로 오해하는 섣부른 판단에 기인하는 것이다.[12]

2. '조국통일주제작품'에서 특별히 강조되는 '갈등' 문제

북한문학예술에서 주체와 객체 사이에 존재하는 '갈등'은 계급투쟁의 반영으로서 사상과 계급의 대립을 기초로 한다. 그런데 이 갈등의 성격은 사회적 모순의 성격에 의해 결정되고, 갈등의 성격에 따라 투쟁의 형식과 방법은 달라진다. 따라서 갈등 문제를 올바르게 해결하기 위해서는 우선 사회적 모순의 성격에 기초하여 '갈등의 성격'을 명백하게 규정해야 한다.

착취계급과 피착취계급, 지배계급과 피지배계급 사이의 적대적 대립과 투쟁이 사회관계의 기본으로 되고 있는 착취사회의 사회관계를 반영하는 갈등은 적대적인 성격을 띠게 되며 로동계급과 협동농민, 근로인테리의 동지적 협

한다. 이에 따라 민족분단의 비극성과 통일에 대한 열망을 노래함으로써 민족적 연대의식과 공감대를 불러일으키는 1990년대 북한의 탈이념적인 서정시편에 주목할 필요가 있다고 강조한다. (홍용희, 『통일시대와 북한문학』, 국학자료원, 2010, 198면.)

12 강정구는 '북한문학은 왜 우리 사회에 관심을 가지는가?'라는 질문을 던지면서 그 관심에는 어떤 숨은 의도가 있을 것이며, 그 숨은 의도는 관심의 주체와 관련이 있음을 즉 주체 자신의 문제일 수 있음을 지적한다. 또한, 북한문학이 당의 문예정책에 기초한다는 점을 상기시키면서 북한문학이 '통일의 당위성'을 거론하는 것도 심정적인 민족공동체에 근거를 둔 것이 아니라, 사회주의의 확산정책 즉 북한사회의 체제우월성과 내부결속을 강조하기 위한 목적과 깊은 관련이 있을 것이라고 진단한다. 이처럼 그는 민족분단의 비극성과 통일에 대한 열망을 담아내는 경우에조차도 북한의 '조국통일주제의 문학'과 당의 문예정책 사이에는 긴밀한 상관관계가 있음을 분명하게 인식하고 있다. 그럼에도 불구하고 북한문학사에서 지속적으로 나타나는 '조국통일주제작품'이 시대적인 변화에 따라서 방법적으로 어떻게 달라지고 있으며 내용상 어떠한 차이를 보여주고 있는지를 밝혀내지는 못하고 있다. (강정구, 「역사를 전유하는 북한문학」, 『북한문학의 이해 4』(김종회 편), 청동거울, 2007, 147~149면.)

조와 단결이 사회관계의 기본을 이루는 사회주의사회의 사회관계를 반영하는 갈등은 상용적인 성격을 띠게 된다. 작품에서 적대적인 사회관계를 반영하는 갈등은 처음부터 첨예하고 극단적으로 조성되며 마지막에는 결렬하는 데로 나가게 되지만 사회주의사회 근로자들의 생활을 반영하는 갈등은 극단적으로 되여서는 안 되며 부정이 극복되고 동지적 단결이 더욱 강화되는 것으로써 해결되여야 한다.[13]

그런데 북한의 주체문학에서 다루는 대표 주제 가운데 수령형상주제, 사회주의건설주제, 사회주의현실주제 등과 같이 북한 사회주의사회 속 인민들의 생활을 반영하는 작품에서는 갈등이 부재하거나 '비적대적 성격'을 띤다. 왜냐하면 북한 사회주의사회에는 인민들의 정치사상적 통일, 단결, 협조가 전면적으로 실현되어 있다고 판단하기 때문이다. 이와 달리, 조국통일주제와 같이 '외부로부터 달려드는 계급적 원수들'과의 투쟁을 반영하는 작품에서는 갈등이 '적대적 성격'을 띤다. 왜냐하면 사회주의와 자본주의의 남카루유 투쟁을 통하여 인민들에게 사회발전의 합법칙성과 사회주의, 공산주의 승리의 필연성을 올바르게 인식시킬 수 있다고 판단하기 때문이다.

결과적으로, 북한문학에서 '갈등'이 가장 첨예하게 나타나는 분야가 바로 '조국통일주제작품'이라고 할 수 있다. '분단'에서 '통일'로 '긴장'에서 '평화'로 나아가고자 하는 '조국통일주제작품'에서 갈등이 최고조에 이르고 있다는 사실은 매우 아이러니하게 느껴질 수 있다. 하지만 아래의 글에서 확인할 수 있듯이, '갈등'과 '평화'는 본래 야누스의 두 얼굴과 같이 불가분의 관계를 형성하고 있는 것이다.

갈등의 주체가 집단일 경우 평화의 추구는 갈등의 발생과 그 궤적을 같이 한다고 해도 과언이 아니다. (중략) 싸움을 먼저 시도하는 어느 쪽의 당사자도

---

[13] 사회과학원 주체문학연구소, 『문학예술사전 (상)』, 과학백과사전종합출판사, 1988, 139면.

적나라한 물리적 충돌이 〈바람직한 것〉으로 간주하지 않음은 물론, 〈여건이 성숙하면〉 언제든지 대화로서 문제를 해결할 용의가 있음을 강조한다. 그들은 모두 그들이 현재 관여하고 있는 갈등이 불가피한 것임을 역설하고, 〈평화〉의 길을 끊임없이 모색할 것이라고 선전한다.[14]

한편, 갈등은 언제나 '주체와 객체 간의 상호작용'을 통해 매년 발생하게 된다. 그러므로 북한 '조국통일주제작품'에서 각각의 시기에 '조국통일'의 주체와 객체가 어떻게 설정되고 있는지, 그리고 시대적인 흐름에 따라 어떻게 변모되고 있는지를 주목해볼 필요가 있다. 먼저, '조국통일의 주체'에 관해서는 북한, 남한, 남북한이라는 세 가지 경우의 수를 상정할 수 있다. 일반적으로는 북한문학에서 조국통일의 주체는 북한이고 남한은 객체에 불과할 것이라고 생각하기 쉬운데, 사실상 '조국통일주제작품'의 일부인 '남조선혁명주제작품'에서는 남한혁명투사 혹은 남한인민 등 남한 내의 혁명세력이 '조국통일'의 주체로 설정된다. 다음으로, 주체와 관계를 맺는 '조국통일의 객체'에 관해서는 남한인민, 남한혁명투사, 남한독재정권, 남한에 영향력을 행사하는 외세(미제국주의) 등 네 가지 경우의 수를 상정할 수 있다. 이에 따라 '조국통일주제작품'에서 갈등의 주체와 객체가 서로 관계를 맺는 경우의 수는 매우 다양해진다.

물론, '조국통일주제작품'에서 갈등의 '주체와 객체의 관계'가 설정되는 양상은 당대의 사회정치적 상황에 따라서 달라질 것이며, 그 관계가 어떻게 설정되는지에 따라서 '갈등의 성격'이 달라질 것이다. 그리고 갈등의 성격이 다를 경우는 물론이고 동일한 성격의 갈등일지라도 사회정치적 필요에 따라서 '갈등의 해결방식' 또한 달라질 것이다.

북한 '조국통일주제작품'에 대하여 기존연구의 경우와 같이 주제적 차원에서 접근할 경우, 우리는 북한이 남한의 사회현실을 부정적으로 인식함으

---

14 박재환, 『사회갈등과 이데올로기』, 나남, 1992, 259면.

로써 남조선혁명투쟁을 통하여 남한을 적화통일하려는 정치적 야욕을 드
러내고 있다고 파악하거나, 남북한 대중이 공통적으로 느끼는 민족분단의
아픔과 조국통일의 열망을 진솔하게 반영하고 있다고 파악하는 이분법에
빠질 수밖에 없다. 그러나 위에서 제시한 '주체와 객체의 갈등 문제'를 작품
분석의 틀로 삼을 경우, 우리는 '조국통일'에 대한 북한의 인식실체가 무엇
인지를 논리적으로 정확하게 판단할 수 있으며, 북한 '조국통일주제작품'의
역사적인 변모양상이 왜 그리고 어떻게 발생하게 되었는지를 보다 객관적
으로 밝혀낼 수 있을 것이다.

3. '조국통일주제작품'의 역사적 변모, 그 이념과 정치의 변주

북한 '조국통일주제작품'의 역사적인 변모양상을 규명하는 데 있어서, 필
자는 '주체와 객체의 갈등문제'를 중심으로 접근해보고자 한다. 앞에서 살
펴본 바와 같이, 북한의 문예이론에서는 '갈등문제'가 작품을 이해하는 중
요한 하나의 이론 틀로서 구체적으로 정립되어 있다. 또한, 그 변모양상을
보다 체계적으로 규명하기 위해서 아래와 같은 시대구분의 틀을 새롭게 마
련하였다.[15]

---

15 본 연구자는 주체사상 시기 북한 시사(詩史)의 서술을 목표로 1960~1990년대의 북한 서정시 작품 전반을 통독하였다. 그 결과 북한의 주체문학에서 문학적으로 형상화할 것이 요구되는 다섯 가지 주제인 '수령형상주제' '사회주의건설주제' '사회주의현실주제' '조국해방전쟁주제' '조국통일주제' 등에서 공통적으로 뚜렷한 변모가 나타나는 시기를 발견하게 되었다. 또한 이것이 북한의 당 문예정책의 변모 시기와 긴밀한 연관성을 지니고 있음을 확인하게 되었다. 이에 북한 서정시에서 나타나는 '시적 형상화의 대상' '주제의 형상화 방식' '정서적 동일화의 방식' 등에서 현격한 차이가 발견되는 시기를 기점으로 하여 새로운 시대구분의 틀을 마련하게 되었다. 기존의 북한문학사 연구서들이 제시하고 있는 시대구분의 틀에 관해서는 김경숙, 「북한 '수령형상문학'의 역사적 변모양상—1960~1990년대 북한 서정시를 중심으로—」, 『민족문학사연구』 51호, 민족문학사학회, 2013, 483면을 참조할 수 있다.

1) 갈등의 조성과 서사성 강화: 1965~1978년

다른 집단과의 사이에 조성된 갈등은 한 집단의 경계 확립과 일체감 확인에 기여함으로써 그 집단의 단결을 강화한다. 따라서 투쟁집단들은 자기집단의 응집력을 유지하고 강화하기 위해서 서로 간에 적을 필요로 한다. 이로 인해 투쟁집단들은 끊임없이 갈등을 유발시켜야 하고, 그렇게 조성된 갈등은 투쟁집단들의 생존조건이 된다.[16] 그리고 이들의 적대관계는 대결을 통해 더욱 공고화된다. 이와 같은 '갈등'의 논리는 이 시기 '조국통일주제작품'에서 나타나는 남북한의 관계에도 그대로 적용될 수 있다. 한편, 조성된 갈등에 역사적 사실성을 부여하기 위해서 이 시기에는 시에 '서사적 방식'을 도입하고 있다. 등장인물들의 행동·대화·사상감정 등을 작가의 객관적인 서술을 통하여 제시하는 서사적 방식은, 시인의 체험세계를 통하여 생활을 반영하는 서정적 방식이나 등장인물들의 대화와 행동을 통하여 현실을 재현하는 극적 방식에 비하여 현실생활을 더 폭넓고 자유롭게 보여줄 수 있는 가능성을 가지고 있기 때문이다.[17]

(1) 갈등의 이원화, '조국통일'의 주체의식 강조 (1965~1972년)

이 시기의 '조국통일주제작품'에서는 첫째, 남한인민들이 지닌 김일성에 대한 흠모의 정과 북한 사회주의제도에 대한 동경심을 형상화할 것이 강조되었다. 북한이 추구하는 '조국통일'을 위해서는 반드시 '남조선혁명'이 전제되어야 한다. 이때 '남조선혁명'의 주체는 남한인민들 자신이지만, '남조선혁명'의 성격은 남한의 인민과 혁명가들이 '김일성의 혁명사상'을 기치로 내세우고 투쟁하는 것이다.[18] 둘째, 남한인민들과 함께 '조국통일'의 대변혁

---
16 루이스 A. 코저, 박재환 옮김, 『갈등의 사회적 기능』, 한길사, 1980, 129면.
17 사회과학원 주체문학연구소, 『문학예술사전 (중)』, 과학백과사전종합출판사, 1991, 242면.
18 "남조선 혁명가들과 애국적 인민들의 전형적 성격창조에서 제기되는 가장 중요한 문제는 남조선혁명의 주인은 그들 자신이며 혁명투쟁에서 최후승리를 이룩하자면 남조선

을 주동적으로 맞이하고자 하는 북한인민들의 혁명에 대한 주체의식을 형상화할 것이 강조되었다. 북한인민들은 '남조선혁명투쟁'을 직접 수행하고 있는 남한의 인민과 혁명투사들을 마음 깊이 응원함으로써 발전하는 현실에 안주하는 것을 스스로 경계하면서, '조국통일'의 역사적 필연성을 되새기고 그것을 위한 혁명적 각오를 새로이 해야 한다는 것이다.

남조선혁명과 조국통일 주제의 서정시 창작에서 이룩된 중요한 성과의 다른 하나는 위대한 수령님께서 제시하신 방침을 높이 받들고 전인민적인 항쟁과 지하투쟁, 유격투쟁과 옥중투쟁을 줄기차게 벌리고 있는 남조선 인민들의 다양한 시적 형상을 적극적으로 창조한 것이다. (중략)
조국통일주제의 서정시 창작에서 이룩한 또 하나의 성과는 공화국북반부 인민들의 조국통일에 대한 열망과 확신, 조국통일을 앞당기기 위한 불같은 투쟁정신을 새로운 높이에서 힘있게 형상한 것이다. 《청계천에 부치여》[주체50(1961), 박산운], 《나에게는 병사시절의 배낭이 있다》[주체52(1963), 손승태], 《복수자의 선언》[주체55(1966), 오영재] 등은 그것을 확증해준다.[19]

이 시기에 창작된 '조국통일주제작품'에는 림호권의 「다시 4월에」(1966),[20] 오영재의 「복수자의 선언」(1966),[21] 최진용의 「남녘의 해돋이」(1969),[22] 최승칠의 「철창속에서」(1970),[23] 박산운의 「민족의 태양을 우러러」(1970)[24] 신

혁명에 대한 김일성 동지의 전략전술적 방침을 끝까지 관철해야 한다는 그들의 혁명의식과 자각을 보여주는 것이며 미제와 박정희 악당들의 파쇼적 폭압 속에서도 굴함없이 싸우는 그들의 불굴의 투쟁정신과 혁명가적 풍모를 진실하게 밝히는 것이다." (「모든 혁명적 작품에 당의 유일사상을 더욱 철저히 구현하자」, 『조선문학』, 문학예술출판사, 1970. 1, 13~14면.)
19 사회과학원 주체문학연구소, 『조선문학사 13』, 사회과학출판사, 1999, 65~66면.
20 『무지개』, 조선문학예술총동맹출판사, 1966, 16~18면.
21 오영재, 『행복한 땅에서』, 문예출판사, 1973, 191~195면.
22 최진용, 『삶의 노래』, 문예출판사, 1975, 131~134면.

순현의 「북두칠성이 바라보이는 령마루에서」(1970),[25] 김상훈의 「흙」(1970)[26] 등이 있다.

1

몸은 비록 사슬에 매웠어도
감방은 새롭지 않다.
하루 스물네시간씩 나를 엿보는
교형리들의 독기서린 눈초리도
살점을 저며내는 고문실도
새롭지 않다, 무섭지 않다.
내 싸움으로 살아온 남조선이
그대로 하나의 감옥이였기에,

(중략)

너 불타는 사랑이여, 서리찬 증오여!
내려치는 폭포수같이 맹렬한 사색이여
너는 나의것이다!
침착하고 용감한 사자의 심장이여
통쾌히 웃으면 그 소리에
눈속에도 꽃이 필 정 많은 얼굴이여
침략자와 주구들을 노려볼 때면

---

23 최승칠, 『빛나는 모습들』, 문예출판사, 1974, 180~184면.
24 『당의 기치 따라』, 문예출판사, 1970, 205~213면.
25 위의 책, 214~222면.
26 위의 책, 223~226면.

랭소와 번개가 번뜩이는 얼굴이여
너는 나의것이다!
그렇다, 심장이 고통치는 한
절망과 굴복이란 있을수 없다!

2

몸은 비록 사슬에 매웠어도
생각은 낯익은 옛길에 오른다.
등잔불을 밝힌 아지트의 방안에서
위대한 수령 김일성동지의
불멸의 로작들을 읽던 나날들
그것은 신비로운 구름다리를 치달아올라
새로운 세계를 발견한 명절들,

그때에 나는 들었다
뜯기고 짓밟히고 모욕받은 인민이
나의 창문을 세차게 두드리며
《구원하라!》 피타게 부르짖는 소리를!
그때에 나는 알았다
칼을 물고 날뛰는 미제와 졸개들은
한시절을 살고 죽을 메뚜기들임을,
그러나 시절을 앞질러 혁명의 불길로
원쑤들을 짓몰아 쓸어내지 못한다면
내 어찌 심장을 지녔다 하랴!

3

몸은 비록 사슬에 매였어도
마음은 아우성의 도시와 벌판을 달리나니
춤추듯 휘두르는 손에서는
혁명의 씨앗이 봄비처럼 뿌려져라.

나는 4월의 바람, 봄을 불렀고
나는 노고지리, 새벽을 불렀거니
오너라, 혁명이여, 어서 감옥을 부시고
다시금 나를 데려가다오
바람과 물과 흙이 있는곳으로,
용감하고 슬기로운 사람들에게로,

―최승칠, 「철창속에서」(1970) 부분

"남녘옥중투사의 노래"라는 부제목에서도 드러나고 있듯이, 이 시에서 갈등의 주체와 객체 관계는 '남한혁명조직'과 '미제국주의 및 남한군부정권'의 적대적 대립으로 제시된다. 전체가 3장으로 구성되어 있는데, 각 장의 1연 첫 행에서 "몸은 비록 사슬에 매였어도"라는 구절을 반복함으로써 철창속에 갇힌 혁명투사가 자신의 상황과 내면의식을 노래하고 있음을 드러낸다. 즉, '남한혁명투사' '투옥' '박정희 군부정권하의 남한'이라는 서사적 요소를 시에 도입하고 있다.[27]

---

[27] "서정시 《철창속에서》(1970, 최승칠)는 감방도 고문실도 꺾을 수 없는 것이 투사의 의지이며 신념이라는 사상적 알맹이를 심고 철창 속에서도 굴함 없이 싸워나가는 서정적 주인공의 불굴의 정신세계와 승리할 래일에 대한 랑만적 정서를 확신에 넘쳐 노래하였다. 《몸은 사슬에, 모진 고문에 상했어도 정신은 천군만마 진을 친 요새》와도 같은 투사, 《통쾌히 웃으면 그 소리에 눈속에도 꽃이 필 정 많은 얼굴》이건만 《침략자와 주구들을 노려볼 때면 랭소와 번개가 번뜩이는》 기상 - 이것이 서정적 주인공의 성격초

1장에서, 화자는 "감옥"과 "남조선" 전체를 동일시한다. 또한 "사슬" "교형리들" "고문실"로 표상되는 감방의 풍경이 새롭지도 않고 무섭지도 않다고 말함으로써 "싸움으로 살아온" 자신의 삶을 환기시킨다. 그리고 "너는 나의 것이다!"라는 구절의 반복을 통하여 자신의 삶에 대하여 스스로 정의내리고 있다. 즉, 화자는 인민에 대한 "불타는 사랑"과 원수에 대한 "서리찬 증오" 그리고 혁명에 대한 "맹렬한 사색"을 마음속에 지니고 살아왔다. "침착하고 용감한 사자의 심장"의 소유자인 그는 언제나 인민들과 혁명동지들에게는 "정 많은 얼굴"로, 침략자와 주구들에게는 "랭소와 번개가 번뜩이는 얼굴"로 살아왔다. 이러한 자신의 삶을 되돌아보며 화자는 "심장이 고동치는 한" 앞으로도 자신의 삶 속에는 결코 "절망과 굴복"이 없을 것임을 다짐한다. 이처럼 남한혁명투사인 화자와 '미제국주의 및 남한군부정권'은 적대적 갈등관계로 형상화된다.

2장에서, 화자는 사슬에 매인 "몸"과 자유롭게 펼쳐나가는 "생각"을 대응시킨다. 그의 몸은 현재 "감옥"에 있지만 그의 생각은 과거 "아지트의 방안"으로 가 있다. 화자는 그곳에서 김일성의 "불멸의 로작들"을 읽었고 그것을 통해 "새로운 세계"를 발견하게 되었음을 회상한다. 그리고 "그때에 나는 들었다" "그때에 나는 알았다"라는 구절들을 통하여 그 새로운 세계가 무엇인지를 제시한다. 그것은 바로 "뜯기고 짓밟히고 모욕받은 인민"은 지금 애타게 구원을 요청하고 있으며 "칼을 물고 날뛰는 미제와 졸개들"은 곧 죽어갈 존재들이라는 깨달음이다. 이 깨달음을 계기로 스스로가 "혁명의 불길"을 일으켜 원수들을 몰아낼 것을 결심했던 그 "뜨거운 심장"을 화자는 다시 한번 자각하게 된다.

3장에서, 화자는 감옥에 갇힌 "몸"과 "도시와 벌판"을 달리는 "마음"을 대

상이다. 시인은 이처럼 너무도 평범한 사나이건만 심장이 고동치는 한 절망과 굴복과는 아예 담을 쌓은 투사의 불굴의 의지를 감명깊게 노래하였다." (사회과학원 주체문학연구소, 『조선문학사 14』, 사회과학출판사, 1996, 188면.)

응시킨다. "봄"을 불러오는 "4월의 바람"과 "새벽"을 불러오는 "노고지리"에 자신을 비유함으로써 '새 세상'을 만들고자 하는 '혁명투사'로서의 자의식을 다지고, "용감하고 슬기로운 사람들"인 혁명동지들과 함께 "혁명의 씨앗"을 뿌리고자 하는 열망을 고조시킨다. 화자는 자신이 속한 "혁명조직"에 대하여 강한 믿음을 표현한다. 혁명조직의 "도도한 흐름"을 "성좌"와 "용암"에 비유함으로써 그 혁명조직이 "미제와 졸개들"에게 불벼락을 내리고 이 겨레를 '땅'에서 '하늘'로 "지옥"에서 "태양"으로 이끌어갈 것이라는 확신을 드러낸다. 이때, 혁명조직이 겨레를 이끌어가 닿고자 하는 그 "태양"은 바로 "수령님 품"이다.

　이처럼 이 시기에 북한에서는 '조국통일주제'의 일환으로서 '남조선혁명주제'를 중요하게 다루고 있다. 이때 남조선혁명의 주체는 남한의 혁명조직이라는 점을 분명히 밝힘으로서 북한의 의도적 개입이나 연계를 부정하고 있다. 하지만 이와 동시에 남한의 혁명조직이 김일성의 저작을 읽고 감화되어 자발적으로 김일성을 추종하게 되었다는 설정을 추가함으로써 북한체제의 우월성을 부각시키고 있다.

갈등 문제	주체	객체
갈등의 관계	남한혁명조직	미제국주의와 남한군부정권
갈등의 성격	계급모순에 기초한 적대적 갈등	
갈등의 해결방식	혁명투쟁	
갈등의 목적	북한체제의 우월성 강조	

① 스물도 되기전에 떠나온 집을 서른이 넘어서도 못간다면
　　이 총창은 무엇때문에 내가 쥐고 섰는것인가
　　물마른 계곡의 거치른 강바닥처럼
　　가슴속에서 분노한 화산의 용암들이 머리를 쳐든다.

② 원쑤놈들아, 너의 앞에 어떤 복수자가 서있는가를

보라, 죽음이 두렵다면, 분별없는 전쟁광인들이여,
이 땅의 선량하고 순결한 가슴들을 무참히 짓뭉개며
피로 얼룩진 미제여.

③ 경상도가 고향인 친구의 어머니가 우리곁을 떠나던 날
두고 온 맏이와 셋째의 이름을 부르고 또 불렀다.
살아서 고향에 가보고싶다고,
수령님 주신 이 고마운 땅에서 함께 살아보고싶다고
나를 붙잡고 눈물 닦던 그 손이
고요히 가슴우에 놓여있었다.
용서하시라, 눈감지 못하고 운명한 그 눈을
친구가 조용히 감겨줄 때
아, 사람들이여, 왜 쏟아지는 눈물을 삼켜야 했던가.

(중략)

④ 행복의 따사로운 햇빛이 온몸에 쏟아지는 이 나날에도
우리는 그속에 몸을 다 잠그지 못하노라
기쁨이 더할수록
원쑤에 대한 우리의 증오도 함께 자랐고
이 행복을 함께 나누지 못하는 남녘의 형제들을 생각하며
보복의 내 가슴 불태웠노라
민족의 념원이, 온 세계의 깨끗한 심정들의 호소가
우리를 투쟁에로 불러왔노라.

⑤ 혁명은 준엄한 시각에 들어서노라
고통에 민족의 가슴이 미여지는 분렬이여,

이제 더 계속되느냐, 끝장을 내느냐,
만약 미제원쑤들이 전쟁의 불길을 또다시 휘몰아온다면
용기와 슬기와 위훈으로 빛나는 분노한 조선의 넋이
미제의 앙가슴에 날창을 꽂고
통일된 강산, 삼천리 하나의 조국을 한품에 안으리라.

―오영재,「복수자의 선언」(1966) 부분

"복수자의 선언"이라는 제목에서도 드러나고 있듯이, 이 시에서 갈등의 주체와 객체 관계는 "복수자"와 "원쑤"의 대립으로 제시된다. 지난 세월 동안 한반도에는 "락원"의 북한과 "지옥"의 남한이 함께 해왔다. 남한과 북한은 본래 "한 조상땅"이지만 "못 가는 고향"으로 표현되듯이 지금은 분단된 상태이다. '가슴 태우다' '피 맺히다' '아프다' '답답하다' 등에서 나타나고 있듯이 월북시인으로서의 화자는 이 분단 상태에 대하여 부정적으로 인식하고 있다. 그리고 ①에서 "스물도 되기 전"과 "서른이 넘어서"라는 시간적 간극으로 표상되는 10여 년의 분단역사에 대한 자각을 계기로 하여 그 부정적 인식은 "분노"로 전환된다. "헤여지자"라는 청유법을 사용함으로써 화자는 그와 같은 과거와 결별할 것을 다짐한다.[28]

②에서 분단의 과거와 결별하고 통일의 주체로서 당당히 나서고자 하는 자기 자신을 화자는 "복수자"라고 지칭한다. 또한 복수의 대상을 "원쑤놈

---

28 "이 시기 우리 인민의 조국통일에 대한 지향을 시대정신의 높이에서 가장 훌륭하게 노래한 작품은 《복수자의 선언》이다. 시에는 민족분렬의 비극에 대한 작가의 통감과 체험에서 우러나오는 사상적 충격이 강렬하게 굽이치고 있으며 시인의 애국적 열정이 뜨겁게 물결치고 있다. 시에서는 원쑤에 대한 증오와 보복의 불길로 가슴 불태우는 서정적 주인공의 복수심과 멸적의 투쟁정신 그리고 조국통일을 기어이 이룩하려는 철석 같은 의지가 용암처럼 끓어번지고 있다." (사회과학원 주체문학연구소,『조선문학사 13』, 사회과학출판사, 1999, 66면.)

들"이라고 지칭하는데, 그들은 "이 땅의 선량하고 순결한 가슴들"인 남북한 인민들을 짓뭉개는 "전쟁광인들"로서 바로 "미제"이다. ③에서 화자는 '서사적 요소'를 도입하여 경상도가 고향인 친구의 어머니가 임종을 앞둔 상황에서 남쪽에 두고 온 "자식들"과 "고향"을 그리워하며 "수령님 주신 이 고마운 땅"으로 지칭되는 북한 사회주의조국에서 그들과 함께 살고 싶다는 소망을 눈물로 호소한 사연을 독자에게 제시함으로써 복수의 당위성을 강조한다. 즉, 민족이 "분렬된 고통"과 사회주의를 위한 "끝맺지 못한 혁명"으로 인해 "우리"로 지칭되는 화자와 북한인민 독자는 "기쁨"과 함께 "증오"를 길러왔고 "행복"과 함께 "보복"을 불태워왔음을 환기시킨다. 남북통일에 대한 "민족의 념원"과 사회주의 혁명에 대한 "깨끗한 심정들의 호소"가 자신들을 "투쟁"에로 불러왔음을 강조한다.

따라서 ⑤에서 화자는 독자를 향하여 지금이야말로 민족분열의 현 상황을 "계속"되게 할 것인지 아니면 "끝장"을 낼 것인지 "혁명"에 대해 결단을 해야 하는 "준엄한 시각"임을 역설한다. "분노한 조선의 넋"을 지닌 북한인민들이 혁명의 주체가 되어 "수령님 이끄시는 한길"을 따라 나아감으로써 조국과 민족의 원수인 미제를 물리치고, "통일된 강산"으로 환기되듯이 국토를 통일하고, "삼천리 하나의 조국"으로 환기되듯이 사회주의 혁명을 완성할 것이라는 의지를 표현한다. 이처럼 화자는 "복수자들" "공산주의자"들로서의 "떳떳한 자격"에 의거하여 원수인 "미제 침략자들"을 향하여 "복수"와 "멸망"을 선언한다.

그런데 여기에서 눈여겨보아야 할 대목은 이 '복수의 실행'에 대하여 화자가 단서 조항을 붙이고 있다는 것이다. 즉, 화자는 "만약 미제원쑤들이 전쟁의 불길을 또다시 휘몰아온다면" 자신들은 "피타는 분노"와 "성스런 사명"을 안고 목숨 바쳐 민족통일과 사회주의 혁명에 나설 것이라고 말한다. 화자는 한편으로는 민족분열의 고통을 더는 지속시킬 수 없으므로 지금이 혁명의 결단을 해서 미제와 싸워야 할 때임을 강조하면서, 다른 한편으로는 만약 미래의 어느 시점에서 미제가 다시 전쟁을 도발한다면 아무런 두려움 없이 맞받아 싸워 혁명을 완수할 것임을 강조하는 이중적 태도를 보이고 있는 것이다. 전자에서는 미제와의 전면전을 '촉구'하는 반면에 후자에서는 미제와의 전면전을 '유보'하는 것이다. 이때, 전쟁촉구와 전쟁유보의 충돌을 야기하는 요소는 바로 '전쟁도발의 책임문제'라고 할 수 있다. 즉, 화자는 복수라는 점을 내세워 미제에 대한 전쟁의 정당성을 주장하면서도 새로운 전쟁도발의 계기를 미제에게서 찾으려 함으로써 사실상 미제와의 전쟁을 회피하고자 하는 것이다. 화자의 이와 같은 이중적 태도를 근거로 생각해볼 때, 이 시기 북한의 '조국통일주제작품'에서는 조국통일의 '주체성'을 강조하고 북한인민들과 미제국주의 사이에 '전쟁'으로 표상되는 '적대적 갈등'을 조성하고 있지만, 실제로 전쟁을 벌이려는 의지는 없다고 판단할 수 있다.

갈등 문제	주체	객체
갈등의 관계	북한인민	미제국주의
갈등의 성격	계급모순에 기초한 적대적 갈등	
갈등의 해결방식	전쟁	
갈등의 목적	북한인민의 '조국통일'에 대한 주체의식 고취	

지금까지 살펴본 바와 같이, 이 시기에는 남한혁명투사들의 '남조선혁명투쟁'에 대한 결의와 북한인민들의 '조국통일혁명투쟁'에 대한 의지를 형상화할 것이 요구된다. 이때, 주체와 객체의 관계는 '남한혁명투사 대 남한정권' '북한인민 대 미제국주의'의 이중구조로 설정되고 있으며, 갈등의 성격은 '계급모순에 기초한 적대적 갈등'으로, 그리고 갈등의 해결방식은 '혁명투쟁과 전쟁'이라는 적극적인 양상으로 나타난다. 또한 갈등의 궁극적인 목적은 '조국통일'에 대한 '주체적인 역할'을 대외적으로 강하게 부각시킴으로써 북한의 우위성을 증명하고, 이를 통하여 대내적으로 김일성 정권의 기반을 탄탄하게 다지고자 하는 것이다.

(2) 갈등의 단일화, '조국통일'의 연대의식 강조 (1972~1978년)

이 시기의 '조국통일주제작품'에서는 첫째, 북한 사회주의제도의 우월성과 남북한 혁명세력의 사상적 단일성을 형상화할 것이 강조되었다. 북한의 입장에서 볼 때 '조국통일'은 반드시 공산주의체제를 중심으로 이루어져야 한다. 전 세계적으로 자본주의는 제국주의적 침략의 속성을 지니고 있기 때문에 세계의 많은 인민들이 자본주의의 착취와 억압으로부터 해방되기 위하여 싸우고 있으며, 남한의 인민들도 이들과 마찬가지로 더욱 악랄해진 미일제국주의에 맞서 투쟁하고 있다는 것이다. 둘째, 남한 땅에서 지주·자본가 계급을 비호하고 있는 미일제국주의에 맞서 반외세투쟁을 벌여나감으로써 '조국통일'을 이루고자 하는 남북한 인민들의 연대의식을 형상화할 것이 강조되었다. 북한인민들도 남한에서 지주·자본가 계급을 비호하고 있는 미일제국주의를 증오하고 이들에 맞서 반외세투쟁을 벌여나감으로써 공산주의혁명을 완성해야 한다는 것이다.

위대한 수령님의 교시와 당의 문예방침을 높이 받들고 활발히 창작된 조국통일주제의 시작품들에서는 어버이 수령님에 대한 남조선 혁명가들과 인민들의 다함없는 흠모와 존경, 불타는 충성심을 적극 반영하려는 지향이 높아졌다. 시인들은 어버이 수령님에 대한 남조선 인민들의 흠모와 충성심을 북녘으로 향한 뚜렷한 지향 속에 절절하게 노래하였다. (중략)

이 시기 시인들은 자기들의 시작품을 통하여 조선은 예로부터 하나이며 따라서 북과 남은 하나로 통일되여야 한다는 사상을 강렬하게 반영하였다. 시인들은 하나의 민족, 하나의 강토인 조선은 절대로 분열되여서는 안된다는 심각한 문제성을 설정하고 다양한 예술적 형상으로 이에 훌륭한 해답을 준 우수한 작품들을 많이 창작하였다. 가사 《조선은 하나다》(1974, 안창만), 《자주통일 한길로》(1970, 리종성) 등은 그 대표적인 작품들이다.[29]

---

29 사회과학원 주체문학연구소, 『조선문학사 14』, 사회과학출판사, 1996, 184~186면.

이 시기에 창작된 '조국통일주제작품'에는 오영재의「행복한 땅에서」(1973),[30] 안창만의「조선은 하나다」(1974),[31] 최승칠의「분노의 노래」(1974),[32] 윤석범의「력사는 매국노를 심판한다」(1975),[33] 김상훈의「초불」(1975),[34] 조성관의「철창을 부시자」(1975),[35] 정렬의「내 눈앞에서 몸부림치고 있다」(1977)[36] 등이 있다.

① 초불이 밝히는 구절구절들은,
　겨레의 운명과 맞닿아있는
　위대한 수령님 로작의 소중한 구절들은
　심장 갈피갈피 아로새겨져
　뜨거운 피가 되고
　새로운 생명이 된다.

② 이마 넓은 젊은이가 한자리 나앉았다
　산골 샘물같이 맑은 목소리로
　몇날 몇밤 밤잠을 잊고
　익히고 배운것을 펼쳐놓았다
　조용히 춤추는 초불아래
　눈부신 비단필을 펼쳐놓듯이

③ 산길 30리를 달려온 처녀도

---

30 오영재,『행복한 땅에서』, 문예출판사, 1973, 154~157면.
31 『조선은 하나다』, 문예출판사, 1976, 223~224면.
32 위의 책, 190~194면.
33 위의 책, 186~189면.
34 『인민의 념원』, 문예출판사, 1976, 194~197면.
35 조성관,『영광의 노래』, 문예출판사, 1977, 144~146면.
36 정렬,『병사시절』, 문예출판사, 1979, 173~175면.

학생티가 완연한 체소한 젊은이도
손이 쟁반만큼 큼직한 농군도
신통히 서로 닮은 오랍동생도
로작의 글줄속에 살길을 찾으며
찾아안은 진리로 가슴 설레이며
가장 행복하고 빛나는 말로
환한 초불아래 토론을 한다.

(중략)

④ 부모형제들의 피를 밟고 선
 미제침략자를 이 땅에서 내몰고
 탄압과 학살로 잔명을 이어가는
 괴뢰의 아성에 날벼락을 들씌울
 거세찬 투쟁을 맹세다질 때면
 이 밤의 엄숙한 증언자인듯
 초불은 온몸을 태우며
 토론자의 얼굴을 차례로 비쳐준다

⑤ 이렇게 초불과 함께
 장밤을 지새운 소조원들은
 가슴 가득 주체의 빛발을 안고
 빛발속에 자라난 불씨를 안고
 소리없이 적진으로 스며드는
 전사들의 걸음씨로 사립문을 나선다…

— 김상훈, 「초불」(1975) 부분

이 시에서 갈등의 주체와 객체 관계는 '남한혁명조직'과 '미제국주의 및 남한군부정권'의 적대적 대립으로 제시된다. 시인은 남한혁명조직의 소조원들이 "소조의 밤"마다 아지트에 모여 초불을 켜놓은 채 책을 읽고 학습과 토론을 행함으로써 투쟁에 대한 결의를 다져나가는 모습을 형상화하고 있다. 즉, '남한혁명조직의 소조원들' '주체사상 학습' '박정희 군부정권하의 남한'이라는 서사적 요소를 시에 도입하고 있다.

①에서, 화자는 "소조의 밤"을 맞은 "아지트"의 내부 풍경을 묘사하고 있다. 소조원들은 "초불"을 켜 아지트의 방안을 밝혀놓고, 벽에 걸린 "수령님 영상"을 향해 앉아 책을 읽고 있다. 그리고 화자는 소조원들에게 있어서 그 책이 차지하는 의미가 무엇인지를 밝히고 있다. "수령님 로작"의 "구절들"은 겨레의 운명을 가르는 "소중한" 내용들로서 소조원들은 그것을 심장에 아로새긴다. 그리하여 그 "구절구절들"은 소조원들의 "뜨거운 피"와 "새로운 생명"이 된다는 것이다.

②-④에서, 화자는 소조원들이 책의 구절들을 함께 읽으면서 진행해 나가는 토론과정을 구체적으로 묘사하고 있다. "이마 넓은 젊은이"는 "몇날 몇밤" 혼자서 "익히고 배운 것"을 소조원들에게 설명하였고, "산길 30리를 달려온 처녀" "학생티가 완연한 체소한 젊은이" "손이 쟁반만큼 큼직한 농군" "신통히 서로 닮은 오랍동생" 등 모두가 "로작의 글줄 속"에서 스스로 찾아낸 진리를 소조원들 앞에서 제시하였다. 그리고 독서토론의 결과로서 소조원들은 "피" "탄압" "학살" 등으로 수식되는 "미제침략자" 그리고 "괴뢰"와의 "거세찬 투쟁"을 맹세한다.

⑤에서, 화자는 "소조의 밤"을 끝내고 돌아가는 소조원들의 내면 풍경을 묘사하고 있다. 소조원들은 "주체의 빛발"로 표상되는 김일성의 주체사상에 영향을 받아 "불씨"로 표상되는 혁명의 의지를 가슴 속에 품게 되었다. 이제 그들은 전투준비를 시작하여 원수와의 투쟁에 나설 것이고, 그 속에서 오늘의 이 작은 "초불"은 '모닥불 → 등대 → 봉화'로 확대되어 세차게 타오르게 될 것이다.

이처럼 이 시기에도 북한에서는 '조국통일주제'의 일환으로서 '남조선혁명주제'를 중요하게 다루고 있다. 이때, '남조선혁명'의 주체는 이전 시기와 마찬가지로 남한의 혁명조직으로 설정되고 있다. 하지만 이전 시기와 비교할 때, "남녘땅 거리마다 크고 작은 마을마다 / 밤밤이 밝혀지는 이 초불들"이라는 구절에서 확인할 수 있듯이, 남한의 혁명조직이 김일성의 저작에 영향을 받는 정도를 한층 심화, 확장시키고 있다. 즉, 남한의 혁명조직은 북한인민들과 마찬가지로 김일성의 주체사상을 혁명투쟁의 사상적 토대로 삼고 있다는 설정을 강화함으로써, '북한인민 대 미제국주의와 남한군부정권' 간의 갈등과 '남한혁명조직 대 미제국주의와 남한군부정권' 간의 갈등을 하나로 통합하여 남북한 혁명세력의 사상적 토대를 단일화하고 있다.

갈등 문제	주체	객체
갈등의 관계	남한혁명조직	미제국주의와 남한군부정권
갈등의 성격	계급모순에 기초한 적대적 갈등	
갈등의 해결방식	혁명투쟁	
갈등의 목적	북한인민과 남한혁명조직 간의 '조국통일'에 대한 사상적 단일성 강조	

반만년의 피줄을 이어온 우리는 하나의 민족
백두산의 줄기가 내리여 이 땅은 하나의 강토
통일이냐 분렬이냐 엄숙한 이 시각에
겨레여 나서라 투쟁의 한길로
조선은 하나다

그 누가 감히 통일을 막느냐 그놈은 미제와 일제
그 누가 감히 나라를 파느냐 그놈은 박정희괴뢰
이 나라 남녘땅에 원한이 사무쳤는데
그 어찌 참으랴 헤여져 살랴
조선은 하나다

>   단결하자 조선민족아 통일의 문을 열자
>   혁명의 태양을 따르는 민족의 마음은 하나
>   수령님 밝혀주신 5대강령 홰불을 따라
>   자주의 한길로 통일의 한길로
>   조선은 하나다
>
>   —안창만, 「조선은 하나다」(1974) 부분

"조선은 하나다"라는 제목에서도 드러나고 있듯이, 앞 시기의 시와 비교할 때 이 시에서 갈등의 주체와 객체 관계가 적대적 대립으로 설정된다는 점에서는 동일하지만, 주체가 '북한인민'에서 남북한 '조선민족'으로 확대되고 있으며 객체도 '미제와 그 주구'에서 '미제와 일제 그리고 박정희 괴뢰'로 확대되고 있다는 점에서 변별성을 갖는다. 이 시는 전체 4연으로 구성되어 있는데, 각 연의 끝 행에서 "조선은 하나다"라는 구절을 반복 제시함으로써 '통일'을 위한 투쟁의 연대의식을 강조하고 있다.[37]

1연에서, 화자는 조선민족은 '핏줄'을 이어온 "하나의 민족"이고 한반도는 '백두산 줄기'가 이어진 "하나의 강토"임을 강조함으로써 지금 "이 시각"에 "통일"을 위한 투쟁의 대열에 온 겨레가 동참할 것을 호소한다.

---

37 "가사《조선은 하나다》는 위대한 수령님께서 밝혀주신 우리 당의 조국통일방침을 시대적 리상에 비추어 제때에 정확히 반영한 우수한 작품이다. 가사에는 조선인민은 예로부터 하나의 피줄을 이어받은 단일민족이며 하나의 지맥으로 이어진 강토에서 반만년의 유구한 력사를 자랑하여오는 슬기로운 민족이라는 것을 전제하면서 이러한 강토, 이러한 민족을 한사코 둘로 갈라놓으려는 자들은 바로 미제와 일본 군국주의자들 그리고 남조선괴뢰도당이라는 것을 치솟는 분노로 절규하였다. 이러한 정서적 앙양에 토대하여《통일이냐 분렬이냐》하는 이 엄숙한 시각에 전체 조선인민이 위대한 수령님께서 밝히신 조국통일 5대 방침을 실현하기 위하여 한결같이 떨쳐나설 것을 힘있게 호소하고 있다." (사회과학원 주체문학연구소, 『조선문학사 14』, 사회과학출판사, 1996, 186~187면.)

2연에서는, 통일을 가로막는 것이 "미제와 일제" 그리고 "박정희 괴뢰"임을 명백히 밝힌다. 그리고 이들로 인하여 "남녘땅"이 "원한"으로 가득 차 있는데, 어떻게 이와 같은 현실에 눈감고 참음으로써 하나의 민족이 남북으로 헤어져 살 수 있느냐고 청자를 향해 반문한다.

  3연에서, 화자는 청자인 "조선민족"을 향하여 모두가 단결하여 통일을 이루자고 호소한다. 민족 전체가 하나의 마음으로 "혁명의 태양"인 수령을 따라 수령이 밝힌 "5대 강령"을 따라 "자주"와 "통일"의 길로 나아가자고 외친다.

  그런데 여기에서 주목해볼 것은 다음과 같다. 첫째, "겨레여 나서라" "단결하자 조선민족아"라는 구절에서 확인할 수 있듯이, 전체적인 문맥을 살펴볼 때 화자가 상정하고 있는 청자는 '남북한 겨레' 곧 '조선민족' 전체이다. 하지만 "이 나라 남녘땅에 원한이 사무쳤는데 / 그 어찌 참으랴 헤여져 살랴"라는 구절의 문맥을 살펴볼 때는 '남한인민의 원한을 참을 수 없다' '남한인민과 헤여져 살 수 없다'의 뜻이 되므로 통일을 위한 투쟁의 주체는 북한인민이 된다. 따라서 화자가 상정한 청자는 사실상 '북한인민'이라고 말할 수 있다. 즉, 화자는 북한인민의 통일의식을 고취시키고자 하는 것이다. 둘째, "하나의 민족" "하나의 강토" "조선은 하나다" "통일의 문을 열자" 등의 구절을 살펴볼 때, 화자가 상정하고 있는 통일은 '민족통일'이다. 하지만 "혁명의 태양을 따르는 민족의 마음은 하나" "수령님 밝혀주신 5대 강령 홰불을 따라" 등의 구절을 살펴볼 때는 화자가 상정하고 있는 통일이 '조국통일'임을 확인할 수 있다. 즉, 화자는 '조국통일'을 위한 북한인민의 연대의식을 고취시키고자 하는 것이다.

갈등 문제	주체	객체
갈등의 관계	남북한 인민	미일제국주의 및 남한군부정권
갈등의 성격	계급모순에 기초한 적대적 갈등	
갈등의 해결방식	혁명투쟁	
갈등의 목적	북한인민의 '조국통일'에 대한 연대의식 고취	

지금까지 살펴본 바와 같이, 이 시기에는 남한혁명조직의 '북한사회주의 제도'에 대한 지향의식과 북한인민들의 '반외세투쟁'에 대한 의지를 형상화할 것이 요구된다. 이때, 주체와 객체의 관계는 '남북한 인민 대 미일제국주의 및 남한군부정권'의 단일구조로 설정되고 있으며, 갈등의 성격은 '계급모순에 기초한 적대적 갈등'으로, 그리고 갈등의 해결방식은 '반파쇼, 반외세 투쟁'이라는 적극적인 양상으로 나타난다. 또한 갈등의 궁극적인 목적은 미일제국주의라는 외세를 공동의 적으로 상정함으로써 남북한 간의 '한민족의식'을 강조하고, 이를 통하여 북한인민들에게 북한중심의 흡수통일 의지를 고취시키고자 하는 것이다.[38]

2) 갈등의 침강과 서정성 강화: 1978~1989년

갈등집단 간의 세력에 차이가 날 때 갈등의 침강이 일어나기 쉽다. 다시 말해 갈등집단들 간의 권력관계가 대등하지 못하고 한쪽으로 치우쳐 있을 때 힘이 강한 집단은 힘이 약한 집단과의 갈등을 무력화시킬 수 있다.[39] 왜냐하면 갈등집단은 그들의 목적을 달성시키는 데에는 그들이 치르고 싶지 않은 대가가 반드시 지불되어야 한다는 것을 의식할 때, 혹은 갈등의 지속을 평화의 확립보다 불리한 것으로 인식할 때 갈등을 침강시킴으로써 싸움을 그만두려고 할 것이기 때문이다.[40] 그리고 이들의 적대관계는 타협을 통해 새롭게 조정된다. 이와 같은 '갈등'의 논리는 이 시기 '조국통일주제작품'

---

38 김일성은 1960년 '8.15해방 15주년 경축대회' 연설에서 연방제 통일방안을 처음으로 제시하였고, 1973년 6월에는 '고려연방공화국'이라는 단일국호에 의한 남북연방제 실시를 제안하였다. 이 시기의 연방제 통일방안은 남북한의 정치제도와 독자활동을 보장하는 방식이며, 북한이 '조국통일'을 이루기 위한 '과도적 형태로서의 연방'이라는 의미를 띤다.
39 박재환, 앞의 책, 229~230면.
40 L. A. Coser, *Continuities in the Study of Social Conflict*, New York, Free Press, 1967, p.50. (박재환, 앞의 책, 258면, 재인용.)

에서 나타나는 남북한의 관계에도 그대로 적용될 수 있다. 한편, 갈등의 침
강을 보다 효과적으로 환기시키기 위해서 이 시기에는 시에서 '서정적 방
식'을 강화하고 있다. 서정적 방식은 서사적 방식처럼 인간의 성격과 사건
등을 객관적으로 묘사하는 것이 아니라 객관적 현실에 의하여 환기된 사상
감정을 시인의 체험세계를 통하여 직접 표현함으로써 정서적 공감을 만들
어낼 수 있기 때문이다.[41]

(1) 갈등 유보의지, '평화통일'의 열망 표출(1978~1985년)
이 시기의 '조국통일주제작품'에서는 첫째, 남한인민들의 자주 · 민주 ·
통일을 위한 투쟁과 그에 대한 북한인민들의 응원을 형상화할 것이 강조되
었다. 남한인민들의 반파쇼민주화투쟁을 위주로 형상화하던 이전 시기의
작품세계에서 한걸음 더 나아가 통일문제로까지 투쟁내용을 확장시키고,
남한인민들의 투쟁을 객관적인 서사방식으로 묘사하던 이전 시기와 달리
주관적인 서정방식으로 표현하게 되었다는 것이다. 둘째, 조국의 자주적
'평화통일'을 실현하기 위한 '민족대단결'의 이념을 형상화할 것이 강조되
었다. 반외세투쟁을 내세움으로써 사회주의체제 중심의 '조국통일'을 지향
하던 이전 시기의 관점에서 벗어나 이 시기에는 체제와 이념을 넘어선 '민
족적 대단결'을 강조한다. 즉, 북한은 남한에 사회주의제도와 공산주의사
상을 강요하지 않고 남한의 자유주의제도와 자본주의사상에 대한 인정을
토대로 상호 교류함으로써 자주적 '평화통일'의 초석을 다지겠다는 것이다.

80년대에 창작된 조국통일주제의 작품들은 남조선 인민들의 자주, 민주, 통
일을 위한 투쟁 내용을 전면적으로 구현하고 있다. 이것은 반파쇼민주화투쟁
을 위주로 하던 지난 시기의 작품세계에 비하여 보다 높은 수준에 이르고 있
다는 것을 말해준다. (중략) 시인들은 우선 우리 인민들의 남녘형제들에 대한

---

[41] 사회과학원 주체문학연구소, 『문학예술사전 (중)』, 과학백과사전종합출판사, 1991, 244면.

잠시도 식을 줄 모르는 뜨거운 혈육의 정 속에서 통일의 문을 열려는 민족적 지향을 진실하게 담고 있다.[42]

조국의 자주적 평화통일을 위한 기본담보는 민족의 대단결에 있습니다. 우리나라의 북과 남에 현실적으로 서로 다른 사상과 제도가 있는 조건에서 민족대단결의 리념과 원칙을 떠나서는 결코 조국의 평화적 통일에 대하여 생각할 수 없습니다. (중략) 그러므로 조국통일을 실현하기 위하여서는 북과 남이 각각 공산주의 리념과 자본주의 리념을 들고 나올 것이 아니라 공통된 하나의 리념, 민족적 리념을 앞에 내세워야 하며 그에 기초하여 온 민족의 대단결을 이룩하여야 합니다.[43]

이 시기에 창작된 '조국통일주제작품'에는 변홍영의「분노의 목소리」(1978),[44] 허우연의「분노한 조선의 목소리」(1979),[45] 박세옥의「분노한 남녘이여!」(1980)[46]「조선은 하나다」(1981),[47] 문재건의「원한」(1984),[48] 김상오의「우리는 다른 6월을 원치 않는다」(1984)[49] 등이 있다.

① 자유를 부르며
　민주를 웨치며
　불을 터뜨리며 나아가는

---

42 사회과학원 주체문학연구소,『조선문학사 15』, 사회과학출판사, 1998, 187면.
43 김일성,「주체사상의 기치를 높이 들고 사회주의 건설을 더욱 다그치자」,『조선문학』, 문학예술출판사, 1978. 10, 13면.
44 『해방후서정시선집』, 문예출판사, 1979, 538~540면.
45 위의 책, 547~551면.
46 박세옥,『봄노래』, 문예출판사, 1987, 183~187면.
47 위의 책, 188~190면.
48 『서정시선집 (1979~1985)』, 문예출판사, 1986, 134~136면.
49 김상오,『나의 조국』, 문예출판사, 1988, 134~136면.

오, 남녘땅 남녘땅

② 피발선 하늘아래
　　불타는 거리우에서
　　최루탄을 헤치며
　　총탄을 뚫고 달려가는
　　너 터져오른 광주여
　　너 분노한 서울이여

　　(중략)

③ 이글이글 불이 이는 눈들
　　풀어헤친 노한 가슴들
　　거리와 거리를 부르며
　　대오와 대오를 이으며
　　독재우에 자라난
　　새로운 독재를
　　불사르며 나아가나니

④ 원쑤의 칼부림으로도
　　땅크의 무한궤도로도
　　인민이 뭉친 힘을
　　당해낼수 없다
　　미국도 미국제 총칼도
　　독재를 구원하지 못하리니

⑤ 피로 물든

항전의 광장우에
　　　가슴을 쥐고 쓰러져도
　　　또다시 일어서 나아가는 길우에
　　　민주의 새봄은 마중오고
　　　통일의 새날은 밝아오리

　　―박세옥,「분노한 남녘이여!」(1980) 부분

　"분노한 남녘이여!"라는 제목에서도 드러나고 있듯이, 이 시에서 갈등의 주체와 객체 관계는 '남한인민'과 '남한군부독재정권'의 대립으로 제시된다. 시인은 남한군부독재정권에 대해서 남한인민이 느끼는 분노의 정서와 그에 대한 자신의 정서적 공감을 형상화하고 있다. 이를 위해 "자유를 부르며 / 민주를 웨치며 / 불을 터뜨리며" "너 터져오른 광주여 / 너 분노한 서울이여" "거리와 거리를 부르며 / 대오와 대오를 이으며" "민주의 새봄은 마중오고 / 통일의 새날은 밝아오리" 등과 같이 동일형태 구문의 반복과 대응을 통하여 시의 서정적 성격을 강화하고 있다.

　①~②에서, 화자는 "남녘땅"의 급박한 현실상황을 묘사하고 있다. "원한의 화산"과 "항전의 불길"의 대응관계를 '쌓이다'와 '솟구치다'의 대립이미지로 묘사함으로써 "자유"와 "민주"에 대한 남한인민들의 강한 열망을 표현하고 있다. 또한, "피발선 하늘" "불타는 거리" "최루탄" "총탄" 등의 어휘를 통해 '남한인민'과 '남한군부독재정권' 간의 갈등이 최고조에 이르렀음을 드러내고 있으며, "분노한 남녘"의 구체적 표상으로서 "터져오른 광주"와 "분노한 서울"을 제시하고 있다.

　③~⑤에서, 화자는 남한인민들의 격렬한 투쟁 상황을 묘사하고 있다. "거리와 거리" "대오와 대오"로 표상되는 시위대의 규모와 "독재 우에 자라난 / 새로운 독재"로 표상되는 독재정권의 역사를 대응시킴으로써 '남한인민'과 '남한군부독재정권' 간의 전면적인 대치상황을 드러내고 있다. 그리

고 "불이 이는 눈들" "노한 가슴들"과 "원쑤의 칼부림" "땅크의 무한궤도" 간의 물리적 충돌을 형상화하면서 후자가 아니라 전자의 승리를 역설하고 있다. 이 역설을 가능케 하는 것으로는 '부르며 → 이으며 → 나아가나니'로 구체화되는 "인민이 뭉친 힘"을 강조하고 있다. 독재에 맞서 자유를 쟁취하고자 하는 남한인민의 이 "항전"은 "피"의 길이자 "쓰러져도 / 또다시 일어서 나아가는 길"로서, "피로 물든" 이 길을 통해서 남한인민은 "민주의 새봄"과 "통일의 새날"을 맞이할 수 있다는 것이다.

이처럼 이 시기에도 북한에서는 '조국통일주제'의 일환으로서 '남조선혁명주제'를 중요하게 다루고 있다. 이때, '남조선혁명'의 주체가 남한의 혁명조직으로 설정되었던 이전 시기와 달리 이 시기에는 남한인민 전체로 확대되고 있다. 또한 남한혁명조직이 김일성의 저작에 영향을 받아 주체사상을 혁명투쟁의 사상적 토대로 삼게 되는 이야기를 '서사적 구조'로 형상화한 이전 시기와 달리, 이 시기에는 북한시인인 화자가 남한인민이 벌이고 있는 '민주화 투쟁'을 보면서 마음속으로 열렬히 응원하고 있는 상황을 '서정적 구조'로 형상화하고 있다. 즉, 남한 내부의 적대적 갈등이 고조되고 확대될수록 남측의 현실상황과 북한을 직접 연계시키기보다는 물리적 거리를 유지함으로써 갈등을 유보하고 있다.

갈등 문제	주체	객체
갈등의 관계	남한인민	남한군부독재정권
갈등의 성격	민족모순에 기초한 적대적 갈등	
갈등의 해결방식	남한인민의 민주화투쟁 응원	
갈등의 목적	북한과 남한군부독재정권 간의 갈등 유보	

① 우리는 다른 6월을 원치 않는다
　날마다 푸르러가는 저 대지를 보라
　넘치는 햇빛, 청신한 대기
　조용히 설레이며 무르익어가는 록음을 보라

우리는 다른 6월을 원치 않는다

② 우리는 다른 아침을 원치 않는다
　　로동의 의욕으로 잠을 깨는 우리의 수도
　　숲으로 일어선 거리들이 수백만의 창문이
　　즐거운 또 하루를 향하여 열리는 새벽
　　박명을 불사르며 붉게붉게 노을이 선다
　　우리는 다른 아침을 원치 않는다

③ 우리는 원치 않는다 이 맑은 대기와
　　이슬 젖은 저 고요한 숲을 뒤흔들며
　　또다시 이 땅에 포성이 울리는것을
　　원치 않는다 그리움처럼 바라보는 저 하늘이
　　노을 아닌 피빛 불구름으로 덮이는것을

　　(중략)

④ 허나 우리는 원치 않는다 전쟁을
　　그 참담한 파괴와 피와 살륙
　　원치 않는다 다시 폐허로 된 우리 강토를
　　원치 않는다 미국 전쟁상인들의 치부와
　　탐욕을 위한 우리 겨레의 또 한차례의 희생을

　　(중략)

⑤ 평화, 우리는 그것을 구걸하지 않는다
　　우리는 그것을 요구한다 인민의 권리로써

　　　　우리는 요구한다 신성한 정의의 이름으로
　　　　평화, 협상, 이 너그러운 제의로써
　　　　우리는 우리 겨레의 운명만을 지켜선것이 아니다

　　　—김상오, 「우리는 다른 6월을 원치 않는다」(1984) 부분

　"우리는 다른 6월을 원치 않는다"라는 제목에서도 드러나고 있듯이, 이 시에서 갈등의 주체와 객체 관계는 '북한인민'과 '미제국주의'의 대립으로 제시된다. 시인은 북한인민이 느끼는 평화에 대한 사랑과 전쟁에 대한 증오의 정서를 형상화하고 있다. 이를 위해 "우리는 다른 6월을 원치 않는다 / ~ 대지를 보라 / ~ 록음을 보라 / 우리는 다른 6월을 원치 않는다" "우리는 다른 아침을 원치 않는다 / ~ / 우리는 다른 아침을 원치 않는다" "우리는 원치 않는다 / ~ 울리는 것을 / 원치 않는다 / ~ 덮이는 것을" "허나 우리는 원치 않는다 전쟁을 / 원치 않는다 ~ 강토를 / 원치 않는다 ~ 희생을" "우리는 그것을 구걸하지 않는다 / 우리는 그것을 요구한다 ~ 권리로써 / 우리는 요구한다 ~ 제의로써" 등과 같이 동일형태 구문의 반복과 대응을 통하여 시의 서정적 성격을 강화하고 있다.

　①~②에서, 화자는 북한의 아름다운 자연과 북한인민들의 평화로운 일상을 묘사함으로써 평화를 지향하는 자신의 내면의식을 나타낸다. ①에서는 "푸르러가는 저 대지" "넘치는 해빛" "청신한 대기" "무르익어가는 록음" 등을 통하여 국토에 대한 사랑을 표현하고 있으며, ②에서는 "로동의 의욕" "우리의 수도" "숲으로 일어선 거리들" "수백만의 창문" "즐거운 또 하루" 등을 통하여 조국의 품에서 누리는 생활에 대한 애정을 표현하고 있다.

　③~④에서, 화자는 미제국주의자들에 의해 초래될 수 있는 파괴와 살육의 모습을 묘사함으로써 전쟁을 거부하는 자신의 내면의식을 나타낸다. ③에서는 "포성" "피빛 불구름" 등을 통하여 전쟁에 대한 거부감을 표현하고 있으며, ④에서는 "참담한 파괴와 피와 살륙" "폐허로 된 우리 강토" "또 한

차례의 희생" 등을 통하여 전쟁으로 인한 피해의식을 표현하고 있다.

⑤에서, 화자는 평화를 구걸하는 것이 아니라 당당히 요구하는 자신의 입장을 피력한다. "인민의 권리"로써 그리고 "정의의 이름"으로써 평화를 요구하고 있으며, '겨레의 운명'과 '인류의 평화'를 지키기 위하여 "미국 전쟁상인들"에게 "평화"와 "협상"을 제안하고 있다.

그런데 여기에서 눈여겨보아야 할 대목은 그동안 '조국통일'을 이루기 위해 언젠가는 반드시 치러야만 할 것으로 간주해왔던 미제국주의와의 '전쟁'에 대한 인식이 이 시기에 와서 확연히 달라진 이유에 대해 화자가 어떻게 표현하고 있는가 하는 점이다. 첫째, 화자는 만약 한반도에서 또다시 전쟁이 일어난다면 인민군대와 북한인민들은 "평화로운 로동"과 "애기들의 단잠"과 "행복한 래일"을 지키기 위해 용감하게 싸울 것이지만, 승패 여부와 관계없이 전쟁이 초래하게 될 "참담한 파괴와 피와 살륙" "다시 폐허로 된 우리 강토" "미국 전쟁상인들의 치부와 / 탐욕을 위한 우리 겨레의 또 한 차례의 희생"을 원치 않기 때문에 미제와의 전쟁을 거부한다고 밝히고 있다. 즉, '조국통일'을 이루기 위한 공격적 행위에서 '희생'을 감수해야 하는 방어적 행위로 전쟁을 바라보는 시선이 바뀐 것이다. 둘째, 화자는 북한이 전쟁을 반대하고 평화와 협상을 제의하는 이유는 '우리 겨레의 운명'과 '인류의 평화'를 지키기 위한 것이라고 밝히고 있다. 이처럼 대의를 위한 선택으로서 '평화'를 내세우고 있지만 '우리 겨레'가 지칭하는 것이 남북한 전체가 아니라 북한일 경우, 이 평화 제의는 대외적인 현실상황을 고려하여 적대적 갈등을 유보하고자 하는 계산된 의지로 해석될 수 있다.

갈등 문제	주체	객체
갈등의 관계	북한인민	미제국주의
갈등의 성격	민족모순에 기초한 적대적 갈등	
갈등의 해결방식	미제국주의에 대한 평화·협상 제안	
갈등의 목적	남북한 체제공존을 위한 갈등 유보	

지금까지 살펴본 바와 같이, 이 시기에는 자유와 민주를 되찾기 위해 군부정권에 맞서 싸우는 남한인민들의 '반독재투쟁'과, 또다시 전쟁을 꾀하는 미제국주의에 대한 평화·협상 제안을 통하여 남북평화를 지키고 체제안정을 유지하고자 하는 북한인민의 의지를 형상화할 것이 요구된다. 이때, 주체와 객체의 관계는 '남한인민 대 남한군부독재정권' '북한인민 대 미제국주의'로 설정되고 있으며, 갈등의 성격은 '민족모순에 기초한 적대적 갈등'으로, 그리고 갈등의 해결방식은 '거리두기를 통한 체제공존'이라는 소극적인 양상으로 나타난다. 또한 갈등의 궁극적인 목적은 미제국주의의 전쟁지향과 남한군부정권의 독재지향에 맞서 평화와 민주를 주창함으로써 대외적으로 북한의 정당성을 확보하고, 대내적으로 사회적 안정을 꾀하고자 하는 것이다.

　(2) 갈등 해소의지, '민족통일'의 염원 표출 (1985~1989년)

　이 시기의 '조국통일주제작품'에서는 첫째, '민족통일'의 위업을 이루기 위해 목숨 바쳐 싸우고 있는 남한혁명투사들의 성격과 세계관 형성과정을 형상화할 것이 강조되었다. 남한인민들이 가혹한 파쇼탄압 속에서도 반미자주통일운동과 남북 간 자유왕래 및 접촉을 실현하려는 투쟁을 전개하고 있으므로, 이와 같은 역사적 현실을 생동한 예술적 화폭으로 그려냄으로써 남북한 겨레의 통일열망과 통일의지를 더욱 강하게 불러일으켜야 한다는 것이다. 둘째, 북한인민들이 지닌 남한인민들에 대한 '혈육의 정'과 통일에 대한 '민족적 염원'을 형상화할 것이 강조되었다. 북한은 남과 북의 지리적 자유왕래, 사회적 전면개방, 이를 위한 실질적 협상회의를 제안하는 김일성의 '조국통일 3대 원칙'에 의거하여 이 시기를 '조국통일 열망의 일대 앙양기'로 규정하고, 이 통일열망을 거족적 통일운동으로 전환시켜 나가야 한다는 것이다.

　지난해 남조선에서는 가혹한 파쇼적 탄압이 계속되는 가운데서도 청년학생들을 비롯한 각계각층 인민들의 반미자주통일운동이 줄기차게 벌어지고 북과 남 사이의 장벽을 마스고 자유로운 래왕과 접촉을 실현하려는 기운이 그 어느 때보다도 고조되였다. (중략) 우리 문학은 걸음마다 생명의 위협이 뒤따르는 엄혹한 환경 속에서도 조국통일 3대 원칙에 고무되여 갈라진 조국을 기어이 통일하려는 겨레의 막을 수 없는 열망을 지니고 반미자주화, 반파쑈민주화와 조국통일을 위한 투쟁에 한몸 바쳐 싸우는 주인공들의 세계관 형성과정을 생활적으로 깊이있게 그려야 한다.[50]

80년대 조국통일주제에서 선차적 자리를 차지하는 것은 민족의 절절한 통일열망을 겨레가 겪는 각이한 운명선상에서 다양하게 형상화한 것이다. 시인들은 우선 우리 인민들의 남녘형제들에 대한 잠시도 식을 줄 모르는 뜨거운 혈육의 정 속에서 통일의 문을 열려는 민족적 지향을 진실하게 담고 있다.[51]

이 시기에 창작된 '조국통일주제작품'에는 김윤호의 「당장 걷어치우라, 《팀 스피리트》」(1986),[52] 김상훈의 「경기장에서」(1987),[53] 박산운의 「분계선 패말앞에서」(1988),[54] 정문향의 「나는 너를 떠날수 없다」(1989),[55] 정서촌의 「너는 가고있다」(1989),[56] 오영재의 「분렬의 장벽은 무너지리」(1989)[57] 등이 있다.

---

50 「조국통일주제의 작품을 왕성하게 창작하자」, 『조선문학』, 문학예술출판사, 1990. 5, 4~5면.
51 사회과학원 주체문학연구소, 『조선문학사 15』, 사회과학출판사, 1998, 187면.
52 김윤호, 『내 고향』, 문예출판사, 1987, 166~168면.
53 김상훈, 『흙』, 문예출판사, 1991, 184~186면.
54 박산운, 『내가 사는 나라』, 문학예술종합출판사, 1992, 124~125면.
55 『1980년대 시선』, 문예출판사, 1990, 173~176면.
56 위의 책, 177~180면.
57 위의 책, 191~194면.

① 릉라도 푸른 실버들에 두볼을 스치며
　《전대협》의 기폭을 펄펄 날리며
　너 축전의 광장에 들어설 때
　아, 화산처럼 터져오른 평양의 하늘
　열풍으로 일으켰던 이 나라 강산
　그 격정을 안고
　그 열망을 안고 너는 지금 가고있다

　(중략)

② 아, 림수경
　너는 이렇게 지금 가고있다

③ 천지의 맑은 호수에
　꿈많은 너의 아릿다운 모습을 비껴두고
　거세인 바람을 안고 떠나온
　너의 신발에는 성스러운 백두의 흙이 묻어있다

④ 그 걸음을 내디디며
　네가 가는 길
　그것은 조국이 결코 둘로 갈라질수 없다는
　그것은 겨레의 피줄이 결코 둘로 끊어질수 없다는
　신념의 길
　의지의 길

⑤ 이제 너는 그 걸음으로
　동백꽃 피는 제주도

156

바다가의 흰 모래알을 밟으며
한나산마루에 올라서리라
백록담 맑은 물에
깨끗이 머리감아씻고
통일된 조국, 삼천리강산을 바라보리라

⑥ 그날에 너
념원의 봉우리에 높이 서서
— 백두산아 내 여기에 왔다!
크게 소리치면
우리는 화답하리라
— 수경아 우리는 백두의 절정에서
  민족의 딸 너의 모습을 본다
  하나의 조선을 본다

―정서촌, 「너는 가고있다」(1989) 부분

"너는 가고 있다"라는 제목에서 환기되고 있듯이, 이 시는 임수경이 1989년 6월 30일 평양세계청년학생축전에 전국대학생대표자협의회 대표로 방북했다가 8월 15일 판문점을 통해 입국한 사건을 제재로 삼고 있다. 이 시에서 갈등의 주체와 객체 관계는 '남한대학생들'과 '남한정권'의 대립으로 제시된다. 시인은 남한대학생 대표의 방북을 목도하며 북한인민들이 느끼는 감격과 '민족통일'에 대한 열망의 정서를 형상화하고 있다. 이를 위해 "그 격정을 안고 / 그 열망을 안고" "너는 지금 가고 있다 / ~ / 너는 이렇게 지금 가고 있다" "그것은 ~ 둘로 갈라질 수 없다는 / 그것은 ~ 둘로 끊어질 수 없다는" "~ 올라서리라 / ~ 바라보리라 / ~ 화답하리라" 등과 같이 동일형태 구문의 반복과 대응을 통하여 시의 서정적 성격을 강화하고 있다.

①에서, 화자는 임수경이 방북일정을 마치고 걸어서 남측으로 판문점을 건너가는 실제 장면을 묘사하고 있다. 먼저, 화자는 "너는 지금 가고 있다"라는 구절을 반복함으로써 역사적인 현장에서 느끼는 감격을 극대화하여 표현한다. 그리고 임수경이 "백만의 정의로운 대오"로 지칭되는 '학우들' 속으로 돌아가는 것이라고 의미화한다. 지금 학우들은 그의 안전한 귀환 길을 확보하기 위해 "길 우에 드러누워" "살을 지지며" "피를 뿌리며" 임수경을 마중오고 있다. 또한, 화자는 임수경이 '《전대협》'의 기폭을 날리며 축전의 광장에 들어서던 날 그가 북한 인민들의 가슴속에 불러일으킨 통일에 대한 '격정'과 '열망'을 안고 돌아가는 것이라고 의미화한다. 통일에 대한 북한인민들의 그 '격정'과 '열망'은 임수경이 걸어서 판문점을 건너는 순간 남한인민들의 가슴속으로 고스란히 전이될 것이다.

②~⑥에서, 화자는 임수경의 방북이 지니는 역사적인 의미를 백두산과 한라산을 잇는 '길 이미지'를 통하여 형상화하고 있다. 먼저, 화자는 "아, 림수경 / 너는 이렇게 지금 가고 있다"라는 구절을 통하여 분단의 상징인 군사분계선을 걸어서 넘어서고자 하는 그의 상징적 행위에서 느끼는 벅찬 감회를 극대화하여 표현한다. 그리고 임수경이 북녘땅 양강도의 흙을 밟으며 "성스러운 백두"에 걸어올라 "천지의 맑은 호수"에 자신의 모습을 담아두고 떠나왔으며, 이제 다시 그 걸음을 옮겨 남녘땅 제주도 바닷가의 모래알을 밟으며 "한라산마루"에 걸어올라 "백록담 맑은 물"에 자신의 머리를 감아 씻고 "삼천리강산"을 바라볼 것이라고 상상한다. 이와 같이 그가 "가는 길"은 "조국이 결코 둘로 갈라질 수 없다는" '조국통일'과 "겨레의 피줄이 결코 둘로 끊어질 수 없다는" '민족통일'을 향한 "신념의 길"이자 "의지의 길"이라고 평가한다. 나아가, 임수경이 남녘땅으로 돌아간 "그날" 한라산 봉우리에 올라서서 "백두산아 내 여기에 왔다!"라고 소리치면, 북한인민들은 "백두의 절정"에 올라서서 "수경아 우리는 ~ 민족의 딸 너의 모습을 본다 / 하나의 조선을 본다"라고 화답할 것이라고 상상한다. 이때, 한라산과 백두산은 남북한 인민들이 마음속에 지닌 통일에 대한 '염원'의 상징이며, 백두산과 한

라산을 하나로 연결하는 매개자인 임수경은 존재 그 자체로서 "통일된 조국"의 상징이라고 평가한다.

이처럼 이 시기에도 북한에서는 '조국통일주제'의 일환으로서 '남조선혁명주제'를 중요하게 다루고 있다. 이때, 자신들을 "총칼로 막아나선" 남한정권에 맞서 남북한 인민들의 통일에 대한 염원을 하나로 이어주는 가교 역할을 수행하고자 하는 남한대학생들을 화자는 열렬히 지지하고 있다. 왜냐하면 남북한 인민들 모두에게서 '민족통일'에 대한 열기가 뜨겁게 달구어진 상황하에서 남한정권이 대학생들을 폭력으로 저지하면 할수록 그들은 스스로가 '반통일 세력'임을 드러내는 자가당착에 빠질 수 있기 때문이다. 즉, 화자는 '민족통일'을 열망하는 남북한 인민의 정서적 동질감을 극대화함으로써 상대적으로 '남한정권'의 힘을 무기력화하는 방법을 통하여 그들과의 갈등을 해소하려는 의지를 드러내고 있다.

갈등 문제	주체	객체
갈등의 관계	남한대학생들	남한정권
갈등의 성격	민족모순에 기초한 적대적 갈등	
갈등의 해결방식	남한대학생들의 '민족통일'운동 지지	
갈등의 목적	남북한 체제유지를 위한 갈등 해소	

① 그날엔 함께 뛰자!
　내가 지른 뽈 네가 받고
　네가 띄운 뽈 내가 꺾어서
　7천만겨레의 불길같은 박수속에
　슛! 보기 좋게 슛을 하자

② 발을 맞추어
　발도 맞추고 마음도 맞추어
　훌훌 운동장을 함께 날자!

③ 그날엔 평안도 사투리와 경상도 사투리
함경도 사투리와 전라도 사투리가
노래처럼 척척 어울릴게다

(중략)

④ 뛰자
무슨 일이 있어도 함께 뛰자
1988년의 올림픽
평양과 서울의 경기장들에서
통일의 이름으로 뛰고뛰자

⑤ 저 코쟁이 양키들이 어떤 훼방놀고
저 군사깡패들이 어떤 찬물 끼얹어도

⑥ 동족을 그러안는 뜨거운 마음으로
통일을 앞당기는 다급한 념원으로
우리는 적이 되지 말고
한편이 되자!

―김상훈, 「경기장에서」(1987) 부분

"경기장에서"라는 제목에서 환기되고 있듯이, 이 시는 1988년 서울에서 개최된 제24회 하계올림픽 경기대회를 제재로 삼고 있다. 이 시에서 갈등의 주체와 객체 관계는 남북한 축구선수로 구체화되는 '남북한 인민'과 '미제국주의 및 군부정권'의 대립으로 제시된다. 시인은 남북한 축구 단일팀을 결성하여 올림픽 경기에 나갈 수 있다는 북한인민들의 기대감과 그로 인해 더욱 간절해지는 '민족통일'에 대한 열망의 정서를 형상화하고 있다. 이를 위해 "함께 뛰자! / ~ 숯을 하자 / ~ 함께 날자" "내가 지른 뽈 네가 받고 / 네가 띄운 뽈 내가 꺾어서" "발을 맞추어 / 발도 맞추고 마음도 맞추어" "뛰자 / ~ 함께 뛰자 / ~ 뛰고 뛰자 / 한편이 되자!" "동족을 그러안는 뜨거운 마음으로 / 통일을 앞당기는 다급한 념원으로" 등과 같이 동일형태 구문의 반복과 대응을 통하여 시의 서정적 성격을 강화하고 있다.

①~③에서, 화자는 남북한 축구선수가 단일팀을 구성하여 경기에 출전할 것에 대한 바람을 표현하고 있다. 화자는 "내가 지른 뽈 네가 받고" "네가 띄운 뽈 내가 꺾어서" "발도 맞추고 마음도 맞추어" 등의 묘사를 통해 "7천만 겨레"의 박수 속에서 남북한 선수가 함께 경기를 치르는 장면을 상상하게 한다. 경기장에서 북한선수와 남한선수가 서로 격의 없이 어울리는 모습을 "평안도 사투리와 경상도 사투리" "함경도 사투리와 전라도 사투리"가 서로 뒤섞여 어울리는 소리로 청각화함으로써, 그리고 "함께 뛰자!" "함께 날자!" 등의 독자를 향한 청유법을 통하여 민족의 하나됨에 대한 열망을 표출하고 있다.

④~⑥에서, 화자는 남북한 선수가 단일팀이 되어 경기를 치르듯이 남한인민과 북한인민이 하나가 되어 '민족통일'을 이루기 위해 노력할 것에 대한 기대를 표현하고 있다. 화자는 "뛰자 → 함께 뛰자 → 뛰고 뛰자"의 반복 표현을 통하여 단일팀 결성에 대한 바람을 강조하고 있다. 그리고 이 '단일팀 결성'을 '민족통일'의 맥락으로 확장시키고 있다. 남북한 선수들의 형제애를 "동족을 그러안는 뜨거운 마음" "통일을 앞당기는 다급한 념원"으로 심화·확대하고 있는 것이다.

그런데 여기에서 주목해보아야 할 것은, 화자가 남북한 인민의 '통일염원'에 대해 훼방을 꾀하는 세력을 상정하고 있다는 점이다. "코쟁이 양키들"로 지칭되는 '미제국주의'와 "군사깡패"로 지칭되는 '남한군부독재정권'이 바로 그들이다. 화자는 그들의 훼방에도 불구하고 "우리는 적이 되지 말고 / 한편이 되자!"고 말하는데, 이 문장에서 '우리' '적' '한편'의 의미는 일차적으로 '우리'는 '남북한 선수'가 되고, '적'은 '상대선수'가 되며, '한편'은 '단일팀'이 된다. 하지만 이차적으로 '우리'는 '남북한 인민'이 되고, '적'은 '대결관계'가 되며, '한편'은 '연대관계'가 된다. 이 후자의 맥락에서 볼 때, 남북한 인민을 '적'으로 만들고자 하는 것은 '미제 및 군부독재정권'의 의도라는 것이며, 이에 대응하여 '한편'으로 만들고자 하는 것이 바로 화자의 요청이자 남북한 인민의 의지라는 것이다. 따라서 남북한 인민이 '한편'이 된다는 것은 '미제 및 남한군부독재정권'이 반대편이 된다는 의미이며, 한편인 '우리'와 반대편인 그들이 '적'이 된다는 의미로 해석될 수 있다. 즉, 화자는 남북한 인민의 연대의식을 강화함으로써 상대적으로 '미제 및 남한군부독재정권'의 힘을 무기력화하는 방법을 통하여 그들과의 갈등을 해소하려는 의지를 드러내고 있는 것이다.

갈등 문제	주체	객체
갈등의 관계	남북한 인민	미제국주의 및 남한군부독재정권
갈등의 성격	민족모순에 기초한 적대적 갈등	
갈등의 해결방식	남북한 인민의 '민족통일'을 위한 연대 제의	
갈등의 목적	남북한 체제공존을 위한 갈등 해소	

지금까지 살펴본 바와 같이, 이 시기에는 미제국주의와 남한군부정권이 벌이는 전쟁연습을 비판하면서 세계평화와 '민족통일'을 위한 '대화'에 나설 것을 촉구하는 내용, 그리고 분단을 획책하는 그들에게 맞서 통일을 염원하는 마음으로 온 겨레가 만나 하나가 될 것을 호소하는 내용을 형상화할 것이 요구된다. 이때, 주체와 객체의 관계는 '남북한 인민 대 미제국주의 및 남한군부정권'으로 설정되고 있으며, 갈등의 성격은 '민족모순에 기초한 적대적 갈등'으로, 그리고 갈등의 해결방식은 '연대를 통한 체제유지'라는 전향적인 양상으로 나타난다. 또한 갈등의 궁극적인 목적은 남북한 인민의 통일에 대한 민족적 열망을 고취시킴으로써 대내외적으로 김정일 정권의 정의로움을 환기하면서, 연방국가 제안을 통하여 남한정권과 타협하고자

하는 것이다.[58]

3) 갈등의 투출과 정론성 강화: 1989~1995년

투출된 갈등은 새로운 규칙·규범·제도 등을 확립하는 하나의 계기로서 작용한다. 싸움을 시도하는 어느 쪽의 집단도 물리적 충돌을 바람직한 것으로 간주하지 않음은 물론, 언제든지 대화로써 문제를 해결할 용의가 있음을 강조한다.[59] 즉, 대립집단이 갈등의 직접적 요인을 대체할 만한 다른 방도를 선택할 수 있다면 현실적 갈등은 끝나게 된다. 그리고 이들의 적대관계는 협상에 의해 재정립된다. 이와 같은 '갈등'의 논리는 이 시기 '조국통일주제작품'에서 나타나는 남북한의 관계에도 그대로 적용될 수 있다. 한편, 투출된 갈등에 이성적 판단과 감정적 반응을 동시에 제시하기 위해서 이 시기에는 시에 '정론적 방식'을 도입하고 있다. 중요한 사회적 문제, 정치적 사변 등에 대한 사회정치적 평가를 시인의 높은 열정을 통하여 표현하는 정론적 방식은 강한 호소성과 선동성을 갖기 때문이다.[60]

이 시기의 '조국통일주제작품'에서는 첫째, 남북분단을 고착화하려는 미제국주의와 남한군부독재정권의 반민족적 성격을 비판하고, 이들에 맞서 '조국통일'을 이루기 위해 '결사항전투쟁'을 벌이고 있는 남한혁명투사들을 독려하는 내용을 형상화할 것이 강조되었다. 남한에서는 '반통일 세력'이 분단고착화를 위해 더욱 구체적이고 조직적으로 행동하기 시작했으며, 이

---

58 김일성은 1980년 10월 '노동당 제6차 대회'에서 기존의 '고려연방공화국'에 '민주'라는 수식어를 덧붙여 '고려민주연방공화국' 창립방안을 새롭게 제시하였다. 이 시기의 연방제 통일방안은 남북한이 상대방의 사상과 제도를 인정하고 수용하는 기초 위에 민족통일정부를 세우는 방식이며, 남북한이 '민족통일'을 이룰 수 있는 '이상적 형태로서의 연방'이라는 의미를 띤다.
59 박재환, 앞의 책, 259면.
60 사회과학원 주체문학연구소, 『문학예술사전 (중)』, 과학백과사전종합출판사, 1991, 455면.

로 인하여 '조국통일'을 위해 목숨 바쳐 싸우는 남조선혁명가들의 입지는 더욱 좁아졌다는 것이다. 따라서 남북한 인민들은 미제와 남한군부독재정권의 '반통일 정책'이 지닌 반동적 본질을 명확히 꿰뚫어보고 그들의 죄악을 철저히 폭로·단죄함으로써 '조국통일위업'을 반드시 이루어내고야 말겠다는 투쟁의 각오를 새롭게 다져야 한다는 것이다. 둘째, 끊임없이 북한을 도발하는 미제국주의의 추악한 본질을 폭로하고, 이로 인해 더욱 거세지는 남북한 인민들의 '반통일 투쟁의지'를 형상화할 것이 강조되었다. 남북분단의 근본원인 제공자인 미제국주의에 대한 민족적 분노와 증오심을 강하게 불러일으킴으로써 남북한 인민들을 '조국통일'을 이루기 위한 투쟁의 길로 이끌어낼 수 있도록 작품의 사상적 지향성과 문제의식을 튼튼히 세워야 한다는 것이다.

현 시기 조국통일주제의 작품창작에서 제기되는 중요한 문제의 하나는 조선의 분렬을 영구화하려는 미제와 그 주구들의《두 개 조선》조작책동의 반동적 본질을 형상을 통하여 철저히 밝히고 폭로 단죄하는 것이다. (중략) 작가들은 형상을 통하여 안팎의 분렬주의자들의 구태의연한《두 개 조선》조작책동을 예리하게 폭로 단죄하며 분단의 장벽을 허물고 조국통일의 성업을 이룩하기 위해 모든 것을 다 바쳐 싸우고 있는 주인공들의 성격을 훌륭하게 창조함으로써 조국통일을 위한 우리 인민의 투쟁에 적극 이바지하여야 한다.[61]

최근에 발표된 일부 조국통일주제의 작품들에서는 우리 조국을 둘로 갈라놓고 우리 인민에게 분렬의 고통을 강요하고 있는 근본 원흉인 미제침략자들에 대한 치솟는 민족적 분노와 증오심을 강하게 불러일으키지 못하고 지엽적인 문제들에 형상의 주목을 돌리는 것과 같은 편향이 나타나고 있다. (중략) 우리의 시가는 응당 분렬주의자들의《두 개 조선》조작책동을 짓부시고 놈들

---

61 「조국통일주제의 작품을 왕성하게 창작하자」, 『조선문학』, 문학예술출판사, 1990. 5, 5면.

의 범죄를 온 세상에 폭로 단죄하는 준엄한 론고장으로, 철추로 되여야 하며 조국통일위업에로 전민족을 불러일으키는 투쟁의 기수, 전진의 나팔수로 되여야 한다.[62]

이 시기에 창작된 '조국통일주제작품'에는 문재건의 「강토의 웨침」(1989),[63] 박세옥의 「생각해보라」(1990),[64] 동기춘의 「불길이 되라」(1991),[65] 황성하의 「어디에 있느냐」(1991),[66] 김기호의 「우리는 원한다」(1991),[67] 안창만의 「걷어치우라 거짓말을」(1991),[68] 오재신의 「징벌하라」(1991)[69] 등이 있다.

① 푸르른 봄하늘에
　꿈가득 실어보던 애젊은 가슴이
　노을처럼 아름다운 래일을 바라
　열정으로 불태우던 더운 가슴이
　쇠몽둥이에 맞아 쓰러졌다

② 쓰러진 학우의 뒤를 이어
　먼저 간 렬사의 뒤를 이어
　그같은 청춘들이
　참을수 없는 울분을 터뜨리며
　온몸에 불을 달아

---

62 「오직 우리 식대로 창작하자」, 『조선문학』, 문학예술출판사, 1991. 9, 4~5면.
63 『향도의 빛발아래 (4)』, 문학예술종합출판사, 1995, 22~24면.
64 위의 책, 96~98면.
65 위의 책, 315~317면.
66 위의 책, 325~327면.
67 『향도의 빛발아래 (5)』, 문학예술종합출판사, 1999, 6~8면.
68 위의 책, 19~22면.
69 위의 책, 23~25면.

이 땅의 분노를 끓이는데

③ 삭일길 없는 아픔을 안고
　　나는 목메여 불러본다
　　자주여 민주여 통일이여
　　너는 어디에 있느냐

　　(중략)

④ 그렇다 너는
　　기어이 너를 찾자고
　　틀어쥔 분노한 저 주먹속에
　　파쑈의 폭압에도 굴함없이
　　어깨겯고 나가고 또 나아가는
　　결사의 도도한 저 발걸음속에 있다

　　―황성하, 「어디에 있느냐」(1991) 부분

이 시는 1991년 남한의 민주화운동 과정에서 경찰관들의 무차별 폭행으로 인해 사망한 강경대 사건 그리고 강경대 사건을 규탄하면서 학생들이 잇따라 분신한 사건을 제재로 삼고 있다. 이 시에서 갈등의 주체와 객체 관계는 '남한대학생들'과 '남한독재정권'의 대립으로 제시된다. 시인은 강경대 사건이 사회적으로 불러일으킨 남한독재정권에 대한 증오심과 그에 대한 남한인민들의 올바른 대응자세를 형상화하고 있다. 즉, "자주여 민주여 통일이여 / 너는 어디에 있느냐" "그렇다 너는 / ~ 분노한 저 주먹 속에 / ~ 도도한 저 발걸음 속에 있다"와 같은 문답형식에서 나타나듯이, 사건에 대한 명확한 해석과 해결책 제시라는 정론적 요소를 시에 도입하고 있다.

①~③에서, 화자는 강경대 구타치사사건과 그에 항의하는 학생들의 분신사건 등 남한의 대학가에서 벌어지는 일련의 민주화투쟁 과정을 목도하는 감회를 표출하고 있다. 화자는 이제 막 대학에 입학하여 "꿈"으로 가득한 "애젊은 가슴"과 "열정"으로 가득한 "더운 가슴"의 소유자였으나 "쇠몽둥이"로 상징되는 남한독재정권의 폭력으로 인해 쓰러진 강경대의 죽음을 묘사한다. 또한, 강경대의 "학우"이자 "렬사"인 남한의 "청춘들"이 "울분"과 "분노"의 표출로서 뒤를 이어 단행한 분신을 묘사한다. 이와 같은 일련의 사건에 "아픔"을 느낀 화자는 "너는 어디에 있느냐"라는 구절에서 나타나고 있듯이 그 아픔을 "자주" "민주" "통일"의 길을 찾는 문제의식으로 전환시킨다.

④에서, 화자는 "~에 / 너는 있는가" "그렇다 너는 / ~에 있다"와 같은 자문자답의 형식을 통하여 "자주" "민주" "통일"의 올바른 방향을 제시하고 있다. 화자는 "대학의 강실"이 아니라 "돌"과 "화염병"을 들고 나아가는 시위대의 대열 속에서 그것을 찾는다. "목숨보다 귀중한 것"을 위해 스스로 "목숨"을 던진 "그 열혈" 속에서 그것을 찾는다. 그리고 "파쑈의 폭압"에도 굴함 없이 그것을 찾기 위해 "틀어쥔 ~ 저 주먹"과 "어깨겯고 나가고 또 나아가는 / ~ 저 발걸음" 속에서 그것을 발견한다. 즉, 모두가 하나가 되어 '결사항전'의 대열을 이룰 때만 자주·민주·통일을 찾을 수 있음을 강조하는 것이다.

이처럼 이 시기에도 북한에서는 '조국통일주제'의 일환으로서 '남조선혁명주제'를 중요하게 다루고 있다. 이때, 의도적으로 '남한독재정권'과 '남한대학생들' 간의 갈등을 노골화하고 '남한대학생들'의 결사항전을 부각시킴으로써 상대의 폭압성을 폭로하는 태도를 취하고 있다. 이를 통하여 북한인민들의 증오심을 불러일으킴으로써 체제수호를 위한 북한 내의 사회적 응집력을 강화하고 있다.

갈등문제	주체	객체
갈등의 관계	남한대학생들	남한독재정권
갈등의 성격	계급모순에 기초한 적대적 갈등	
갈등의 해결방식	폭압성 폭로 및 결사항전 요구	
갈등의 목적	북한의 체제수호를 위한 사회적 응집력 강화	

① 언제 한번 진실을 말해본적 없고
　거짓없이는 순간도 살수 없는
　거짓과 모략의 왕국 아메리카
　네놈들이 오늘은
　얼마나 놀라운 거짓말을 고안했는가
　우리가 사는 이 땅에
　핵무기가 있다고
　우리가 그 어디에
　핵무기를 전파한다고

② 고용나팔수와 정치간상배들을 시켜
　지구가 소란하게 떠들어댄다
　우리의 이 땅을 선제타격해야 한다고
　우리의 이 땅을 사찰해야 한다고…

(중략)

③ 화목하게 살기를 원하는 이 행성을
　살륙의 미싸일로 뒤덮어놓고도
　뻔뻔스레
　우리를 두고
　그 무슨 사찰을 떠드는

네놈들의 날조극을 누가 믿겠는가

④ 이 나라 남녘땅을
핵구두발로 지리밟고
《팀 스피리트》북침연습에 날뛰면서도
능청스레
그 무슨 핵보호를 지껄이는
네놈들의 속심을 누가 모르겠는가

(중략)

⑤ 걷어치우라
네놈들의 세계제패 단꿈을 쪼각내는
자주세계의 보루
우리의 주체조국을 물어뜯어보려고
저능아들이 날조한 이 거짓말을

—안창만,「걷어치우라 거짓말을」(1991) 부분

 이 시는 1990년대에 들어서면서 현실화한 북한에 대한 미국의 핵사찰 요구를 제재로 삼고 있다. 이 시에서 갈등의 주체와 객체 관계는 '북한인민'과 '미제국주의'의 대립으로 제시된다. 시인은 북한이 핵을 보유하고 있다고 '허위 주장'을 펼치는 미제국주의의 도발행위에 대한 비난과 스스로 핵무장을 하고 있으면서 핵사찰을 요구하는 부도덕 행위에 대한 경고를 형상화하고 있다. 즉, "얼마나 놀라운 거짓말을 고안했는가" "네놈들의 날조극을 누가 믿겠는가" "네놈들의 속심을 누가 모르겠는가" "걷어치우라 / ~ 이 거짓말을"과 같은 설의법과 명령법에서 나타나듯이, 사안에 대한 분명한 입장

표명과 요구 제시라는 정론적 요소를 시에 도입하고 있다.

①~②에서, 화자는 미제국주의가 북한에 대해 악의적인 거짓말을 하고 있다고 비난한다. 먼저, "거짓과 모략의 왕국 아메리카"라는 표현을 통하여 미제가 과거에 수많은 거짓말을 일삼아 왔음을 폭로한다. 그리고 이를 근거로 삼아 "오늘"에 하는 말이 "놀라운 거짓말"임을 강조한다. 즉, 북한 땅에 "핵무기가 있다"는 것과 북한이 다른 나라에 "핵무기를 전파한다"는 것은 미제가 지어낸 거짓말이라는 것이다. 또한, 미제국주의가 "고용나팔수" "정치간상배들"을 동원하여 북한에 대해 "선제타격" 하기 위해 '핵사찰'을 해야 한다고 전 세계인을 충동질하고 있는데, 북한이 핵무기를 보유하고 있다는 것이 거짓말임을 전제할 때, 이와 같은 행동을 하는 데에는 다른 목적이 숨어 있는 것이며 그런 점에서 "모략"이라는 것이다.

③~④에서, 화자는 "누가 믿겠는가" "누가 모르겠는가"와 같은 설의법을 구사함으로써 미제국주의의 "날조극"과 "속심"에 넘어갈 사람이 결코 없을 것이라는 확신을 드러내고 있으며, 이를 통해 미제의 부도덕함을 기정사실화하고 있다. 즉, "화목"을 원하는 지구촌을 "살류의 미싸일"로 뒤덮어놓은 미제가 북한에 대해 '핵사찰'을 요구하는 것, 그리고 남녘땅을 '핵'으로 무장시켜 《팀 스피리트》 북침연습"을 벌이고 있는 미제가 북한으로부터의 "핵보호"를 요구하는 것 자체가 어불성설이라고 주장한다.

⑤에서, 화자는 "걷어치우라"라는 구절을 반복함으로써 뻔한 속임수가 "세상"에 명백히 드러났으니 그와 같은 "모략극"과 "거짓말"을 당장 그만두라고 충고한다. 즉, 미제국주의가 그와 같은 "모략극"을 짠 이유는 "아무리 꺾으려도 꺾이지 않는 / 우리가 두려워"서이고, 미제가 그와 같은 "거짓말"을 날조한 이유는 "세계제패 단꿈을 쪼각내는 / ~ 주체조국을 물어뜯어보려고"이지만, 북한은 "진실"과 "존엄"으로써 미제의 그 중상모략을 물리칠 것이라고 경고한다.

그런데 여기에서 주목해보아야 할 것은 화자가 미국과 북한 간의 힘의 우열관계를 어떻게 인식하고 있는가 하는 점이다. 화자는 미국의 군사력에 대해 지구촌 전체를 뒤덮을 수 있을 만큼의 '미사일'을 보유하고 있고, 남녘 땅을 "천여 개 핵무기"로 무장시킴으로써 초강대국인 중국과 러시아의 남하를 억제할 수 있으며, 따라서 세계제패라는 꿈을 꿀 수 있을 정도로 강력하다고 평가한다. 그리고 북한의 힘에 대해서는 세계최강의 군사력을 보유한 미국이 "아무리 꺾으려도 꺾이지 않는" 세계유일의 상대국이며, 따라서 미제국주의를 "타승"할 수 있는 "자주세계의 보루"인데, 북한이 미국의 막강한 군사력에 맞설 수 있는 힘은 군사력이 아니라 바로 "진실의 불길"과 "존엄의 넋"으로 구체화되는 '정신력'이라고 진단한다. 이것은 겉으로는 군사력에 대응할 수 있는 힘으로 정신력을 내세움으로써 체제 내 구성원들의 결속을 유도하는 한편, 속으로는 '핵보유'의 진위여부를 은폐시켜 유효한 협상카드로 만들기 위하여 적대적 갈등을 표층화하려는 의도로 해석할 수 있다.[70]

갈등 문제	주체	객체
갈등의 관계	북한인민	미제국주의
갈등의 성격	계급모순에 기초한 적대적 갈등	
갈등의 해결방식	미제국주의에 대한 비난과 경고	
갈등의 목적	북한의 체제존속을 위한 결속 유도 및 협상카드의 보유 시사	

지금까지 살펴본 바와 같이, 이 시기에는 미제국주의와 독재정권에 맞서 자주·민주·통일을 위해 싸우는 남한대학생들에게 '결사항전'의 길을 제시하는 내용과, 남한에 핵무기를 들여놓고도 북한에 대해 핵사찰을 요구하

---

70 "북한의 핵무장화 시도는 '전투적인' 평화공존 노력의 일환으로 간주될 수 있다. 현재 북한은, 특히 소련 및 동유럽 공산권의 붕괴 이후 국제적 고립에서 벗어나지 못하고 있다. 이렇게 볼 때 북한은 과거와는 달리 통일보다는 오히려 평화공존을 더욱 적극적으로 추진하고 있다고 말할 수 있다. 이런 의미에서 북한이 야기한 핵 갈등은 평화공존을 전투적인 방법으로 쟁취해 나가려는 안간힘의 표출이라 할 수 있는 것이다." (박호성, 『남북한 민족주의 비교연구』, 당대, 1997, 25면.)

는 미제국주의를 규탄하는 내용을 형상화할 것이 요구된다. 이때, 주체와 객체의 관계는 '남북한 인민 대 미제 및 독재정권'으로 설정되고 있으며, 갈등의 성격은 '계급모순에 기초한 적대적 갈등'으로, 그리고 갈등의 해결방식은 '결사투쟁과 비난 및 경고'라는 방어적인 양상으로 나타난다. 또한 갈등의 궁극적인 목적은 미제국주의와 남한독재정권의 공세에 대해 적극 방어함으로써 열악한 국제정세 속에서 체제 내의 결속력을 강화하고자 하는 것이다.[71]

4. '조국통일주제작품'에서 드러나는 '통일의식'의 한계성

북한의 통일의식은 시대를 넘어서서 언제나 동일하게 '남조선해방투쟁'의 시각으로 고정되어 있는 것이 아니고, 시대에 따라 이념지향적인 입장과 민족정서적인 입장으로 이분화되어 있는 것도 아니다. 그것은 '조국과 민족' '전쟁과 평화'의 변주를 구사하면서 사회적인 상황과 정치적인 필요에 따라서 끊임없이 변모해왔으며, 미래의 또 다른 변모 가능성을 향해 열려있다.

하지만 다음의 몇 가지 사항들을 고려해 볼 때 북한의 통일의식은 분명한 한계와 허구성을 내포하고 있는 것이 사실이다. 첫째, 북한 '조국통일주제작품'에서 형상화되는 남한의 현실을 들여다볼 때, '남한인민 및 남한혁명투사 대 남한독재정권 및 미제국주의'는 언제나 '적대적 갈등관계'를 형성하는 것으로 나타난다. 그런데 이들의 관계는 현실적으로 이렇게 단일하

---

[71] 김일성은 1991년 신년사에서 기존의 '고려민주연방공화국' 창립방안에서 한 걸음 물러난 '느슨한 형태의 연방제'라는 수정안을 제의하였다. 이 시기 연방제 통일방안은 남북한 정부가 현재의 기능과 권한을 그대로 보유한 채 그 위에 민족통일기구를 구성하는 방식이며, 북한이 흡수통일을 방지하고 체제를 유지하기 위한 '단계론적 형태로서의 연방'이라는 의미를 띤다.

지만은 않다. 예를 들어, 남한정권에 대한 남한대중의 태도는 부정적 입장과 긍정적 입장으로 나뉠 수 있으며, 부정적 입장의 경우에도 북한에서 생각하는 것처럼 체제 전복적이기보다는 체제 비판적인 성격을 띠고 있다. 미국에 대한 남한정권의 입장도 북한이 생각하는 것처럼 단순한 결탁관계라기보다는 협력과 대립의 관계가 복잡하게 얽혀있다. 즉, 이들은 서로 '비적대적 갈등관계'를 형성한다고 보는 것이 더 타당하다. 따라서 남한의 현실을 바라보는 북한의 시각은 자의적이며 자기중심적이라고 할 수 있다.

둘째, 북한 '조국통일주제작품'에서 형상화되는 남북관계에 대한 인식을 살펴볼 때, 북한은 남한인물군의 성격을 통일세력과 반통일세력으로 이분화하고 이 가운데 전자와 연대해서 후자를 제거하고자 한다. 그런데 북한 인물군의 성격도 통일세력과 반통일세력으로 이분화해 볼 때, 당 정책을 주도하고 있는 이들은 과연 어느 쪽일지 논리적으로 따져볼 필요가 있다. 표면적으로 '조국통일'의 주체로서 남한의 통일세력과 연대를 꾀한다는 점에서 볼 때, 이들은 북한의 통일세력으로 인식될 수 있다. 하지만 '조국통일'이라는 용어를 통해서 이들이 드러내고 있는 북한 사회주의체제 중심의 통일론은 통일을 실현 가능한 가치로서 추구하기보다는 당위적 신념으로서 고수하는 데 경도되어 있다. 이러한 점에서 볼 때 사실상 이들은 북한의 반통일세력일 확률이 높다. 따라서 남북통일을 바라보는 북한의 인식은 이중적이며 표리부동하다고 할 수 있다.

셋째, 북한 '조국통일주제작품'에서 형상화되는 '조국통일'과 '민족통일'의 상관관계를 분석해 볼 때, 북한은 이념적으로는 사회주의체제 중심의 '조국통일'을 추구하지만, 정치적인 필요에 따라서는 한겨레의식 중심의 '민족통일'을 내세우기도 한다. 예를 들어, 외부환경이 우세하거나 열세하여 공격적이거나 방어적인 태도를 취할 경우에는 '조국통일'에 대한 사상적 지향성을 노골적으로 드러내는 반면에, 실리나 균형이 필요하여 전향적이거나 타협적인 태도를 취할 경우에는 '민족통일'에 대한 정서적 지향성을 더욱 강하게 보여준다. 따라서 통일에 대한 북한의 입장은 단계적이며 전략적이라고 할 수 있다.

　분단 이후 남북한의 가장 중요한 민족사적 과제는 통일된 민족국가를 수립하는 것이었다. 그러나 오늘날 남북한은 '통일'의 의미를 더 이상 근대적 개념의 '저항민족국가' 완성에서 찾을 수 없다. 민족적 저항의 대상이 되는 외부의 적을 호명함으로써 민족 내부의 단결을 불러일으키고자 할 때, 그것은 오히려 민족 내부의 모순과 갈등에 대한 관심과 해결의지를 억압하는 부정적 이데올로기로 전락할 수 있기 때문이다. 이제 탈근대의 흐름 속에서 남북한이 추구하는 '통일'의 이상적 모습은 민주주의의 토대 위에서 평화적인 방법을 통하여 민족의 동질성을 회복하고, 자주성의 토대 위에서 경제공동체의 실현을 통하여 민족의 이익을 극대화하는 것이다. 바로 이때 우리민족은 통일을 통하여 '민족적'이 됨으로써 역사적 '진보'에 공헌할 수 있다.[72] 그리고 이것을 이루기 위해서는 무엇보다도 남북한이 '상호인정의 원리'에 입각하여 지금까지의 대립과 갈등을 넘어서서 진정한 화해와 협력의 방향으로 관계를 변화시켜 나가야 할 것이다.

---

[72] 박호성, 앞의 책, 156면.

'조국해방전쟁주제작품'의 역사적 변모양상
-1960~1990년대 서정시를 중심으로-

1. '조국해방전쟁주제작품'이 내포하는 '사실과 해석'의 이중 구조

　북한에서는 한국전쟁[1]을 '조국해방전쟁'이라고 지칭하는데, 이 '조국해방전쟁주제'는 주체문학에서 문학적으로 형상화할 것이 요구되는 중요한 대상 가운데 하나이다. 왜냐하면 '조국해방전쟁'은 오늘날 우리 민족이 처한 남북분단의 현실이 초래된 직접적인 원인인 동시에 외세로부터 자주독립을 달성하고 민족을 통일시켜야 하는 주체혁명과업의 미완성으로 인식되기 때문이다.

　일본의 식민지지배로부터 벗어나 통일된 민족국가를 재건하겠다는 우리 민족의 해방에 대한 염원은 결과적으로 미국과 소련이라는 양대 강국의 이데올로기적인 대립으로 인하여 1948년 한반도 상에 두 개의 국가가 탄생함으로써 좌절되었다.[2] 그리고 한국전쟁은 이 "완강한 냉전체제적 적대감

---

[1] "'6.25전쟁'이라는 명칭은 전쟁 개시일을 기념한다는 측면과 반공 및 반북 이념을 내면화한다는 점에서 끊임없이 논란의 대상이 되어왔다. 즉, 한국전쟁을 6.25전쟁이라고 명명하는 것은 냉전반공주의의 핵심적 표현이다." (여문환,『동아시아 전쟁기억의 국제정치』, 한국학술정보, 2009, 87면.)

이 가장 상징적으로 그리고 가장 전투적으로 한반도에 재현"[3]된 사건이라고 할 수 있다.

물론, 한국전쟁은 북쪽의 공산주의자에게도 남쪽의 반공주의자에게도 실패를 안겨준 채 끝났다. 하지만 아이러니하게도 이 "전쟁은 김일성에게 군사적으로는 실패를 가져다주었지만, 정치적으로는 승리를 안겨주었다. (중략) 남로당계, 연안계, 소련계의 우두머리들이 퇴출되었고 2인자들마저 모두 사라져 김일성의 권위는 더욱 강화되었"[4]기 때문이다. 이에 따라 북한의 현대사와 현대문학사에서 한국전쟁은 언제나 승리한 전쟁으로 평가되는 것이다. 이처럼 한국전쟁은 외부적 패배와 내부적 승리라는 '이중가치'를 내포하고 있으며, 이러한 속성으로 인하여 주체사상 시기의 북한문학사에서 끊임없이 재조명되면서 재해석되고 있다.

즉, 한국전쟁은 1950년이라는 과거의 특정 시기에 발생한 하나의 역사적 사실이다. 하지만 E. H. 카가 "우리는 오로지 현재의 눈을 통해서만 과거를 조망할 수 있고 과거에 대한 우리의 이해에 도달할 수 있다"[5]고 했듯이, 이 역사적 사실에 대한 해석과 가치판단은 이후 각각의 시대가 처한 정치적 현실과 사회적 요구에 따라 달라진다. 그리고 이 해석과 가치판단의 차이는 당대인으로 하여금 남북대립과 민족통일에 대해 서로 다른 미래를 전망하게 한다.

---

2 "해방 당시 남·북한은 모두 순수한 상태가 아니었다. (중략) 한국사회의 숨어 있던 모순들이 명백해졌으나 한국인들은 스스로가 아니라 전후시대를 지배하게 될 양대국—소련과 미국—과 두 오랜 나라들—스스로도 혁명에 휩쓸린 중국과 무너진 자신의 제국을 주시하고 있는 일본—이 개입한 가운데 그 해결책을 모색하여야만 되었다. 그리하여 40년 동안 일본의 운명에 매여 있었던 한국은 태평양전쟁의 결과로 그 질곡으로부터 해방되었으나 두 조각으로 쪼개지는 운명에 놓이게 되었다." (브루스 커밍스, 김자동 옮김, 『한국전쟁의 기원』, 일월서각, 1986, 14면.)
3 박호성, 『남북한 민족주의 비교연구』, 당대, 1997, 53면.
4 와다 하루끼, 남기정 옮김, 『와다 하루끼의 북한 현대사』, 창비, 2014, 105면.
5 E. H. 카, 김택현 옮김, 『역사란 무엇인가』, 까치, 1997, 42면.

따라서 한국전쟁에 대한 북한문학사의 인식을 살펴보는 것은 매우 중요하고도 흥미로운 작업이며, 한국전쟁이 시대에 따라 다르게 해석되고 판단되는 양상을 구체적이면서도 일목요연하게 조망하기 위해서는 문학작품 속에 형상화된 한국전쟁의 다양한 양상을 역사적인 맥락에 따라 분석해보는 것이 효과적이다. 이에 필자는 주체사상 시기 북한의 문학예술 가운데 '조국해방전쟁주제작품'을 통하여 한국전쟁에 대한 역사적 사실과 문학적 해석의 상관관계를 추적해보고자 한다.

2. '조국해방전쟁주제작품'의 분석을 위한 기본 틀

1) '조국해방전쟁주제작품'의 사전적 개념 및 확장

북한의 문학예술론에 의하면 '조국해방전쟁주제작품'은 "인민들과 새 세대들을 당과 수령, 조국과 인민을 위하여 충실히 복무하는 혁명정신으로 교양하고 전쟁의 경험을 배워주며 미제침략자들의 새 전쟁 도발책동에 대처하여 전쟁관점을 바로 가지도록 하는 데서 중요한"[6] 역할을 맡고 있다. 그리고 북한의 문학예술사전에 따르면 '조국해방전쟁주제작품'의 개념은 다음과 같다.

위대한 조국해방전쟁시기 미제의 무력침공을 물리치고 조국의 자유와 독립을 수호하기 위한 인민군대와 인민들의 영웅적 투쟁과 위훈을 형상한 문학예술작품. (중략) 이 주제의 작품들에는 조국해방전쟁의 매 단계에서 위대한 수령님께서 제시하신 전략전술적 방침을 관철하기 위한 인민군용사들의 영웅적인 투쟁, 전시생산과 전선원호사업을 보장하기 위한 후방인민들의 헌신

---

6 사회과학원 주체문학연구소, 『문학예술사전 (중)』, 과학백과사전종합출판사, 1991, 478면.

적인 투쟁, 일시적 후퇴시기에 발휘한 인민군대와 인민들의 불굴의 투쟁을 비롯하여 가렬한 전쟁의 나날에 있었던 투쟁사실과 풍부한 경험이 폭넓고 깊이 있게 반영되여 있다. 조국해방전쟁주제작품 창작에서 이룩된 사상예술적 성과들 가운데서 가장 중요한 것은 인민군대와 인민들을 전쟁승리에로 이끄신 위대한 수령님의 령도의 현명성과 고매한 덕성을 감동적으로 보여주고 수령님의 탁월하고 세련된 령도가 우리 인민이 전쟁에서 승리할 수 있은 결정적 요인으로 되였다는 것을 심오하게 천명한 것이다. (중략) 갈등의 첨예성과 격렬성은 조국해방전쟁주제작품들의 중요한 특징의 하나이다. 이 주제의 작품들은 전쟁이라는 특수한 정황에 기초하여 우리 인민들을 한 편으로 하고 미제 침략자들과 그 주구들을 다른 편으로 하는 갈등을 날카롭게 설정하고 두 력량 간의 대립과 충돌을 격렬하게 이끌고 나가다가 긍정적 주인공들의 승리와 부정적 인물들의 파멸로 결속지음으로써 조선인민의 정의의 조국해방전쟁의 승리를 예술적으로 진실하게 확증하고 있다.[7]

위의 인용문에서 확인할 수 있듯이, 북한에서 한국전쟁은 미 제국주의와 북한 사회주의 간의 대결이고, 북한이 승리한 전쟁이며, 전쟁을 승리로 이끈 결정적 요인은 김일성의 탁월한 영도이다. 따라서 미래에 한반도에서 다시 발생할 수 있는 전쟁에 대처하여 북한이 세우고자 하는 올바른 전쟁 관점이란, 여전히 전쟁은 미 제국주의와 북한 사회주의 간의 대결이고, 주체사상을 중심으로 하는 사회주의 조국을 지키기 위해 반드시 승리해야 하는 전쟁이며, 전쟁에 승리하기 위해서는 무엇보다도 주체사상을 창시한 김일성의 혁명적 가계를 계승해야 한다는 것이다. 하지만 '조국해방전쟁주제작품'의 문학사적 역할에 대한 북한 측의 이와 같은 정의는 장기집권을 꾀하는 집권세력의 일방적 논리에 불과할 뿐 북한사회의 이념적 실체를 있는 그대로 보여주는 것은 아니다. 북한의 한국전쟁에 대한 인식은 사회적 상

---

[7] 앞의 책, 477~478면.

황과 정치적 목적에 따라서 역사적으로 끊임없이 변모해왔으며, 북한문학은 기본적으로 '당 문학'이므로 당의 노선을 반영하는 당 문예정책이 변화함에 따라서 동일한 주제를 다루더라도 형상화의 대상과 방식은 달라져 왔다.

한편, 남한의 연구자들은 북한의 '조국해방전쟁주제작품'이 한국전쟁을 남한에 의한 북침으로 날조함으로써 전쟁도발의 책임을 회피하려는 정치적인 목적 차원에서 이용되고 있다고 인식한다. 그리고 이 주제의 작품은 하나같이 북한과 미국을 선과 악으로 대립시키고 미 제국주의의 무차별 공격에 대항하여 사회주의 조국을 지키기 위해 목숨 걸고 싸우는 인민군 전사들과 인민들의 모습을 담아내는 것을 유형화된 틀로 삼고 있다고 폄하한다.[8] 하지만 남한 연구자들이 북한의 '조국해방전쟁주제작품'을 이처럼 고

---

8 김종회의 경우, 논문 제목이 환기하는 바로는 북한문학이 담지하고 있는 한국전쟁에 대한 인식을 분석하는 것 같지만, 사실상 한국전쟁 시기 북한시의 현상을 살펴보고 있다. 그 결과 필자는 '조국해방전쟁시기'의 북한시가 보여주는 한국전쟁에 대한 인식의 특징을 인민군대의 영웅적 투쟁 모습의 묘사, 그리고 적군과 아군이 확연히 구분되는 판가름의 유형 묘사로 규정하고 있다. 이와 같이 필자는 '북한문학에 나타나는 한국전쟁에 대한 인식'과 '한국전쟁 시기 북한시의 특징'을 동일시하는 태도를 보여주고 있는데, 그 이면에는 근본적으로 한국전쟁에 대한 북한문학의 인식은 시대를 초월하여 고정 불변하는 것이라는 선입견이 깔려있는 것이다. (김종회, 「북한문학에 나타난 6.25동란」, 『한민족어문학』 제49집, 한민족어문학회, 2006, 267~284면.) 남원진의 경우, 논문의 제목에서 확연히 드러나고 있듯이 필자는 북한문학에서 형상화되는 미국에 대한 부정적 표상이 한국전쟁을 겪으면서 극단적인 반미관으로 정착되었고, 이것이 현재까지도 지속되고 있다고 주장한다. (남원진, 「미제와 승냥이—'조국해방전쟁'기의 반미관에 대한 연구」, 『비교문화연구』 제25집, 서울대학교 비교문화연구소, 2011, 213~236면.) 김은정의 경우, 전쟁 주제의 북한소설을 통하여 한국전쟁에 대한 북한 인민들의 인식이 주입된 것인지, 아니면 자발적인 동의와 합의에 의해 형성된 것인지를 살펴보고 있다. 필자는 1951~1953년 전쟁시기의 북한소설은 전쟁을 독려하기 위한 영웅담에 초점을 맞추고 있기 때문에 전쟁에 대한 북한 인민들의 인식과 반응을 살펴보기 어렵고, 1960~1980년대 북한소설은 이미 전쟁에 대한 개념이 하나로 정립된 상태이기 때문에 전쟁에 대한 북한 인민들의 다양한 인식과 반응을 살펴보기 어렵다고 진단한다. 그런데 이와는 달리 석윤기의 소설 『시대의 탄생』은 1964년 작품으로서 전쟁 전후의 상황이 자세하게 묘사되어 있기 때문에 북한 인민들이 지닌 전쟁 초기의 균질화되지 않은 인식과 반응을 살펴볼 수 있다는 점에서 의의가 있다고 평가한다. 그러나 이와 같은 필자의 견해는 결과적으

정된 하나의 틀로써 인식하고 시대가 바뀌어도 그 틀이 결코 깨지지 않을 것이라고 판단하는 것은, 과거의 사실에 대한 현재적 재해석의 가능성을 무시한 채 과거의 사실이 현재와 미래를 규정할 것이라고 생각하는 결정론적 오류를 범하는 것이다.

역설적이게도 '조국해방전쟁주제작품'은 북한의 사실과 해석 간의 이중태도, 정치와 문학 간의 상호작용, 문예정책과 당면현실 간의 갈등양상 등을 가장 총체적으로 담아내고 있는 텍스트라고 할 수 있다. 따라서 '조국해방전쟁주제작품'을 보다 깊이 있게 연구할 때 우리는 지금까지의 심정적인 차원에서 벗어나 북한의 한국전쟁에 대한 인식을 논리적인 차원에서 이해할 수 있으며, 주제비평의 차원에서 벗어나 북한이 지닌 한국전쟁에 대한 인식의 역사적인 변모양상을 체계적으로 규명해 볼 수 있을 것이다.

2) '주체사상' 시기와 '서정시' 장르에 주목하는 이유

일반적으로 북한의 '조국해방전쟁주제작품'에 대한 연구는 소설을 중심으로 진행되어왔다. 장르의 특성상 소설에서는 인물의 관계와 갈등의 성격이 보다 명확하게 드러나고 있기 때문이다. 하지만 '조국해방전쟁'에 대한 새로운 인식을 전파하는 데 있어서 시대에 따라 변모하는 당 정책의 핵심적인 내용을 보다 빠르고 민감하게 반영할 수 있는 것은 바로 서정시 장르이다. 북한문학에서는 이전 시기부터 서정시 장르를 당 정책을 위한 선전선동의 강력한 무기로서 평가해왔다. 따라서 '조국해방전쟁주제작품'의 역사적인 변모양상을 체계적으로 연구하기 위해서는 '북한의 서정시'를 연구대상으로 삼는 것이 더욱 효과적일 수 있다.

로 1960년대 이후의 북한소설사에서 한국전쟁에 대한 인식은 언제나 동일한 모습으로 반복 재생산되고 있다는 시각을 드러내는 것이다. (김은정, 「석윤기의 『시대의 탄생』과 『전사들』에 나타난 한국전쟁 수용양상—북한 인민들의 한국전쟁에 대한 인식을 중심으로」, 『국제어문』 제54집, 국제어문학회, 2012, 503~533면.)

또한, '북한의 서정시'를 연구 대상으로 삼아 한국전쟁에 대한 인식을 연구할 경우에도 기존에는 대부분 1950년대 초반의 '전쟁문학'이나 1950년대 중후반의 '전후문학'을 중심으로 연구해왔다. 하지만 엄밀히 말해서 북한의 '조국해방전쟁주제작품'은 김일성의 주체사상을 토대로 성립된 개념이다. 즉, 똑같이 '조국해방전쟁'을 제재로 삼고 있을지라도 '조국해방전쟁주제작품'은 '전쟁문학'이나 '전후문학'과는 변별되는 '주체문학'에 해당한다는 것이다.[9]

먼저, '전쟁문학'의 경우에는 전쟁의 급박한 현실을 반영함으로써 인민군대와 인민을 전쟁의 승리를 위한 투쟁에 적극 참여하도록 독려하는 기능을 하였다. 이와 달리 '주체문학'으로서의 '조국해방전쟁주제작품'의 경우에는 앞에 제시한 문학예술사전의 인용문에서 확인할 수 있듯이, "우리 인민들을 한 편으로 하고 미제침략자들과 그 주구들을 다른 편으로 하는 (중략) 두 력량 간의 대립과 충돌을 격렬하게 이끌고 나가다가 긍정적 주인공들의 승리와 부정적 인물들의 파멸로 결속지음으로써 조선인민의 정의의 조국해방전쟁의 승리를 예술적으로 진실하게 확증"하는 기능을 한다. 전자가 현재의 급박한 현실을 강조함으로써 전쟁 참여를 독려하는 것을 목적으로 삼고 있다면, 후자는 과거의 전쟁이 승리한 전쟁임을 강조함으로써 그 전쟁의 성격이 정의로웠음을 역설하는 것을 목적으로 삼고 있다. 이처럼 양자 사이에는 '조국해방전쟁'을 바라보는 시간적 거리와 그것을 형상화하는 목적의 차이가 내재한다.

다음으로, '전후문학'의 경우에는 전쟁영웅들의 형상을 통하여 인민과 후대들을 '애국주의적 계급'으로 교육시킴으로써 전후복구건설에 대한 의지를 고취시키는 기능을 하였다. 이와 달리 '주체문학'으로서의 '조국해방전쟁주제작품'의 경우에는 앞에 제시한 문학예술사전의 인용문에서 확인할

---

9 북한의 '전쟁문학'과 '전후문학'에 대해서는 김경숙, 『북한현대시사』, 태학사, 2004, 1~683면 참조.

수 있듯이, "인민군대와 인민들을 전쟁승리에로 이끄신 위대한 수령님의 령도의 현명성과 고매한 덕성을 감동적으로 보여주고 수령님의 탁월하고 세련된 령도가 우리 인민이 전쟁에서 승리할 수 있은 결정적 요인으로 되였다는 것을 심오하게 천명"하는 기능을 한다. 전자가 전쟁승리의 요인으로서 전쟁영웅들의 '애국주의'를 강조하고 이를 본보기로 제시하여 전후복구건설에 대한 의지를 독려하는 것을 목적으로 삼고 있다면, 후자는 전쟁승리의 요인으로서 김일성 수령의 '탁월한 영도'를 강조하고 이를 근거로 삼아 사회주의 조국을 지켜나가기 위한 기본자세로서 '수령에 대한 인민의 충실성'을 요구하는 것을 목적으로 삼고 있다. 이처럼 양자 사이에는 '조국해방전쟁' 승리의 요인을 바라보는 시각의 차이와 그것을 형상화하는 목적의 차이가 내재한다.

이러한 점에서 알 수 있듯이, '조국해방전쟁주제작품'에서 '조국해방전쟁'의 핵심주체는 주체사상을 창시하고 주체의 혁명과업을 영도해나가는 존재인 김일성이다. 이처럼 '조국해방전쟁주제작품'과 김일성의 관계는 떼려야 뗄 수 없는 연관성을 지니며, '조국해방전쟁주제작품'의 근본주제는 주체사상의 문학적 형상화이다.

북한에서는 1960년대 중반에 마르크스-레닌주의에 의거한 사회주의 체제에서 벗어나 본격적으로 주체사상에 의거한 유일체제를 준비하는 작업이 진행된다. 그리고 그 일환으로서 '주체 확립'의 문제를 새롭게 제기한다. 즉, 북한문학사에서는 1950년대부터 '주체'를 강조해왔는데 그 당시에는 이것이 '민족의 독립성과 독자성'을 의미했다면, 이 시기에는 '수령에 대한 충실성'을 의미하는 것으로 '주체의 개념'을 변모시키고 구체화시키는 것이다.[10] 이처럼 북한에서 주체사상이 성립된 시기는 1960년대 중반이고, '조국해방전쟁'의 핵심주체로서 김일성이 작품상에 등장하기 시작한 것도 1960

---

10 김경숙, 「북한 '수령형상문학'의 역사적 변모양상―1960~1990년대 북한 서정시를 중심으로」, 『민족문학사연구』 51호, 민족문학사학회, 2013, 483면.

년대 중반부터이며, 김일성이 사망한 시기는 1994년이다. 따라서 '조국해방전쟁주제작품'의 역사적인 발전과정 속에서도 가장 근간이 되는 시기는 주체문학이 성립된 1960년대 중반부터 김일성이 사망한 1990년대 중반까지라고 할 수 있다.

3) '조국해방전쟁주제작품'에서 도출해야 할 '기억'과 '망각'의 중층구조

문학의 목적은 인간의 삶을 이해하는 것이다. 그리고 리얼리즘문학의 효시가 된 아리스토텔레스의 '모방론'에 의하면 이를 위해 문학은 '개연성 있는 현실'을 모방하는 것이고, 모방론이 발전한 반영론에 의하면 문학은 사실을 있는 그대로 묘사하는 것이 아니라 전형적인 상황하에 놓여있는 전형적인 인물을 통하여 '객관적 현실'을 진실하게 재현하는 것이다.[11] 이때 현실은 '현상'과 '본질'의 이중구조로 이루어져 있으며, 문학은 현상을 통해 그 이면에 숨어 있는 본질에 도달하고자 하는 행위인 것이다. 따라서 마르크스-레닌주의 문학에 의거할 경우, 문학연구란 표면적 진술내용의 이면에 숨겨져 있는 내포적 의미를 찾아내는 작업이다.

그런데 북한의 주체문학은 '현실 반영이론'을 토대로 하는 리얼리즘문학의 계승을 표방하고 있지만, 주체문학에서의 '현상과 본질'의 관계는 마르크스-레닌주의 문학에서의 그것과는 다르다. 주체문학론에 의하면 문학은 객관적 현실을 진실하게 재현하는 것이 아니라 이상적 상황하에서 살아가는 모범적 인물을 통하여 당 문예정책이 추구하는 '당위적 가치'를 제시하는 것이다. 이때 외부현실은 '이상'과 '실상'의 이중구조를 띠게 되며, 문학은 이상을 통해 그 이면에 숨겨진 실상을 개조하고자 하는 행위가 된다.

그런데 이러한 주체문학을 연구할 때 우리가 주의해야 할 점은, 주체문학론에 의거하여 '실상을 넘어서서 도달하고자 하는 이상을 긍정하는' 방식

---

11 마르크스, 엥겔스, 김영기 옮김, 『마르크스 엥겔스의 문학예술론』, 논장, 1989, 88면.

의 연구를 해서는 안 되며, 속류사회학적 관점에 의거하여 '이상의 이면에 숨겨진 실상을 폭로하는' 방식의 연구를 해서도 안 된다는 것이다. 전자의 경우는 우리가 주체문학론에 침윤되는 것이며, 후자의 경우는 문학연구의 영역에서 이탈하는 것이기 때문이다. 이와 달리 본래적인 '현실 반영론'의 관점에서 볼 때, 주체문학연구란 당 문예정책에 따라 형상화된 이상적 모습과 실제모습 사이의 간극을 인식하고, 그 간극 사이에 숨겨져 있는 내포적 의미를 밝혀내는 작업이 되어야 한다.

따라서 한국전쟁에 대한 북한문학의 인식이 역사적으로 어떻게 달라지고 있는가를 살펴보는 경우에도, 우리가 도출해야 할 것은 각 시대의 작품에서 한국전쟁에 대한 기억을 복원하는 양상이 어떻게 달라지고 있는지 그리고 무엇이 기억되고 그로 인해 무엇이 망각되고 있는지, 그 기억과 망각의 중층구조라고 할 수 있다. 한 사회의 과거란 본래 확고한 형상을 갖기보다 현재 우리의 정체성이 지향하는 바에 따라 각기 상이한 모습으로 재현될 수밖에 없을 뿐만 아니라, 특정계층이나 다수집단의 것으로 단일화되기보다 주변계층이나 소수집단의 것으로까지 복수(複數)화하는 속성을 띠기 때문이다.

3. '조국해방전쟁주제작품'의 역사적 변모, 그 '기억'의 수사학

북한 '조국해방전쟁주제작품'의 역사적인 변모양상을 규명하는 데 있어서, 필자는 한국전쟁에 대한 북한의 기억 방식에 주목해보고자 한다. 북한이 어떤 '선택과 배제'를 통하여 무엇을 '기억하고 망각하는지' 그 관계의 변화과정을 추적해보고자 한다. 왜냐하면 과거란 그 자체로서 현존하는 것이 아니라 특수한 재현형식을 통해서만 현재의 우리 앞에 나타날 수 있는 것이기 때문이다.

또한, 그 변모양상을 보다 체계적으로 규명하기 위해서 필자는 아래와 같은 시대구분의 틀을 새롭게 마련하였다. 1960~2000년 사이에 창작된 북한의 시작품들과 문학평론들을 통시적으로 꼼꼼하게 읽고 분석해본 결과, 필자는 '조국해방전쟁주제작품'에서 변화가 나타나는 시기의 마디들을 발견할 수 있었다. 그리고 이를 기준으로 각 시기의 문학적 특징들을 변별해 냄으로써 북한 '조국해방전쟁주제작품'의 역사적 변모양상을 서술하기 위한 시대구분의 새로운 틀을 정립하게 되었다.[12]

한편, 기존의 북한문학사 연구서들에서는 '조국해방전쟁주제작품'에 대한 구체적인 예시와 분석이 부재하기 때문에, 필자는 1960~2000년 사이에 출판된 80여 권의 북한 시집을 직접 읽고 그 가운데서 '조국해방전쟁주제작품'을 분류해낸 후에 당 문예정책의 반영과 문학적 형상화의 수준 여부를 고려하여 각 시기의 대표작들을 엄선하였다.

1) '조국 수호'를 위한 응전과 기억의 각색: 1965~1978년

북한은 이 시기에 미국이 심각한 정치·경제적 위기를 겪고 있으며, 그 출구를 전쟁정책에서 찾고자 함에 따라 다른 나라에 대한 침략책동을 더욱 격화시키고 있다고 판단하였다.[13] 따라서 이에 대처하기 위하여 '경제건설과 국방건설을 병진시켜야 한다.'는 당의 새로운 혁명노선을 채택하였고, '조국해방전쟁주제작품'의 적극적인 창작을 통하여 인민에 대한 혁명교양사업을 강화하고자 하였다. 또한, 이 혁명교양사업에서 가장 중요한 요소

---

12 기존의 북한문학사 연구서들이 제시하고 있는 시대구분의 틀에 관해서는 김경숙, 앞의 글, 483면 참조.
13 "미제국주의자들은 1962년에 꾸바 공화국을 반대하여 카리브해 위기를 조성하였으며 그 후 웰남 민주공화국을 반대하여 바크보만 사건을 도발하고 남부 웰남에서 침략전쟁을 대대적으로 강화하는 길에 들어섰습니다." (김일성, 「국가 활동의 모든 분야에서 자주, 자립, 자위의 혁명정신을 더욱 철저히 구현하자」, 『조선문학』, 문학예술출판사, 1968. 1, 6면.)

는 인민들로 하여금 '전쟁의 성격'과 '승리의 요인'에 대한 명확한 인식을 통하여 '정치사상적 우월성'을 갖도록 하는 것임을 강조하였다.

> 경애하는 수령 김일성 동지께서는 이 교시에서 조국해방전쟁주제의 작품 창작에서 무엇보다 중요한 문제는 전쟁의 정의적 성격과 승리의 요인을 옳게 밝힘으로써 인민군대와 인민들에게 필승의 신념을 안겨주는 것이라고 가르치시였다.[14]

그리고 이를 위하여 '전쟁영웅'을 만들고 '전선미담'을 꾸미는 등의 방식으로 과거의 전쟁기억을 '각색'하고 있다.

(1) '전쟁영웅' 만들기와 정치장악력 확보 (1965~1972년)

이 시기에 북한의 문예정책은 사회주의 조국을 지키기 위해 수령과 당의 명령을 받들어 목숨 걸고 투쟁한 한국전쟁 당시 전쟁영웅들의 일화를 재구성하여 보여줌으로써 1960년대 후반기 당대의 인민들에게 '사회주의적 애국주의'와 수령과 당에 대한 '충성심'을 제고하는 것이다. 이에 따라서 이 시기에는 과거 한국전쟁 당시의 '평범한 병사들'이 새로운 유형의 전쟁영웅으로 각색되었다. 이 시대의 진정한 영웅은 특별한 존재가 아니라 생사고락을 함께한 전우, 분대장, 소대장 등과 같은 평범한 인물들이며, 이 무명용사들은 폐허가 된 참호 속에서 무의미하게 죽어간 것이 아니라 수령과 당을 위해 숭고한 죽음을 선택한 진정한 전쟁영웅이라는 것이다.

이 시기에 창작된 '조국해방전쟁주제작품'에는 조태현의 「입당」,[15] 박세옥의 「1211고지」,[16] 「최고사령부의 밤」,[17] 김우협의 「우리는 함께 간다」,[18] 석

---

14 차균호, 「조국해방전쟁주제의 혁명적 작품을 훌륭히 창작할 데 대한 경애하는 수령 김일성 동지의 교시를 철저히 관철하기 위하여」, 『조선문학』, 문학예술출판사, 1971. 2, 5면.
15 『영광의 길 우에』, 조선문학예술총동맹출판사, 1965, 58~59면.
16 박세옥, 『봄노래』, 문예출판사, 1987, 176~177면.

광희의 「돌출부의 세 당원」,[19] 김병만의 「당생활의 첫 지점을 돌이켜보며」,[20] 정렬의 「병사시절」[21] 등이 있다.

쇠보다도 억센 심장
불에도 타지 않는 그 심장이
이름 없는 나지막한 이 언덕을
도저히 넘지 못할 성벽마냥 치솟게 했나니

보라, 탄피 깔린 전호속에서
맹세문을 쓰고있는 전사들을
― 최고사령관동지이시여
　충성에 끓는 우리의 피 한방울 한방울이
　미제를 쓸어눕힐 총탄이 될것입니다.
　우리들이 임무를 수행하지 못하고서
　어찌 살 권리가 있으며
　또한 임무를 수행하지 못하고서야
　어찌 죽을 권리마저 있겠습니까?
　돌출부는 영원히 우리의것
　미제놈들에겐 죽음터로 될것입니다.
　오매에도 그리운 어버이 김일성장군님이시여,
　부디 만수무강하시옵길 삼가 축원합니다.

---

[17] 『인민의 념원』, 문예출판사, 1976, 98~101면.
[18] 김우협, 『언제나 조국과 함께』, 문예출판사, 1984, 157~159면.
[19] 『당의 기치 따라』, 문예출판사, 1970, 88~92면.
[20] 『해방후서정시선집』, 문예출판사, 1979, 478~480면.
[21] 『조선은 하나다』, 문예출판사, 1976, 87~90면.

(중략)

닷새동안 총으로만 대답한 그들이였다.
하나 닷새만에 입을 열었다.
승리적작전의 황금열쇠를
목숨걸고 지켜낸 그들이건만
마치도 례사로운 일이나 했을 때처럼
그렇듯 평범하고 그렇듯 소박하게
세 전사는 조용히 대답하였다.
― 우리는 김일성장군님의 전사들입니다.
　우리는 로동당의 당원들입니다.

―석광희, 「돌출부의 세 당원」(1970) 부분

이 시는 한국전쟁 당시 벌어졌던 치열한 전투 장면을 형상화하고 있다. 그 당시 "이름 없는 돌출부"에서는 3명의 인민군 전사와 미군부대가 대치 중이었다. 미군부대는 길을 내기 위해서 '공격'하는 중이었고, 인민군 전사들은 "중대의 한 지탱점"이자 "최전선의 한 관문"인 길을 차단하기 위해서 '방어'하는 중이었다. 객관적 조건으로 볼 때 이들 간의 싸움은 필연적으로 미군의 승리여야 했지만, 실제로는 3명의 인민군 전사들의 승리로 돌아갔다. 화자는 그 승리의 요인이 전쟁의 승패와 조국의 운명을 자각하고 최고사령부의 작전방침을 받드는 "심장"에 있었다고 강조한다. 쇠보다도 강하고 불에도 타지 않는 그 심장이 "나지막한 이 언덕"을 "넘지 못할 성벽"으로 전환시켰다는 것이다. 특히, 3명의 인민군 전사들은 그 심장의 뜨거움을 수령과 당에 대한 충성의 "맹세문"으로 표출하였다. 그렇게 미제로부터 돌출부를 지켜내야 하는 막중한 "임무"를 "죽음"으로써 수행할 것을 다짐하며 "명령된 시간"인 "닷새 동안"을 버텨냈다.

그런데 이 시에서 주목해야 할 것은 시적 주체인 전사들을 바라보는 화자의 시적 거리가 마지막 연에서 변화하고 있다는 점이다. "너는" "이 언덕을" 등의 2인칭 지시어에서 나타나고 있듯이 앞 연들에서는 가까운 거리를 보이는 반면에, "그들이였다" "그들이건만" 등의 3인칭 지시어에서 나타나고 있듯이 마지막 연에서는 먼 거리를 보이고 있다. 이는 시적 형상화의 내용과도 긴밀한 연관성을 띠는데, "보라, ~ 맹세문을 쓰고 있는 전사들을"에서 볼 수 있듯이 앞 연들에서는 전사들의 '영웅적 행위'에 대해 묘사하고 있는 반면에, "그렇듯 평범하고 그렇듯 소박하게 세 전사는 ~ 대답하였다."에서 볼 수 있듯이 마지막 연에서는 전사들의 '신분적 성격'에 대해 묘사하고 있다. 즉, 시인은 영웅들이 갖추어야 할 요건으로서 '영웅성'이라는 보편적 특징에 '평범성'이라는 개별적 특징을 결합시킴으로써 '새로운 전쟁영웅 만들기'를 시도하고 있는 것이다.

이와 같은 '전쟁영웅 만들기'를 통하여 화자가 말하고자 하는 바는 다음과 같다. 한국전쟁 당시의 이 인민군 전사들과 같이 1960년대 후반기인 이 시대의 진정한 영웅은 '평범한 사람들'이며, 이 평범한 사람들로 하여금 비범한 영웅이 될 수 있게 하는 힘은 바로 '수령과 당에 대한 충성심'이라는 것이다.

한 손으로 들기엔 너무나 무거운듯
두 손으로 정중히 받들어 쥔
피 묻은 네 입당 청원서
여덟 명 당원들이 차례로 읽는다

백지도 아닌 봇나무 껍질에
쓴 지는 오랬어도
내놓기엔 아직 이른 것 같아
글'줄이 지워지도록 품고만 있더니

붉은 피로 적신 이 시각
당원들의 손에 쥐여졌구나

(중략)

네 숨'결이 멎었다기엔
뛰는 내 심장이 믿어지지 않누나
보아라, 네 처음 군복 입을 제
고향집 누이를 대신해
목달개 달아 준 그 손이,
네가 기'발을 꽂으며 쓰러질 제
기'발을 받아 쥔 그 손들이
차라리 죽어 고지의 흙으로 남자며
총창을 꼬나 들었던 그 손들이
네 입당을 찬성해 높이 솟았다,

아아, 네 나이는 이제 스무 살,
생의 만리'길을 앞에 두고
네 엎드릴 전호를 비웠어도
우리 당은 또 한 명의 전사를
새 당원으로 받아 안았다.

―조태현, 「입당」(1965) 부분

이 시는 한국전쟁 당시 기수로서 활약한 일반 병사의 죽음 장면을 형상화하고 있다. 그 당시 이름 없는 고지에서 조선노동당은 "또 한 명의 전사를 / 새 당원으로" 받아들이는 "입당" 절차를 진행하였다. 여덟 명의 당원들이 "새벽 바람에 펄럭이는" 조선노동당의 "기'발" 밑에서 '피 묻은 입당 청원서'를 차례로 읽었다. 본래 그 입당 청원서는 "스무 살"의 어린 전사가 "쓴지는 오랬어도 / 내놓기엔 아직 이른 것 같아" 품고만 다니던 것인데, "붉은 피"로 상징되듯이 그가 전사한 그 시각에 "당원들"에 의해 제출되었다. 그 당원들은 어린 전사가 "처음 군복 입을 제" "목달개"를 직접 달아주었고, 그가 "기'발을 꽂으며 쓰러질 제" 대신 깃발을 받아 쥐었고, 그가 전사했을 때 대신 "총창을 꼬나 들었던" 전우들이었다. 어린 전사의 입대부터 전사(戰死)까지를 지켜봐왔던 바로 그 전우들이 그의 "입당을 찬성해" 나선 것이었다.

그런데 이 시에서 주목해야 할 것은 시적 대상인 '입당'을 바라보는 화자의 시적 거리가 마지막 연에서 변화하고 있다는 점이다. "읽는다" "이 시각" "앉누나" 등의 현재시제에서 나타나고 있듯이 앞 연들에서는 가까운 거리를 보이는 반면에, "비웠어도" "안았다" 등의 과거시제에서 나타나고 있듯이 마지막 연에서는 먼 거리를 보이고 있다. 이는 시적 형상화의 내용과도 긴밀한 연관성을 띠는데, "목달개를 달아 준 그 손이" "기'발을 받아 쥔 그 손들이" "총창을 꼬나 들었던 그 손들이"에서 알 수 있듯이 앞 연들에서는 당원들이 만장일치로 찬성해야 하는 '입당의 절차'에 대해 묘사하고 있다면, "생"과 "사" 그리고 "전호를 비웠어도"와 "당원으로 받아 안았다"의 대비에서 알 수 있듯이 마지막 연에서는 죽음을 새 삶으로 전환시켜주는 '입당의 의미'에 대해 묘사하고 있다. 즉, 시인은 어린 전사가 '죽음'을 통해 '전쟁영웅'으로 거듭났고 '입당'을 통해 영원한 삶을 보장받은 것으로 형상화함으로써 '새로운 전쟁영웅 만들기'를 시도하고 있는 것이다.

이와 같은 '전쟁영웅 만들기'를 통하여 화자가 말하고자 하는 바는 다음과 같다. 한국전쟁 당시의 이 인민군 전사를 통해 알 수 있듯이 비록 육체적 생명은 다할지라도 정치적 생명은 '당원'이 됨으로써 영생할 수 있으므로, 1960년대 후반기인 이 시대에 '진정한 영웅이 되는 길'은 바로 '당원이 되는 길'이라는 것이다.

지금까지 살펴본 바와 같이, 이 시기에 형상화되는 한국전쟁의 성격은 미 제국주의의 손아귀에 넘어가지 않도록 사회주의 조국을 지키고자 하는 '방어적 공격' 개념의 전쟁이다. 즉, 인민군대가 수행하는 '조국해방전쟁'은 조국과 인민의 자유와 해방을 위하여 싸우는 정의로운 전쟁이라는 것이다. 하지만 이 논리의 이면에는 북한이 이 시기에 강력히 추진한 '군사력강화 정책'을 정당화하고자 하는 의도가 숨어 있으며, 이와 같은 전쟁 분위기의 조성을 통하여 인민에 대한 수령과 당의 '정치적 장악력'을 더욱 강화하고자 하는 의도가 숨어 있는 것이다.

김일성 동지께서는 보고에서 사회주의건설과 국방건설을 병진하여 진행하면서도 조국보위의 완벽을 기하기 위하여 사회주의건설의 속도를 다소 조절하는 방침을 제시하시였으며, 혁명대오를 튼튼히 꾸리고 전체 인민의 혁명화 사업을 강력히 추진하며 사업과 생활에서 평화적 기분을 일소하고 혁명적인 규률과 질서를 강화할 과업을 제시하시였다.[22]

또한, 이를 위하여 이 시기에 형상화되는 '전쟁영웅들'의 이미지는 수령과 당의 호명에 떨쳐 일어나 평범한 병사에서 새로운 주체로 거듭난 존재로서 나타난다. 이 과거의 전쟁영웅들이 분출하는 수령과 당에 대한 찬양은 1960년대 후반기인 당대 인민들의 모방욕구를 불러일으킬 수 있다고 생각되므로, 북한의 정치권력은 이들을 사회적 롤 모델로 제시함으로써 정치적 장악력을 확보하려는 것이다. 하지만 수령과 당을 위해 목숨 바침으로써 전쟁을 승리로 견인해내는 과거의 전쟁영웅을 '기억의 층위'로 부상시킨다는 것은 상대적으로 한국전쟁 당시의 부상자, 포로 등을 전쟁의 패배자로 낙인찍음으로써 '망각의 층위'로 억압한다는 것을 의미한다. 그리고 과

---

22 「인민대중을 혁명투사로 교양하는 전투적인 작품을 창작하자!」, 『조선문학』, 문학예술출판사, 1966. 11, 3면.

거의 전쟁영웅을 통해서 '수령과 당에 대한 충성심'이라는 '국가적 담론'을 강조하는 것은 1960년대 후반기인 당대 인민들의 '일상적 담론'을 도외시하는 것을 의미한다.

(2) '전선미담' 꾸미기와 주체사상 강화 (1972~1978년)

이 시기에 북한의 문예정책은 항일무장투쟁의 전통을 직접적으로 계승하여 미 제국주의로부터 사회주의 조국을 수호하고자 일심단결하여 싸운 한국전쟁 당시 인민군 전사들의 내면세계를 미담을 활용하여 드러내줌으로써, 혁명투쟁의 시련을 겪어보지 못한 새 세대들과 1970년대 당대의 인민들이 미일침략자들과 대를 이어 끝까지 싸울 수 있도록 김일성의 혁명사상으로 확고히 무장시키는 것이다.[23] 이에 따라서 이 시기에는 과거 한국전쟁 당시에 일반 병사들이 전투 현장에서 경험한 사건이 전선미담으로 새롭게 각색되었다. 이때, 미담의 주체는 김일성이다. 병사들이 김일성과 관련된 여러 가지 미담을 주고받으며 수령의 위대한 사랑을 확인하게 되었고 이를 통하여 전투 의지가 더욱 강화되었다는 것이다.

이 시기에 창작된 '조국해방전쟁주제작품'에는 김병만의 「전호속의 이야기」,[24] 오영재의 「그날의 노래소리 가슴에 울려온다」,[25] 김우협의 「전사의 상봉」,[26] 김기호의 「명령」,[27] 조성관의 「포차와 함께 땅크와 함께」,[28] 정렬의 「1211고지」,[29] 리범수의 「승리의 봉우리여 길이 빛나라」,[30] 리계심의 「세월

---

[23] 류만, 「혁명적 작품창작에서 제국주의와 지주, 자본가 계급에 대한 끝없는 증오심을 불러일으키게 하기 위하여」, 『조선문학』, 문학예술출판사, 1972. 8~9, 101~102면.
[24] 『조선은 하나다』, 문예출판사, 1976, 76~79면.
[25] 오영재, 『행복한 땅에서』, 문예출판사, 1973, 243~246면.
[26] 김우협, 앞의 책, 154~156면.
[27] 『조선은 하나다』, 문예출판사, 1976, 91~93면.
[28] 조성관, 『영광의 노래』, 문예출판사, 1977, 9~12면.
[29] 정렬, 『병사시절』, 문예출판사, 1979, 105~107면.
[30] 『해방후서정시선집』, 문예출판사, 1979, 471~474면.

이 갈수록」[31] 등이 있다.

> 전 전선의 운명을 판가리하는 준엄한 시기
> 생각이나 했으랴
> 증강된 무기와 탄약을 기다리는 전선길우에
> 최고사령관동지의 명령으로
> 포차와 함께 땅크와 함께
> 편지를 실은 자동차대렬을 세워주실줄이야…
>
> (중략)
>
> 달빛 부서지는 전선길 밭머리에
> 찾아오신 장군님
> 보를 잡던 손을 꼭 잡아주시며
> 싸우는 전사의 안해답다고
> 몇번이고 치하하여 주셨다는 안해의 이야기에
> 누긋이 가슴은 젖어들고
>
> 원쑤들의 폭격에 무너진 학교
> 반토굴가교사에서 배움의 날을 이어가는 어린것들
> 재더미우에 층층높이 새 학교를 세울
> 오직 승리의 그날을 기다린다는
> 일찌기도 셈이든 어린것이 대견스러워
> 수염거친 얼굴에 흐뭇이 미소는 벙글고

---

31 리계심,『영원히 녀전사의 마음으로』, 문예출판사, 1981, 87~89면.

갓난 아기의 울음소리 들리는듯
첫 걸음을 뗀 막내둥이의 재롱이 보이는듯
전호가에 넘치는 호탕한 웃음소리
한장의 집소식
뜻하지 않았던 가족들과의 상봉에
온 전선을 휘감아도는 기쁨의 회오리

아, 사랑으로 달아오른 심장의 뜨거움을
그 무엇으로 재일수 있다던가
증오로 끓어번지는 심장의 뜨거움을
그 무엇으로 재일수 있다던가
세상 그 어떠한 폭탄도 비길데 없이 위력한
전사들의 심장에 만장탄된 사랑과 증오…

―조성관, 「포차와 함께 땅크와 함께」(1975) 부분

이 시는 한국전쟁 당시 전선에서 위문편지를 받은 병사들의 내면풍경을 형상화하고 있다. 그 당시 "포차"와 "땅크" 그리고 탄약과 군수물자를 실은 "자동차 대렬"이 전선길을 달려 싸우는 1211고지를 향해 가고 있었다. 그런데 포차와 탱크의 호위를 받으며 "기통수"[32]를 실은 "모터찌클 대렬"과 "편지통구리"[33]를 실은 "화물자동차 대렬"도 함께 달려가고 있었다. 준엄한 전투시기에 "무기와 탄약을 기다리는 전선길"에 이처럼 포차, 탱크와 함께 "편지를 실은 자동차 대렬"을 보내주신 분은 바로 "최고사령관 동지"인 김일성이었다.

---

32 기통수(機通手): 기밀 통신을 취급하고 전달하는 임무를 맡아 수행하는 군인. (https://opendic.korean.go.kr)

33 통구리: 일정한 크기로 묶거나 사리어 감거나 싼 덩어리. (https://stdict.korean.go.kr)

야전 우편소를 동시에 떠나온 5만 통의 편지에는 전투 중에 있는 그리운 사람들을 향한 "어머니와 안해 아들딸들"의 염원과 당부가 담겨 있었다. "장군님"이 일하는 밭머리에 찾아와 손을 꼭 잡아주며 "싸우는 전사의 안해 답다고" 치하해 주셨다는 어느 "안해"의 이야기, 무너진 학교 대신 반토굴 가교사에서 배움의 날을 이어가면서 새 학교를 세울 승리의 그날을 기다린 다는 어느 "어린것"의 이야기, 갓난아기가 태어났다는 이야기, 막내둥이가 첫 걸음을 뗐다는 이야기 등 편지 한 장 한 장에는 정감어린 "집소식"들이 담겨 있었다. "가슴은 젖어들고" "미소는 벙글고" "호탕한 웃음소리" "기쁨의 회오리" 등으로 표현되고 있듯이, 이처럼 뜻하지 않은 "가족들과의 상봉"에 전사들의 내면은 기쁨으로 충만해졌다. 그리고 가족에 대한 "사랑"과 미제에 대한 "증오"로 심장이 달아오른 전사들은 "《불패》를 자랑하는 미제 해병사단"의 "《추기공세》"에 맞서 승리할 수 있었다는 것이다.

　그런데 이 시에서 특히 강조되고 있는 것은 다른 구절들과 달리 직접화법으로 표시되고 있는 부분이다. "— 전사들이 이 편지를 받으면 / 포탄에 못지않게 반가와 할 것이요 / 제때에 전선에 가닿도록 해야 하오"에서 확인할 수 있듯이, 이 부분은 전사들에 대한 최고사령관 동지인 김일성의 사랑을 드러내주는 역할을 하고 있다. 이와 같은 '전선미담 꾸미기'를 통하여 화자가 말하고자 하는 바는 다음과 같다. 한국전쟁 당시에 이 인민군 전사들이 김일성 수령의 배려로 부모처자들의 소식을 듣고 더욱 힘을 얻을 수 있었던 것과 같이, 1970년대인 이 시대에 인민들이 사회주의 조국에서 누리는 평화로운 삶은 모두 "어버이 수령님의 위대한 사랑"에서 비롯되었다는 것이다.

　　지나간 싸움도 처절했지만
　　닥쳐올 싸움은 얼마나 더 준엄할것인가
　　말없이 최후의 결사전을 각오한 전사들
　　삼가 위대한 수령님께 드리는 맹세문에

엄숙한 서명도 마칠무렵
젊은 분대장 조용히 속삭이는 말
— 아, 장군님을 다시 뵙고싶네…

그리고는 제강소에 찾아오신 그이께서
갈구리같은 제손을 오래도록 잡아주실 제
목이 메여 아무런 말씀도 올리지 못했노라고
그것이 한이라고 가슴을 쳤다.

스물도 못되는 짧은 지난날을 돌이켜보니
한일은 적어도 보람이 컸던탓인가
볼붉은 얼굴에 밝은 웃음까지 지으며
흥분에 떨리는 꼬마전사의 목소리
— 마을에 찾아오신 장군님께서는
   저의 집에도 들리셨답니다

(중략)

— 허물없이 구름노전우에 앉으신 수령님
   우리 집 농사일도 의논해주시고
   저의 산수숙제도 함께 풀어주시고
   어서 크라고, 어서 커서 훌륭한 사람이 되라고
   머슴군의 아들이 옛말하며 살아야 할게 아닌가고…

(중략)

저마다 가장 뜨겁고 경건한 마음 안고

속삭이는 전호속의 이야기, 이야기…

먹은 나이, 태를 묻은 고장이 다르고
걸어온길 또한 갈래갈래 다르건만
엄숙한 이 순간
한곬으로 흐르는 뜨거운 생각 ―
수령님 우러르는 전사들의 그리움이여!
어버이수령님의 자애로운 영상이여!

　―김병만,「전호속의 이야기」(1972) 부분

　이 시는 한국전쟁 당시 결사전을 앞둔 상황에서 김일성과 만났던 지난날을 회상하는 병사들의 내면의식을 형상화하고 있다. 그 당시 "사흘 낮 사흘 밤" 미제 원수와 처절한 전투를 벌인 전사들은 "최후의 결사전"을 준비하기 위해 새벽녘 "무너진 전호가"에 모여 앉았다. "수령님께 드리는 맹세문"에 서명을 마친 후 그들은 각자 "장군님"과 함께했던 지난 일들을 추억했다. "분대장"은 제강소에 찾아온 장군이 오래도록 갈고리 같은 손을 잡아주었던 기억을 떠올렸다. "꼬마전사"는 토지를 분여받던 해의 이른 봄날 마을을 찾아온 장군이 자신의 집에 들러 "농사일"을 의논해주고 "산수숙제"도 풀어주었던 기억을 떠올렸다. 이처럼 "저마다 가장 뜨겁고 경건한 마음"으로 전사들이 풀어내는 이야기는 끝없이 이어졌다. 이들이 "먹은 나이" "태를 묻은 고장" "걸어온 길"은 모두 다르지만, 이 순간 '수령님에 대한 그리움'으로 벅차오르는 "생각"만은 동일했다. 그리고 이들의 "가슴마다"에는 하나같이 "무서운 힘과 용맹"이 솟아올랐다는 것이다.
　그런데 이 시에서 특히 강조되고 있는 것은 다른 구절들과 달리 직접화법으로 표시되고 있는 부분이다. "― 아, 장군님을 다시 뵙고 싶네…" "― 장군님!" "― 위대한 수령님을 위하여!" 등에서 확인할 수 있듯이, 이 부분은 김일성 수령에 대한 전사들의 그리움을 드러내주는 역할을 하고 있다. 이와 같은 '전선미담 꾸미기'를 통하여 화자가 말하고자 하는 바는 다음과 같다. 한국전쟁 당시에 이 인민군 전사들이 장군과 함께했던 지난 시간을 추억하며 그의 사랑을 되새기고 그 사랑으로써 새로운 힘과 용기를 얻을 수 있었던 것과 같이, 1970년대인 이 시대에도 인민들은 "어버이 수령님"이 인민 한 사람 한 사람에게까지 베풀어주는 "자애로운" 마음 덕분에 사회주의 조국에서 행복한 삶을 누리고 있다는 것이다. 따라서 인민들은 언제나 "그이를 목숨으로 옹호보위"해 나가야 한다는 것이다.

지금까지 살펴본 바와 같이, 이 시기에 형상화되는 한국전쟁의 성격은 미제국주의에 대항하여 식민화된 조국을 되찾기 위한 '주체회복' 개념의 전쟁이다. 즉, 항일무장투쟁이 일본 제국주의의 식민지화로부터 조국의 주권을 되찾기 위한 투쟁이었던 것과 마찬가지로, '조국해방전쟁'은 미 제국주의의 식민지화로부터 조국의 주권을 회복하기 위한 전쟁이었다는 것이다. 하지만 이 논리의 이면에는 김일성의 사회정치적 영향력을 극대화하고자 하는 의도가 숨어 있으며, 제국주의에 대한 대항담론이라는 논리를 근거로 하여 김일성 중심주의의 이론적 체계화인 '주체사상'을 더욱 강화하고자 하는 의도가 숨어 있는 것이다.

당중앙에서는 수령님의 위대한 혁명사상으로 온 사회를 일색화하는 것은 우리 당 사상사업의 출발점으로 되여야 하며 또 모든 사상사업은 수령님의 위대한 혁명사상으로 온 사회를 일색화하는 데 철두철미 복종되여야 한다고 밝히였다. (중략) 당중앙에서 가르친 바와 같이 위대한 수령님의 혁명사상으로 온 사회를 일색화하는 것은 당의 유일사상체계를 세우는 사업의 새로운 높은 단계이다.[34]

---

[34] 리효운, 「주체형의 공산주의 혁명가의 전형을」, 『조선문학』, 문학예술출판사, 1974. 7, 40면.

또한, 이를 위하여 이 시기에 형상화되는 '전선미담들'의 내용은 싸우는 전사들이 수령의 사랑에 감화되어 힘과 용맹을 회복하는 것으로 이루어진다. 과거의 전사들이 직접 토로하는 인민에 대한 수령의 사랑은 1970년대인 당대 인민들의 정서적 연대감을 불러일으킬 수 있다고 생각되므로, 북한의 정치권력은 이들이 경험한 수령 관련 미담을 사례로 제시함으로써 김일성 중심의 주체사상을 강화하려는 것이다. 하지만 수령이 인민의 삶을 시찰하는 전시행정(展示行政)의 미담을 '기억의 층위'로 부각시킨다는 것은 상대적으로 한국전쟁 당시 후방 인민들이 겪은 고통과 희생을 '망각의 층위'로 침잠시킨다는 것을 의미한다. 그리고 과거의 '전선미담'을 통해서 '수령의 사랑과 인민의 보답'이라는 '당위적 가치'를 제시하는 것은 1970년대인 당대 현실정치에 대한 인민의 '비판적 성찰'을 제한하는 것을 의미한다.

2) '미국의 두 얼굴'에 대한 각성과 기억의 전유: 1978~1985년

북한은 이 시기에 사회전반에 걸쳐 세대교체가 이루어짐에 따라 청년들을 혁명의 전도와 조국의 미래를 확고히 담보하는 '혁명의 계승자'로 튼튼히 준비시키는 데 더욱 힘써야 할 때라고 판단하였다. 따라서 이들에 대한 혁명교양과 계급교양을 강화할 것을 당의 지침으로 채택하였고, '조국해방전쟁주제작품'의 적극적인 창작을 통하여 새 세대의 청년들을 당의 전투적 후비대로 튼튼히 준비시키고자 하였다. 또한, 이 혁명교양사업에서 가장 중요한 요소는 청년들로 하여금 '제국주의의 침략적 반동성'이라는 '원수의 본성'과 '외세로부터 민족적 자주권을 지키기 위한 해방투쟁'이라는 '전쟁의 성격'에 대하여 올바른 관점을 갖도록 하는 것임을 강조하였다.

조성된 정세와 혁명의 대가 바뀌고 있는 현실은 우리 청년들을 계급적으로, 혁명적으로 교양하는 데 이바지하는 문학작품을 더 많이 창작할 것을 요구하고 있다. 작가들은 계급교양을 주제로 한 작품들과 조국해방전쟁을 주제로 한

작품들을 더 많이 창작하여 자라나는 새 세대들이 제국주의의 반동성과 부패성, 침략적 본성을 똑바로 인식하게 하며 착취계급을 끝없이 미워하고 전쟁관점을 바로 가지도록 하여야 한다.[35]

그리고 이를 위하여 '일반 인민'을 집단화하는 방식으로 전쟁기억을 '전유'하고 있다.

이 시기에 북한의 문예정책은 과거에 한국전쟁을 일으켜 인민의 평화로운 삶을 깨뜨리고 분단의 아픔을 가져온 미 제국주의의 사악한 본성을 밝혀냄으로써 1980년대 전반기 자라나는 새 세대의 젊은이들에게 '반미사상'과 '통일의식'을 심어주고자 하는 것이다. 이에 따라서 이 시기에는 과거 한국전쟁 당시의 '일반 인민들'이 전쟁의 또 다른 주체로서 호명되었다. 그런데 이전 시기에 전쟁의 주체로 등장했던 일반 병사들이 '승리자'로서의 정체성을 보여주었다면, 이 시기에 등장한 일반 인민들은 '희생자'로서의 정체성을 드러내고 있다. 그리고 그 '희생'의 성격은 개별적 층위에서 다양성을 띠는 것이 아니라 집단적 층위에서 동질성을 띠는 것으로 전유되고 있다. 즉, 일반 인민들은 모두 미군에 의해 상처받고 죽임당한 희생자들이라는 것이다.

이 시기에 창작된 '조국해방전쟁주제작품'에는 변홍영의 「분노의 목소리」,[36] 허우연의 「분노한 조선의 목소리」,[37] 리계심의 「어머니의 당부」,[38] 문재건의 「그날도…」,[39] 김철의 「눈내리는 고개길」,[40] 송명근의 「승리의 봄」,[41]

---

35 「청년들을 당의 전투적 후비대로 튼튼히 준비시키는 데 힘있게 이바지하는 혁명적 문학작품을 더 많이 창작하자」, 『조선문학』, 문학예술출판사, 1982. 1, 35면.
36 『행복하여라 인민의 나라』, 문예출판사, 1978, 248~251면.
37 『해방후서정시선집』, 문예출판사, 1979, 547~551면.
38 리계심, 앞의 책, 90~92면.
39 『영광 빛나라 불패의 대오여』, 문예출판사, 1982, 87~89면.
40 위의 책, 93~96면.
41 위의 책, 97~99면.

석광희의 「저 화점을 나에게!」,⁴² 김상오의 「우리는 다른 6월을 원치 않는다」⁴³ 등이 있다.

위대한 수령님께서 찾아주신
새조선의 새삶이 그토록 즐겁던
민주의 터전을 짓뭉개려
미제가 전쟁의 불을 들고 달려들던
6월의 그날을 우리 어찌 잊을수 있으랴

잊지 않는다.
정다운 교대고동이 울리던 새벽거리에서
소를 몰아 제땅을 갈던 밭머리에서
불타는 소중한 모든것들을 끌어안으며
미제를 절규하던 그 원한을

이 땅 한치한치에 상처를 입히고
이 땅에 사는 사람들 가슴가슴에
지울수 없는 피의 원한을 남긴
침략자 미제

(중략)

들으라, 세계의 량심이여
미제침략자들로 하여

---

42 위의 책, 103~105면.
43 김상오, 『나의 조국』, 문예출판사, 1988, 134~136면.

분열된 강토의 울분을 안고 몸부림치는
조선의 목소리를

하나의 민족을
하나의 강토를
둘로 가르려고
《두개 조선》 조작책동에 날뛰는놈들

《철군》의 막뒤에서
침략전쟁의 무력을 끌어들이며
이 땅에 또다시
6월의 그날을 되풀이하려는
전쟁광신자들

―변홍영, 「분노의 목소리」(1978) 부분

이 시는 한국전쟁 당시 잔혹한 파괴행위를 저지른 미제에 대한 화자의 분노의 정서를 형상화하고 있다. 화자는 현재 한국전쟁 기념일을 맞아 과거 "6월의 그날"을 회상한다. 전쟁 이전에 인민들은 수령이 찾아준 "새조선의 새 삶"에 즐거워하고 있었는데, 미제가 전쟁을 일으켜 그 "민주의 터전"을 무너뜨렸다. 누군가는 "교대고동이 울리던 새벽거리에서" 그리고 또 누군가는 "소를 몰아 제 땅을 갈던 밭머리에서" 소중한 것들이 불타는 것을 바라보며 "절규"하였다. "평화로운 거리와 촌락들에서" 사람들은 살육 당했고, "어머니의 품에 안겨" 있던 어린이들은 생매장 당했다. 이처럼 "침략자 미제"는 "이 땅에 사는 사람들 가슴 가슴에" 깊은 "원한"을 남겼다. 따라서 1980년대 전반기인 이 시대에 '조선 인민' 모두가 분노와 증오를 안고 "이 날"을 맞이하고 있으며, 이날을 결코 잊을 수 없다고 화자는 말한다. "잊지 않는다. ~ 그 원한을" "들으라, ~ 조선의 목소리를" 등의 도치법을 통하여 그와 같은 생각을 더욱 강조하고 있다.

그런데 여기에서 주목해 볼 것은 전쟁으로 인한 인민들 개개인의 희생 경험이 화자에 의한 기억의 전유에 의해 '집단 경험화'하고 있다는 점이다. "조선은 이날을 맞는다." "우리 어찌 잊을 수 있으랴" "들으라, ~ 조선의 목소리를" "조선은 ~ 무덤 속에 처넣으리라" "조선의 분노, 조선의 결심," "조선은 선언하노니" 등에서 확인할 수 있듯이, 화자는 인민들을 개인적 주체가 아니라 집단적 주체로서 지칭하고 있는 것이다. 또한, '조선 인민'이라는 희생집단의 설정은 '미제 침략자'라는 가해집단과의 단일한 대립구도를 낳고 있다. 여기에서 미제 침략자는 명분상으로는 "《인권옹호》"와 평화를 외치면서 실제로는 살육과 전쟁을 추구하고, 겉으로는 통일조선과 "《철군》"을 표방하면서 속으로는 "《두 개 조선》"과 새로운 침략전쟁을 꾀하는 '이중성'을 지닌 존재로서 균질화된다.

이러한 점에서 볼 때, 기억의 전유에 의한 이 '집단 경험화'는 화자의 이념적 의도가 개입된 구성물이라고 할 수 있다. 전쟁의 희생자인 인민들은 개인사적 혹은 가족사적 상처로 인해 고통 받고 있는 것이 아니라 "분렬된 강토"로 인해 분노하고 있으며, 전쟁으로 인한 육체적·정신적 상처를 치유 받고 싶은 것이 아니라 "위대한 수령님의 해발아래"에서 '통일조선'을 만들고자 한다는 것이다.

    세월은 가도
    잊지 못한다 50년의 6월
    맑은 하늘을 뒤덮던 폭음소리에
    창문들이 날아나고
    개울마저 울부짖던 그 새벽을

    양지바른 언덕우에

행복의 노래 흐르던
아늑한 마을이 재더미로 되고
새 나라의 꽃송이로 피여나던
아이들의 교실이
하루아침에 무너져내리던 그 날

해별이 좋아
누렇게 익어가던 보리밭머리
불에 탄 이삭을 쥔채
숨진 어린 동생을 끌어안고
날강도 미제를 저주하던
분노의 6월이여

민족의 한가슴에
조국의 한강토우에
아직도 가실길 없는
그날의 아픔
분렬의 고통이 서리발로 맺혀
조선은 또다시
6월의 분노를 터친다

(중략)

《철군》의 연막속에서
온 남녘땅을
총검의 숲으로 뒤덮고
《보완》의 나발을 불어대며

전쟁소동으로 미쳐날뛰거니

저주하노라
분계선 철조망을
콩크리트장벽으로 갈아대고
민족의 혈맥을 동강내려는
그 죄악의 걸음걸음을

―허우연, 「분노한 조선의 목소리」(1979) 부분

이 시는 한국전쟁 당시 미제가 저지른 폭격에 분노하는 화자의 내면정서를 형상화하고 있다. 화자는 과거 한국전쟁이 벌어졌던 "50년의 6월"을 회상하며 결코 "그날"을 잊을 수 없다고 말한다. 바로 그날 "폭음소리에 / 창문들이 날아"갔고, "아늑한 마을이 재더미로" 변했으며, 학교의 "교실이 / 하루아침에 무너져"내렸다. 그리고 보리밭머리에서 뛰어놀던 "어린 동생"이 불에 타 죽었다. 그날을 화자는 "분노의 6월"이라고 지칭하며, 1980년대 전반기인 이 시대에 다시 찾아온 그날의 아픔과 고통으로 인하여 조선 인민 모두가 또다시 "6월의 분노"를 터트리고 있다고 표현한다.

그런데 여기에서 주목해 보아야 할 것은 앞의 시에서도 지적한 바와 같이, 이 시에서도 전쟁으로 인한 인민들 개개인의 희생경험을 화자가 기억의 전유에 의해 '집단 경험화'하고 있다는 점이다. "조선은 ~ 분노를 터친다" "인민은 ~ 맞아야 하느냐" "겨레의 원한소리" "우리의 증오" "인민은 웨친다," "조선은 웨치나니" 등에서 확인할 수 있듯이, 그리고 "분노한 조선의 목소리"라는 제목에서 단적으로 드러나고 있듯이, 화자는 인민들을 개인적 주체가 아니라 집단적 주체로서 지칭하고 있다. 또한, '조선 인민'이라는 희생집단을 설정함으로써 '가해집단'도 "침략자 미제"로서 단일화된다. 이 시대에 미제는 겉으로는 "《해방자》"인 척하지만 실제로는 남녘땅을 식민지화한 "침략자"이며, 겉으로는 "《철군》"과 "《보완》"을 외치지만 실제로는 "총검"과 "전쟁"을 준비하고 있다. 이처럼 겉과 속이 다른 이중적 속성을 지님으로써 미제는 더욱 간악한 존재가 되었다는 것이다.

이러한 점에서 볼 때, 기억의 전유에 의한 이 '집단 경험화'는 화자의 이념적 의도가 개입된 구성물임을 또 다시 확인할 수 있다. 전쟁의 희생자인 인민들이 느끼는 "그날"의 '아픔'과 "고통"은 개인적인 삶의 파괴에서 비롯된 것이 아니라 "분계선 철조망" "콩크리트 장벽" 등으로 표상되는 민족분단에서 비롯된 것이며, 인민들이 소망하는 것은 북한사회를 민주화하는 것이 아니라 "암흑의 동토대"인 "남녘땅"을 "침략자와 군사깡패"로부터 해방하는 것이다. 따라서 화자는 "위대한 태양"으로 상징되는 김일성을 중심으로 하여 반드시 "통일의 새날"을 이룰 것임을 "조선"의 이름으로 천명하고 있는 것이다.

지금까지 살펴본 바와 같이, 이 시기에 형상화되는 한국전쟁의 성격은 침략전쟁을 일삼는 미 제국주의에 맞서 평화를 옹호하려는 '자위적 방어' 개념의 전쟁이다. 즉, '조국해방전쟁'은 악의 축인 미 제국주의로부터 민족의 자주권을 지켜내려는 남북한 간 '선의 연대'라는 것이다. 하지만 이 논리의 이면에는 북한이 한반도에서의 평화분위기 조성을 통하여 공산주의와 자본주의 간의 체제대결의식을 내면화하고자 하는 의도가 숨어 있으며, 이를 계기로 자국 내에서 김정일의 권력승계를 위한 '정치적 기반'을 다지려는 의도가 숨어 있는 것이다.[44]

---

[44] "1980년 10월 10일에서 14일까지 조선로동당 제6회 대회가 개최되었다. 이 대회에서 김정일이 정식으로 데뷔하여 중앙위원으로 선출되었으며, 대회 직후의 중앙위원회 회의에서 정치국 상무위원, 정치국 위원 및 비서, 군사위원회 위원으로 선출되었다. 김일성에 버금가는 지위가 부여되었으며, 호칭도 "당중앙"에서 "친애하는 지도자 김정일 동지"로 바뀌었다." (와다 하루끼, 앞의 책, 194면.)

조국의 자주적 평화통일을 위한 기본담보는 민족의 대단결에 있습니다. 우리나라의 북과 남에 현실적으로 서로 다른 사상과 제도가 있는 조건에서 민족대단결의 리념과 원칙을 떠나서는 결코 조국의 평화적 통일에 대하여 생각할 수 없습니다. 조국통일을 위한 우리 민족의 투쟁은 결코 공산주의냐 자본주의냐 하는 투쟁이 아니며 그것은 침략과 피침략과의 투쟁, 애국과 매국과의 투쟁입니다.[45]

또한, 이를 위하여 이 시기에 형상화되는 '일반 인민들' 개개인의 이미지는 미제가 불러일으킨 전쟁으로 인해 상처받은 '희생자'로서 나타난다. 이 과거의 '일반 인민들'이 표출하는 미 제국주의에 대한 규탄은 1980년대 전반기인 당대 인민들의 정서적 공감을 불러일으킬 수 있다고 생각되므로, 북한의 정치권력은 이들의 개별 경험을 동질화하여 제시함으로써 사회적 정체성을 보다 굳건히 세우려는 것이다. 하지만 미 제국주의에 의해 희생된 인민집단을 '기억의 층위'로 끌어올린다는 것은 상대적으로 한국전쟁 당시 북한군이나 북한을 지지하는 무장 세력에 의해 희생된 인민들의 존재는 '망각의 층위'로 통제한다는 것을 의미한다. 그리고 과거에 희생된 일반 인민들을 통해서 '반미의식 고취'라는 '집단 정체성'을 강화하는 것은 1980년대 전반기인 당대 인민들의 '개별 정체성'을 무화하는 것을 의미한다.

3) '우리식 사회주의'를 위한 항전과 기억의 소환: 1985~1995년

북한은 이 시기에 제국주의자들과 수정주의자들이 그 어느 때보다도 노골적으로 '사회주의의 소멸'을 기치로 내걸고 '반사회주의 책동'을 벌여나가고 있다고 판단하였다.[46] 따라서 이에 대처하기 위해 '우리식 사회주의'를

---

45 김일성, 「주체사상의 기치를 높이 들고 사회주의건설을 더욱 다그치자」, 『조선문학』, 문학예술출판사, 1978. 10, 13면.

해나가야 한다는 당의 새로운 혁명노선을 채택하였고, '조국해방전쟁주제
작품'의 적극적인 창작을 통하여 인민에 대한 혁명교양사업을 더욱 강화하
고자 하였다. 또한, 이 혁명교양사업에서 가장 중요한 요소는 인민들로 하
여금 '혁명적 동지애'와 '승리의 신심'을 가지고 집단주의적인 생활 속에서
'일심단결'을 이루어 나가도록 하는 것임을 강조하였다.

> 우리 시대 인간들은 모두가 평등할 뿐 아니라 혁명적 동지애와 의리로 수
> 령, 당, 대중이 하나로 굳게 뭉쳐져 있다. 하나로 뭉쳐진 일심단결의 모습은
> 오직 우리 주체의 조국에서만 볼 수 있는 참다운 조선의 모습이다. 일심단결
> 은 가장 우월한 우리식 사회주의제도의 본질이며 특징이다.[47]

그리고 이를 위하여 '전쟁야사'를 공유하고 '전쟁승리'를 기념하는 등의
방식으로 과거의 전쟁기억을 '소환'하고 있다.

(1) '전쟁야사' 공유하기와 경제전쟁 독려 (1985~1989년)

이 시기에 북한의 문예정책은 경제중심의 사회발전 전략을 추진하여 인
민의 '삶의 질'을 제고함으로써 김정일의 영도력을 증명하고 1980년대 후반
기인 당대의 인민들 사이에 정서적 결속력을 형성하는 것이다. 이에 따라
서 이 시기에는 과거 한국전쟁 당시의 병사들이 전투상황 속에서 경험했거
나 목격했거나 전해 들은 '전쟁야사'가 새로운 유형의 전쟁담론으로 소환되
었다. 본래 모든 집단은 구성원들이 경험을 공유할 때 정서적으로 강하게
결속될 수 있기 때문이다. 군대의 경우에는 집단이 형성된 근본 목적인 전
투의 경험을 공유함으로써 정서적 유대가 강화될 뿐만 아니라 오락회, 행

---

[46] 1989년에 동유럽 각국의 공산당 정권이 와해되었고, 1990년에는 한국과 소련이 그리고
1992년에는 한국과 중국이 국교를 수립하였다.
[47] 명일식, 「문학작품에서 우리식 사회주의제도의 우월성에 대한 심오한 예술적 반영」,
『조선문학』, 문학예술출판사, 1991. 5, 40면.

군, 마을방문 등 전투와 전투 사이에 겪게 되는 다양한 체험들을 공유함으로써 더욱 끈끈하게 결합되는 것이다.

이 시기에 창작된 '조국해방전쟁주제작품'에는 리종섭의 「배낭」,[48] 홍현양의 「단발머리 그 시절에」,[49] 리선을의 「옛 전선길에서」,[50] 계훈의 「전쟁이 일어나기 전날밤에」,[51] 김재윤의 「상처입은 강토의 아픔은 컸어도」,[52] 홍창원의 「포화속의 글소리」,[53] 안병모의 「전선으로 가시는 길」,[54] 현창성의 「행군의 쉴참에」[55] 등이 있다.

주위엔 온통 적의 포탄에
파헤쳐진 흙발, 부러진 나무
전사들의 가슴은 아팠네
마치도 저마다 상처를 입은듯

모두들 생각속에 말이 없는데
어린 전사 주용히 집어들었네
흙발을 안은채 딩구는
버들개지 움트는 어린 나무를

봄
봄

---

48 『열정』, 금성청년출판사, 1986, 129~130면.
49 홍현양, 『나의 추억』, 문예출판사, 1987, 170~171면.
50 리선을, 『나의 거리』, 문예출판사, 1988, 121~123면.
51 『만민의 축원』, 문예출판사, 1987, 103~104면.
52 위의 책, 105~107면.
53 위의 책, 178~180면.
54 위의 책, 181~183면.
55 『너를 사랑해』, 금성청년출판사, 1988, 88~89면.

봄이로구나
그제야 느낀듯 가슴들을 설레이는데

아바이전사 한 사람 일어서더니
공병삽 꺼내들고
아기를 다루듯 조심조심
애어린 그 버들을 심어주었네

(중략)

나무야 자라거라 푸른 잎 설레이며
어서어서 자라서 전하여다오
지난밤 여기 격전장에서
청춘도 생명도 다 바치며 싸운 전사들의 위훈을

그러지 않은들 어떠랴 전사들의 소원은 그저
너희들 어서 자라 상처입은 조국땅을
아름답게 아름답게 장식하면 그만
승리한 조국땅에 푸른 숲으로 설레이면 그만

―현창성, 「행군의 쉴참에」(1988) 부분

이 시는 한국전쟁 당시 인민군 소대가 "행군"의 과정에서 겪었던 '전쟁야사'를 형상화하고 있다. 소대는 "지난 밤"의 전투를 끝마치고 "산 넘어 전선"에 있는 또 다른 전투현장으로 이동하는 중이었다. "파헤쳐진 흙발" "부러진 나무" 등으로 표상되듯이 "적의 포탄"으로 인해 모든 것이 파괴된 지난밤 "격전장"의 풍경은 폐허와 같았고, 전사들은 자신들이 "상처를 입은 듯"

가슴이 아팠다. 그때 "어린 전사"가 뿌리 뽑힌 채 나뒹굴고 있는 "어린 나무" 하나를 집어 들었다. 그 "버들개지" 나무에는 움이 트고 있었고, 전사들은 비로소 봄을 느낄 수 있었다. "아바이 전사" 하나가 어린 버드나무를 심어주자, 전사들 모두가 일어나 "갖가지 애어린 나무들"을 심어주고 물도 주었다. 이와 같이 이 시는 "행군의 쉴참에" 전사들이 함께 경험한 '전쟁야사'를 소개하고 있다.

그런데 여기에서 주목해 볼 것은 화자가 이 '전쟁야사'에 어떤 의미를 부여하고 있는가이다. 먼저, "나무야 자라거라 ~ 자라서 전하여다오"라는 구절에서 나타나고 있듯이, 화자는 조국을 위해 "청춘도 생명도" 모두 바쳐 싸운 "전사들의 위훈"을 전하여 줄 것을 어린 나무에게 요청하고 있다. 여기에서 어린 나무를 '새 조국'의 상징으로 본다면 이는 '전사들의 희생'을 인민에게 각인시키고자 하는 의도를 표현한 것이라고 할 수 있다. 다음으로, "그러지 않은들 어떠랴"라는 구절을 통하여 화자는 앞서 제시한 의도를 무화하면서 또 다른 의도를 제시하고 있다. "전사들의 소원은 그저 ~하면 그만 ~이면 그만"이라는 구절에서 나타나고 있듯이, 화자는 어린 나무가 자라 "상처 입은 조국 땅"을 아름답게 회복시키고 "승리한 조국 땅"을 푸른 숲으로 가꾸어 줄 것을 '전사들의 소원'에 빗대어 바라고 있다. 여기에서 어린 나무를 '후대'의 상징으로 본다면 이는 '후대의 의무'를 인민에게 환기시키고자 하는 의도를 표현한 것이라고 할 수 있다.

이와 같은 '전쟁야사 공유하기'를 통하여 화자가 말하고자 하는 바는 다음과 같다. 후대들을 위하여 미 제국주의의 침략으로부터 사회주의 체제를 지켜내고자 했던 한국전쟁 당시 전사들의 소망을 되새김으로써 1980년대 후반기인 이 시대에 전사들의 후대인 모든 인민은 사회주의 조국을 발전시키기 위해 '일심단결'해야 한다는 것이다.

몸소 전사들과 함께
천리불비속을 헤쳐오신 김일성장군님

포연서린 옷자락 날리시며
매미 우는 숲속에 차를 멈추신다
― 멀지않은곳에 대학이 와있으니
　　잠시 들려보고 갑시다

(중략)

때마침
끝나지 않은 강의시간이여서
안타까움으로 당황한 직일교원
밤나무에 매달린 종을
다급히 치려는데

아, 자애에 넘치신 장군님
타이르시듯 가볍게 만류하시여라
― 일없소
　　미국놈의 비행기도 멈추지 못한 글소리를
　　내가 멈추면 되겠소
　　강의를 계속하게 하시오

벅차오르는 감격, 달랠길 없는 가슴이여
이제 끝날시간이 몇분 안남았다고
격정에 넘쳐 아뢰이는 직일교원에게
또다시 가슴뜨겁게 울려주시는
위대한 사랑의 말씀

― 아니요, 단 1분도 멈춰선 안되오

지금 이 시각에
조국의 미래가 앞당겨지고있소
그러니 강의가 끝날 때까지
우리가 여기서 기다립시다!

(중략)

아, 포화속에서
우리 수령님 기다려주신 시간이여
너는 길지 않았어도
조국의 무궁한 세월을 빛내준
위대한 어버이사랑이였어라

—홍창원, 「포화속의 글소리」(1987) 부분

이 시는 한국전쟁 당시 김일성 장군 일행이 새로운 전투현장으로 이동하던 중 소개지[56] 마을을 방문했을 때 겪었던 '전쟁야사'를 형상화하고 있다. "포성" "화약 냄새" "불비 속"과 "맑은 눈동자들" "랑랑한 글소리" "열정에 넘친 강의"의 대립이미지로 표현되듯이, 치열한 전투상황 속에서도 "반토굴집"으로 지어진 "소개지의 대학"에서 학생과 교수는 학문에 매진 중이었다. 전사들과 함께 직접 전투를 치르고 이동하던 김일성 장군은 잠시 이곳을 들러보자며 "앞날의 과학자들이 자라는 곳"이므로 절대 소란을 피우지 말 것을 당부하였다. 일행이 그곳에 도착했을 때 강의시간이 아직 끝나지 않

---

56 소개(疏開): 공습이나 화재 따위에 대비하여 한곳에 집중되어 있는 주민이나 시설물을 분산함.
소개지(疏開地): 소개하여 옮기거나 옮겨간 곳. (https://stdict.korean.go.kr)

아서 당황한 직일교원이 종을 치려고 하자, 김일성 장군은 "미국놈의 비행기도 멈추지 못한 글소리"를 자신이 멈출 수 없고, "조국의 미래가 앞당겨지고" 있는 시간이므로 자신이 기다려야 한다며 그를 만류하였다. 이와 같이 이 시는 소개지 마을 방문 시 전사들과 인민들이 함께 경험한 김일성 장군에 관한 '전쟁야사'를 소개하고 있다.

그런데 여기에서 주목해 보아야 할 것은 화자가 이 '전쟁야사'에 어떤 의미를 부여하고 있는가이다. 화자는 포화 속에서 수령이 기다려준 시간은 길지 않지만, 그것은 "조국의 무궁한 세월을 빛내준" 소중한 시간이라고 말한다. 여기에서 "조국의 무궁한 세월"을 미래세대인 "대학생"의 상징으로 본다면, 이는 대학생들의 '학문탐구에 대한 열정'과 이를 지켜주고자 하는 수령의 "위대한 어버이사랑"이 일심단결을 이룬 모습을 통하여 수령과 인민의 이상적 관계를 제시한 것이라고 볼 수 있다. 또한, "조국의 무궁한 세월"을 말 그대로 '조국의 미래'의 표상으로 본다면, 이는 위와 같은 수령의 "위대한 어버이사랑"이 조국의 밝은 미래를 가능케 할 것이므로 인민은 이를 믿고 소개지의 대학생들을 본받아 일심단결해야 함을 강조한 것이라고 볼 수 있다.

이와 같은 '전쟁야사 공유하기'를 통하여 화자가 말하고자 하는 바는 다음과 같다. 한국전쟁 시기에 미 제국주의의 침략으로부터 "조국의 미래"를 지켜내기 위해 수령이 보여준 위대한 사랑을 되새김으로써 1980년대 후반기인 이 시대에 미래의 주역인 모든 인민은 수령을 중심으로 '일심단결'하여 사회주의 조국을 더욱 발전시켜 나가야 한다는 것이다.

지금까지 살펴본 바와 같이, 이 시기에 형상화되는 한국전쟁의 성격은 미 제국주의와의 대결구도 속에서 사회주의체제를 지켜내고자 하는 '우월성 입증' 개념의 전쟁이다. 즉, 인민군대가 수행하는 '조국해방전쟁'은 미 제국주의의 침략에 맞서 사회주의체제를 수호하기 위하여 싸우는 전쟁으로서, 이 사회주의체제야말로 인민이 진정한 주인인 사회라는 것이다. 하지만 이 논리의 이면에는 북한이 이 시기에 보여주기 방식으로 무리하게 추진한 사회주의경제 활성화 사업의 의의를 강조하고자 하는 의도가 숨어 있으며, 이와 동시에 이율배반적이게도 사회주의경제 건설이 제대로 이루어지지 못해 인민경제가 사실상 파탄지경에 이르렀다는 위기의식이 숨어 있는 것이다.[57]

유구한 민족사에서 그 류례를 찾아볼 수 없는 륭성과 번영의 새 력사가 펼쳐지는 우리 시대의 힘찬 전진은 결코 순탄하게 이루어지는 것이 아니다. 우리는 하나에서부터 열까지 그 누구도 걸어보지 못한 초행길을 걷고 있으며 숫눈길을 헤쳐나가고 있다. 그만큼 우리의 전진도상에는 난관이 있을 수 있으며 우리는 간고한 행군길을 걸어야 한다.[58]

또한, 이를 위하여 이 시기에 형상화되는 '전쟁야사'의 내용은 개별 경험의 정서적 공유를 통하여 전사들과 인민들 간의 일심단결을 강화하는 방식으로 구성된다. 과거의 이 전쟁야사가 환기하는 전사와 인민들 간의 일심단결은 1980년대 후반기인 당대 인민들의 정서적 공감대를 형성해낼 수 있다고 생각되므로, 북한의 정치권력은 이것을 수집하여 퍼뜨림으로써 경제위기에 처한 사회주의체제를 지켜내려는 것이다. 하지만 수령을 중심으로 전사들과 인민들이 일심단결함으로써 미 제국주의의 침략을 방어해내는 전쟁야사를 '기억의 층위'로 불러낸다는 것은 상대적으로 한국전쟁 당시 병

---

[57] "북한경제는 1989년 최고 수준에 도달했던 것으로 보인다. 북한의 한 경제연구소에서는 이때의 국민 1인당 GNP가 2,530달러에 달했다고 계산했다. 고려대의 황의각(黃義珏)에 따르면 1990년 북한의 1인당 GNP는 북한의 공정환율로 환산하면 2,233달러이지만, 무역환율로 환산하면 1,031달러였다. 같은 시기 한국의 1인당 GNP는 5,569달러였기 때문에 북한은 한국의 5분의 2, 또는 5분의 1 정도에 불과했다." (와다 하루끼, 앞의 책, 225면.)
[58] 「시대를 지향시켜 나가도록 하는 데 적극 이바지하는 문학작품을 활발히 창작하자」, 『조선문학』, 문학예술출판사, 1987. 6, 5면.

사들과 인민들이 겪은 분열의식과 패배의식을 '망각의 층위'로 숨긴다는 것을 의미한다. 그리고 과거의 전쟁야사를 통해서 '수령을 중심으로 한 일심단결'이라는 '사회적 요구'를 제시하는 것은 1980년대 후반기인 당대 인민들의 '정서적 실태'를 외면하는 것을 의미한다.

(2) '전쟁승리' 기념하기와 혁명전선 재구축 (1989~1995년)

이 시기에 북한의 문예정책은 1990년대 전반기인 당대에 사회주의와 제국주의 간의 결사전이 재현되고 있으므로 과거 한국전쟁 시기의 영웅들을 다시 소환해내어 혁명대오를 재정비해야 할 필요성이 있음을 강조함으로써 김정일 체제내의 '사상적 결속력'을 강화하는 것이다. 이에 따라서 이 시기에는 과거 한국전쟁 당시의 참전용사들이 전쟁승리의 주역을 기리는 '기념행위'의 주인공으로서 다시 소환되고 있다. 세대가 변화함에 따라 한국전쟁이 생생한 기억으로 기능할 수 있는 사회적 효력이 약화되자 건축물, 기념비, 훈장, 축제 등의 매체를 통하여 이를 다시 환기하려는 것이다. 즉, 기념행위를 통하여 단절된 과거와의 유대를 회복하려는 것이다.

이 시기에 창작된 '조국해방전쟁주제작품'에는 한찬보의 「로병들의 상봉」,[59] 박함집의 「련락병이 왔다」,[60] 「병사들이 안고간 노래」,[61] 윤영탁의 「나는 수표한다」,[62] 오필천의 「승리의 명절」,[63] 리광근의 「로병들의 노래」,[64] 최광조의 「상봉의 기쁨속에」,[65] 조렴해의 「네 모습 내 모습」,[66] 황승명의 「빛나는 훈장」[67] 등이 있다.

---

[59] 한찬보, 『모란봉 기슭』, 문학예술종합출판사, 1993, 177~178면.
[60] 김영근, 박함집, 황명성, 『(3인 시집) 청춘』, 문예출판사, 1992, 87~88면.
[61] 위의 책, 89~91면.
[62] 『향도의 빛발아래 (5)』, 문학예술종합출판사, 1999, 289~292면.
[63] 위의 책, 297~300면.
[64] 위의 책, 301~305면.
[65] 『력사의 메아리』, 문학예술종합출판사, 1994, 179~181면.
[66] 위의 책, 217~219면.

그 어떤 사랑이
너를 불러 여기 세웠느냐
마지막 수류탄 안고
적진에 몸을 날린 갑산내기
나의 옛 분대장

그 어떤 은정이
너를 안아 여기 세웠느냐
또 한차례 반돌격전을 물리친 고지
포연속에 달빛이 새여내리는 밤이면
하모니카 곧잘 불던
령남내기 의용군전사

(중략)

어버이수령님 모시고
3년전쟁을 치룬 전쟁로병이라고
가슴 무겁도록 훈장을 달아주시고
온 나라에 큰 대회도 마련해주신
아, 경애하는 최고사령관 김정일동지

그 사랑 그 은정도 모자라시는듯
너를 불러 여기에 받들어주셨구나
나를 불러 여기에 내세워주셨구나
온 나라가 다 보라고

---

67 위의 책, 232~235면.

먼 후세가 다 알라고…

(중략)

내 마음은 지금
이미 벗어놓은지 오랜
저 군화끈을 다시 조인다
청동의 네 모습 내 모습이 안고있는
식지 않은 총신을 다시 붙안는다

젊어져
열번을 백번을 다시 젊어져
우리의 최고사령관 김정일동지 령을 받들어
그날의 저 모습으로
승리의 전장을 달리고싶어…
통일의 광장을 펼치고싶어…

―조렴해, 「네 모습 내 모습」(1994) 부분

이 시는 한국전쟁 당시 참전용사였던 화자가 1993년에 세워진 '조국해방전쟁승리기념탑'[68]을 바라보며 느끼는 남다른 감회를 형상화하고 있다. 이 전승기념탑에는 한국전쟁 시기의 주요 전투장면이 재현되어 있다. 그 속에서 화자는 "마지막 수류탄을 안고 / 적진에 몸을 날린" "나의 옛 분대장"의

---

68 '조국해방전쟁승리기념탑'은 1993년 7월 평양에 세워진 구조물이다. 중심 주제상은 정면의 '승리상'이며, 그 앞으로 '조국해방전쟁'의 주요 전투장면 등을 묘사한 열 개의 군상이 두 줄로 도열한 형태로 이루어져 있다.

모습과 "반돌격전을 물리친 고지"의 밤에 "하모니카 곧잘 불던" "령남내기 의용군전사"의 모습을 찾아본다. 그리고 "젊은 날" 자신의 모습도 찾아본다. 한국전쟁은 전사들이 "어버이 수령님 모시고" 치른 전쟁이지만 이 전승기념탑을 세워준 것은 바로 김정일이다. "그 어떤 사랑이 ~ 여기 세웠느냐" "그 어떤 은정이 ~ 여기 세웠느냐" "~ 여기에 받들어주셨구나" "~ 여기에 내 세워주셨구나" 등의 반복어귀를 통해서 나타나고 있듯이, 화자는 "3년 전쟁을 치룬 전쟁로병"들에게 훈장을 달아주고 큰 대회를 마련해주고 이 전승기념탑까지 세워준 김정일에 대해 감사의 마음을 표현하고 있다.

그런데 여기에서 주목해 볼 것은 화자가 이 전승기념탑 설립의 역사적 의의를 어떻게 인식하고 있는가 하는 것이다. 화자가 이 전승기념탑의 존재를 "미래가 디디고 오를 / 높은 계단"이라고 지칭하는 데서 알 수 있듯이, 표면적으로 화자는 전쟁을 모르고 자란 후대에게 '조국해방전쟁' 승리의 정신을 일깨우는 데서 이 전승기념탑 설립의 의의를 찾고 있다. 하지만 화자가 "군화끈을 다시" 조이고 "총신을 다시" 끌어안으면서 "김정일 동지 령을 받들어" 다시 싸우고 싶다고 말하는 데서 알 수 있듯이, 이면적으로 화자는 사회주의 조국이 위기에 처한 1990년대 전반기인 이 시대에 김정일을 중심으로 혁명전선을 재구축하는 데서 이 전승기념탑 설립의 의의를 찾고 있는 것이다.

결론적으로, 이와 같은 '전쟁승리 기념하기'를 통하여 화자가 말하고자 하는 바는 다음과 같다. "경애하는 최고사령관 김정일 동지" "우리의 최고사령관 김정일 동지"라는 호칭에서 드러나듯이, "훈장" "큰 대회" "빛나는 탑"에 이르기까지 과거의 "전쟁로병"들을 극진히 우대함으로써 김정일이 군대에서 차지하는 위상이 한층 강화되었으므로 1990년대 전반기인 이 시대에 모든 인민은 군민일치 사상을 기치로 내걸고 사회주의 조국을 굳건히 지켜나가야 한다는 것이다.

처음보는 글발이 아니건만

왜 이리도 이 가슴 흔드는가
격전의 날 1211고지용사들이
수령님께 드린 맹세문

― 수령이시여
　우리가 살아있는 한
　1211고지는 영원히
　조국의 고지로 남아있을것입니다
　…

(중략)

그렇다 그날의 준엄한 시간이
또다시 이 땅에 흐른다
사회주의의 보루
우리의 사회주의성새를 향해
제국주의포위망은 각일각 조여들고
악마의 포신들은 쳐들었거니

인류의 사회주의위업을 사수하여
오늘은 온 조선이 그대로
세계의 1211고지로 솟았다
결사전을 벌리던 그날의 전호에
오늘은 소대, 중대가 아니라
온 나라가 들어선다
나도 들어선다

(중략)

아, 그날의 전사들 맹세문에 이어
결사의 이 맹세도 함께 적어넣으며
그날의 전사들 그 이름밑에
오늘은 온 나라의 마음이 수표한다
오 심장의 붉은 피를 기울여
내 이름 석자도 수표한다

— 경애하는 최고사령관
　김정일동지이시여
　원쑤들이 기어이 포문을 연다면
　지구가 열백번 깨여진대도
　우주가 모조리 무너진대도
　주체의 성새를 끝까지 사수하고
　제국주의를 모조리 불바다에 처넣겠습니다

—윤영탁, 「나는 수표한다」(1993) 부분

　이 시는 1993년에 세워진 '조국해방전쟁승리기념탑'의 일부인 '1211고지 방위자들'이라는 군상에 새겨진 "글발"을 바라보며 새삼 가슴 울렁임을 느끼는 화자의 내면의식을 형상화하고 있다. 그 글발은 한국전쟁 당시 1211고지 용사들이 죽음으로써 고지를 사수할 것을 "서약"하고 이름을 "수표"하여 "수령님께 드린 맹세문"인데, 늘 보던 그 글발이 오늘따라 마음에 동요를 불러일으킨다는 것이다. 그 이유는 1990년대 전반기인 이 시기의 세계 정세가 "그날의 준엄한 시간"으로 지칭되는 한국전쟁 시기와 동일하다는 화자의 현실인식에 기인한다. "제국주의 포위망" "악마의 포신" 등으로 표상되듯이, 화자는 제국주의가 시시각각 "사회주의의 보루"인 북한을 위협해오고 있다는 위기의식을 느끼는 것이다. 이에 따라 한국전쟁 당시 전사들이 수령에게 바친 맹세문인 "— 수령이시여 ~ 1211고지는 영원히 / 조국의 고지로 남아있을 것입니다"와 등치시켜 "오늘은" 김정일에게 바치는 우리의 맹세문인 "— 경애하는 최고사령관 / 김정일 동지이시여 ~ 주체의 성새를 끝까지 사수하고 / 제국주의를 모조리 불바다에 처넣겠습니다"를 써넣을 것을 제안하고 있다.

그런데 여기에서 주목해 보아야 할 것은 화자가 이 '맹세문 수표'의 역사적 의의를 어디에서 찾고 있는가 하는 것이다. 화자는 한국전쟁 시기에는 미 제국주의와 북한 사회주의 간의 대결에서 '1211고지'가 전초선이 되어 결사전을 벌였던 것과 같이, 1990년대 전반기인 이 시기에는 제국주의와 사회주의 간의 대결에서 북한이 '세계사회주의 1211고지'가 되어 "인류의 사회주의위업을 사수"하는 결사전을 벌일 것을 강조하고 있다. 여기에서 알 수 있듯이, 표면적으로 화자는 한국전쟁의 성격 규정을 근거로 하여 사회주의 조국에 대한 인민의 사랑을 제고시키는 데서 이 '맹세문 수표'의 의의를 찾고 있다. 하지만 화자는 다시 수령에게 바치는 "그날의 전사들 맹세문"에 이어 김정일에게 바치는 오늘의 "우리의 맹세"를 적어넣고, "전사들 그 이름" 밑에 "온 나라의 마음"이 수표한다고 말하고 있다. 여기에서 알 수 있듯이, 이면적으로 화자는 새로운 제국주의 포위망 속에서 "주체의 성새"를 사수하기 위해 1990년대 전반기인 이 시대에 김정일을 중심으로 혁명전선을 재구축하는 데서 이 '맹세문 수표'의 의의를 찾고 있는 것이다.

결론적으로, 이와 같은 '전쟁승리 기념하기'를 통하여 화자가 말하고자 하는 바는 다음과 같다. "심장의 붉은 피를 기울여"라는 수식어구의 반복에서 드러나듯이, 최고사령관인 김정일에 대한 충성심으로 일심단결하여 1990년대 전반기인 이 시대에 모든 인민은 "결사의 각오"로 사회주의 조국을 반드시 지켜내야 한다는 것이다.

지금까지 살펴본 바와 같이, 이 시기에 형상화되는 한국전쟁의 성격은 제국주의의 무차별 공격으로부터 사회주의를 지켜내고자 하는 '필사적 항전' 개념의 전쟁이다. 즉, 인민군대가 수행하는 '조국해방전쟁'은 청소한 공화국이 오직 일심단결과 승리에 대한 믿음만을 가지고 악명 높은 제국주의 침략세력에 맞서 싸운 시련 많은 전쟁이었다는 것이다. 하지만 이 논리의 이면에는 북한이 이 시기에 떠들썩하게 기념행사를 벌인 '혁명의 골간 세우기' 사업을 통하여 김정일의 '군대 장악력'을 높이고자 하는 의도가 숨어 있으며,[69] 이와 동시에 역설적이게도 그 기저에는 사회주의체제의 존립 자체가 흔들림으로 인해 인민들 사이에서 사상적 해이와 균열이 심화되어가고 있다는 불안의식이 숨어 있는 것이다.

우리 문학은 응당 제국주의자들과 반동들의 반사회주의적 책동이 그 어느 때보다도 악랄해지고 인류의 자주위업이 엄중한 도전에 부딪치고 있는 때에 인간은 과연 어떻게 살며 투쟁해야 하는가 하는 문제에 인간학적인 해답을 주어야 한다. 여기에서 근본문제는 신념과 의지 문제이다. 당의 위업, 사회주의 위업에 대한 신념과 의지만 가지면 그 어떤 시련도 이겨내고 혁명에서 승리할 수 있다.[70]

또한, 이를 위하여 이 시기에 형상화되는 '전쟁승리'의 내용은 미 제국주의라는 세계 최강의 적을 물리친 자랑스러운 역사로 재구성된다. 이 과거의

---

[69] "김일성은 1991년 12월 24일 당중앙위 전원회의에서 김정일을 조선인민군 최고사령관에 추대했다. (중략) 1993년 4월 9일의 최고인민회의에서 김일성은 국방위원회 위원장 직에서 물러났고 김정일이 후임으로 선출되었다. (중략) 이는 결국, 김정일의 후계체제 구축이 군사면에서부터 개시되었음을 의미하는 것이었다." (와다 하루끼, 앞의 책, 228~230면.)

[70] 「인민대중의 지향과 요구에 맞는 의의있는 문제를 제기하고 진실하게 형상하자」, 『조선문학』, 문학예술출판사, 1993. 5, 5면.

전쟁승리의 이미지가 재현하는 전투, 동지애, 승리와 같은 일련의 모습은 1990년대 전반기인 당대 인민들의 공동체적 유대감을 회복시킬 수 있다고 생각되므로, 북한의 정치권력은 이것을 기념하여 홍보함으로써 사회질서와 체제유지를 꾀하려는 것이다. 하지만 한국전쟁이 내포하는 이중적 속성 가운데서 '전쟁승리' 의식을 '기억의 층위'로 선택한다는 것은 상대적으로 한국전쟁의 또 다른 면모인 '전쟁패배' 의식을 '망각의 층위'로 배제한다는 것을 의미한다. 그리고 과거의 전쟁영웅에 대한 공식적인 기념행사를 통해서 '국민통합'이라는 '정치적 담론'을 표출하는 것은 1990년대 전반기인 당대 인민들의 '개인주의적 욕망'이라는 '현실적 담론'을 은폐하는 것을 의미한다.

4. '조국해방전쟁주제작품'에서 요구되는 '기억'의 복수(複數)화

지금까지 북한 '조국해방전쟁주제작품'을 대상으로 하여 '한국전쟁'이라는 역사적 사실이 시대에 따라 문학적으로 다르게 해석되고 판단되는 양상을 구체적으로 분석해보았다. 그 결과 다음과 같은 사실을 밝혀낼 수 있었다.

우선, 주체문학으로서의 '조국해방전쟁주제작품'은 전쟁문학이나 전후문학과는 변별되는 분명한 차이점을 지닌다. 즉, 전쟁의 급박한 현실을 반영함으로써 전쟁 참여를 독려하는 기능을 하는 전쟁문학, 혹은 전쟁영웅들의 형상을 본보기로 제시함으로써 전후복구건설에 대한 의지를 독려하는 기능을 하는 전후문학과 달리, 주체문학으로서의 '조국해방전쟁주제작품'은 사회주의 조국을 지켜나가는 데 있어서 토대가 되는 사상적 결속력을 강화하는 기능을 하고 있다. 그리고 그 구체적인 형상화 방법은 각각의 시대가 처한 사회·정치적 상황에 따라서 다음과 같이 변모하고 있다. 제1시기인 1965~1978년에는 전쟁기억의 각색을 통하여 평범성을 새로운 영웅상으로 제시함으로써 수령과 당에 대한 인민의 충성심을 유도하고 있고, 제2시기인 1978~1985년에는 전쟁기억의 전유를 통하여 미군에 의한 희생을 집

단계험화함으로써 인민의 반미의식을 고취시키고 있으며, 제3시기인 1985~
1995년에는 전쟁기억의 소환을 통하여 전쟁승리를 기념함으로써 사회주의
체제 수호를 위한 인민의 일심단결을 강조하고 있다.

다음으로, 북한 '조국해방전쟁주제작품'에서 형상화되고 있는 한국전쟁
에 대한 기억은 사회·정치적 필요에 따라서 위와 같이 다양한 수사학으로
표출되고 있지만, 북한문학은 곧 당 문학이므로 근본적으로는 다음과 같은
지배적이고 공식적인 성격으로 단일화되어 있다.

첫째, 북한 '조국해방전쟁주제작품'에서 형상화되는 전쟁의 주요 대상은
남한이 아니라 미 제국주의이다. 남한은 미 제국주의에 의해 점령당한 식
민지이며 남한인민은 그곳에서 핍박당하며 사회주의 조국을 그리워하는
존재이다. 따라서 '조국해방전쟁'이라는 용어에서도 나타나고 있듯이, 남한
과 남한인민은 북한이 해방시켜야 할 대상이 되는 것이다. 이런 점에서 볼
때 북한이 한국전쟁을 바라보는 시각은 기본적으로 제국주의와 사회주의
의 대립을 중심으로 한 '이데올로기적 관점' 및 남한과 북한의 통합을 중심
으로 한 '민족주의적 관점'에 입각해 있다고 규정할 수 있다.

둘째, 북한 '조국해방전쟁주제작품'에서 시도되는 한국전쟁의 문학적 형
상화 과정은 주체사상의 형성 및 전개과정과 밀접하게 결합되어 있다. 즉,
북한은 과거에 패배한 전쟁을 불러내어 승리한 전쟁으로 재구성해내고, 전
쟁을 승리로 이끈 중심인물이 김일성임을 강조함으로써 김일성의 주체사
상을 혁명정신의 뿌리로 내세우고, 김일성의 혁명가계에 대한 충성을 통하
여 당대의 주체조국을 지켜나가는 것이 최선의 선택임을 역설한다. 따라서
북한문학에서 한국전쟁을 끊임없이 재조명하는 이유는 한반도 상의 평화와
통일을 모색하기 위한 것이 아니라, 부자세습을 통한 김일성 가계의 장기
집권에 필연성을 부여하기 위한 것이라고 할 수 있다. 이런 점에서 볼 때 북
한이 한국전쟁을 다루는 목적은 매우 '정치적'이라고 평가할 수 있다.

하지만 마르크스-레닌주의 문학론과 달리 주체문학론에서 문학은 이상
과 실상의 이중구조로 이루어져 있으며, 이와 같은 맥락에서 주체문학으로

서의 '조국해방전쟁주제작품'은 한국전쟁에 대한 기억과 망각의 중층구조로 이루어져 있다. 따라서 아이러니하게도 기억의 층위는 반드시 망각의 층위가 존재함을 증명하는 기능을 하게 된다. 즉, 수령과 당에 대한 충성심이라는 국가적 담론은 현실권력에 대한 비판적 담론의 제재를, 반미의식이라는 집단정체성은 반체제적인 개별정체성의 억압을, 그리고 일심단결이라는 정치적 담론은 개인적 욕망이라는 일상적 담론의 은폐를 증명하는 역할을 하게 되는 것이다. 더 나아가 이 망각의 층위는 한 시대의 사회·정치적 변화에 따라서 언제든지 기억의 층위로 복원될 수 있는 것이다.

개개의 공동체는 자신의 고유한 정체성을 획득하기 위하여 항상 과거에 대한 담론에 의지하기 마련인데, 그러한 담론은 현재의 권력관계를 반영하는 동시에 특정한 권력정치적 의도를 수반한다.[71] 냉전시대의 분단국가로서 그동안 남한과 북한은 모두 국민통합과 정치적 정통성의 확보를 위하여 이데올로기적, 민족주의적 입장에서 한국전쟁에 대한 기억을 국가가 독점하는 시대를 겪었다.[72] 이로 인해 남북한의 전쟁기억은 언제나 상호공유가 아니라 상호충돌이 내재되어 있는 저장소였다. 그러나 1990년대 이후 탈냉전 시대라는 국제정치적 변화와 남북관계 개선이라는 국내정치적 변화로 인해 남한에서는 지금까지 망각되었던 전쟁기억의 복원을 요구하는 목소리가 투출하게 되었다. 나아가, 다양한 사회집단이 전쟁기억의 문제와 관련하여 국가의 '지배기억'에 도전하는 '저항기억'을 제기하기도 하였다.[73]

---

71 전진성, 『역사가 기억을 말하다』, 휴머니스트, 2005, 88~89면.
72 "남한에서 전쟁기념관은 일본 제국주의 침략 시 자발적으로 일어난 의병, 식민지 시절의 광복군, 한국전쟁 당시의 국군 등을 동일선상에 놓고 국가 위기 시 이를 극복한 민족의 영웅들로 표상함으로써 일관된 민족주의 성격을 나타내고 있다. 또한, 남한 군인이 북한 공산주의자들을 물리친 것에 대해서는 일본 제국주의에 대항한 독립군, 의병 등과 동일시함으로써 민족주의와 반공주의가 결합된 서사를 보여준다. 이처럼 민족주의와 반공주의라는 두 이데올로기는 민주화 이전까지 한국전쟁에 대한 남한 측 기억의 주축을 이루는 신념체계가 되었다." (여문환, 앞의 책, 84~88면.)
73 "남한의 경우, 국가보훈처가 소개하고 있는 한국전쟁 관련 기념관은 총 6개인데, 이들

이와는 달리, 북한에서는 아직까지 국가가 한국전쟁 기억의 담론을 독점하고 있으며 인권문제, 여성문제 등과 관련된 전쟁기억의 재현을 봉쇄하고 있다. 북한의 '조국해방전쟁주제작품'에서 전쟁기억은 피해자의식과 승리자의식을 복합적으로 드러내는 담론구조를 지니고 있으며, 주체 민족주의 및 사회주의 애국주의 교육을 위한 매개체로서의 기능을 강조하고 있다. 하지만, 이제 북한에서도 국가가 독점한 지배기억에 '저항하는 기억' 혹은 기존 기억과는 '다른 기억' 등을 통하여 한국전쟁에 대한 기억을 복수(複數)화할 필요가 있다. 이 복수화된 기억이 기존의 지배기억을 해체함으로써 탈이데올로기적이고 탈민족적이며 탈정치적인 기억으로 거듭날 때, 한국전쟁에 대한 북한의 기억은 남한의 기억과 접점을 찾을 수 있을 것이며, 세계적인 보편성을 획득할 수 있을 것이다.

은 모두 군인들의 전적과 희생을 기리기 위한 것들이다. 하지만 그 중에서 거창사건 추모공원과 제주 4.3 평화공원은 특이하게 군에 의한 민간인 학살을 추모하며 기념하는 공간을 마련해두고 있다. 즉, 한국전쟁 관련 기념관의 보편적 기억 양상이 한국전쟁을 국난극복의 과정으로 보며 영웅들이 활약하는 담론구조를 보여주고 있는 데 반해, 거창 추모공원과 제주 평화공원의 특수한 기억 양상은 국가가 전쟁 가해자의 입장에서 행한 폭력을 인정하고 민간인 피해자가 존재하는 담론구조를 보여주고 있다. 이러한 점에서, 양자는 한국전쟁을 둘러싼 기억과 망각의 경합과 충돌 과정을 전형적으로 드러내 보여준다고 할 수 있다."(위의 책, 89~92면.)

'사회주의현실주제작품'의 역사적 변모양상
−1960~1990년대 서정시를 중심으로−

1. '주체문학'에서 '사회주의현실주제작품'이 차지하는 위상

　북한의 문학사는 1960년대 중반을 기점으로 주체사상에 의거한 '주체문학'으로 확고히 정립되었다. 이 주체문학은 주체사상을 작품 속에 구현함으로써 주체의 혁명위업 수행에 적극 이바지하는 사회주의, 공산주의 문학예술로서 주체사상과 주체문예사상을 지도적 지침으로 하여 창작된다.[1] 그리고 주체문학에서는 문학사의 매 시기에 다루어야 할 핵심 주제로서 수령형상주제, 사회주의건설주제, 조국통일주제, 조국해방전쟁주제, 사회주의현실주제 등의 다섯 가지를 제시하고 있다. 즉, '사회주의현실주제'의 작품을 창작하는 것은 북한문학이 주체의 혁명위업을 수행하기 위해서 해야 하는 중요한 과업 가운데 하나인 것이다.

---

[1] "주체의 문학예술은 인민대중이 세계의 주인으로 등장하여 자기 운명을 자주적으로, 창조적으로 개척해 나가는 력사의 새 시대, 주체시대의 요구를 반영하여 출현한 새 형의 문학예술로서 사회주의문학예술 발전의 가장 높은 단계를 이룬다. 주체의 문학예술은 불멸의 주체사상과 그것을 구현하고 있는 주체적 문예사상을 지도적 지침으로 하여 건설되고 발전하는 로동계급의 문학예술이다." (사회과학원 주체문학연구소, 『문학예술사전 (중)』, 과학백과사전종합출판사, 1991, 561면.)

그런데 북한문학을 연구하는 남한 학자들의 기존 연구사를 검토해보면, 대부분 북한 '사회주의현실주제'의 작품에 대하여 북한문학의 주류를 형성하고 있는 주체문학에서 벗어난 일탈적이거나 비주류적인 혹은 부수적인 문학으로 인식하고 있다. 먼저, 김재용[2]은 1960년대 중반 이후의 북한문학은 주체문학이고, 주체문학은 당 문학임을 전제로 한다. 그리고 이러한 북한문학 중에서 유독 '새로운 양상'이 두드러지게 나타나는 분야라는 점에서 1980년대 '사회주의현실주제'의 작품에 주목한다. 그 결과, 북한문학이 1970년대까지는 비범한 영웅과 시대문제를 형상화하는 등 당의 문예정책에 충실한 작품들이 창작되는 도식성을 노출하고 있다면, 1980년대에는 평범한 영웅과 생활문제를 형상화하는 등 당의 문예정책에서 벗어나 자율적인 작품들이 창작되는 성취를 보여주고 있으나, 1990년대에는 다시 이전 상황으로 돌아가는 퇴보를 드러내고 있다고 평가한다. 이처럼 김재용은 북한의 주체문학이 당 문학임을 전제로 하면서도 1980년대 '사회주의현실주제작품'에서 나타나고 있는 특정 경향에 대하여 당 문예정책의 변화에 기인하는 것이 아니라 당 문예정책에서 이탈하여 문학이 자율성을 띤 것으로 인식하는 모순을 범하고 있다.

다음으로, 류찬열[3]은 김재용과 마찬가지로 1960년대 중반 이후의 북한문학은 주체사상을 구현하고 있는 당의 문예정책을 바탕으로 전개된다는 것을 전제로 한다. 그는 북한문학을 시대별로 살펴볼 때, 1980~1990년대 이전의 북한 시들은 대부분 당의 문예이념을 충실히 따름으로써 상투성과 도식성을 드러내고 있지만, 1980~1990년대의 북한 시들은 내부에서 자기반성이 이루어짐으로써 도식적인 시를 쓰는 주류에 저항하는 비주류의 흐름이 등장하고 있다고 판단한다. 그리고 '사회주의현실주제'의 작품에서 나타나고

---

2 김재용, 『북한 문학의 역사적 이해』, 문학과지성사, 1994, 254~323면.
3 류찬열, 「90년대의 북한 시 - 도식성 극복과 그 가능성」, 『북한문학의 이념과 실체』(이명재 편), 국학자료원, 1998, 213~233면.

있듯이, 이 비주류는 일상성의 회복을 통해 독창성과 서정성을 확보하고자 하는 것이라고 평가한다. 이처럼 북한 '사회주의현실주제작품'에 대하여 김재용이 당 문학에서 '이탈한 경향'으로 인식한 것과 달리 류찬열은 당 문학 내부에 존재하는 '비주류의 경향'으로 인식하고 있다는 면에서 차이점은 있으나, 당 문학에서 비주류가 공식적인 유통경로를 통해 목소리를 낼 수 있는가를 생각해 본다면, 이 또한 김재용과 동일한 모순을 범하는 것이라고 할 수 있다.

마지막으로, 김종회[4]는 1960년대 중반 이후의 북한문학은 주체사상에 바탕을 둔 주체문학이며, 문예이론의 변화는 철저히 당의 정책적 지침에 따르는 것임을 전제로 한다. 그리고 주체문학의 본령은 수령형상문학으로서 상투성과 도식성을 띠는 것인데, 1980년대 초반부터 이에 대한 공식적인 반성이 이루어져 1980~1990년대에는 북한의 문예정책에 변화가 나타난다고 판단한다. 그 변화는 수령형상문학인 주체문학론을 본류로 하고 현실주제문학론을 부수적으로 내세움으로써 주체문학론과 현실주제문학론을 병행하는 것이며, 이 현실주제문학론은 주체문학론과 달리 독창성과 서정성을 띠는 것이라고 평가한다. 이처럼 북한 '사회주의현실주제작품'에 대하여 당 문학 내의 '이탈 경향'이나 '비주류 경향'이 아니라 당 문예정책 자체 변화의 산물로 인식하고 있다는 면에서 김종회는 김재용이나 류찬열과 차이점이 있다. 그러나 '사회주의현실주제작품'에 대하여 주체문학을 구성하는 핵심적 존재가 아니라 주체문학과 대립되는 '부수적 존재'로 파악하고 있다는 점에서는 위의 두 연구자와 다를 바가 없다.

덧붙여, 이들 세 연구자가 이와 같은 오류를 범하게 되는 근본적인 원인은 주체문학에 대한 편견과 시 장르의 '서정성'에 대한 잘못된 인식에서 비롯된다고 볼 수 있다. 이들이 서정성을 띠고 있다고 생각한 북한의 '사회주

---

4 김종회,「해방 후 북한문학의 전개와 실증적 연구 방향」,『북한문학의 이해』(김종회 편), 청동거울, 1999, 13~46면.

의현실주제작품'은 엄연히 주체문학의 일부로서 1960년대 중반 이후 지속적으로 창작되어왔다. 다만, '사회주의현실'이라는 동일한 주제를 다루면서도 당 문예정책의 변화에 따라서 각각의 시기에 작가들이 형상화하는 중심 내용이 바뀌어왔을 뿐이다. 여기에서 알 수 있듯이, 주체문학이 모두 '도식성'을 띠는 것은 아니며, '사회주의현실주제작품'이라고 해서 반드시 '서정성'을 띠는 것도 아니다. 이와 관련하여 남한 연구자들이 특별히 주목한 1980년대 북한 서정시 속 '서정성'에 대한 잘못된 인식에 관해서는 별개의 논문에서 다루어보고자 한다.

한편, 아래의 인용문에서 확인할 수 있듯이 '사회주의현실주제작품'을 창작할 때 북한의 문학예술인들은 주체사상과 주체문예이론으로 무장하고, 각각의 시대상황에 따라 구체적으로 수립된 당 정책에 의거하여 인민의 현실 문제를 파악해야 한다. 또한, 그 문제를 인민의 의식 속에 남아있는 낡은 사상 잔재를 뿌리 뽑고 새로운 사회주의, 공산주의 사상을 심어줄 수 있는 내용으로 형상화해야 한다.

친애하는 지도자 동지께서는 (중략) 작가, 예술인들이 온 사회를 혁명화, 로동계급화하는 우리 당의 력사적 위업 수행에 더 잘 이바지하기 위하여서는 사회주의현실을 반영한 혁명적 작품들을 더 많이 창작하여야 하며 그 사상예술적 수준을 결정적으로 높여야 한다고 지적하시였다. (중략) 친애하는 지도자 동지께서는 창작가들이 온 사회를 혁명화, 로동계급화하기 위한 투쟁이 힘차게 벌어지고 있는 사회주의현실에서 절실하고 의의있는 문제를 골라잡자면 우리 당의 사상과 리론으로 무장하고 당 정책의 견지에서 현실을 보아야 한다고 하시면서 창작가들이 당 정책으로 튼튼히 무장하고 현실에 나가서 사람들을 혁명화하는 데 보다 깊은 관심을 돌린다면 현실생활 속에서 얼마든지 새롭고 의의있는 문제들을 찾아낼 수 있을 것이라고 하시였다. (중략) 그러시고 우리 사회에서 혁명화, 로동계급화는 누구나 다 해야 한다고 하시면서 사람들을 혁명화하는 것은 결국 그들의 머리 속에 남아있는 온갖 낡은 사상 잔재를 철저히 가셔내고 사회주의, 공산주의 사상을 심어주어 참다운 혁명가, 공산주의자로 키운다는 것을 말하므로 근로자들의 생활에서 발로되는 낡은 사상 잔재의 표현들을 예리하게 보고 혁명화의 각도에서 문제를 심각하게 세워야 한다고 지적하시였다.[5]

그런데 바로 이와 같은 속성으로 인해 북한 '사회주의현실주제작품'은 조선노동당의 '정치'와 인민의 '생활'이 다양한 방식으로 충돌하는 지점을 드러내게 된다. 왜냐하면 당은 '정치의 생활화'를 통하여 더욱 강력하게 인민을 지배하고자 하며, 이에 대응하여 인민은 '생활의 정치화'를 통하여 생활 속에서 그 나름대로 저항의 틈새를 찾고 그것을 넓혀나가려 할 것이기 때문이다. 이처럼 북한은 폐쇄적인 사회로서 조선노동당과 인민의 관계가 일방향적인 억압의 성격을 띠고 있을 것이라는 우리의 편견을 재고시킬 수 있다는 점에서, 북한 '사회주의현실주제작품'을 살펴보는 것은 매우 중요하고도 흥미로운 작업이 될 수 있다.

따라서 본 논문에서는 '생활과 정치의 상관관계'를 분석 틀로 삼아 북한 '사회주의현실주제작품'의 역사적인 변모양상을 규명해보고자 한다. 그리고 이를 위한 전제로서 '인민'을 조선노동당에 대응되는 또 하나의 주체로 정립하고, '생활의 논리'를 정치적 논리에 대응되는 새로운 가치체계로 조명하고자 한다. 바로 이러한 시각의 차이로 인해, 본 논문은 조선노동당의 정치적 논리에 의거하여 북한문학을 바라보던 남한의 기존 연구들과 전혀 다른 결론에 도달하게 될 것이다. 그것이 어떤 사회이건 현실 속에는 복수의 주체가 존재하고, 그들 사이에는 다양한 이해와 갈등이 조성되며 복잡한 협력과 투쟁이 발생하기 마련이다. 이와 같은 사회구성의 보편적 원리에서 북한사회라고 예외일 수 없다. 조선노동당이 북한사회를 통솔하는 표층적 주체라면, 인민은 북한사회를 존립시키는 심층적 주체라고 할 수 있

---

5 사회과학원 주체문학연구소, 앞의 책, 204면.

다. 조선노동당의 입장에서 볼 때 인민은 정치적 교화의 대상으로서 객체화되지만, 인민의 입장에서 볼 때 그들 자신은 엄연히 생활적 창조의 주체인 것이다. 또한, '사회주의현실주제작품'을 창작할 때 북한의 문학예술인들은 조선노동당 정책에 의거하여 북한의 사회주의현실을 '주체사상적 시각'으로 인식해야 하지만, 이와 동시에 인민의 생활 속으로 들어가 북한의 사회주의현실을 '사실주의적 시각'으로 파악해야 하는 것이다. 이와 같은 사실을 명확히 인식하고 북한 '사회주의현실주제작품'에 접근할 때, 우리는 이 작품들을 더욱 입체적으로 읽어낼 수 있을 뿐만 아니라 지금까지의 편견에서 벗어나 북한의 사회와 인간을 보다 객관적인 시각으로 이해할 수 있으며, 북한문학이 지니는 보편성과 특수성을 더욱 구체적으로 파악할 수 있을 것이다.

2. '사회주의현실주제작품'에서 핵심을 이루는 '갈등문제'

북한 문학예술의 근본 목적은 인민을 공산주의적으로 교양개조하고, 이를 통해 인민을 사회주의, 공산주의 위업을 실현하기 위한 투쟁에로 고무 추동하는 것이다. 이때, 문학예술작품이 생활반영의 진실성을 확보하고 그 사회적 기능을 높이기 위해서 무엇보다 강조되는 것은 '갈등'을 올바르게 설정하고 해결하는 문제이다. "생활에는 새 것과 낡은 것, 긍정적인 것과 부정적인 것 사이에 모순이 있고 (중략) 진보와 보수와의 투쟁, 적극과 소극과의 투쟁, 집단주의와 개인주의와의 투쟁, 총체적으로 새 것과 낡은 것과의 투쟁, 사회주의와 자본주의와의 투쟁은 우리가 진행하는 혁명투쟁의 기본 내용을 이룬다."[6]라는 구절에서 확인할 수 있듯이, 북한의 문학예술에서 '갈등'은 생활에서 벌어지는 계급투쟁의 반영으로서 계급과 사상의 대립

---
6 사회과학원 주체문학연구소, 『문학예술사전 (상)』, 과학백과사전종합출판사, 1988, 138면.

과 충돌을 토대로 하는 것이다. 하지만 문학예술작품이 반영하는 사회관계의 성격에 따라 그 갈등의 성격과 해결양상은 달라져야 한다.

이에, 북한의 문학예술에서는 사회주의사회 근로자들의 생활을 반영하는 '사회주의현실주제작품'에서 예술적 갈등을 설정하고 해결할 때 지켜야 할 원칙에 대하여 다음과 같이 명시하고 있다. 우선 아래의 인용문에서 나타나고 있듯이, '사회주의현실주제작품'에서 갈등의 성격은 적대적이 아니라 '비적대적'이어야 하며, 갈등의 해결양상은 결렬이 아니라 '동지적 단결'이어야 한다.

> 위대한 수령 김일성 동지께서는 다음과 같이 교시하시였다. 《문학예술작품에서의 갈등은 그것이 반영하는 사회관계의 성격에 따라 다릅니다. 자본주의사회에서 착취계급과 피착취계급 사이의 모순은 적대적이고 불상용적이며 따라서 그러한 사회관계를 반영한 예술작품의 갈등은 적대적 성격을 띠지 않을 수 없습니다. 적대적인 사회관계를 반영하는 예술적 갈등은 처음부터 첨예하고 극단적으로 조성되며 결렬하는 데로 나가게 됩니다. 그러나 우리 사회 근로자들의 생활을 취급한 작품에서의 예술적 갈등은 적대적 성격을 띠지 않습니다. 그것은 사회주의 근로자들 사이의 모순이 적대적 성격을 띠지 않기 때문입니다.》《김일성저작집》18권, 55~56페지)

위대한 수령님께서는 사회주의사회에서 사회관계의 기본을 이루는 것은 근로자들 사이의 동지적 단결과 협조이며 사회주의사회에서 근로자들 사이의 의견 차이와 사상적 충돌이 있다 하여도 그것은 리해관계의 근본적 대립에서 오는 것이 아니라 다 같은 목적을 실현해 나가는 과정에서 생기는 그들 내부의 문제라고 교시하시였다. 위대한 수령님께서는 우리 사회주의사회 근로자들의 생활을 반영한 예술적 갈등은 극단적으로 조성되거나 결렬에로 나가는 것으로 되여서는 안 되며 부정이 극복되고 동지적 단결이 더욱 강화되는 것으로써 해결되도록 설정되여야 한다는 것을 명확히 밝히시였다.[7]

하지만 아래의 인용문에서 확인할 수 있듯이, 갈등이 비적대적이어야 한다고 해서 갈등을 지나치게 축소하거나 지엽적인 것으로 그려서도 안 된다. 그와 같은 갈등의 무력화는 생활을 미화 분식함으로써 사회주의현실을 왜곡하고, 문학예술작품의 교양적 기능을 약화시키기 때문이다.

사회주의 현실을 반영하는 작품에서 생활에 대한 미화 분식은 또한 생활에 남아있는 결함과 부족점을 감추고 부정을 덮어버리는 데서 표현된다. 현실에서는 새 것과 낡은 것과의 투쟁이 끊임없이 벌어지며 이 투쟁에서 새 것이 승리하고 낡은 것이 멸망하는 것은 생활의 법칙이다. 작품에서 새 것, 긍정적인 것을 전면에 내세우고 그린다고 하여 낡은 것, 부정적인 것을 가리워 버린다면 혁명적 생활을 진실하고 생동하게 보여줄 수 없다. 생활에 남아있는 결함과 부정을 감싸고 전진도상에 부닥치는 애로와 난관을 가리우는 것은 현실을 외곡하여 반영함으로써 생활의 진실을 위반하고 작품의 교양적 의의와 전투적 기능을 약화시킨다.[8]

결론적으로, 북한의 문학예술에서는 작품을 창작할 때 갈등의 성격과 해결양상을 가장 올바르게 설정할 수 있는 방법은 당의 계급노선과 군중노선에 기초하여 당의 정책적 요구에 맞게 갈등문제를 처리하는 것이라고 밝힌다.[9]

이때, 당 정책은 시대를 초월하여 불변하는 것이 아니라 각 시대의 사회적 상황에 따라서 변모하는 것이다. 왜냐하면 각각의 시대에 발현되는 모순이 변화하고, 그 모순의 특성과 현실적 조건을 고려하여 당은 구체적인 투쟁방법을 다르게 설정해야 하기 때문이다. 즉, 조선노동당의 정책은 이

---

[7] 위의 책, 767면.
[8] 사회과학원 주체문학연구소, 『문학예술사전 (중)』, 과학백과사전종합출판사, 1991, 376면.
[9] 사회과학원 주체문학연구소, 『문학예술사전 (상)』, 과학백과사전종합출판사, 1988, 139면.

념적 원칙론을 중시하는 '당파성'과 실천적 방법론을 중시하는 '당성'을 양 극단으로 삼고, 현실정치의 차원에서 수립되는 것이라고 할 수 있다.[10]

따라서 우리가 북한 '사회주의현실주제작품'을 연구할 때는 '당파성'과 '당성'의 갈등관계 속에서 도출되는 당의 '정치'와 '새 것, 긍정적인 것'과 '낡은 것, 부정적인 것'의 갈등관계 속에서 영위되는 인민의 '생활'이 서로 어떤 역학관계를 형성하면서 변모되어 나가는지를 살펴보는 것이 중요하다. 그리고 이 '생활과 정치의 상관관계' 속에서 수립되는 조선노동당의 정책 방향에 대하여 우리는 다음과 같은 4가지 경우를 상정해 볼 수 있다.

1	인민의 생활에서 새 것과 긍정적인 것이 중심을 차지하고, 당의 정치에서 '당성'이 강조될 때	⇒ '선도'
2	인민의 생활에서 새 것과 긍정적인 것이 중심을 차지하고, 당의 정치에서 '당파성'이 강조될 때	⇒ '관용'
3	인민의 생활에서 낡은 것과 부정적인 것이 중심을 차지하고, 당의 정치에서 '당성'이 강조될 때	⇒ '억압'
4	인민의 생활에서 낡은 것과 부정적인 것이 중심을 차지하고, 당의 정치에서 '당파성'이 강조될 때	⇒ '전향'

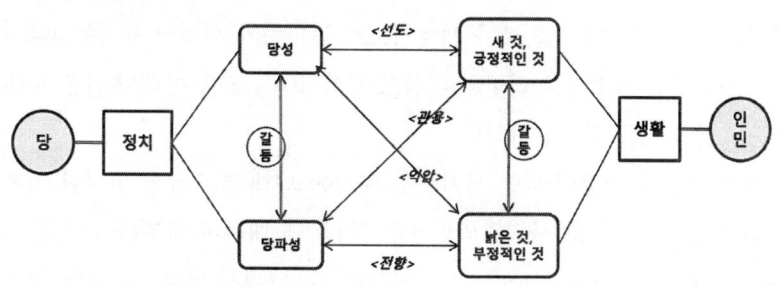

북한 '사회주의현실주제작품'에 대하여 기존의 연구와 같이 주제적 차원

---

10 북한문학에서 나타나는 '당파성'과 '당성'의 개념 및 상관관계에 관해서는 김경숙, 「북한 '수령형상문학'의 역사적 변모양상—1960~1990년대 북한 서정시를 중심으로—」, 『민족문학사연구』 51호, 민족문학사학회, 2013, 480~482면을 참조할 수 있다.

에서 접근할 경우, 우리는 북한의 문학예술이 현실을 미화하는 도식성을 답습하고 있거나 현실을 구체적으로 반영하는 사실성을 회복하고 있다고 파악하는 이분법에 빠질 수밖에 없다. 그러나 필자가 위에서 제시한 바와 같이 '생활과 정치의 갈등문제'를 작품분석의 틀로 삼을 경우, 우리는 북한 '사회주의현실'의 실체가 무엇인지를 논리적으로 정확하게 파악할 수 있으며, 북한 '사회주의현실주제작품'의 역사적인 변모양상과 그 변화의 동력이 무엇인지를 보다 객관적으로 밝혀낼 수 있을 것이다.

3. '사회주의현실주제작품'의 역사적 변모, 그 '생활과 정치'의 투쟁

북한 '사회주의현실주제작품'의 역사적인 변모양상을 규명하는 데 있어서, 필자는 '생활과 정치의 갈등문제'를 중심으로 접근해보고자 한다. 앞에서 살펴본 바와 같이, 북한의 문예이론에서는 '갈등문제'가 '사회주의현실주제작품'을 이해하는 중요한 하나의 이론 틀로서 구체적으로 정립되어 있다. 또한, 그 변모양상을 보다 체계적으로 규명하기 위해서 필자는 1960~1990년대 북한 서정시를 연구의 대상으로 설정하였으며, 아래와 같은 시대구분의 틀을 새롭게 마련하였다.

첫째, 연구의 대상이 되는 시기를 '1960~1990년대'로 폭넓게 설정한 이유는 다음과 같다. 북한 '사회주의현실주제작품'에 대하여 대부분의 남한 학자들은 1980년대 작품을 중심으로 연구해왔다. 앞에서 살펴보았듯이, 그들은 '사회주의현실주제작품'을 주체문학에서 벗어나 1980년대에 새롭게 등장한 경향으로 인식했기 때문이다. 하지만, 북한 '사회주의현실주제작품'은 김일성의 주체사상을 토대로 성립된 주체문학의 일부이다. 그렇기 때문에 주체문학이 성립될 무렵부터 오늘날까지 지속적으로 창작되어왔고, 사회정치적인 변동과 요구를 반영하여 매 시기 새롭게 수립되는 당 문예정책의 변화에 따라서 '사회주의현실'이라는 동일한 주제를 다루면서도 각각의 시기에 작가들이 형상화하는 중심 내용이 바뀌어왔다. 따라서 북한 '사회주의현실주제작품'에 대한 기존의 잘못된 인식을 바로잡기 위해서는 시대별 변모양상을 객관적으로 조망함으로써 '사회주의현실주제작품'의 본질적 속성과 이질적 형태를 함께 밝혀내는 방법이 가장 효과적일 것이다.

둘째, 연구의 토대가 되는 시대구분의 틀을 '① 1965~1978년, ② 1978~1985년, ③ 1985~1995년'으로 새롭게 정립한 이유는 다음과 같다. 문예정책과 작품창작은 어느 한쪽의 일방적인 주도하에 이루어지는 관계가 아니다. 그런 점에서 당 문예정책의 변화에 따라 북한문학사를 시대구분하고 해당시기 문예정책의 내용에 따라 문학작품을 해석하고 평가하는 것은 '문학의 선도성'을 무시하는 태도라고 할 수 있다. 이에, 필자는 1960~2000년 사이에 창작된 북한의 문학작품과 문학평론을 꼼꼼하게 읽고 분석함으로써 주체문학의 다섯 가지 핵심주제인 수령형상주제, 사회주의건설주제, 조국통일주제, 조국해방전쟁주제, 사회주의현실주제 등에서 공통적으로 뚜렷하게 변화가 나타나는 시기의 마디들을 찾아내었다. 물론, 북한문학은 당 문학이므로 필자가 찾아낸 이 마디들은 당 문예정책의 변모 시기와 긴밀하게 연관성을 지니고 있다. 그러나 문학작품 자체의 변화에 따라 시기를 구분한 이 마디들을 문예정책의 변모에 따라 시기를 구분한 기존 연구자들의 틀과 비교해보면 '문학의 선도성'을 보다 분명하게 확인해 볼 수 있다. 예를 들어, 필자는 문학작품을 중심으로 하여 1965년과 1978년을 변화의 기점으로 잡았는데, 김재용은 문예정책을 중심으로 하여 1967년과 1980년을 변화의 기점으로 잡고 있어 각각 2년 정도의 시간차를 드러내고 있다. 한편, 필자는 ① 시기와 ③ 시기를 각각 두 시기씩으로 세분하였는데, 그리 길지 않은 시기를 이렇게 다시 나누는 것이 무의미한 것처럼 보일 수도 있겠지만, 이처럼 당이 제시하는 세부정책의 변화조차도 문학작품 창작에 즉각 반영되고 있음을 통하여 우리는 북한문학이 당 문학이라는 사실을 새삼 확인할 수 있는 것이다.

1) 정치의 선도성과 생활의 종속성: 1965~1978년

북한은 1967년 조선노동당 중앙위원회 제4기 15차 전원회의에서 유일사상체계를 확립하였고, 1970년 제5차 당 대회에서 '주체사상'을 유일적 지도사상으로 선언하였다. 나아가 1972년 12월에 채택된 사회주의 헌법에서는 이 주체사상을 공식 통치이념으로 규정하였고, 이후 사회주의, 공산주의 건설을 위한 총 노선으로서 사상, 기술, 문화의 3대혁명운동을 추진하였다. 즉, 북한은 사회주의 국가로서 '혁명적 이데올로기'에 입각한 정치체제를 구축하고 있으며, 이로 인해 북한의 문화는 '목표문화'와 '전이문화'라는 이중구조의 성격을 띠게 된다. 여기에서 목표문화는 이상사회에 대한 청사진을 제시하는 이데올로기로서 기존의 문화나 이데올로기에 대해 부적당하거나 옳지 못한 것으로 간주한다. 반면에 전이문화는 목표문화에 도달하기 위한 정책적 규범이나 조치들로서 기존문화를 목표문화로 전이시키는 작용체계로서 작동한다. 목표문화는 현실과는 대조되는 궁극적인 미래상을 제시함으로써 혁명적인 당의 활동에 목적성을 부여하고 당의 대항세력에 대해 강제와 억압을 행사하기 위한 정당화의 역할을 하게 된다. 반면에, 전이문화는 혁명의 지도자들이 목표문화를 위하여 취해야 하는 정책형성의 규범 역할을 하게 된다. 즉, 전이문화는 거의 불가능한 목표문화와 당면한 현실 간의 다리 역할을 하며 인적, 물적 자원을 동원하는 구체적인 방법을 제시하게 된다.[11]

이 시기에 북한문학에서는 지방과 도시, 농업과 공업, 육체노동과 정신노동, 여성과 남성 간의 차별을 없앰으로써 만인이 평등한 공산주의 사회를 실현하고자 하는 목표문화를 설정하고 있다. 그리고 이러한 차별을 극

---

[11] Anthony F. C. Wallace, *Culture and Personality*, New York: Random House, 1970, p.148. (권오윤, 「공산주의 사회 실현을 위한 북한의 노동 동원 이데올로기」, 『북한의 사회』 (북한연구학회 편), 경인문화사, 2006, 171~172면 재인용.)

복하기 위한 구체적인 방법들인 지방과 도시의 균형발전 추진, 농업의 기계화, 노동계급의 인텔리화, 여성의 사회진출 독려 등을 전이문화로 제시하고 있다.

혁명적 문학예술의 인식-교양적 의의는 시대와 혁명의 본질적 측면을 진실하게 반영함으로써 사람들을 사회적 실천에로 고무추동하는 데 있다. 사실주의의 법칙인 전형화는 객관적으로 존재하는 현실의 본질을 반영하는 것을 떠나서 있을 수 없지만 동시에 그것을 식별하고 선택하고 일반화하는 주체인 작가의 리상과 관점을 떠나서는 생각할 수 없다. 그러므로 예술적 전형화에서 능동적이며 적극적인 역할을 노는 작가의 관점과 립장이 당의 로선과 정책으로 무장되지 못했을 때에는 우리 혁명과 건설의 합법칙적인 발전 방향과 그의 본질적 측면을 옳게 반영할 수 없을 뿐만 아니라 주관적 의도 여하를 불문하고 현실을 외곡하는 데로 떨어질 수밖에 없다.[12]

위의 인용문에서 드러나듯이, 이 시기에 북한문학에서는 '당성'이 세력을 형성함으로써 작가들에게 '당성'으로 무장할 것과 작품을 통하여 사회 전반에 '전이문화'를 전파할 것을 요구하고 있다. 그리고 이를 위해 인민의 생활 속 갈등을 형상화할 때는, 아래의 인용문에서 확인할 수 있듯이 '새 것, 긍정적인 것'을 통해 '낡은 것, 부정적인 것'을 개조시키는 방법을 사용할 것을 강조하고 있다.

사회주의사회 근로자들의 생활을 반영하는 갈등은 극단적으로 되여서는 안 되며 부정이 극복되고 동지적 단결이 더욱 강화되는 것으로써 해결되여야 한다. 착취와 압박이 없으며 나라의 주인으로 된 인민들의 정치사상적 통일과 단결, 협조가 전면적으로 실현되여 있는 사회주의사회에서는 긍정적인 것이

---

12 「당 정책을 창작활동에 철저히 관철하자」, 『조선문학』, 문학예술출판사, 1967. 7, 19~20면.

지배적인 자리를 차지하고 있으며 부정적인 것이 부차적인 자리를 차지하고 있는 것만큼 사회주의사회 근로자들의 생활을 반영하는 갈등은 긍정을 기본으로 내세우고 그 모범으로 부정을 감화하고 교양 개조하는 방법으로 해결하여야 한다.[13]

따라서 이 기간은 인민의 생활을 발전적으로 변화시키기 위하여 당이 그 어느 때보다도 정치적 '선도성'을 강하게 발휘한 시기라고 할 수 있다.

(1) 공적 지원과 '생활·교육 평준화'의 기대감 (1965~1972년)

이 시기에 창작된 '사회주의현실주제작품'에는 최진용의 「황수령을 넘으며」,[14] 구희철의 「청춘, 우리는 개척자」,[15] 리금녀의 「포구의 아낙네들」,[16] 김재윤의 「림산마을의 아침」,[17] 리계심의 「혁명의 한쪽수레바퀴」[18] 등이 있다.

이 시기의 작품들에서는 공적 지원을 확대함으로써 생활과 교육의 평준화를 견인하고자 하는 당의 정치적 선도성이 두드러지게 나타난다. 그리고 이를 형상화하기 위하여 과거와 현재 속 인민의 생활 모습을 비교하는 방식이 주로 사용되고 있다.

> 숲속 멀리서 들려오는 림철차[19]의
> 기적소리도 다정한 이 아침
> 이깔나무 전나무 사이길로

---

13 사회과학원 주체문학연구소, 『문학예술사전 (상)』, 과학백과사전종합출판사, 1988, 139면.
14 최진용, 『삶의 노래』, 문예출판사, 1975, 85~86면.
15 구희철, 『숫눈길』, 문예출판사, 1986, 93~95면.
16 『당의 기치 따라』, 문예출판사, 1970, 163~165면.
17 위의 책, 189~191면.
18 리계심, 『영원히 녀전사의 마음으로』, 문예출판사, 1981, 135~138면.
19 림철차(林鐵車): 통나무를 실어 나르기 위하여 놓은 철길로 오가는 기관차. (https://stdict.korean.go.kr)

아이들이 학교로 간다.

숫눈을 쿡―쿡―찍고 가는
젊은 녀선생의 발자국 따라
캬득캬득 웃으며
노래하며 애들이 걸어가고
그뒤로 멍멍이도 꼬리저으며 따라나섰구나
나지막한 언덕밑―
저기, 단층학교의 굴뚝마다에서는
쉴새없이 흰연기 피여오르고…

(중략)

수도 평양은 예서 몇천리더냐?
머리 들면,
아아한 산발들만이 련연히 뻗어온
머나먼 조국의 한끝―
울울창창한 이 숲속에
발자국 찍으며 걸어가도
새로 나온 그 노래
같은 귀여운 그 옷차림…
세상에 부럼없는 우리의 미래들이
여기에서도 싱싱히 꽃피여나고있구나―
조국땅의 모든 아이들과 함께
림산마을의 마지막 아이들까지도 빠짐없이,
아침마다 학교로 불러
정갈한 흰눈우에 찍히는 발자국이여

축복의 자국이여!

─김재윤, 「림산마을의 아침」(1970) 부분

화자는 북한의 자강도 룡림군에 위치한 "림산마을"의 겨울 아침 풍경을 형상화하고 있다. 밤새 내린 함박눈으로 인해 이 숲속 오지 마을은 외부세계로부터 완전히 단절되었으나, 화자는 그 모습을 "눈부신 아침"으로 묘사한다. 밤새 쌓인 함박눈의 하강 이미지에 대비되어 집집마다 지붕에서 피어오르는 아침 연기, 그리고 단층학교의 굴뚝에서 피어오르는 흰 연기의 상승 이미지에서 '생활의 활기'를 느끼기 때문이다. 또한, 오지 마을의 침묵을 깨뜨리고 숲속에서 들려오는 림철차의 기적소리, 그리고 "젊은 녀선생"을 따라 숫눈을 밟으며 학교로 가는 아이들의 웃음소리와 노랫소리에서 '생명의 약동'을 느끼기 때문이다.

한편, 흰 눈 위에 찍힌 발자국을 보면서 화자는 감격하는데, 이 감격의 정서는 "수도 평양"과 "머나먼 조국의 한끝"인 림산마을 사이의 물리적 거리가 "몇천 리"임에도 불구하고 평양의 아이들과 림산마을의 아이들이 똑같이 "새로 나온 그 노래"를 부르고 "같은 귀여운 그 옷차림"을 하고 있다는 깨달음으로 인한 것이다. 즉, "조국땅의 모든 아이들과 함께 / 림산마을의 마지막 아이들까지도 빠짐없이, / 아침마다 학교로 불러"에서 확인할 수 있듯이, 과거와는 달리 오늘날에는 "우리의 미래들"이 교육의 혜택을 평등하게 누리고 있다는 것이다. 이에 따라 화자는 흰 눈 위에 찍힌 발자국을 바라보며 "축복의 자국이여!"라고 감탄하는 것이다.

더 큰 기쁨을 마중하려
더 큰 행복을 마중하려
사랑의 해빛 넘치는
거리와 들판으로

달려가는 우리의 녀성들

탁아소에 귀염둥이를 맡기고 가는
어깨엔 날개라도 돋쳤는가
손 흔들어 학교길 바래주는
어머니 가슴에도 푸른 희망 나래치는가

기대사이를 날아도는 직포공들
금수강산 이 땅을 비단무지개로 휘감고
노을이 불타는 대지우
처녀뜨락또르운전수의 가슴엔
설레고있어라, 만풍년의 가을이…

힘이여라,
기쁨이여라
녀성들의 저 밝은 얼굴은
그대로 행복한 조국의 얼굴
그대로 열정에 불타는 조국의 모습

그 어디 가나
발랄하고 사랑스러운 그 걸음
자랑과 확신에 찬 그 걸음
순간도 멈춤없이 달려가는
녀성들의 도도한 흐름

―리계심, 「혁명의 한쪽수레바퀴」(1970) 부분

이 시의 1~3연에서 화자는 여성들의 변모된 생활모습을 형상화하고 있다. 과거의 여성들은 '집 안'에만 머물렀으며, "제 집에서도 설 자리가 없"었고 "제 힘을 믿어본 적 없"었다. 하지만, 오늘날 "우리의 녀성들"은 "거리와 들판"으로 달려 나간다. 한 어머니는 "탁아소"에 "귀염둥이"를 맡기고 나서, 또 다른 어머니는 "학교"에 가는 아이를 배웅해 준 후에 각자의 일터로 가는 것이다. 일터로 가는 이들의 어깨는 "날개라도" 돋친 듯 으쓱거리고, 가슴은 "푸른 희망"으로 가득 찬 듯 설렌다. 기대를 돌리는 "직포공들"은 이 땅을 "비단무지개"로 휘감는 꿈을 꾸고, 대지를 가꾸는 "처녀 뜨락또르운전수"는 "만풍년의 가을"을 맞이하는 꿈을 꾸기 때문이다. 이처럼 오늘날의 여성들은 '집 안'의 공간에서 '집 밖'의 공간으로 생활 영역을 확장하고 있으며, "해빛 넘치는 거리와 들판"으로 구체화되는 '집 밖'의 공간은 여성들에게 "더 큰 기쁨"과 "더 큰 행복"을 가져다 줄 수 있는 긍정적 공간으로 묘사되고 있다.

한편, 이 시의 4~5연에서 화자는 여성들의 생활모습을 변화시킨 근본 동력과 여성들의 높아진 사회적 위상에 대하여 제시하고 있다. 과거에 여성들이 '집 안'의 공간에 머물 수밖에 없었던 이유는 여성이 교육에서 배제됨으로써 직업을 가질 수 없었고, 대신 양육과 가사노동을 전담하게 되었기 때문이다. 그런데 사회주의 조국은 탁아소, 유치원 등에 대한 무상교육제도를 실시함으로써 여성들을 '양육'의 부담으로부터 해방시켰으며 인민학교, 중학교 등에 대한 기술의무교육제도[20]를 실시함으로써 여성들에게도 직업 선택의 자유를 보장해 주었다. 사회주의 조국의 이와 같은 전폭적 지원 덕분에 여성들이 '집 밖'의 공간으로 진출할 수 있게 되었다는 것이다.

따라서 사회주의 조국과 여성의 상생관계를 화자는 다음과 같은 문맥의

---

20 북한에서는 이 시가 창작된 시기인 1967년~1974년 동안에 인민학교 4년과 중학교 5년을 포함하는 9년제 기술의무교육제도를 시행하였다. 이 기간 동안 북한은 교육의 양적 성장을 이룰 수 있었다.

이중구조를 통해서 강조하고 있다. 즉, "힘이여라, / 기쁨이여라 / 녀성들의 저 밝은 얼굴은"이라는 구절은 중의적 의미를 띤다. 첫째, 여성들의 표정이 밝아진 이유는 직장생활을 통하여 제 "힘"을 갖게 되었고, 이로 인해 제 집에서도 떳떳하게 자기주장을 내세우는 "기쁨"을 누릴 수 있게 되었기 때문이라는 것이다. 둘째, 여성들이 밝은 얼굴을 갖게 된 것은 인민의 평등을 추구하는 사회주의 조국에 커다란 "힘"과 "기쁨"을 준다는 것이다. 이와 같은 중의적 의미를 토대로, "녀성들의 저 밝은 얼굴은 / 그대로 행복한 조국의 얼굴 / 그대로 열정에 불타는 조국의 모습"이라는 구절에서 화자는 여성들의 상황과 조국의 상태를 등치시키고 있다. 생활 속의 "행복"과 "열정"으로 여성들의 얼굴은 밝게 빛나고, 그처럼 밝은 얼굴로 살아가는 여성들로 인해 조국의 모습 또한 "행복"과 "열정"으로 가득하게 되었다는 것이다. 또한, 화자는 이제 여성들이 "영웅으로" "대의원으로" "예술인으로" "녀전사로" 활약할 수 있게 되었으며, "발랄하고 사랑스러운 그 걸음" "자랑과 확신에 찬 그 걸음" 등과 같이 각자 다른 걸음걸이를 가지면서도 하나의 "도도한 흐름"을 형성하게 되었음을 강조한다. 즉, 여성들이 사회주의 조국에서 당당히 "혁명의 한쪽수레바퀴"를 담당하게 되었다는 것이다.

지금까지 살펴본 바와 같이, 이 시기에는 모든 인민이 생활과 교육의 혜택을 평등하게 누리고 있고, 여성과 남성이 동등하게 사회활동에 참여하고 있는 생활 모습을 과거와 비교하여 형상화하고 있다. 하지만, 이와 같은 생활 모습은 객관적 현실을 있는 그대로 반영한 것이라기보다는 '혁명적 낭만주의' 이론에 근거하여 일정 정도 미래사회에 대한 전망을 제시하는 것으로 볼 수 있다. 이를 통해 평등사회에 대한 인민의 기대감을 조성함으로써 정치의 선도성에 정당성을 부여하고 있는 것이다.

(2) 사적 유인과 '계급 평준화'의 열망 (1972~1978년)
이 시기에 창작된 '사회주의현실주제작품'에는 최승칠의 「녀인들도 철마를 타고」,[21] 박호범의「아버지와 딸」,[22] 김북원의「배낭」,[23] 김희종의「사랑의 화면」,[24] 「소조원과 함께」,[25] 차승수의「사랑의 흐름선」,[26] 리영백의「농장벌의 쉴참」,[27] 박창화의「우리 소조원동무」,[28] 오대석의「로장의 말」,[29] 변홍영의「혁명전위에 대한 생각」,[30] 조성관의「등교차 떠나간다」[31] 등이 있다.

이 시기의 작품들에서는 다양한 사회교육[32]이라는 사적 유인을 통하여 노동자, 농민 계급을 인텔리화함으로써 계급의 평준화를 이루고자 하는 당의 정치적 선도성이 두드러지게 나타난다. 그리고 이를 형상화하기 위하여 과거와 현재 속 인민의 여가생활 모습을 비교하는 방식이 주로 사용되고 있다.

> 농장벌의 쉴참은 즐거운 한때
> 방금 갈아엎은 긴 밭사래도
> 잠시 긴장을 풀고 드러누운듯
> 최뚝에 놓인 농쟁기들도 해빛에 눈부신데
> 포전이 떠나갈듯 터져흐르는 웃음소리…

---

21 최승칠,『빛나는 모습들』, 문예출판사, 1974, 129~130면.
22 박호범,『영원히 행군길에서』, 문예출판사, 1975, 81~82면.
23 『3대혁명붉은기 휘날리며』, 문예출판사, 1976, 41~43면.
24 위의 책, 69~71면.
25 위의 책, 84~86면.
26 위의 책, 72~75면.
27 위의 책, 126~128면.
28 위의 책, 87~89면.
29 위의 책, 90~92면.
30 위의 책, 144~147면.
31 『충성의 발파소리』, 문예출판사, 1977, 42~44면.
32 사회교육: 일반 민중에게 사회인으로서 필요한 교육을 실시하는 조직적인 활동. 가정과 학교 이외의 도서관, 동물원, 강연회 및 신문, 잡지 따위를 통하여 이루어진다. (https://stdict.korean.go.kr)

어허, 오늘은 누가 먼저 올랐나,
주인을 반겨 투레질하는 준마와 같이
통통거리는 뜨락또르운전실에 앉아
머리수건 바로 잡은 샘골아주머니
제법 의젓이 조항륜[33]을 틀어쥐네

―변속기를 먼저 넣어야 하네!
제가 다 아는듯 칠성이아저씨 웨치는데
―아주머니, 마음의 준빌 먼저 하세요!
정말 옥실이 말이 옳다고
넓은 들판도 이랑이랑 물결치네

얼마나 좋은가,
부속품 이름만 외우재도 까다롭다고
친절한 운전수동무 그렇게 권해도
지레 뒤걸음치며 내젓던 그 손으로
보란듯이 높이 울리는 경적소리여,

농장원이면 누구나 뜨락또르를 몰아야 한다신
어버이수령님의 그 말씀―
대대로 흙을 다루던 농사군의 손마다
기술혁명의 운전대를 쥐여주시는 그 사랑에
웃음을 터치며 눈물을 삼키는 마음들이여,

―리영백, 「농장벌의 쉴참」(1976) 부분

---

33 조항륜(操向輪): 핸들과 연결되어 방향을 조절하는 바퀴. (https://stdict.korean.go.kr)

이 시에서 화자는 "농장벌"을 배경으로 하면서도 농부들의 '일하는' 모습이 아니라 "쉴참"의 풍경을 형상화하고 있다. '드러누운 밭사래' "쵀뚝에 놓인 농쟁기들"의 정적 이미지에 대비되어 농부들이 터뜨리는 "웃음소리"의 동적 이미지에서 알 수 있듯이, 화자는 농장벌의 쉴 참을 "즐거운 한때"로 표현한다. 하지만, 이 쉴 참이 즐거운 이유가 노래와 춤이 어우러진 오락회를 열기 때문이 아니라 농기계를 조종하는 새로운 기술을 배우기 때문이라는 점에서 오늘날 쉴 참의 풍경은 과거와 사뭇 다르다.

"오늘은 누가 먼저 올랐나,"라는 화자의 발화에서 알 수 있듯이, 농부들은 매일같이 순서를 바꿔가며 뜨락또르 운전 기술을 익히고 있다. 그 중에서 오늘은 "샘골 아주머니"가 "뜨락또르 운전실에 앉아" 조향륜을 잡았다. 이에, "칠성이 아저씨"는 "변속기를 먼저 넣어야" 한다고 조언하고, "옥실이"는 "마음의 준빌 먼저 하"라고 충고한다. "얼마나 좋은가, / ~ 경적소리여," 에서 환기되듯이, 화자는 이처럼 농기계 다루는 기술을 익혀나가는 농부들의 모습을 적극적으로 예찬하고 있다.

그런데 "운전수 동무 그렇게 권해도 / 지레 뒤걸음치며 내젓던 그 손"에서 알 수 있듯이, 뜨락또르 운전기술을 농부들이 처음부터 자발적으로 배우고자 한 것은 아니다. 사실상, 농부들의 운전기술 학습은 "농장원이면 누구나 뜨락또르를 몰아야 한다"는 "어버이 수령님"의 교시에 따라 사회교육의 일환으로 추진된 것이다. 즉, 김일성은 "기술혁명"을 통하여 농업의 생산성을 극대화함으로써 농민들의 생활수준을 향상시키고자 하였고, "웃음을 터치며 눈물을 삼키는 마음들"에서 환기되듯이 김일성 수령의 이와 같은 "사랑"이 농민들의 기술습득 욕구를 일깨웠다는 것이다.

　　교대가 끝나자
　　막장을 떠나는 인차[34] —

---

[34] 인차: 탄광이나 광산에서, 사람을 실어 나르는 데에 쓰는 광차. (https://stdict.korean.go.kr)

안전모를 쓴 미더운 얼굴들
직위와 직종은 서로 다르고
많고 적은 나이를 가졌어도
하나같이 대학생
대학생차 떠나간다

그 옛날 낫놓고 기윽자도 모르던 굴간에
에헤 많기도 해라
인차마다 빼곡이 들어앉은 대학생들
등교차 떠나간다

따라잡은 서부맥
또 하나의 착맥[35]지점을 두고
중단붕괴식 새 채광법을 두고
론쟁으로 떠들썩한 차안

하루의 로동 모든 작업이,
새로운 발기와 창안이
기술의 조명아래 검토되는 차안은 마치
실습작업에서 돌아오는 연구집단만 같구나

(중략)

위대한 수령님께서 안겨주신

---

35 착맥: 지질 탐사와 광물. 석탄 생산에서 매장물을 조사하거나 캐기 위하여 굴을 뚫고 들어갈 때 광맥이나 탄맥에 가 닿음. 또는 그런 일. (https://stdict.korean.go.kr)

온 사회 인테리화의 구상을 싣고

불밝은 전등아래

자동화와 원격조종

갱속에 펼쳐질 래일을 싣고

등교차 달린다 대학생차 달린다

―조성관, 「등교차 떠나간다」(1977) 부분

이 시에서 화자는 광산을 배경으로 하면서도 광부들의 일하는 모습이 아니라 "교대" 후의 풍경을 형상화하고 있다. 화자가 "인차"를 "대학생차"라고 부르는 데서 알 수 있듯이, 교대가 끝나자 광부들을 실은 "인차"는 막장을 떠나 광산대학을 향해 달려간다. 직위, 직종, 나이가 서로 다른 광부들이 작업이 끝난 후에는 똑같이 대학생이 되어 인차를 타고 등교하고 있는 것이다. 화자는 과거와 달라진 광부들의 이와 같은 현재 생활을 "낫놓고 기윽자도 모르던 군간"과 "인차마다 빼곡이 들어앉은 대학생들"의 대비를 통하여 더욱 부각시키고 있다.

한편, 화자는 등교차 안에서 광부들이 "서부맥"이라는 "또 하나의 착맥지점"에 대하여, 그리고 "중단붕괴식"이라는 "새 채광법"에 대하여 떠들썩하게 논쟁을 벌이는 모습에 주목한다. 광부들은 자신들이 수행한 하루의 노동과 작업, "새로운 발기와 창안"을 스스로 "기술의 조명아래 검토"하고 있는데, 화자는 광부들의 이와 같은 모습을 "실습작업에서 돌아오는 연구집단"에 비유함으로써 '노동과 기술의 결합' 필요성을 강조하고 있는 것이다. 사실상, "소학교 문도 넘지 못하던" 광부들의 광산대학 학습은 "갱 속"에서 이루어지는 광산노동도 미래에는 "불 밝은 전등아래 / 자동화와 원격조종"으로 작업이 이루어져야 한다는 김일성 수령의 "구상"에 따라 사회교육의 일환으로 추진된 것이다. 즉, 김일성 수령은 "온 사회 인테리화"를 통하여 노동의 생산성을 극대화함으로써 광부들의 생활수준을 향상시키고자 하였고, "광부이며 기사—/ 인류 천만년 리상이 꿈꾸던"에서 환기되듯이 김일성 수령의 이와 같은 구상이 광부들의 지식습득 욕구를 불러일으켰다는 것이다.

지금까지 살펴본 바와 같이, 이 시기에는 농민들이 농기계를 조종하는 새로운 기술을 습득하고, 노동자들이 직장대학을 다니며 기술이론을 학습하는 여가생활의 모습을 과거와 비교하여 형상화하고 있다. 하지만, 이와 같은 여가생활은 노동자, 농민 계급이 더 큰 생산에 대한 지배계급의 요구를 자발적으로 받아들임으로써 지배에 대한 종속성을 가중시켜 나가는 것으로 볼 수 있다. 물론, 노동자와 농민은 국가의 생산도구이며, 노동력의 향상은 복종의 심화를 낳는다는 객관적 현실은 생활공간 속에서 철저히 감춰진다. 이를 통해 계급평등에 대한 인민의 열망을 부추김으로써 정치의 선도성에 유의미성을 부여하고 있는 것이다.

2) 정치의 관용성과 생활의 자율성: 1978~1985년

북한은 1970년대 말부터 '우리식 사회주의'로 체질 변화를 꾀하기 시작하였다. 김정일 국방위원장은 1978년 12월 조선노동당 중앙위원회 책임간부 협의회에서 행한 연설인 '당의 전투력을 높여 사회주의 건설에서 새로운 전환을 일으키자'에서 처음으로 '우리식대로 살자'라는 구호를 제시하였다. 그리고 1980년 10월 제6차 당 대회에서는 김일성의 주체사상만을 당의 유일한 지도이념으로 명문화하였고 '온 사회의 주체사상화'를 당의 최종목표로 내세웠다. 이는 사회주의체제 내에서 중·소 갈등이 심화되어 가는 가운데 북한이 중·소 균열과 거리를 두면서 자주성과 독립성을 유지하기 위해 선택한 노선이라고 할 수 있다. 하지만 결과적으로 북한의 대외관계는 위축되었고, 반대급부로 북한은 내부의 현실문제에 집중하게 되었다. 이러한 의미에서 볼 때, 북한의 '우리식 사회주의'는 목표문화에 해당하는 '사회주의'보다는 방법으로서의 '우리식'에 강조점이 놓이는 것이며, '우리식'이란 외부의 분열과 고립을 극복하기 위해 내부의 화합과 연대를 추구하는 것이라고 할 수 있다. 그 신호탄으로서 이 시기의 기점인 1978년 전후에 김정일은 불미스러운 사건들로 인해 숙청되었던 기성 문학예술인들에 대해 대폭적인 사면을 시행한다. 시인 중에서는 대표적으로 김상오, 김철 등이 전면 복권되었다.

우리 당은 여기서부터 출발하여 로동계급의 당의 문학예술 창작과정에 대한 지도가 문학예술작품의 그 어떤 형식이나 형상수법에 관한 지도로 흐르는 것을 엄격히 경계하였다. 작품의 내용에서 정치적 선이 뚜렷이 선 이상 그것을 표현하는 형상수법이나 수단 같은 것은 창작가가 자유롭게 골라야 하며 오직 이럴 때만이 고상한 사상성과 높은 예술성이 결합된 사회주의 문학예술을 건설할 수 있다는 데 대하여 밝혀주었다.[36]

위의 인용문에서 드러나듯이, 이 시기에 북한문학에서는 '당파성'이 힘을 얻음으로써 작가들에게 문학의 내적 자율성을 일정 정도 허용해 주었고, 이에 따라 작가들은 인민의 일상생활 문제에 더 많은 관심을 기울이게 되었다. 하지만, 개인적 측면과 생활적 측면의 부각이 상대적으로 정치적 측면과 이념적 측면의 약화를 의미하는 것은 전혀 아니다. 오히려 이 시기에는 이전 시기보다 더 체제수호를 위한 정신무장이 강화되었다. 위에서 언급한 김상오, 김철 등은 이 시기에 개인의 생활 속 정서를 구체적으로 표현하는 작품을 창작해 독자와의 공감대를 넓힘으로서 당과 인민으로부터 높은 평가와 커다란 사랑을 받았다. 그런데 이들이 자신을 복권시켜준 김정일과 김일성에 대해 감사와 충성을 노래하는 여러 편의 시[37]를 발표하면서

---

[36] 강성만, 「우리 문학예술에 대한 당적 영도의 빛나는 실현」, 『조선문학』, 문학예술출판사, 1984. 10, 13면.

창작활동을 재개했다는 사실은 이와 같은 상황을 단적으로 드러내주고 있다. 그리고 이와 같이 모순되어 보이는 상황을 해소하기 위해 인민의 생활속 갈등을 형상화할 때는, 아래의 인용문에서 확인할 수 있듯이 개인적 층위와 정치적 층위를, 생활적 층위와 이념적 층위를 하나로 결합시키는 등의 새로운 극적 구성형식을 모색하거나, '부정적인 것'의 설정 없이 '긍정적인 것'만을 통해 독자의 정서적 공감대를 극대화하는 방법을 사용할 것을 강조하고 있다.

> 문학예술작품에서 갈등을 옳게 설정하고 해결하는 것이 중요하다고 하여 모든 작품에 반드시 갈등이 있어야 하는 것은 아니다. (중략) 인민들의 통일과 단결이 사회관계의 기본을 이루며 긍정적인 것이 지배적인 자리를 차지하는 사회주의사회의 현실은 새로운 극적 구성형식을 통하여 생활을 반영할 것을 요구하며 사회주의 현실을 반영하는 작품에서는 종자와 생활소재에 따라 긍정적 사실만 가지고도 사람들을 감동시키는 훌륭한 형상을 창조할 수 있다.[38]

따라서 이 기간은 주체사상이 인민의 일상생활 속에 자연스럽게 뿌리내려 내부의 단결을 이룰 수 있도록 하기 위하여, 당이 그 어느 때보다도 정치적 '관용성'을 강하게 내보인 시기라고 할 수 있다.

이 시기에 창작된 '사회주의현실주제작품'에는 송명근의 「11년제 배움의 길우에」,[39] 김우협의 「언제나 조국과 함께」,[40] 주옥양의 「어디서나 백두산에 오르리」[41] 「나는 사랑하네, 그 불보라를」[42] 「나는 알아」,[43] 김석주의 「길

---

[37] 이에 해당하는 시 작품으로는 김상오의 시집 『나의 조국』에 실린 「심려」 「그날 그 순간」 「나의 소원」 「친애하는 지도자 동지께 드리는 말씀」 등과, 김철의 시집 『어머니』에 실린 「잠들수 없는 밤에」 「다시 오리」 「당중앙위원회 정원을 나서며」 등이 있다.
[38] 사회과학원 주체문학연구소, 『문학예술사전 (상)』, 과학백과사전종합출판사, 1988, 139면.
[39] 『행복하여라 인민의 나라』, 문예출판사, 1978, 221~223면.
[40] 『해방후서정시선집』, 문예출판사, 1979, 228~230면.

을 잃고서」,⁴⁴ 문동식의 「겨울의 백두산」,⁴⁵ 동기춘의 「나의 어머니」⁴⁶ 「그
대 나의 푸른숲」,⁴⁷ 김상오의 「안해에게」⁴⁸ 「나의 조국」,⁴⁹ 김철의 「어머니」⁵⁰
등이 있다.

  이 시기의 작품들에서는 경험의 구체성을 용인함으로써 생활과 사상의
일체화를 이루고자 하는 당의 정치적 관용성이 두드러지게 나타난다. 그리
고 이를 형상화하기 위하여 '일상생활의 정서'와 '주체사상적 인식'을 은유
구조로 결합시키는 방식이 주로 사용되고 있다.

    기쁠 때도 어머니
    괴로울 때도 어머니
    반기여도 꾸짖어도 달려가 안기며
    천백가지 소원을 다 아뢰고
    잊을번한 잘못까지 다 말하는
    이 어머니 없이 나는 못살아

    놓치면 잃을듯
    떨어지면 숨질듯
    잠결에도 그 품을 더듬어찾으면

---

41 주옥양, 『어디서나 백두산에 오르리』, 문예출판사, 1984, 15~18면.
42 위의 책, 71~72면.
43 위의 책, 83~84면.
44 김석주, 『들꽃』, 문예출판사, 1985, 149~150면.
45 『서정시선집 (1979~1985)』, 문예출판사, 1986, 157~158면.
46 동기춘, 『인생과 조국』, 문예출판사, 1991, 82~84면.
47 위의 책, 92면.
48 김상오, 『나의 조국』, 문예출판사, 1988, 141~142면.
49 『해방후서정시선집』, 문예출판사, 1979, 223~227면.
50 『서정시선집 (1979~1985)』, 문예출판사, 1986, 22~24면.

정겨운 시선은
밤깊도록 내 얼굴에 머물러있고
살뜰한 손길은
날이 밝도록 내 머리를 쓰다듬어주나니
이 어머니 정말
나를 낳아 젖먹여준 그 어머닌가…

조용히 눈길을 들어
어머니의 모습을 다시 쳐다보노라
그러면…아니구나!
이 어머니
나 하나만이 아닌
이 땅우의 수천만 아들딸들을
어엿한 혁명가로 안아키우는
위대한 어머니가 나를 굽어보나니

(중략)

송구스러워라 이 어머니를
나에게 젖조차 변변히 먹여줄수 없었던
한 시골아낙네의 이름과 나란히 한다는것은
그러나 어이하리
당이여 조선로동당이여
어머니란 이 말보다
그대에게 더 어울리는 뜨거운 말을
이 세상 어느 어머니도
나에게 가르쳐주지 못했거니…

그대는 어머니!
피도 숨결도 다 나누어주고
운명도 미래도 다 맡아 안아주며
비바람도 눈도 죽음까지도
다 막아나서주는 우리들의 어머니
준엄한 싸움길에 하나의 전사 뒤떨어져도
천리길 만리길을 다시 달려가
붉은기에 휩싸안아 대오에 세워주는
영원한 삶의 품! 혁명의 어머니!

―김철,「어머니」(1982) 부분

　이 시는 개인으로서의 인간이 정서적으로 가장 밀착감을 느끼는 존재인 "어머니"를 시적 대상으로 삼고 있다. 화자에게 있어서 "어머니"는 "어느덧 귀밑머리 희여졌건만 / 지금도 아이적 목소리로 때없이 찾"을 정도로 가까운 존재이다. 화자는 "기쁠 때도" "괴로울 때도" "반기여도 꾸짖어도" 어머니를 찾고, "천백가지 소원"뿐만 아니라 "잊을 번한 잘못"까지도 모두 어머니에게 말한다. 화자는 "잠결에도 그 품을 더듬어 찾"고, 어머니는 그런 자식을 "정겨운 시선"과 "살뜰한 손길"로 보듬는다. 화자가 "어머니 없이 나는 못살아"라고 선언하는 데서 알 수 있듯이, 어머니는 화자의 삶에 토대가 되는 존재인 것이다.

　그런데 다음 순간, 화자는 "이 어머니 정말 / 나를 낳아 젖 먹여준 그 어머닌가"와 "아니구나!"라는 자문자답을 통해 '어머니'의 의미를 전환시키고 있다. 즉, "나에게 젖조차 변변히 먹여줄 수 없었던 / 한 시골아낙네"로서의 '어머니'에서 "나 하나만이 아닌 / 이 땅 우의 수천만 아들딸들을 / 어엿한 혁명가로 안아 키우는 / 위대한 어머니"로서의 '조선로동당'으로 지시대상을 치환시키고 있는 것이다. 그리고 전자를 "그 어머니"로 지칭하고, 후자를 "이 어머니"로 지칭함으로써 전자가 아니라 후자가 주된 시적 형상화의 대상임을 드러내고 있다. 즉, "그대는 어머니!"에서 단적으로 나타나고 있듯이, '어머니'는 '당'을 구체적으로 형상화하기 위한 비유적 표현으로 도입되고 있는 것이다. 따라서 화자가 노래하는 시적 대상은 개개의 인민을 위해 "피도 숨결도 다 나누어주고" "운명도 미래도 다 맡아 안아주며" "비바람도 눈도 죽음까지도 / 다 막아나서 주는" 어머니로서, 이는 곧 "영원한 삶"과 "혁명"의 품인 "조선로동당"인 것이다.

이처럼 이 시에서 화자는 '어머니와 아들'의 관계를 설정하고, "나는 ~ 그대의 아들!" "어머니! 어머니 없이 나는 못살아!" 등과 같이 이들 사이의 끈끈함을 표현함으로써 '당과 인민' 사이의 특별한 유대관계를 강조하고 있다. 하지만, 이 은유구조 속에는 '어머니와 아들' 사이에 요구되는 개인윤리와 '당과 인민' 사이에 요구되는 국가윤리를 동일시하는 의도적인 '범주화의 오류'가 내포되어 있다. 이 의도된 오류를 통하여 시인은 당의 지도이념에 의거한 자신의 세계관을 독자에게 자연스럽게 주입하고 있는 것이다.

조국이여!
너는 무엇이기에
가만히 네 이름 부르면
가슴은 터질듯 긍지로 부풀고
눈굽은 쩌릿이 젖어드는것이냐

어찌하여, 때로 이국의 거리를 거닐다가도
문득 솟구치는 그리움에
마음은 한달음에 달려와
너를 안는것이냐

조국은

고향마을 정든 집이라더라
동구밖 오리나무숲
그 정겨운 설레임
새벽녘 들가에 피는
녀인들의 웃음소리
송아지떼 풀을 뜯는 언덕을 넘어
지즐대며 흐르는 여울물소리

조국은
그리운 얼굴들이라더라
다심하신 고향 어머니
모래불에 딩굴던 어릴적동무
물결치는 이랑속에 벼단을 안고
땀을 씻는 처녀의 그윽한 눈길…

(중략)

조국이여, 진정 너는 무엇이기에
너의 한치 땅을 위해
애어린 청춘들 웃으며 꽃처럼 졌고
쓰러지면서도 못잊어
두팔가득 너를 그러안고 갔더냐

한줌 흙속에
너를 싸안고 간 투사들도 있었더라
한떨기 진달래꽃향기에
눈감고

너의 모습 그려본 녀대원도 있었더라
아마도 조국은 어머니…

그렇다, 조국은
더없이 신성하고 숭엄한 그 무엇
위대하신 수령님 한생을 바치시는
겨레의 삶이며 그 무궁한 미래
죽어서도 안기여사는 영원한 품

(중략)

그렇다, 조국은
수령님 찾아주신 우리의 삶
수령님 안겨주신 우리의 긍지
영원한 영원한 그이의 품

―김상오, 「나의 조국」(1979) 부분

이 시에서 화자는 '조국'을 두 가지 층위로 형상화한다. 첫째, 화자에게 있어서 조국은 "그리움"의 표상이다. 감정을 강하게 동요시키는 이 '조국'의 존재감을 화자는 "너는 무엇이기에 / ~ 젖어드는 것이냐" "어찌하여, / ~ / 너를 안는 것이냐"라는 수사학적 질문을 통해 더욱 부각시키고 있다. 또한 그에 대한 대답으로서 조국의 실체를 "고향마을 정든 집"과 "그리운 얼굴들"로 구체화하여 제시한다. 즉, 조국은 '동구 밖 오리나무숲의 설레임' '새벽녘 들가에서 들리는 여인들의 웃음소리' '송아지떼 풀을 뜯는 언덕' '언덕 넘어로 흐르는 여울물소리' 등의 고향마을 자연이며, 조국은 '고향 어머니' '어릴 적 동무' '고향 처녀' 등의 고향마을 사람들이라는 것이다. 이처럼 '조국은 곧 고향'으로서 개별적 인간 내면의 본능적 층위를 형성하는 존재라는 것이다.

둘째, 화자에게 있어서 조국은 '절대가치'의 표상이다. 소중한 이 '조국'의 의미를 화자는 "조국이여, 너는 무엇이기에 / ~ / 죽어서도 돌아오길 소원했더냐" "조국이여, 진정 너는 무엇이기에 / ~ 너를 그러안고 갔더냐"라는 수사학적 질문을 통해 더욱 강조하고 있다. 또한 그에 대한 대답으로서 조국의 가치를 "애어린 청춘들"의 '피'와 '죽음'으로 상징화하여 제시한다. 즉, 조국은 '투사들이 한줌 흙속에 싸안고 간 무엇' '여대원이 한 떨기 진달래꽃 향기에 모습을 그려본 무엇'이며 '수령님 한생을 바치시는 무엇'으로서, 조국은 곧 "겨레의 삶" '겨레의 무궁한 미래' '겨레의 영원한 품'이라는 것이다. 이처럼 '조국은 곧 어머니'로서 보편적 인간 정신의 이념적 층위를 형성하는 존재라는 것이다. 이와 같이, 조국은 개별성과 보편성, 본능성과 이념성의 양면을 아우르는 존재라는 것이다.

다른 한편, 화자는 '조국'을 인간의 "품"에 비유하고 있다. "조국은 / ~ / 죽어서도 안기여 사는 영원한 품"에서 확인할 수 있듯이, 일차적으로는 '조국 = 품'이라는 은유를 통하여 추상적 존재인 조국에 구체성을 부여하고 있다. 그러나 "조국은 / ~ / 영원한 영원한 그이의 품"에서 확인할 수 있듯이, 이차적으로는 '조국 = 그이의 품'이라는 제유를 통하여 조국의 존재가치를 '그이'로 지칭되는 '김일성 수령'의 존재가치로 치환하고 있다. 이 과정에서 발생하고 있는 '범주화의 오류'를 좀 더 구체적으로 살펴보면 다음과 같다. "그렇다, 조국은 / 수령님 찾아주신 우리의 삶 / 수령님 안겨주신 우리의 긍지 / 영원한 영원한 그이의 품"에서 볼 수 있듯이, '조국 = 그이의 품'이라는 화자의 주장은 삼단논법의 형식을 띠고 있다. 첫째, 조국은 우리의 삶이고 긍지이다. 둘째, 우리의 삶과 긍지인 조국을 되찾아준 것은 바로 "수령님"이다. 셋째, 따라서 조국을 되찾아준 수령님의 품이야말로 조국이라는 것이다. 그런데 이 삼단논법은 형식논리의 오류로 인하여 '그이의 품 〉 조국'이라는 범주화의 오류를 낳고 있는 것이다. 이와 같이 화자는 의도된 '범주화의 오류'를 활용하여 조국에 대한 일반적 시각과 주체사상적 시각을 교묘히 결합시킴으로써 당 정책에 의거한 자신의 세계관을 독자에게 주입시키고 있다.[51] 이때, 화자는 "조국이여"와 "조국은"으로 시작되는 구문의 형태를 시 전반에 걸쳐 변형적으로 반복하고 있는데, 이를 통해 조성되는 유장한 운율감이 독자의 정서를 한층 고양시킴으로써 정서적 동일화를 이끌어내는 핵심 기능을 하고 있다.[52]

지금까지 살펴본 바와 같이, 이 시기에는 인민이 일상생활 속에서 향유하는 사적인 경험들을 구체적으로 형상화하고, 이것이 수령과 당의 보호를 전제로 존립하는 것임을 강조함으로써 수령과 당과 인민 사이의 특별한 유대관계를 부각시키고자 한다. 하지만, 이와 같은 생활과 사상의 일체화는 객관적 현실인식이라는 과학적 세계관에 입각한 것이 아니라, 의도된 '범주화의 오류'를 활용하여 인민의 현실인식을 호도하려는 당의 문학적 전략에 따른 것이라고 볼 수 있다. 즉, 인민의 일상생활에 자율성을 부여함으로써 정치의 관용성이라는 착시효과를 이끌어내고 있는 것이다.

3) 생활의 배반성과 정치의 전향성: 1985~1995년

북한은 1980년대 중반 이후 목표문화인 사회주의 자체가 위협받는 상황에 직면하게 되었다. 동구사회주의권의 붕괴, 소련의 해체, 독일의 통일 등으로 이어지는 탈냉전의 흐름은 북한에 심각한 위기의식을 안겨주었다. 국

---

[51] "시인은 단순히 나서 자란 어머니 조국에 대한 사랑이 아니라 인간의 존엄과 나라와 민족의 자주성이 보장된 조국에 대한 사랑을 노래하고 있다. 이것은 주체사실주의에 기초한 조국애의 새로운 형상적 해명으로 된다." (사회과학원 주체문학연구소, 『조선문학사 14』, 사회과학출판사, 1996, 181면.)
[52] 김희종, 「시에서 정서와 운률의 호상관계에 대한 당의 독창적 문예리론」, 『조선문학』, 문학예술출판사, 1980. 12, 66면.

제질서가 이념적 동맹보다는 자국의 이익을 중시하는 방향으로 급격히 변화되었기 때문이다. 이에 대응하여 북한은 외국의 자본과 기술을 도입하고, 남한과의 교류를 확대함으로써 경제를 활성화하고자 하였다. 실제, 1990년대로 접어들면서 남북한의 관계는 과거에 비해 급속하게 확대, 개선되었다. 하지만, 그 결과 젊은 세대가 자본주의체제에 대해 관심을 가지게 되었고, 이로 인해 젊은 세대의 생활양식과 가치관에서 커다란 변화가 나타나게 되었다.[53] 즉, 북한에 이상적인 규범에서 벗어나 현실적인 조건을 고려하여 행동하는 새로운 '현실문화'[54]가 탄생하게 된 것이다.

친애하는 지도자 동지께서는 고전적 로작《주체문학론》에서 지금 일부 소설들이 인민들 속에 널리 읽히우지 못하는 것은 작품에 펼쳐진 생활과 현실생활과의 간격이 있는 데 있다고 지적하시였다. 인물들의 리상화, 미화분식 같은 것은 현 시기 우리 문학의 진실성을 약화시키는 주되는 원인으로 되고 있다. 현실의 인간보다 비할 수 없는 높이에 올라있는 인물의 형상은 사람들의 공감을 불러일으킬 수 없다. 문학은 마땅히 현실보다 앞서 나가야 하지만 그렇다고 하여 현실을 초월한 인물을 꾸며내면 인간과 생활을 리상화하는 결과를 빚어내게 된다. 생활에 대한 미화분식도 마찬가지이다. 미화분식은 사람들에게 작품의 형상을 믿지 않게 하며 우리의 현실을 외곡하게 된다. 현실과 동떨어진 미화분식으로 생활을 찬미하게 되면 독자들의 공감을 받을 수 없으며 따라서 그러한 작품은 사상정서적 감화력을 가질 수 없다. 이렇게 되면 당 사상사업의 힘있는 무기로서의 우리 문학의 기능과 역할을 높일 수 없으며 혁명위업 수행에 적극 이바지할 수 없게 된다.[55]

---

53 최대석, 이상숙, 「북한의 대학생활과 새세대의 가치관」, 『북한주민의 일상생활과 대중문화』(민족화해협력범국민협의회 정책위원회 편), 오름, 2003, 290~291면.
54 현실문화: 이상적 규범을 명목상 존재하는 것으로만 생각하여, 현실적 조건에 따라 본래 규범에서 다소 벗어나 행하는 행위들에 의하여 나타나는 문화. (https://stdict.korean.go.kr)

위의 인용문에서 드러나듯이, 이 시기에 북한문학에서는 '당파성'이 세력을 확장함으로써 작가들에게 현실에서 살아 움직이는 인간과 생활을 있는 그대로 형상화하여 독자의 공감을 얻어낼 것을 요청하였다. 이에 따라 작가들은 사랑보다는 조건을, 내면적인 성숙보다는 외양적인 멋을, 의미 있는 일보다는 안락한 생활을, 지방보다는 도시를 선호하는 인민의 생활 속 모습을 있는 그대로 담아내려는 경향을 보여주고 있다.

그리고 그와 같이 잘못된 현실을 바로잡기 위해 인민의 생활 속 갈등을 형상화할 때는, 아래의 인용문에서 확인할 수 있듯이 부정인물을 내세워 그가 자기 내면에 존재하는 '낡은 것, 부정적인 것'을 반성하고 '새 것, 긍정적인 것'을 회복해나가도록 함으로써 독자의 양심을 자극하는 방법을 사용할 것을 강조하고 있다.

> 사회주의현실주제작품에서 투쟁 대상은 부정인물 그 자체가 아니라 그가 가지고 있는 낡은 사상잔재와 낡은 생활습성인 것만큼 선진사상과 그것을 방해하는 낡은 사상잔재, 낡은 생활습성과의 투쟁이 갈등의 내용으로 되여야 하며 부정에 대한 처리를 낡은 모자를 씌워서 타도하는 식으로 할 것이 아니라 부정인물이 자기 잘못을 뉘우치고 옳은 길로 나가도록 하여야 한다.[56]

따라서 이 기간은 인민의 변모된 생활을 따라잡기 위하여 당이 그 어느 때보다도 정치적 '전향성'을 강하게 드러낸 시기라고 할 수 있다.

(1) 숨겨진 욕망과 '우회적' 비판(1985~1989년)
이 시기에 창작된 '사회주의현실주제작품'에는 장건식의 「상봉」,[57] 오재

---

55 「인민대중의 지향과 요구에 맞는 의의있는 문제를 제기하고 진실하게 형상하자」, 『조선문학』, 문학예술출판사, 1993. 5, 4면.
56 사회과학원 주체문학연구소, 『문학예술사전 (상)』, 과학백과사전종합출판사, 1988, 139면.
57 『1980년대 시선』, 문예출판사, 1990, 107~108면.

신의「걸어서 가자」,[58] 리광제의「우리는 배낭을 벗지 않으리」,[59] 윤병규의
「그대곁에 우리곁에」,[60] 김기호의「아직은 말못해」[61] 등이 있다.

이 시기의 작품들에서는 모범상 혹은 일탈상을 제시함으로써 인민에게 자신의 내면에 숨겨진 욕망을 자각시키고자 하는 당의 정치적 전향성이 두드러지게 나타난다. 즉, 제한적 오류를 범한 사람이 긍정인물에 감화되어 오류를 시정해나가는 것이 중심 주제로 등장한 것이다.[62] 그리고 이를 형상화하기 위하여 인민의 생활 속에 존재하는 일탈적 인물과 모범적 인물을 상호 대응시키는 방식이 주로 사용되고 있다.

> 어머니는 오늘도
> 나를 불러 선보러 가라지만
> 내 가슴에 간직한 사연 어이 알랴
> 도시의 그 총각보다
> 탄캐는 동무를 마음에 둔줄
>
> 어이 알랴
> 일터에서 서로 도우며
> 나도 몰래 움튼 정
> 그 총각과 마주 서면
> 이 가슴에 물결 출렁임을

---

58 위의 책, 122~125면.
59 위의 책, 208~211면.
60 『서정시선집 (1979~1985)』, 문예출판사, 1986, 202~203면.
61 『열정』, 금성청년출판사, 1986, 74~75면.
62 오양열, 임채욱, 「북한의 군중문화정책과 주민의 문화예술활동」, 『북한주민의 일상생활과 대중문화』(민족화해협력범국민협의회 정책위원회 편), 오름, 2003, 126면.

(중략)

그 동무가 캐는 석탄이라면
나 혼자 다 실어내고싶고
혁신자 그 동무 가슴에
내가 만든 꽃다발만 안겨주고싶은
가슴에 타는 이 마음

하지만 말 못해
아직은 말 못해
이 해의 석탄 다 캐기전에
우리 사연 가슴속에 묻어두자던
아, 그 약속이 소중해
아, 그 꿈이 소중해

―김기호, 「아직은 말못해」(1985) 부분

    이 시에서 화자는 '어머니'와 '딸'이라는 두 인물을 통하여 바람직한 남편감에 대한 상반된 가치관을 제시하고 있다. 첫째, 어머니는 "도시의 그 총각"과 "선"을 볼 것을 권하지만, 딸은 지방의 "탄 캐는 동무"와 '연애'를 하고 있다. 어머니는 선을 통해 만나는 도시 총각의 '좋은 조건'을 중시하는 것이며, 딸은 연애를 통해 만나는 지방 총각의 '훌륭한 인성'을 중시하는 것이다. 이와 같은 가치관의 차이를 화자는 "오늘도"에서 '도'의 반복성과 "어이 알랴"에서 '어이'의 단절성을 통하여 극대화하고 있다.
    둘째, 딸은 "채탄공 동무"를 "일터"에서 만났고, 서로 도우며 일하는 과정에서 "나도 몰래" '정'이 움텄다. 이제 "그 총각"을 마주보는 것만으로도 가슴이 설레는데, "나 혼자 다 실어내고 싶고" "내가 만든 꽃다발만 안겨주고 싶은" 등을 통하여 "채탄공 동무"에 대한 그 각별한 "마음"을 표현하고 있다. 하지만 어머니 입장에서 볼 때, 그러한 연애감정은 일시적인 것이므로 조건을 고려하지 않고 감정에 이끌려 결혼하는 것은 세상물정 모르는 어리석은 짓이다.

셋째, 딸이 "채탄공 동무"를 사랑하는 이유는 "그 동무"가 바로 "혁신자"이기 때문이다. 두 사람은 하나의 "꿈"과 "약속"을 지니고 있는데, "이해의 석탄 다 캐기 전에 / 우리 사연 가슴속에 묻어두자던"에서 드러나고 있듯이, 그것은 열심히 일하여 올해의 채탄량 목표를 반드시 달성하자는 것이다. 하지만 어머니 입장에서 볼 때, 그러한 "꿈"은 도덕교과서에나 나올법한 구시대적 이상에 불과하다. 오늘날의 현실 속에서 사람들은 올바르게 살기보다 잘 살기를 추구하며, 그러기 위해서는 혁신자가 아니라 부자가 되거나 출세를 해야 한다.

한편, "어이 알랴" "아무도 몰라" "말 못해" 등에서 환기되고 있듯이, 이 시는 딸의 일인칭 독백으로 이루어져 있다. 즉, 화자는 어머니의 목소리를 숨기고 딸의 목소리를 전면에 드러낸다. 그런데 여기에서 어머니의 가치관이 당대 생활 속에서 공유되고 있는 인민의 욕망[63]을 대변하고 있다면, 딸의 가치관은 이러한 풍조를 바로잡기 위해 인민에게 제시하고 있는 당의 입장을 대변하는 것이다. 이러한 점을 고려할 때, 화자는 딸이라는 모범적 인물을 통하여 인민의 숨겨진 욕망을 우회적으로 비판하려는 것이다.

    한때는 일밖에 몰라

---

[63] "1970, 80년대만 해도 당간부와 같은 전형적인 사회주의 사회의 권력계층이 "일등 신랑감"으로 여겨졌으나 1980년대 후반 이후 이러한 생각들에 차츰 변화가 나타나는 것으로 보인다. (중략) 요즈음엔 당원인가 아닌가의 여부나 토대(출신성분)와 같은 조건보다는 "돈"이 배우자 선택의 중요한 기준으로 강조되는 것이 커다란 변화이다." (김은영, 김경미, 홍욱화, 「북한의 가족생활」, 『북한주민의 일상생활과 대중문화』(민족화해협력범국민협의회 정책위원회 편), 오름, 2003, 253면.)

그를 만나자면

조용한 사무실보다

현장을 찾아가야 했던 일군

허지만 언제부터인지

푹신한 의자에 몸을 잠근채

큼직한 사무실을 떠날줄 모르네

혈색좋고 풍채좋은 그 몸을

등받이에 맡긴채

서글픈 마음으로

귀밑머리 쓸어넘기며

말씨까지도 느릿느릿

《여…보…시…오》

오는 전화 가는 전화 다 받으며

하루해

아래사람

밑에사람

새로운 발기들을 안고오면

보는듯마는듯

머리를 끄덕이며

《그…렇…게…해…보…지…》

좋은 얼굴에 가벼운 웃음 지으며

또 하루해

없으면 우에 밀고

안되면 아래 밀며

책임은 지지 않고
《일하는것들을 보면…》
그러면서도 제몸은 걱정이 되여
약을 물에 타며
또 하루

—윤병규, 「그대곁에 우리곁에」(1985) 부분

　이 시에서 화자는 "사람들"에게 이 시대의 "일군" 중의 한 유형으로서 "그"에 대하여 소개하고 있다. 먼저, 화자는 오늘날의 "그"의 근무태도를 "한때"로 지칭되는 젊은 날의 근무태도와 대비시켜 묘사한다. 젊은 날에는 "일"을 우선시하여 언제나 분주한 "현장"에 나와 있던 그가 오늘날에는 "몸"을 중시하여 하루 종일 "조용한 사무실"에 머물러 있다. 즉, 집단주의에서 개인주의로 가치관이 변모했다는 것이다.
　다음으로, 화자는 오늘날의 "그"의 개인주의적 근무방식에 관하여 구체적으로 예를 들어 묘사한다. 첫째, 그는 '혈색 좋고 풍채 좋은 몸'으로 표현되듯이 육체는 건강하나, "서글픈 마음"과 '느릿느릿한 말씨'로 표현되듯이 정신은 권태롭다. 이에 따라 하루 일과는 모두 사무실 의자에 앉아 전화로 처리한다. 이러한 그의 업무태도를 화자는 《여…보…시…오》라는 대사를 통해 단적으로 드러낸다. 둘째, "아래 사람 / 밑에 사람"으로 지칭되는 부하직원이 "새로운 발기들"을 제안하면, 그는 객관적으로 검토하여 실효성 여부를 판단해주는 것이 아니라 "보는 듯 마는 듯" 적당히 훑어보고 만다. 그리고는 "머리를 끄덕이며" "좋은 얼굴" "가벼운 웃음" 등으로 표현되듯이, 자신의 무능력을 감추기 위해 포용력 있는 상사처럼 모두 허용해준다. 이러한 그의 업무방식을 화자는 《그…렇…게…해…보…지…》라는 대사를 통해 압축적으로 표현한다. 셋째, 그는 "약을 물에 타며"에서 나타나듯이 "제 몸"을 챙기는 데 있어서는 늘 최선을 다하는 것과 상반되게, "없으면 우에 밀고 / 안되면 아래 밀며"에서 나타나듯이 일을 처리하는 과정에서는 항상 "책임"을 회피한다. 이러한 그의 업무결과를 화자는 "《일하는 것들을 보면…》"이라는 대사를 통해 함축적으로 환기한다.

한편, "그대 곁에 우리 곁에 없는가 / ~ / 이런 일군 이런 사람은"에서 환기되고 있듯이, 화자는 "그"라는 인물을 익명의 존재로서 제시하고 있다. "꽃"으로 상징되는 '사상성'을 상실한 채 관료주의적 일군으로 전락한 "그"의 모습을 보여줌으로써 인민이 스스로를 돌아보게 한다. 이러한 점을 고려할 때, 화자는 "그"라는 일탈적 인물을 통하여 인민의 숨겨진 욕망을 간접적으로 비판하려는 것이다.

지금까지 살펴본 바와 같이, 이 시기에는 더 좋은 조건의 결혼상대를 만나 잘 살고 싶고, 더 나은 직장에 들어가 편하게 일하고 싶은 생활 속 인민의 욕망을 형상화하고 있다. 하지만 생활 속 욕망을 직접적으로 드러내는 것이 아니라, 당의 입장을 대변하는 모범적 인물과 인민의 입장을 대변하는 일탈적 인물의 상호대응방식을 통하여 숨겨진 형태로 드러내고 있다. 이와 같이 인민의 욕망을 '우회적으로' 비판하려는 전향적 태도를 취함으로써 의도치 않게 현실 속에 싹튼 일상생활의 배반성을 노출시키고 있는 것이다.

(2) 드러난 욕망과 '일방향적' 대화 (1989~1995년)

이 시기에 창작된 '사회주의현실주제작품'에는 정준기의 「량심은 혀끝에 있는가」,[64] 리춘성의 「양보하래요」,[65] 김수철의 「어머니의 눈빛」,[66] 황용남의 「어머니에게」,[67] 리명수의 「사랑의 시편들」,[68] 구희철의 「이 청년들을 사

---

[64] 정준기, 『생의 노래』, 문학예술종합출판사, 1995, 120~121면.
[65] 『궤도를 따라』, 문예출판사, 1992, 228~229면.
[66] 위의 책, 235~237면.
[67] 위의 책, 238~240면.
[68] 위의 책, 212~220면.

랑하라」,⁶⁹ 리광수의 「나의 처녀시절」,⁷⁰ 리충평의 「바람」,⁷¹ 주명옥의 「어머니, 대답해주세요」⁷² 등이 있다.

이 시기의 작품들에서는 진솔한 대화를 시도함으로써 만연하게 드러난 인민의 욕망을 완화해보려는 당의 정치적 전향성이 두드러지게 나타난다. 그리고 이를 형상화하기 위하여 인민의 생활 속에서 직면할 수 있는 일탈적 상황의 제시와 그에 대해 서로 다른 가치관을 지닌 인물들 간의 대화형식이 주로 사용되고 있다.

바쁘구나
색다른 제옷차림새 올려보고 내려보는
그 눈길 속삭이네
— 추세를 따라야 인품도 올라가…

그 누가 찾는듯
이 골목 저 골목 에돌며
이리 기웃 저리 기웃 향방없는 발걸음
살아갈 걱정없어 다른 걱정 찾아
그리도 바쁜가
지는 해 길동무로 또 하루…

누가 또 알랴
마음속 안일의 회오리
량심에 맡겨둔 그대의 하루길을 —

---

69 구희철, 『청춘이 빛나는 곳』, 금성청년출판사, 1990, 28~30면.
70 『청춘시집』, 문학예술종합출판사, 1993, 146~147면.
71 위의 책, 83~84면.
72 위의 책, 76~77면.

생활비 안겨주면 틀릴세라
한푼두푼 세여 받으면서도
맡겨진 하루일감 그렇게 나라에 바쳤던가

뉘 보는이 없다고
훈풍에 설렁이는 갈대같이
떠도는 부평초같이 흘려보낸
인생의 이 하루
《추세》와 《명상》의 꽃바람 타고
톺아오른 만족의 높이가 얼마인지
그대에게 묻고싶어…

정녕 보이지 않는가
그대의 눈길에도
저 국경넘어 오가는 역풍
《자유화》의 노대 잡고 이지러진
가냘픈 인생과 청춘들이

—리충평, 「바람」(1993) 부분

 이 시에서 화자는 인민의 생활 속에 불고 있는 "《자유화》"의 바람과 그에 휩쓸리고 있는 '젊은 세대'의 모습을 형상화하고 있다. 시적 인물인 "그대"는 "색다른 제 옷차림새"에 신경을 쓰느라 바쁘다. 그는 옷차림새의 "추세를 따라야 인품도 올라"간다는 생각을 가지고 있다. 즉, 내면보다 외양이 중요하다는 가치관을 지니고 있는 것이다. 이에 한껏 멋을 내고 거리로 나선 그는 "이 골목 저 골목" "이리 기웃 저리 기웃" 하루 종일 향방 없이 바쁘게 돌아다닌다. 또한, 그는 나라에서 안겨주는 "생활비"는 금액이 틀릴까봐 꼼꼼하게 세어 받으면서, "그렇게 나라에 바쳤던가"라는 화자의 반문에서 드러나듯이 자신에게 맡겨진 "하루 일감"은 대충 처리하고 넘어간다.

한편, "그대에게 묻고 싶어" "정녕 보이지 않는가" 등에서 나타나고 있듯이, 화자는 젊은 세대와 진솔한 대화를 나누고자 한다. 하지만, "《자유화》"의 바람을 "국경 넘어 오가는 역풍"이라고 진단하고, 《자유화》의 바람에 몸을 맡긴 채 인생의 하루하루를 이와 같이 흘려보내는 "그대"를 "갈대"와 "부평초"에 비유한다. 그리고 "가냘픈 인생과 청춘들"이 《자유화》의 바람에 휩쓸리는 이유는 "살아갈 걱정 없어" "마음속 안일"이 생겨났기 때문이라고 분석한다. 이에 따라 화자는 "《추세》와《명상》"을 좇는 삶이 과연 얼마나 만족스러운지를 반문하면서, 자신의 일터에서 "땀 흘리는 보람" 속에 삶의 진정한 가치가 있음을 강조한다. 결국 대화의 시도가 자기주장으로 귀결되고 만 것이다. 그러나 화자의 이와 같은 입장은 현실상황에 대한 논리적 분석에 근거한 것이 아니라 감성적 대응에 불과하며, 문제해결을 위한 과학적 전망을 제시하는 것이 아니라 당의 지도이념을 대변하는 추상적 수사학에 불과하다는 점에서 한계를 노출하고 있다.

    속타는 이 마음
    괴로운 이 심정
    누구한테 터놓겠어요
    이런 땐 정말 어쩌면 좋아요
    어머니, 대답해주세요.

    제마음을 차지한 그 동무가
    탄광으로 가겠다고 자원했대요
    글쎄 그런 엄청난 말을
    어쩌면 그리도 쉽게 할수 있겠나요
    나와 의논도 없이 말이예요

(중략)

내 가슴에 가득찬 그 동무 생각에
그 생소한 탄광생각도 해보았어요
하지만 나의 발목을 붙잡아요
스물네해 나서자란 고향도시
정든 모교며 비단필 짜내는 직기
동무들과 노닐던 꽃피는 유원지가

나도 모르는게 아니야요
그 동무 생각이 그르지 않다는것을
하지만 하많은 사람들중에
꼭 그 동무가 가야 하나요
산설고 아는이 없는 그 먼 산골에

오늘아침 그 동문 탄광으로 떠나갔어요
망설이는 시간이 길어질수록
그 동무와 나 사이가 멀어지는것 같고
시대의 락오자가 되는것만 같아
잠시도 마음을 진정할수 없어요
이런 땐 정말 어찌하나요
어머니 대답해주세요

제가 옳지 않다면
그 동무의 장한 걸음에 선뜻 따라 못서는
이 못난 딸에게 아픈 매를 드세요
시대앞에 떳떳하고

동무들앞에 부끄럼 없게
아, 어머니
부디 이 딸을 떠밀어주세요!

―주명옥, 「어머니, 대답해주세요」(1993) 부분

이 시에서 화자는 "스물네" 살의 미혼여성을 시적 인물로 설정하여 그녀가 연애과정에서 맞닥뜨리게 된 내면적 갈등을 형상화함으로써 당대 젊은층의 변모된 가치관을 문제 삼고 있다. 먼저, "속타는" "괴로운" "어쩌면 좋아요" 등으로 표현되듯이, 그녀는 타인에게 말 못할 마음속 고민을 지니고 있다. 그 고민은 그녀가 사랑하는 "그 동무"가 "탄광으로 가겠다고 자원"함으로써 발생하게 되었다. 즉, "눈물"과 '웃음', "그런 엄청난 말"과 "그리도 쉽게"의 대립적 표현에서 환기되듯이, 이 탄광행에 대해서 그녀와 "그 동무" 사이에는 가치관의 차이가 내재해 있었던 것인데 "그 동무"의 자원을 통하여 문제가 표면화된 것이라고 할 수 있다. 다시 말해서, 그녀는 "그 동무 생각"에서 환기되듯이 "그 동무"를 진심으로 사랑하기 때문에 "그 동무"의 생각을 따르고 싶은 마음과, "나의 발목을 붙잡아요"에서 환기되듯이 자신의 욕망을 따르고 싶은 마음 사이에서 갈등하고 있는 것이다. 이를 통해 그녀의 마음속에서 "산골" '타향' '생소함' 등은 부정적 가치체계를, "도시" "고향" '익숙함' 등은 긍정적 가치체계를 형성하고 있음을 알 수 있다.

다음으로, "나도 모르는 게 아니야요" "제가 옳지 않다면" 등으로 표현되듯이, 그녀의 고민과 갈등은 비록 "그 동무"의 행동으로 인해 촉발되었지만 보다 근본적으로는 자기 안에서 싹튼 가치관의 변화로부터 비롯된 것이다. "하지만 하많은 사람들 중에 / 꼭 그 동무가"라는 그녀의 발화에서는 개인주의적 가치관이 드러나고 있는 반면에, "시대 앞에 떳떳하고 / 동무들 앞에 부끄럼 없게"라는 그녀의 발화에서는 집단주의적 가치관이 드러나고 있다. 후자가 당이 요구하는 기존의 가치관이라면, 전자는 생활의 변화가 불러온 새로운 가치관이라고 할 수 있다.

한편, 마지막 연에서 화자는 시적 인물인 그녀의 목소리를 빌려 변해가는 청년 세대를 붙잡아 세우려는 자신의 의도를 간접적으로 드러내고 있다. "제가 옳지 않다면 / ~ 아픈 매를 드세요"에서 확인할 수 있듯이, 개인주의적 가치관과 집단주의적 가치관 사이에서 갈등하던 그녀는 급작스럽게 개인주의적 가치관에 물든 자신의 행동이 옳지 않은 것이라는 결론에 도달하고, 집단주의적 가치관을 회복해야 한다는 목표를 설정하게 된다. 하지만 이것은 실제 그녀의 생각이라기보다는 당의 입장을 대변하고 있는 화자의 생각에 가깝다. 이러한 맥락에서 볼 때, 그녀가 대화의 상대로 삼고 있는 "어머니"도 육친적인 존재로서의 어머니가 아니라 '당'의 비유적 표현이라고 할 수 있다. 즉, 화자는 딸과 어머니의 대화형식에 '어머니'의 중의법을 결합시킴으로써 당과 젊은 세대 간의 진솔한 대화를 유도하고 있다. 그러나 이와 동시에 개인주의적 가치관은 옳지 않다는 일방적 판단을 내림으로써 화자는 오히려 양자 간의 대화를 가로막는 역효과를 발생시키고 있다.

지금까지 살펴본 바와 같이, 이 시기에는 집단보다는 개인 위주의 삶을 추구하고 싶고, 생산보다는 소비 위주의 삶을 영위하고 싶은 생활 속 인민의 욕망을 형상화하고 있다. 하지만, 생활 속에서 명백히 드러난 욕망을 있는 그대로 인정해주는 것이 아니라, 당의 입장을 대변하는 인물과의 '일방향적' 대화형식을 통하여 욕망을 자제시키려 하고 있다. 이와 같이 인민의 욕망을 대화를 통해 완화하려는 전향적 태도를 취함으로써 오히려 생활의 배반성이 이미 현실 속에 만연하게 되었음을 기정사실화하고 있는 것이다.

4. '사회주의현실주제작품'에서 발견하는 체제존속의 가능성

"현실에서는 새 것과 낡은 것과의 투쟁이 끊임없이 벌어지며 이 투쟁에서 새 것이 승리하고 낡은 것이 멸망하는 것은 생활의 법칙이다."[73]라는 구절은 북한문학이 지니고 있는 현실인식을 단적으로 드러내주고 있다. 즉, 인민이 영위하는 생활 속에는 '새 것과 낡은 것' 사이의 갈등이 존재하고, 생활의 합법칙성을 실현하기 위해 당이 추진하는 정치 속에는 '당성과 당파성' 사이의 갈등이 존재한다. 그리고 인민의 '생활'과 당의 '정치'가 만나는 지점들에서는 또 다른 층위의 갈등이 발생한다. 이러한 점에서 볼 때, 현실은 복수의 주체가 갈등과 투쟁을 벌이는 힘의 각축장이며, 이와 같은 현실을 반영하는 북한 '사회주의현실주제작품'에서 우리는 북한 사회의 실태와 변화상을 가장 구체적으로 읽어낼 수 있다.

본문에서 살펴본 바와 같이, 주체사상 성립 이후의 북한 사회는 '사회주의, 공산주의사회 건설'이라는 공동의 목표문화를 정립하였고, 이를 위해 당과 인민이 함께하는 역사의 행군을 시작하였다. 첫째 시기(1965~1978년)에는, 정치 차원에서 '당성'을 강화함으로써 인민의 생활을 개조하여 '전이문화'의 수준으로 끌어올리고자 하였다. 이 시기에 문학의 역할은 새로운 사회에 대한 청사진을 제시함으로써 평등에 대한 인민의 기대와 열망을 불러일으키는 것이었다. 따라서 이 기간은 당의 정치적 '선도성'이 강하게 발휘되었고, 반대급부로 인민의 생활은 당의 지배에 대한 '종속성'이 심화된 시기라고 할 수 있다. 둘째 시기(1978~1985년)에는 정치 차원에서 '당파성'이 부상함으로써 인민의 일상생활에 관심을 기울여 정치와 생활 사이에 조화를 형성하고자 하였다. 이 시기에 문학의 역할은 고난의 세월을 극복하고 일구어낸 당대 사회의 긍정적 면모를 부각시킴으로써 현실 공동체에 대한 인민의 애정을 일깨우는 것이었다. 따라서 이 기간은 당의 정치적 '관용성'이 폭넓게 적용되었고, 그 결과 인민의 생활은 당의 지배로부터 벗어나 '자율성'이 확대된 시기라고 할 수 있다. 셋째 시기(1985~1995년)에는, 정치 차원에서 '당파성'을 확장함으로써 인민의 변모된 '현실문화'를 인정하여 생활과

---

[73] 사회과학원 주체문학연구소, 『문학예술사전 (중)』, 과학백과사전종합출판사, 1991, 376면.

정치 사이의 간격을 좁히고자 하였다. 이 시기에 문학의 역할은 당대 사회의 부정적 면모를 드러냄으로써 인민의 자각과 반성을 촉구하는 것이었다. 따라서 이 기간은 인민의 생활이 당의 지배로부터 일탈하는 '배반성'을 부분적으로 노출하였고, 그로 인해 당의 정치적 '전향성'이 적극적으로 모색된 시기라고 할 수 있다.

사실상, 1990년대 이후 북한문학 속 인민의 생활은 이전 시기에는 상상할 수 없었을 만큼 커다란 변화를 보이고 있다. 이는 조선노동당의 정치적 태도가 그만큼 전향적으로 바뀌었음을 시사해주는 것이다. 필자가 논문의 서두에서 제시한 '생활과 정치의 상관관계' 속에서 수립되는 조선노동당의 4가지 정책 방향을 참조해 보면, 1990년대 이후 인민의 생활에서 '배반성'이 노출되었을 때 조선노동당의 정책 방향에는 두 개의 선택지가 놓여 있었다. 첫째는 인민의 생활에서 '낡은 것, 부정적인 것'이 중심을 차지할 때, 당의 정치에서 '당성'을 강조함으로써 '억압'의 정책을 펼치는 것이다. 둘째는 인민의 생활에서 '낡은 것, 부정적인 것'이 중심을 차지할 때, 당의 정치에서 '당파성'을 강조함으로써 '전향'의 정책을 펼치는 것이다. 이 가운데서 조선노동당은 인민의 생활에 대한 억압을 행사하는 쪽이 아니라 당의 정치를 전향적으로 체질개선하는 쪽을 선택하였음을 확인할 수 있다. 이는 다음과 같은 문예정책의 방향전환과도 긴밀하게 연관되는 것이다.

> 생활에 남아있는 결함과 부정을 감싸고 전진도상에 부닥치는 애로와 난관을 가리우는 것은 현실을 외곡하여 반영함으로써 생활의 진실을 위반하고 작품의 교양적 의의와 전투적 기능을 약화시킨다.[74]

물론, 북한 인민의 생활 변화는 생활 본연의 반복성으로 인하여 더욱 가속화될 것이고, 이에 따라 북한의 목표문화와 현실문화 사이의 간극은 더

---

[74] 위의 책, 376면.

욱 커져갈 것이다. 그리고 우리는 조선노동당이 '사회주의, 공산주의사회 건설'이라는 목표문화 자체를 재설정함으로써 체제 변화의 길을 선택하게 될지, 아니면 자본주의에 침윤된 현실문화를 제도적으로 수용하는 전향적 정치의 보폭을 넓혀나감으로써 체제존속의 길을 선택하게 될지 아직 알 수 없다. 다만, 우리가 '생활과 정치의 갈등문제'를 중심으로 북한 '사회주의현실주제작품'의 역사적 변모양상을 살펴봄으로써 다시 한 번 확인할 수 있는 것은, 그것이 어떤 사회체제이건 체제발전의 원동력은 바로 체제의 '개방성'이라는 사실이다.

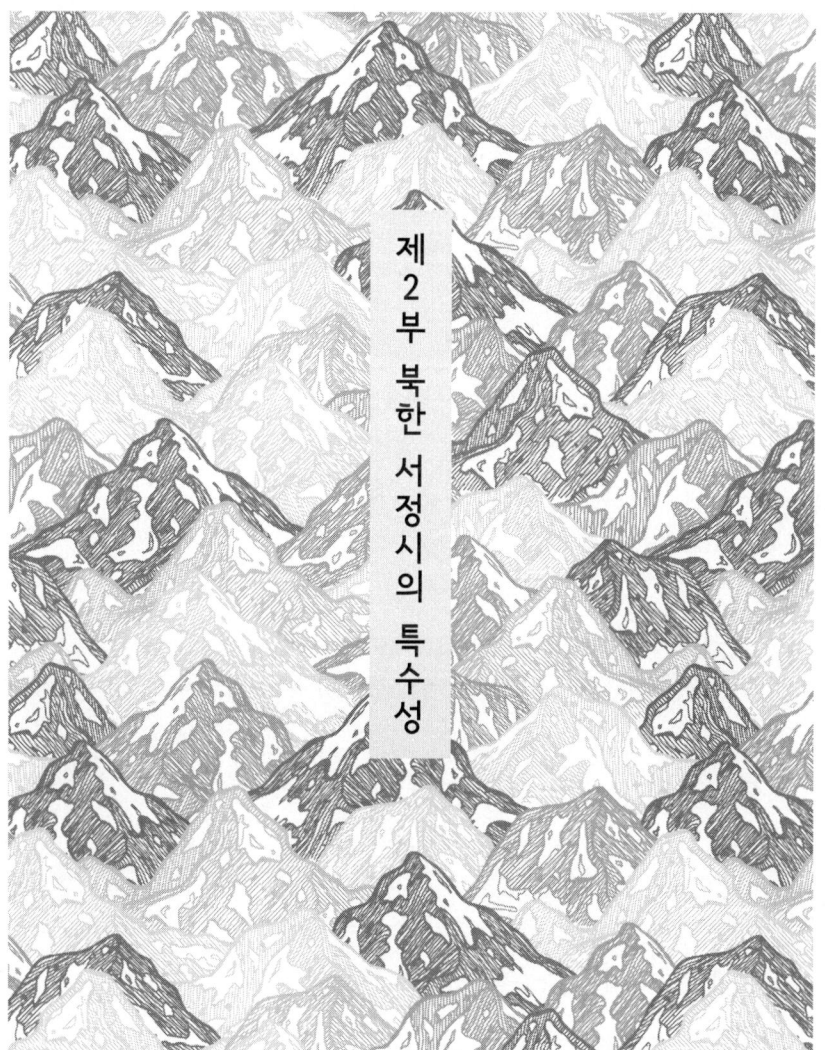

제2부 북한 서정시의 특수성

'개작' 과정을 통해서 본 1950년대 서정시의 특징
―월북·재북 시인들의 1930년대 서정시를 중심으로―

1. 1950년대 문예정책과 '개작'의 필요성

 1920~30년대에 활발하게 작품 활동을 해왔던 월북 혹은 재북 시인들은 20여 년의 세월이 흐른 1950년대 후반에 북한에서 개인시집을 내면서 해방 이전의 작품들을 개작해서 싣고 있다. 여기에 해당하는 대표적인 작가와 작품으로는 리용악의「전라도 가시내」「낡은 집」, 리찬의「눈 내리는 보성의 밤」「국경의 밤」, 박세영의「화문보로 가린 二층」, 박팔양의「데모」, 조벽암의「넌추리」「철뚝」등을 들 수 있다.
 이처럼 1950년대 후반이라는 특정한 시기에 북한이라는 특정한 공간에서 일군의 시인들이 자신의 과거 작품에 대하여 집단적으로 개작을 시도하고 있는 것은 이전의 어디에서도 유례를 찾을 수 없을 정도로 매우 특수한 현상이다. 이러한 점에서 볼 때, 이것은 당대 북한문학사의 특수성을 내포하고 있는 현상이라고 할 수 있다. 따라서 이 개작들을 구체적인 연구의 대상으로 삼아 개작의 이유를 밝혀보는 작업은 1950년대 북한문학사를 이해하는 데 있어서 중요한 시사점을 제공해 줄 수 있을 것이다. 왜냐하면 개작은 원작과의 비교와 대조를 통하여 그들의 창작방법과 세계관, 즉 현실인식의 변모과정을 보다 효과적으로 드러내 줄 수 있는 대상이기 때문이다.[1]

그리고 그 현실인식의 변모과정은 그대로 북한의 문학관을 반영하는 것이기 때문이다.

이때, 원작과 개작의 차이를 보다 분명하게 이해하기 위해서는, 1950년대 북한의 문예정책과 창작방법을 연구의 기본적인 관점으로 설정해야 한다. 해방 이후 1960년대 중반까지의 북한문학은 마르크스-레닌주의 미학전통에 입각한 리얼리즘 문학을 지향한다. 그리고 이 시기에 북한에서 제시한 기본적인 창작방법은 '사회주의 리얼리즘'이다.

사회주의 리얼리즘의 기본 특징은 첫째, 문학의 '당파성'을 추구할 것을 원칙으로 한다는 점에 있다. 문학예술에서 당파성이란 '자기의 창작이 사회적으로 담당하게 될 역할에 대한 예술가의 완전하고도 의식적인 규정'을 의미한다. 즉, 여기에서 중요한 것은 당에 대한 형식적인 소속이 아니라 자신의 창작 가운데 실현되는 당 노선에 대한 실제적인 지지인 것이다.

둘째, '혁명적 낭만주의'를 구성 요소로 삼는다는 점에 있다. 처음에 리얼리즘 문학에서 낭만주의적 성격을 도입하는 데 근거가 된 것은 레닌의 논지였다. 그는 문학에서 리얼리즘과 낭만주의의 역사적인 상호 제약성을 지적하였다. 자본주의 사회에서 작가들은 부정적인 현실을 비판하는 데 그침으로써 역사적인 전망을 제시하지 못하거나, 부정적인 현실에 반발하여 현실에서 이탈함으로써 역사적인 기반을 상실하게 된다는 것이다. 이와 같이 자본주의 사회에서는 낭만주의와 사실주의가 극단적으로 분리되어 적대관계에 놓일 수밖에 없다는 것이다. 그러나 노동자 계급이 역사의 무대에 새로운 힘으로 등장하여 인민해방 운동의 선두에 섰거나 인민해방을 성취하여 사회주의 사회를 건설했을 때, 이 역사적인 조건은 작가들로 하여금

---

1 개작이라는 측면에서 볼 때, 원작과 개작은 동일한 대상과 현실을 취급하고 있다. 그러나 두 작품의 의미는 서로 다르다. 왜냐하면 현실의 소재는 작가의 세계관, 곧 현실에 대한 작가의 태도에 의존해서 변형되는 것이기 때문이다. 즉, 소재가 작가의 세계관과 사상적 방향을 규정하는 것이 아니라, 반대로 작가의 세계관과 사상적 방향이야말로 소재의 선택 또는 그것을 가공하는 성질인 창작방법까지도 규정하는 것이기 때문이다.

리얼리즘과 낭만주의를 하나로 융합시킬 수 있게 해주며, 따라서 양자는 상보관계에 놓이게 된다는 것이다. 만약 이와 같은 현실 속에서도 작가가 리얼리즘 일변도로 나아감으로써 현실을 비판적으로 그린다면, 그는 오히려 역사적인 전망을 올바로 제시하지 못하는 과오를 범할 수 있다는 것이다.

셋째, 사회주의적 이상을 실현하기 위한 '긍정적 주인공'을 형상화할 것을 원칙으로 한다는 점에 있다. 8.15 해방 이전에 쓰인 진보적인 문학의 긍정적 주인공이 당대 사회제도를 반대하는 위치의 인물들이었음에 반하여, 해방 이후에 쓰일 문학의 긍정적 주인공은 현재의 사회제도를 적극적으로 지원하는 위치의 인물들이라는 특질을 갖는다는 것이다.

넷째, '민족적 형식에 사회주의적 내용'을 담는다는 점에 있다. 스탈린은 "내용에 있어서 프롤레타리아적, 형식에 있어서 민족적인 문화, 이것이야말로 사회주의가 겨냥한 전 인류적 문화이다."라고 말했다. 북한문학은 이와 같은 원칙을 적극적으로 받아들여 민족문화 건설의 바람직한 방향으로 삼는다. 주체적인 민족문화를 건설하기 위해서는 선조들이 남겨 놓은 민족문화유산 가운데서 특히 '조선' 사람의 비위와 정서에 맞는 것들을 창조적으로 섭취해야 한다는 것이다.

지금까지 살펴본 바와 같이 북한문학에서는 '사회주의 리얼리즘'의 창작 방법에 입각하여 작품을 창작한다. 그러나 원작과 개작의 차이를 밝혀내기 위해서는 보다 구체적인 작품 분석의 틀을 세워서 비교해 보아야 한다. 즉, '시적 형상화의 대상' '주제의 형상화 방식' '정서적 동일화의 방식' 등을 시인이 어떻게 변화시키고 있는가를 분석하고,[2] 그와 같이 개작한 이유가 무엇인가를 당대의 문예정책과 창작욕구 간의 관계를 통하여 규명해 보아야 한다.

---

[2] 이 틀은 김성윤이 「한국 근대자유시 형성기 연구」 (연세대학교 박사학위논문, 1999.)에서 새롭게 제시한 시론을 원용한 것이다.

2. '사회주의 리얼리즘' 창작방법과 '개작'의 세 방향

1) '비관적 낭만주의'에서 '혁명적 낭만주의'로: '당파성'의 구현

개작의 첫 번째 유형은 '시적 형상화의 대상', 즉 시의 소재 혹은 주제를 바꾸는 경우이다. '시적 형상화의 대상'은 구체적 사물부터 추상적 인식까지를 포괄하는 개념이다. '형상화의 대상'이 구체적 사물과 관련될 때는 소재나 제재의 개념에 가깝게 되지만, 추상적 인식이나 가치판단의 영역 쪽으로 갈수록 시 속의 주제나 세계관적 배경과 관련되는 양상을 띠게 된다. 같은 사물을 소재로 삼아 쓰인 여러 편의 시에서, 그 소재가 내포하는 의미가 서로 다르게 드러나는 이유를 소재의 동일함으로는 밝힐 수 없다. 그러나 '형상화의 대상'은 시적 인식 과정에서 표출되는 창작계층과 수용계층의 차이 혹은 세계관적 차이를 드러내 줄 뿐만 아니라, 더 나아가 시대적인 변모 양상까지도 드러내 줄 수 있다.

> 시월중순이었만
> 함박눈이 퍽-ㄱ 퍽………
> 堡城의밤은 한치 두치 積雪속에 깊어간다.
>
> 깊어가는 밤거리에ㄴ「誰何」ㅅ소리 잦어지고
> 鴨綠江 구비치는 물결 귀ㅅ가에 옮긴듯 우렁차다.
>
> 江岸에ㄴ 錯雜하는 警備燈·警備燈
> 그빛에 閃閃하는 森嚴한 銃劍.
>
> 砲臺는 산비랑에 숨죽은듯 엎드리고
> 그기슭에 나루ㅅ배 몇척 언제나의 渡江을 整備코있다.

오호 北滿의 十五道溝 말없는 山川이여
어서 크낙한 네 秘密의 문을 열어라.

여기 오다가다 깃드린 설음많은 한 사나이
맘끝 沈痛한 歷史의 한瞬間을 울어나볼가하노니.

―이찬,「눈나리는 堡城의밤」원작 전문[3]

위의 시는 이찬의 「눈나리는 堡城의밤」 원작이다. 이 시의 공간적 배경은 "북만"에 위치한 "보성"이라는 한 마을이고, 시간적 배경은 "10월 중순"의 함박눈이 내리는 어느 날 "밤"이다. '잦아드는 「수하」ㅅ소리'와 '우렁차지는 물결소리'의 대조를 통하여 표현되는 밤의 적막은, 내려 쌓이는 함박눈으로 인하여 더욱 깊어간다. 그러나 '경비등과 총검의 감시'와 '포대와 나룻배의 도강'의 대립으로 표현되고 있듯이, 그 어둠과 적막의 이면에는 더욱 큰 긴장감이 도사리고 있으며, 그 긴장감의 실체를 화자는 "비밀의 문" 혹은 "역사의 한 순간"으로 표현한다.

이때, "말없는 山川이여 ~ 네 秘密의 문을 열어라."에서 나타나고 있듯이 화자는 "산천"을 청자로 한 대화체를 사용하고 있지만, "설음 많은 한 사나이 ~ 울어나 볼가 하노니"에서 나타나고 있듯이 그것은 궁극적으로 자신의 내면을 향한 독백체로 귀결된다. 즉, 이 시의 화자는 독자를 향한 공감대의 형성을 추구하기보다는 자신의 주관적인 내면 정서를 표출하는 데 치중하고 있다. 그리고 "설음 많은" "침통한" "울어나 볼가 하노니" 등의 표현에서 드러나고 있듯이, 그것은 슬픔의 이미지로 나타난다.

―○월 중순이었만 함박눈이 퍽 퍽

---

[3] 『조선문학』, 제3권 제1호, 1937. 1, 7~8면.

보성의 밤은 한 치, 두 치, 적설 속에 깊어 간다.

깊어 가는 밤거리엔 『누구냐!』 소리 잦아 가고
압록강 굽이치는 물결 귓가에 옮긴듯 우렁차다,

강안엔 착잡하는 경비등 경비등
그 빛에 섬섬하는 삼엄한 총검,

포대는 산벼랑에 숨 죽은듯 엎드리고
그 기슭에 나룻배 몇 척 언제나의 도강을 정비코 있다.

오, 북만의 一五도구 말없는 산천이여
어서 크낙한 네 비밀의 문을 열어라,

여기 오다가다 깃들인 설음 많은 한 사나이
들어 목메던 그 빛, 그 소리로 한껏 즐거워 보려노니.

―리찬, 「눈 내리는 보성의 밤」 개작 전문[4]

위의 시는 리찬의 「눈 내리는 보성의 밤」 개작이다. 이 시에서 개작된 부분은 극히 적다. 그러나 그것은 시의 주제를 바꾸어 놓을 정도로 중요한 변화를 초래하고 있다. 시인은 마지막 연에서 원작의 "맘끝 沈痛한 歷史의 한 瞬間을 울어나 볼가 하노니"를 "들어 목메던 그 빛, 그 소리로 한껏 즐거워 보려노니."로 바꾸고 있다. "침통한 역사의 한 순간"이라는 표현을 통해 드러나듯이 원작에서 화자의 역사의식은 절망적 이미지를 띠고 있는데, 이는

---

4 리찬, 『리찬시선집』, 조선작가동맹출판사, 1958, 48~49면.

"포대"의 정체성에 대한 인식과 관련되는 것이다. 화자는 "포대"를 약탈자로 인식하고 있으며, 그 약탈자가 본래는 일반 민중 출신으로서, 민중이 약탈자가 될 수밖에 없는 시대 상황을 보여주고 있는 것이다. 반면에 "들어 목메던 그 빛, 그 소리"라는 표현을 통해 드러나듯이 개작에서 화자의 역사의식은 희망적 이미지를 띠고 있는데, 원작에서와 마찬가지로 이는 "포대"의 정체성에 대한 인식과 관련되는 것이다. 즉, 화자는 "포대"를 항일무장혁명투쟁의 주체로서 인식하고 있으며, 그들에게서 민족해방의 의지와 전망을 발견하고 있는 것이다.

峻嶺을 넘고 또 넘어
北으로 七百里

여기는 鴨綠江
江岸의 一小村

冬至도 못됐것만 이미 積雪이 尺餘
오늘도 휩쓰러치는 눈보라에 零下도 三十餘度

江은 첩첩히 平地인양 어러붙고
一帶에 밤은 깊어 오가는 行人의 삐걱이는 자욱소리도 끝이였다

江가에 한개 비뚜루선 장명등
희미한 등빛아래 간혹 날아나는 무장삼엄한 日警들
오늘밤은 몇이나 마적떼가 처든다하는야

오오 저 江건너 아득히 휘여-ㄴ한 北滿曠野
이름모를 村村에 어렴프시 꿈벅이는 點點한 燈火여

순아 여흰지 三年 너는 오즉이나 컷겻니
오늘밤은 몇번이나 우리고향 오리강변
꿈에 소스라처 깨는야

오 어듸서 울려오는가 애련한 胡弓소리
산란한 내마음 더욱히나 산란쿠나

따러라 이컵에 또 한잔을
루쥬 어엽뿐 입을 갖은 짱꼬로시악씨야
오호 나는 이한밤을 마혀서 새이련다.

—이찬, 「國境의 밤」 원작 전문[5]

위의 시는 이찬의 「國境의 밤」 원작이다. 앞의 시에서와 마찬가지로, 이 시에서도 시인은 북방의 한 마을을 배경으로 하고 있다. 이 시의 시공간적 배경은 눈 내리는 추운 '겨울 밤' '압록강변의 한 마을'이다. 그리고 "무장 삼엄한 일경들"과 '쳐들어오는 마적떼'의 대립으로 나타나고 있듯이, 이 마을의 밤 풍경은 위기감이 감도는 불안의 이미지로 묘사되고 있다.

한편, "강 건너~북만 광야" "이름 모를 촌촌" "점점한 등화" 등을 바라보며, 화자는 3년 전에 헤어져 지금은 어디에 있는지 모르는 '순이'를 떠올린다. 그리고 순이에 대한 그리움은 "우리 고향 오리강변"에 대한 그리움으로 확대된다. 즉, 화자는 압록강변에 위치한 낯선 마을을 지나며, 오리강변에 위치한 고향 마을과 그곳에서 함께 자란 순이를 그리워하고 있다. 이때, '무장 삼엄한 일경들과 쳐들어오는 마적떼'의 대치 국면은 화자와 순이가 서로 흩어져 타향을 헤매게 된 원인을 암시하고 있다. "일경들"은 일제 강점

---

5 『조광』, 제2권 제2호, 1936. 2, 114~115면.

하의 억압적 현실을 보여주고, "마적떼"의 출현은 피폐한 현실로 인하여 민중들이 마적떼가 된 상황을 보여주는 것이다. 그리고 이와 같은 현실인식은 마지막 연에서 "애련한 호궁소리" "짱꼬로 시악씨" 등으로 환기되는 화자의 '산란한 마음'으로 구체화되며, 이 산란한 마음은 '술 마시는 행위'로 표출되고 있다.

준령을 넘고 또 넘어
북으로 七백 리.

여기는 압록강
강안의 한 마을,

동지도 못 되였건만
이미 적설이 자 가웃,
오늘도 휩쓸어치는 눈보라에
령하로 三〇여 도,

강은 첩첩 평지마냥 얼어 붙고
밤은 깊어 오가는 행인의
삐걱이는 자국 소리도 그치였다.

강가에 한 개 삐뚜로 선 장명등
희미한 등빛 아래 웅성거리는
무장 삼엄한 순경들
오늘밤은 그 몇이나
전설의 대오가 쳐든다 하드냐

저 강 건너, 아득히 뻗은
북만 광야
이름 모를 마을 마을에
어렴풋이 꿈벅이는 점점한 등화여

순아, 여읜 지 三 년
갈수록 그리운 순아
오늘밤도 우리 고향 오리강변 꿈에
몇 번이나 소스라쳐 깨느냐.

그렇다, 그 꿈
부풀은 네 가슴에 고이 간직코
기다려라 기다려라,

이제 머잖아 충천하는 화염으로
밝아 올 이 마을처럼
애끊는 고국에의 그 길은
마침내 훤연히 열리리라 열리리라.

―리찬, 「국경의 밤」 개작 전문[6]

위의 시는 리찬의 「국경의 밤」 개작이다. 이 시에서 개작된 부분을 살펴보면 다음과 같다. 첫째, "일경들"을 "순경들"로, "마적떼"를 "전설의 대오"로 고치고 있다. 여기에서 "전설의 대오"는 김일성이 이끄는 항일 빨치산 부대를 의미하는 것이다. 원작에서 화자는 "일경들"과 "마적떼"를 대립시키고

---

6 리찬, 앞의 책, 57~59면.

있는데, 이 대립 이미지가 하는 역할은 당대 현실의 흉흉한 분위기를 환기시켜 주는 것이었다. 그러나 개작에서 화자는 "순경들"과 "전설의 대오"를 대립시키고 있는데, 이 대립 이미지가 하는 역할은 일제의 침탈과 민족의 저항이라는 당대 현실의 객관적 상황을 전형적으로 반영해 주는 것이다.

　둘째, "전설의 대오"라는 해방의 주체에 대한 발견은 화자의 정서 또한 변화시키게 된다. 시인은 특히 원작의 마지막 두 연의 내용을 개작에서는 전혀 다른 내용으로 고쳐 쓰고 있는데, 먼저 원작에서는 1인칭 독백 형식을 사용하던 화자가 개작에서는 '순이'를 향한 대화체의 형식을 취하고 있다. 다음으로, 원작에서는 "이 한밤"으로 표현되고 있듯이, 화자는 암울한 현실 속에서 미래에 대한 전망을 상실하고 있다. 그로 인하여 '산란한 마음'을 밤새도록 '술 마시는 행위'로 달래보려 하고 있다. 반면에 개작에서는 "충천하는 화염으로 / 밝아 올 이 마을"로 표현되고 있듯이, 화자는 전설의 대오가 이 마을을 해방시키기 위해 곧 진군할 것이며, 그 길은 마침내 "고국에의 그 길"로 이어질 것임을 믿고 있다. 그리고 "그 꿈"에서 알 수 있듯이 시적 인물인 '순이' 또한 해방의 주체인 "전설의 대오"와 조국의 독립에 대한 믿음을 간직하고 있는 것으로 묘사된다.

　　　쇠바퀴소리 굴러 들리면 서그폰 마음
　　　순히는 지금 어디가 사나

　　　이들의 血管같이 가오고 오가는
　　　두줄로 뻐친 편-한 길 쇠길

　　　사랑도 담어 가고
　　　먹을것도 담어 가고,

　　　철둑변두리 갈대푸섶 떨리면 새삼스리 쓸쓸해

차라리 이길을 떫아 정처없이 가보올가

길은 길은 찾아갈길은 이처럼 머른가

―조벽암, 「철둑」 원작 전문[7]

위의 시는 조벽암의 「철둑」 원작이다. 이 시에서 시인은 "철둑"을 매개로 하여 당대의 현실을 묘사하고 있다. 먼저, "쇠바퀴소리"는 화자에게 '서글픔'의 정서를 환기시킨다. 왜냐하면 그것은 기차를 타고 고향을 떠나간 '순희'를 떠올리게 하기 때문이다. 본래, "가오고 오가는" 철길은 이 들의 "혈관"과 같이 중요한 존재이다. 그러나 현실적으로 그것은 "사랑"도 "먹을 것"도 '담아 가기만 할' 뿐인 상실의 매개체로서 인식된다. 화자의 상실의식은 마지막 연에서 '쓸쓸함'의 정서로 전이되고, '정처 없는 길' 찾아갈 길의 멀음'으로 인하여 그와 같은 쓸쓸함은 더욱 극대화된다.

이 들의 혈관 같이 오가는
두 줄로 뻗친 편한 길, 쇠길

사랑도 앗아 가고
먹을 것도 빼앗아 가고

쇠바퀴소리 굴러 들리면 끼쳐지는 소름
순희는 지금 어디 가 사나

―조벽암, 「철뚝」 개작 전문[8]

---

[7] 조벽암, 『향수』, 이문당서점, 1938, 102~103면.

위의 시는 조벽암의 「철뚝」 개작이다. 이 시에서 개작된 내용을 살펴보면 다음과 같다. 첫째 원작의 마지막 두 연을 삭제하고, 둘째 원작의 첫 연을 마지막 연으로 옮겨 놓고 있다. 먼저, 1연과 2연에서 '철길'의 본래적 의미와 현실적 의미를 대비시키고 있다. "오가는"으로 표현하고 있듯이, 철길은 "혈관"과 같이 사람과 물건을 연결시켜 주는 역할을 하는 것이다. 그러나 "앗아 가고 / ~ 빼앗아 가고"로 표현되고 있듯이, 그것은 "사랑" "먹을 것" 등을 빼앗아가는 착취와 수탈의 매개체로서 기능하고 있다. 여기에서 시인은 원작의 "담어 가고"를 "앗아 가고" "빼앗아 가고"라는 표현으로 바꿈으로써 말하고자 하는 의미를 보다 분명하게 드러내고 있다. 다음으로, "쇠바퀴 소리"라는 금속성의 청각적 이미지와 그것을 통하여 환기되는 떠나간 '순희'의 영상을 결합시켜 제시함으로써, 화자는 철길이 지닌 착취성을 보다 구체적으로 형상화하고 있다. 이때 "소름"은 화자의 내면 정서를 육화한다.

북한 서정시에서 주된 시적 형상화의 대상이 무엇인지를 살펴보면, '비관적 낭만주의'에서 '혁명적 낭만주의'로 주제의식이 변화하고 있다. 그리고 이것은 북한문학이 추구하는 창작행위의 근본적인 목적인 '당파성'의 개념으로 연결되는 것이다. 북한 서정시는, 남한 서정시와 같이 '개인의 주관적인 내면 정서'나 '자아와 세계의 모순과 갈등'을 주된 시적 형상화의 대상으로 삼지 않는다. 북한 사회 자체가 이념 지향의 사회이기 때문에, 북한문학은 마르크스-레닌주의적 세계관에 입각하여 당과 인민에게 복무하는 사회주의 리얼리즘 문학을 지향하고 있다. 따라서 1930년대에 일제 강점기라는 시대적인 상황으로 인하여 당파성을 견지하지 못하고 비관적 낭만주의 정서를 표출하던 시인들은, 1950년대라는 새로운 현실을 맞이하여 자신의 시 속에 당파성을 구현하는 방향으로 개작을 시도하고 있다. 그리고 이것

---

8 조벽암, 『벽암시선』, 조선작가동맹출판사, 1957, 146면.

은 미래에 대한 전망을 내포하는 '혁명적 낭만주의'를 형상화하는 데 일정 정도 기여하는 방향으로 작용하고 있다.[9]

---

[9] 아래에 제시한 작품들에서도 이와 동일한 유형을 발견할 수 있다.

그곳에는 피, 감정, 생각, 긔억좃차일흔 뼈만남은한사나히 부글부글薰熱의 火焰을吐하는 鎔鑛爐압헤서 들엇다 노앗다 굽혓다 폇다 앙상한 機械가 틔움직이고잇엇다! ―이찬, 「機械가튼산아히」 원작 부분 (『대중공론』 1930. 3. / 김성윤, 『카프시전집II』, 시대평론, 1988, 27면에서 재인용.)	그러나 용광로는 여직 푼전을 위하여 기계 같이 쉼없던 그 사나이의 팔뚝이 자주 멎는 것을 보았다 깊은 생각으로, 황황 타는 눈망울로… ―리찬, 「기계 같던 사나이」 개작 부분 (리찬, 앞의 책, 14~16면.)
눈물겨웁다 제 배가진 사공은 모다 쉬다는 오늘 오호 고용사리 저네들의 가슴아픈 정경이여 ―이찬, 「출범」 원작 부분 (이찬, 『대망』, 중앙서관, 1937.)	오, 고용살이 바다의 형제들아 제 배 가진 사공은 모두 쉰다는 오늘 오늘도 깊이 생각지 않느냐 그 울분의 키를 바로 어디로 돌려야 할가를. ―리찬, 「출범」 개작 부분 (리찬, 앞의 책, 33~35면.)
그러면서도 간간히 눈을 부비고 바라다들보는 머-ㄴ 수평선 사홀래 바라다들보는 머-ㄴ 수평선 수평선엔 난들거리는 금파・은파뿐 아아 수평선엔 난들거리는 금파・은파뿐 ―이찬, 「待望」 원작 부분 (『중앙』, 1935. 6. / 김성윤, 앞의 책, 310~311면에서 재인용.)	그러면서도 못 떼는 눈망울들에 피가 맺히고 우등불도 거중 스러져 가는데, 수평선이여, 어서 말해 주려무나 네 사람들을 찾아야 할 곳은 딴 데 있다고… ―리찬, 「대망」 개작 부분 (리찬, 앞의 책, 36~39면.)

2) '함축적 표현'에서 '전언적 표현'으로: '인민성'의 지향

개작의 두 번째 유형은 '주제의 형상화 방식'을 변화시키는 경우이다. '주제의 형상화 방식'은 형상화의 대상을 작가의 주제의식이나 세계관과 결합하는 방식의 문제로서, 형상화의 대상을 어떤 방식으로 시라는 장르의 관습 속에서 표현할 것인가의 문제이다. '주제의 형상화 방식'이 시에서 가장 표면적으로 드러나는 부분은 수사법의 사용에서 보이는 말하기의 방식이다.

날로 밤으로
왕거미 줄치기에 분주한 집
마을서 흉집이라고 꺼리는 낡은 집
이집에 살았다는 백성들은
대대 손손에 물레줄
은 동곳도 산호 관자도 갖지못했니라

재를 넘어 무곡을 단이던 당나귀
항구로 가는 콩시리에 늙은 둥굴소
모두 없어진지 오랜
외양깐엔 아직 초라한 내음새 그윽하다 만
털보네 간 곳은 아모도 모른다

찻길이 뇌이기 전
노루 멧돼지 쪽제피 이런것들이
앞뒤 산을 마음놓고 뛰여단이던 시절
털보의 셋재 아들은
나의 싸리말 동무는
이집 안방 짓두광주리 옆에서

첫 울음을 울었다고 한다

『털보네는 또 아들을 봤다우
 송아지래두 불었으면 팔아나먹지』
마을 아낙네들은 무심코
차그운 이야기를 가을 냇물에 실어 보냈다는
그날밤
저륙등이 시름시름 타들어가고
소주에 취한 털보의눈도 일층 붉더란다

갓주지 이야기와
무서운 전설 가운데서 가난 속에서
나의 동무는 늘 마음조리며 잘았다
당나귀 몰고간 애비 돌아오지않는 밤
남랑 고양이 울어 울어
종시 잠 이루지못하는 밤이면
어미 분주히 일하는 방앗간 한구석에서
나의 동무는
도토리의 꿈을 키웠다

그가 아홉살 되든 해
사냥개 꿩을 쫓아단이는 겨울
이집에 살던 일곱 식솔이
어대론지 살아지고 이튼날 아침
북쪽을 향한 발자옥만 눈우에 떨고있었다

더러는 오랑캐영 쪽으로 갔으리라고

더러는 아라사로 갔으리라고
이웃 늙은이들은
모두 무서운 곳을 짚었다

지금은 아무도 살지않는 집
마을서 흉집이라고 꺼리는 낡은 집
제철마다 먹음직한 열매
탐스럽게 열던 살구
살구나무도 글거리만 남았길래
꽃피는 철이 와도 가도 뒤울안에
꿀벌 하나 날아들지 않는다

—이용악, 「낡은집」 원작 전문[10]

위의 시는 이용악의 「낡은집」 원작이다. 이 시의 의미를 규명하기 위해서는 크게 두 방향에서 접근할 필요가 있다. 하나는 인물과 사건이라는 서사적 요소를 중심으로 전개되는 이야기 자체의 의미를 분석하는 것이고, 다른 하나는 시적 화자가 이야기에 대하여 취하고 있는 태도를 분석하는 것이다.

먼저, 이 시의 공간적 배경은 "낡은 집"이고, 중심인물은 '털보네 가족'이다. "은 동곳도 산호 관자도 갖지 못했니라"라는 진술에서 알 수 있듯이, 이 집에 살던 사람들은 대대로 가난한 삶을 살아왔다. 그러나 털보네 가족의 가난은 이전과는 양적·질적으로 전혀 다른 성격을 갖는다. "찻길이 놓이기 전 / 노루 멧돼지 쪽제피 이런 것들이 / 앞뒤 산을 마음 놓고 뛰여단이던 시절"이라는 진술에 내포되어 있듯이, "찻길"이 놓이기 전후를 기점으로 가

---

10 이용악, 『낡은집』, 삼문사, 1938, 72~78면.

난은 한층 심각한 국면으로 접어들게 된다. 왜냐하면 "찻길"은 일제가 쌀 수탈정책의 일환으로 식민지에 닦은 것으로서, 일제 강점기 농촌 경제의 파탄을 상징하는 사물이기 때문이다. "털보네는 또 아들을 봤다우 / 송아지 래두 불었으면 팔아나먹지"라는 마을 아낙네들의 대화에서 드러나고 있듯이, 털보가 '셋째 아들'의 출생을 기뻐할 수 없는 것도 이와 같은 상황에서 비롯된 것이다. "북쪽을 향한 발자옥"으로 알 수 있듯이, 결국 털보네 가족은 고향을 버리고 "오랑캐영" 혹은 "아라사"로 떠나게 된다. 가난 때문에 쫓겨 가는 낯선 그곳이 고향보다 나을 리 없고, 따라서 그곳은 "무서운 곳"으로 지칭된다. 이와 같은 털보네 가족의 이야기는 단지 한 가족사에 머무르는 것이 아니라, 식민지 시대 한국 농촌의 상황을 전형적으로 보여주고 있다는 점에서 전형성을 띠고 있다.

다음으로, 털보네 가족의 이야기라는 서사적 요소는 시적 화자를 통해서 비로소 서정시 안으로 흡수되고 있다. 따라서 시의 궁극적인 의미는 시적 화자가 이야기에 대해서 취하는 태도를 통하여 나타나게 된다. 이 시에서 털보네 가족의 이야기는 털보의 셋째 아들의 어린 시절 동무인 화자에 의해서 전달되고 있다. 이때 "날로 밤으로 / 왕거미 줄치기에 분주한" "낡은" "모두 없어진 지 오랜" "지금은 아무도 살지 않는" 등에서 세월의 흐름을 느낄 수 있듯이, 시적 화자는 어린 시절 함께 자란 동무네 집터를 둘러보면서 동무와 그 가족의 이야기를 회상하고 있는[11] 성인 화자이다.

성인 화자는 어느 정도 객관적인 거리를 유지하면서 이야기를 시작한다.

---

11 "이 시의 2연은 현재 시점이다. 털보네 가족이 떠나가 버린 현재 상황을 서술하고 있는 것이다. 그리고 마지막 연인 8연도 현재 시점이다. 8연에서는 털보네 가족이 떠나간 후 흉가가 된 현재의 집을 묘사하고 있다. 반면에 3, 4, 5, 6, 7연은 과거 시점이다. 3연부터 7연까지에서는 털보가 태어나서부터 마을을 떠나기까지의 과거 사건을 진술하고 있다. 요컨대 이 시는 현재 시점에서 과거 사건을 회상하는 삽화적 구성을 보이고 있다." (고형진, 「1920~30년대 시의 서사지향성과 시적 구조」, 고려대학교 박사학위논문, 1991, 102면.)

그러나 과거 어린 시절의 이야기가 구체적으로 전개되어 나감에 따라, 세월의 흐름을 뛰어 넘어 이야기 자체에 감정적으로 몰입해 들어가는 경향을 보인다. 이와 같은 시점의 변화는 다음과 같은 인칭의 변화와도 긴밀한 상관성을 띠고 나타난다. '이 집에 살았다는 백성들 → 털보네 → 털보의 셋째 아들 → 나의 싸리말 동무 → 나의 동무 → 그 → 이 집에 살던 일곱 식솔' 등에서와 같이, 1연에서 8연까지 "백성"이라는 먼 거리의 지칭으로부터 "나의 동무"라는 근거리의 지칭으로 가까워졌다가 "일곱 식솔"이라는 3인칭의 지칭으로 다시 멀어지고 있다. 인칭의 변화는 곧 심리적인 거리를 드러내는 것이다. 화자가 "나의 동무"라는 근거리의 지칭을 사용하고 있는 5연을 보면, "나의 동무는 늘 마음조리며 잘았다"와 "나의 동무는 / 도토리의 꿈을 키웠다"라는 두 문장에서, 화자는 생략해도 되는 '나의 동무는'이라는 주어를 의도적으로 반복함으로써 동무에 대해 강한 애정을 표현하고 있다. 또한, 그와 같은 애정은 '늘 마음 졸이며'와 '도토리의 꿈'을 키운다는 모순적인 진술을 결합시키도록 하고 있다. 여기에서 '도토리의 꿈'은 털보네 가족을 통하여 당대 한국 농촌의 비극적 현실을 형상화하는 이야기에 일조하기보다는 개인적인 차원의 감정에 치우쳐 있는 표현인 것이다.

이와 같이 주관과 객관 사이에서 흔들리는 화자의 시선은, 이야기를 서술하는 데 있어서 직접화법과 간접화법 혹은 과거와 현재 시간 사이의 충돌로 나타나기도 한다. 4연에서 "마을 아낙네들은 무심코 / 차그운 이야기를 가을 냇물에 실어 보냈다는 / 그날 밤"이라는 구절은 비문이다. 이 구문에서는 직접화법의 형태와 간접화법의 형태가 서로 충돌을 빚고 있다. 따라서 이 구절은 "마을 아낙네들은"의 '-은'이라는 조사를 '-이'로 바꾸어 자연스러운 간접화법의 문장으로 고쳐야 한다. 이야기에 대한 화자의 몰입의 태도와 객관화의 태도가 상호 충돌하면서 긴장관계를 형성하는 데서, 바로 이와 같은 구문 파괴 현상의 원인을 찾을 수 있다. 6연에서 "이 집에 살던 일곱 식솔이 / 어대론지 살아지고 이튿날 아침"이라는 구절 또한 어색하다. 이 구문에서는 '이 집에 살던 일곱 식솔이 어디론지 사라'진 밤과 '이튿날 아침'이라는 두 개의 시간이 "살아지고"의 형태로서 하나의 문장으로 연결되어 있다. 여기에서, 시간의 구조는 '사라지고'를 '사라진'으로 바꿀 때 비로소 자연스러워질 수 있다. 왜냐하면 전자의 경우는 사건 당시에 비중을 두어 현장의 시간을 늘려서 표현하는 것이고, 후자의 경우는 이야기를 하는 현재에 비중을 두어 과거의 시간을 압축적으로 표현하는 것이기 때문이다. 즉, 이 구문은 성인 화자가 과거의 이야기를 서술하는 것이므로 후자의 형태로 진술되어야 하는 것이지만, 과거의 시간 속에 몰입해 있는 화자에 의해서 당시의 이야기 시간이 서술의 시간 속으로 확장되어 들어온 것이다.

지금까지 살펴본 바와 같이, 위의 시에서 이야기에 대한 화자의 태도는 단일하지 않다. 성인으로서의 현재 입장에 서 있을 때 화자는 보다 객관적인 거리를 유지하는 반면에, 어린 시절이라는 과거 시간 속으로 몰입해 들어갈 때 상대적으로 주관적인 감정을 노출하게 된다. 화자의 이와 같은 복합적인 성격과 태도는 이야기에 입체감을 부여해 주고, 시 읽기에 재미를 더해 주는 요소가 되고 있기도 하다.

그런데 시인이 북한에서 개작한 텍스트를 보면, 화자가 이야기에 대해서 취하고 있는 태도가 단일하게 성인 화자로서의 객관성을 유지하는 방향으로 고쳐지고 있음을 알 수 있다.

  밤낮으로 왕거미 줄치기에 분주한 집
  마을서 흉가라고 꺼리는 낡은 집
  이 집에 살았다는 백성들은
  대대손손 물려 줄
  은동곳도 산호 관자도 갖지 못했니라

  재를 넘어 무곡을 다니던 당나귀며
  항구로 가는 콩시리에 늙은 둥굴소며
  모두 없어진지 오랜 외양간에선

아직도 초라한 내음새 풍기건만
털보네 간 곳은 아무도 모른다

산을 뚫어 찻길이 놓이기 전
노루 멧돼지 여우며 승냥이가
앞뒤 벌을 마음놓고 뛰여 다니던 시절
털보네 세째 아들 나의 싸리말동무는
이 집 안방 짓두광주리 곁에서
첫울음을 울었단다

『털보네는 또 아들을 봤다우
송아지라두 불었으면 팔아나 먹지』
마을 아낙네들이 정녕 무심코
차거운 이야기를 가을 냇물에 실어 보냈다는
그날 밤
저릎등은 시름시름 타들어 가고
소주에 취한 털보의 눈이 더욱 붉더란다

갓주지 이야기며 무서운 전설과 가난 속에서
나의 동무는 마음 조리며 자랐다
당나귀 몰고 간 애비 돌아 오지 않는 밤
노랑 고양이 울어울어
종시 잠들지 못하는 그런 밤이면
어미 분주히 일하는 방아간 한구석에서
줍쌀겨를 쓰고 앉아 외론 꿈을 키웠다

그가 아홉 살 되던 해

사냥개 꿩을 쫓아 다니는 겨울
이 집에 살던 일곱 식솔이
어디론가 사라진 이튿날 아침
북쪽을 향한 발자국만 눈 우에 떨고 있었다

더러는 오랑캐령쪽으로 갔으리라고
더러는 아라사로 갔으리라고
이웃 늙은이들은 모두
멀고도 추운 고장을 짚었다

지금은 아무도 살지 않는 집
마을서 흉가라고 꺼리는 낡은 집
제철마다 먹음직한 열매 탐스럽게 열던
살구나무도 글거리만 남았길래
<u>꽃피는 철이 와도 가도</u>
뒤울안엔 꿀벌 하나 날아 들지 않는다

―리용악, 「낡은 집」 개작 전문[12]

위의 시는 리용악의 「낡은 집」 개작이다. 원작과 비교할 때 시인은 개작에서 부분적인 수정을 가하고 있는데, 대부분 화자가 털보네 가족의 이야기에 대하여 취하고 있는 태도의 변화 양상과 관련되는 것들이다.

첫째, 1연에서는 "날로 밤으로"를 "밤낮으로"로, "흉집이라고"를 "흉가라고"로, "대대손손에 물레줄"을 "대대손손 물려 줄"로 각각 고치고 있다. 4연에서는 "일층"이라는 한자어를 "더욱"이라는 고유어로 바꾸고 있다. 원작의

---

[12] 리용악, 『리용악 시선집』, 조선작가동맹출판사, 1957, 53~55면.

경우 일상적인 어법에서 벗어나 시적으로 변형된 표현들이라면, 개작의 경우에는 이것을 다시 일상적인 표현들로 바꾸어 놓고 있는 것이다.

둘째, 2연에서는 "당나귀"를 "당나귀며"로, "둥굴소"를 "둥굴소며"로와 같이, 명사로 끝맺던 행의 형태에 '-며'라는 연결어미를 첨가하여 서술 형태로 바꾸고 있다. 일반적으로 시는 이미지를 통하여 의미를 구체적으로 형상화한다. "재를 넘어 무곡을 단이던 당나귀 / 항구로 가는 콩시리에 늙은 둥굴소"에서 확인할 수 있는 바와 같이, 각각의 이미지를 한 행에 독립적으로 구현하기 위해서 명사 형태의 종결어를 사용하게 되는 것이다. 그런데 개작에서 시인은 시의 의미를 이미지를 통하여 형상화하는 것이 아니라, 축어적 진술을 통하여 직접적으로 표현함으로써 보다 쉽게 이해할 수 있도록 한다. 즉, 시의 함축적 표현보다는 의미 전달의 효과를 높이고자 하는 것이다.

셋째, 1연에서 "날로 밤으로 / 왕거미 줄치기에 분주한 집"을 "밤낮으로 왕거미 줄치기에 분주한 집"으로, 2연에서 "모두 없어진 지 오랜 / 외양간엔 아직 초라한 내음새 그윽하다만"을 "모두 없어진 지 오랜 외양간에선 / 아직도 초라한 내음새 풍기건만"으로, 3연에서 "털보의 셋재 아들은 / 나의 싸리말 동무는"을 "털보네 세째 아들 나의 싸리말 동무는"으로, 5연에서 "갓주지 이야기와 / 무서운 전설 가운데서 가난 속에서"를 "갓주지 이야기며 무서운 전설과 가난 속에서"로, 8연에서 "제철마다 먹음직한 열매 / 탐스럽게 열던 살구 / 살구나무도 글거리만 남았길래"를 "제철마다 먹음직한 열매 탐스럽게 열던 / 살구나무도 글거리만 남았길래"로 각각 고치고 있다. 여기에서는 동일한 유형의 어휘나 구절을 반복함으로써 정서를 고조시켜 가는 시적 형상화 방식을 버리고 문장의 통사구조에 맞는 진술방식을 선택함으로써, 시인과 독자 간에 의사소통의 효용성을 높이고 있다.

넷째, 3연에서 "찻길이 뇌이기 전 / 노루 멧돼지 쪽제피 이런 것들이 / 앞뒤 산을 마음놓고 뛰여단이던 시절"을 "산을 뚫어 찻길이 놓이기 전 / 노루 멧돼지 여우며 승냥이가 / 앞뒤 벌을 마음놓고 뛰여 다니던 시절"로 고치고 있다. 개작에서는 '산을 뚫어'라는 어휘가 첨가되면서 '산'이 '벌'로 바뀌고 있다. 원작이 "찻길"과 "산"이라는 대립적 이미지를 부각시키고 있다면, 개작은 인과관계에 따라 상황을 보다 구체적으로 설명하고 있다. 즉, 찻길을 놓기 위해 산을 개발하기 전에는 온갖 짐승들이 산속에서뿐만 아니라 마을 앞뒤의 벌판에까지 내려와 뛰어다녔다는 것이다. 4연에서 "마을 아낙네들은 무심코 / 차그운 이야기를 가을 냇물에 실어 보냈다는"을 "마을 아낙네들이 정녕 무심코 / 차거운 이야기를 가을 냇물에 실어 보냈다는"으로 고치고 있다. 원작에서는 직접화법과 간접화법의 혼재 현상을 통하여 의미의 모호성이 생산되고 있다. 그러나 개작에서는 '아낙네들은'에서의 조사 '-은'을 '-이'로 바꿈으로써 간접화법의 자연스러운 문장으로 고치고 있으며, 아낙네들의 입장을 변호하는 '정녕'이라는 부사를 첨가함으로써 이야기를 전달하는 화자의 객관적 입장을 한층 분명하게 드러내고 있다. 6연에서는, "이 집에 살던 일곱 식솔이 / 어대론지 살아지고 이튿날 아침"을 "이 집에 살던 일곱 식솔이 / 어디론가 사라진 이튿날 아침"으로 고치고 있다. 원작에서는 "살아지고"의 '-고'라는 순차적 연결어미로 인해 일곱 식솔이 사라진 밤과 이튿날 아침이라는 시간 사이의 거리가 확장되고, 그로 인해 이야기의 시간과 서술의 시간 사이에서 화자의 위치가 모호성을 띠게 된다. 그런데 개작에서는 "사라진"의 '-ㄴ'이라는 과거형 어미를 사용함으로써 시간의 초점을 이튿날 아침으로 단일화시키고, 이를 통해 서술자로서의 화자의 위치를 보다 분명하게 드러내고 있다. 이에 따라서 시적 문맥의 모호성은 모두 배제된다.

　다섯째, 2연에서 "외양간엔 아직 초라한 내음새 그윽하다만"을 "외양간에선 / 아직도 초라한 내음새 풍기건만"으로 고치고 있다. 먼저, 외양간의 공간적 위치를 나타내는 조사 '-엔'을 '-에선'으로 고치고 있는데, 전자가 상대적으로 근거리를 지칭한다면 후자는 원거리를 지칭하고 있다. 다음으로, 시간의 경과를 함축하고 있는 부사 "아직"을 "아직도"로 고치고 있는데, 전자가 상대적으로 짧은 시간의 경과를 의미한다면 후자는 오랜 시간의 경과를 의미하고 있다. 이와 같은 시공간적 거리는 화자가 과거에 대하여 취하고 있는 심리적 거리를 보여주는 것으로, "내음새"라는 후각을 인식하는 표현 또한 이에 상응하여 "그윽하다만"에서 "풍기건만"으로 변화하고 있다. 이때 "내음새"는 과거의 냄새인데, 전자가 현재 속에서 살아있는 과거를 강하게 느끼고 있는 것이라면, 후자는 과거의 잔영을 여전히 느낄 수 있음을 의미하는 것이다. 이와 같은 화자의 감정 노출은 4연의 "저릎등이 시름시름 타들어가고 / 소주에 취한 털보의 눈도 일층 붉더란다"를 고친 "저릎등은 시름시름 타들어 가고 / 소주에 취한 털보의 눈이 더욱 붉더란다"에서도 찾아볼 수 있다. 전자의 경우에서는 '-도'라는 동격 조사를 통해서 나타나고 있듯이, "저릎등"과 "털보의 눈"이 동일한 속성을 띠고 있는 것으로 인식된다. 이에 따라 털보의 '붉은' 눈은 "시름시름"에 의해서 절망과 슬픔의 감정으로 환기되며, 화자는 이 감정을 역으로 "저릎등"이라는 사물에 투사하고 있는 것이다. 반면에 후자의 경우에서는 '-은'이라는 분리격 조사를 통해서 강조되고 있듯이, "저릎등"과 "털보의 눈"이 대조적인 속성을 띠고 있는 것으로 인식된다. 따라서 털보의 '붉은' 눈은 "시름시름 타들어"가는 소멸의 이미지가 아니라 강하게 타오르는 생성의 이미지인 것이다. 즉, 화자는 털보의 눈에서 환기되는 분노의 감정을 "저릎등"이라는 사물과 대비시킴으로써 강조하고 있는 것이다. 이처럼 시인은 과거의 이야기에 대하여 화자가 객관적인 태도를 유지하는 방향으로 개작을 시도하고 있다.

여섯째, 5연에서는 "늘 마음조리며"에서 "늘"이라는 부사를 생략하고 있다. "늘"이라는 부사에는 동무를 안쓰러워하는 화자의 마음이 담겨 있다. 따라서 "늘"이라는 부사의 생략은 동무의 처지를 객관적으로 제시함으로써, 동무에 대한 화자의 정서적 거리를 확대하기 위한 것이다. 또한 "종시 잠 이루지 못하는 밤이면"을 "종시 잠들지 못하는 그런 밤이면"으로 고치고 있다. '잠을 이루다'라는 표현은 상대적으로 행위 주체의 입장에서 서술된 표현이고, '잠이 들다'라는 표현은 행위 객체의 입장에서 서술된 표현이다. 문맥상으로 볼 때, 전자의 경우에 잠을 이루지 못하는 행위 주체는 '나의 동무'이다. 즉, 화자는 동무의 입장에서 이야기를 서술하고 있는 것이다. 이와 비교하여 후자의 경우에서는 행위 주체인 '나의 동무'와 발화 주체인 '나'가 분리되어 있다. 이것은 이야기의 시간인 과거와 서술의 시간인 현재 사이에 내재해 있는 시간적 거리를 유지하고 있음을 의미하며, 이는 "그런 밤이면"에서의 "그런"이라는 지시 관형사를 통하여 보다 분명하게 드러나고 있다. 그리고 "나의 동무는 / 도토리의 꿈을 키웠다"를 "좁쌀겨를 쓰고 앉아 외론 꿈을 키웠다"로 고치고 있다. 반복을 통하여 동무에 대한 애정을 표출하던 "나의 동무는"이 탈락되고, 그 애정의 밀도로 인해서 현실상황과는 대립적으로 표현되던 동무의 "도토리의 꿈"이 좁쌀겨를 쓰고 앉아 꾸는 "외론 꿈"으로 바뀌고 있다. "외론 꿈"은 화자가 동무의 꿈을 현실 상황과의 연관 속에서 판단하고 있음을 보여주는 것이다. 이와 같이 개작에서는 어린 시절 동무에 대하여 느끼는 화자의 정서적 거리가 한층 확대되고 있다.

일곱째, 7연에서는 "이웃 늙은이들은 / 모두 무서운 곳을 짚었다"를 "이웃 늙은이들은 모두 / 멀고도 추운 고장을 짚었다"로 고치고 있다. 원작에서는 "이웃 늙은이들은 / 모두 무서운 곳을 짚었다"라고 말하고 있는데, 오랑캐령 혹은 아라사를 "무서운 곳"으로 인식하는 것은 성인으로서의 화자가 아니라 어린 아이로서의 화자이다. 아직 외부세계와 맞닥뜨려 본 적이 없는 어린 아이에게는 알 수 없는 미지의 세계, 더구나 익숙한 유년의 공간으로부터 멀리 떨어진 세계는 때로 동경의 대상이 되기도 하지만, 다른 한편으로는 두려움과 공포의 대상이 되기 때문이다. 더구나 "이웃 늙은이들"을 지시하는 부사 "모두"가 앞 행의 "이웃 늙은이들"에 바로 이어지지 않고 뒤 행에 놓임으로써, 오히려 "무서운 곳"과 인접하여 무서움의 정서를 증폭시키는 역할을 하고 있다. 이와 달리 개작에서는 "이웃 늙은이들은 모두 / 멀고도 추운 고장을 짚었다"라고 말하고 있는데, 여기에서 볼 수 있듯이 "모두"라는 부사는 앞 행으로 위치가 옮겨져 이웃 늙은이들을 지칭하는 데 국한하게 되었고, 오랑캐령과 아라사는 동심에서 느끼는 "무서운 곳"이 아니라 "멀고도 추운 고장" 즉 주관적 정서 혹은 감정이 배제된 보다 객관적인 실체로서 그려지고 있다. 이와 같은 사실은 화자가 성인으로서의 시선을 유지하고 있음을 입증하는 것이다.

　위의 시에서 화자가 자신의 정서를 노출하게 되는 경우는 대체로 그가 어른으로서의 시각을 유지하지 못하고 어린 아이의 시선으로 돌아갈 때와 맞물리는데, 어린 아이의 시선으로 바라보는 이야기는 단지 어린 시절에 경험한 충격적인 하나의 사건, 즉 에피소드에 불과하게 된다. 반면에, 어른의 시선으로 바라보는 이야기는 단순히 개인적인 차원에 머무르는 특별한 체험에 불과한 것이 아니라, 어른이 되어서도 잊히지 않는 하나의 상징적 사건으로서 사회 · 역사적인 맥락에서 다시 읽히는 이야기가 되는 것이다.

　　으스름 달밤, 호젓한길을 나는 홀로것는다.
　　얕으막한 장담을 끼고, 이밤중에 나는 여호 냄새를 맡으며,
　　옛보금자리가 그리운지, 단잠을깨는 물새소리를 들으며, 軌道를 가로질른다.

　　車도 끝이고, 사람의자최 없건만, 홀로깨여 껌벅이는 담배광고─
　　너 붉은네온은 지난날과 같구나!
　　그러나 너는, 마즌편이층 젊은이들의 소식은 모르리라.
　　나는 한밤중 이길을 지날때마다 한참식 않스곤못견듸겠구나.

　　그전날, 내가 이길을 지날때는 二層의젊은 이들의 우렁찬소리가 한울을 쩡 쩡울였드니라.
　　헬멧이 비스듬이 창에빛이고, 芭蕉닢같은 창이 저-쪽벽에 빛었드니라.
　　그러면 나는 용감한兵士 짜-덴을 그려보면서,
　　먹물을풀어 휘정거린듯, 저-한울로 휘파람을 날렸다.

　　그 번화스러웠던때를 누가 다-아서갔느냐?
　　지금은 바람만 지동치듯, 문앞에는 빠리켙과 같이 겻섬이 둘리였고,

깨어진 창문으론 바람만이 기여드는데,

바람찬 꽃문의보가 들먹일때마닥, 보이는건 장농,
어느 새살림이 이곳을 찾이했는가?
늬들의 단잠은, 여기다 깨여질리없것만,
지친 나의거름은 여기서 이밤을 새고싶다.

나의 동무여! 늬들은 탐주병은 아니었마는
한번들가선 소식이 없구나,
아— 문허진 참호를 내혼자보게되다니—

나는 다만 부상병같이, 다리를 절며
지금은 폐허가된 어지러운 싸움터를 헤매이며, 전우를 찾기나하듯—
그리하야 허무러진 이터를싸으며
나는 늬들이 오기를 기들르겠다.
늬들이 올때까지 지키고야 말겠다.

—박세영,「花紋褓로가린二層」원작 전문[13]

위의 시는 박세영의「花紋褓로가린二層」원작이다. 이 시에서 화자는 옛 거리를 다시 걸으며 과거를 회상한다. "으스름 달밤" "호젓한 길" "홀로" 등으로 묘사되고 있듯이 화자는 홀로 밤거리를 걷고 있으며, '물새'와 '여우'의 대립을 통하여 암시되고 있듯이 그의 처지는 외부 세력에 의해서 "옛 보금자리"를 상실한 상황이다. 화자는 옛날 그대로인 '담배광고 네온'과 지금은 떠나고 없는 '맞은편 2층 젊은이들'의 대비를 통하여 과거와 달라진 현재

---

13 『신동아』, 제15권 제6호, 1935. 6. (김성윤, 앞의 책, 313~314면에서 재인용.)

이 거리의 풍경을 묘사하고 있다. "젊은이들의 우렁찬 소리" "헬멧" "창" "용감한 병사 짜-덴" 등으로 표현되고 있듯이 지난날의 거리와 2층집은 젊은이들의 투쟁 의지로 채워져 있었으며, 이를 보는 화자의 정서는 '휘파람'으로 표현되는 기쁨이었다. 이와 반대로 "바람" "빠리켙" "깨어진 창문" 등으로 표현되고 있듯이 지금의 거리와 2층집에는 스산함만이 남아 있으며, 이를 보는 화자의 정서는 "누가 다-아서갔느냐?"라는 물음으로 표현되는 슬픔이다. 그곳에는 이제 다른 사람이 이사 와서 살림을 차렸고, 젊은이들은 어디론가 떠나가 버렸다. "지친 나의 거름" "부상병 같이" "문허진 참호" "폐허" "어지러운 싸움터" 등에서 표출되고 있듯이 화자는 비참한 마음으로 2층집을 바라본다. 그리고 그 거리에서 밤을 지새우며 동무들이 돌아오기를 기다리면서 허물어진 터를 다시 쌓겠다는 의지를 다져보는 것이다.

으스름달밤, 호젓한 길을
나는 홀로 걷는다.
나지막한 장담을 끼고,
풍겨 오는 여우 냄새를 맡으며,

옛보금자리가 그리운지,
단잠을 깨는 물새 소리를 들으며
나는 궤도를 가로지른다.

차도 그치고 사람의 자취 없건만,
홀로 깨여 껌벅이는 담배 광고
너 붉은 네온은 지난 날과 같구나!
그러나 맞은편 二층
젊은이들의 소식은 모르리라.

나는 한밤중 이 길을 지날 때마다
한 번씩 안 서곤 못 견디겠구나.

그전날 내가 이 길을 지날 때는
二층의 젊은이들의 우렁찬 소리가
하늘에 쩡쩡 울렸더니라.

철갑모가 비스듬히 창에 비치고,
파초잎 같은 창이
저쪽 벽에 비쳤더니라.

그러면 나는 용감한 병사
짜뎬을 그려 보면서,
먹물을 풀어 휘정거린 듯,
저 하늘로 휘파람을 날렸다.

그 번화스러웠던 때를
누가 다 앗아 갔느냐?

지금은 바람만 지동치듯
문 앞에 바리케드 같이
겻섬이 둘리였고,
깨여진 창문으로는 바람만이 기여 드는데,

바람 찬 꽃무늬보가 들먹일 때마다
언뜻 보이는 건 장롱,
어느새 살림이 이 곳을 차지했는가?

늬들의 단잠은 여기라 깨여질 리 없건만.

지친 나의 걸음은
여기서 이 밤을 새우고 싶다.

나의 동무여!
늬들은 한번들 가선 소식이 없구나,
아, 무너진 참호를 보듯
나의 아픈 마음이여!

나는 다만 부상병 같이 다리를 끌며
전우를 찾기나 하듯,
그리하여 허물어진 터를 쌓으며
늬들이 돌아 오기를 나는 기다리겠다.
늬들이 올 때까지 지키고야 말겠다.

―박세영, 「화문보로 가린 二층」 개작 전문[14]

위의 시는 박세영의 「화문보로 가린 二층」 개작이다. 이 개작을 원작과 비교해 보면 전체적으로 행구분과 연구분을 변형시키고 있음을 알 수 있다.[15]

먼저, 원작의 1연을 개작에서는 두 연으로 나누고 있다. 첫째 연에서는 "호젓한 길" "홀로" "여우 냄새" 등을 통하여 화자가 걷는 길의 분위기를 묘사하고, 둘째 연에서는 과거에 대한 화자의 그리움의 정서를 "물새 소리"에 감정이입하여 표현하고 있다. 원작의 2연도 개작에서는 두 연으로 나누고

---

14 박세영, 『박세영시선집』, 조선작가동맹출판사, 1959, 28~32면.
15 이와 같은 유형에 속하는 또 다른 개작으로는 조벽암의 「넌추리」를 들 수 있다.

있다. 첫째 연에서는 과거와 동일한 "담배 광고"와 과거와는 달리 지금은 떠나버린 "맞은편 이층 젊은이들"의 상황을 대비시키고, 둘째 연에서는 그와 같은 변화를 목도한 화자의 내면 심정을 "한 번씩 안 서곤 못 견디겠구나."라는 말로 표출하고 있다.

또한, 원작의 3연을 개작에서는 세 연으로 나누고 있다. 원작에서 3연은 세 개의 문장으로 구성되어 있는데, 개작에서는 각각 1개의 문장을 하나의 연으로 구성하고 있는 것이다. 첫째 연에서는 화자가 지금 걷고 있는 길을 채우고 있던 "젊은이들의 우렁찬 소리"를 묘사하고 있으며, 둘째 연에서는 "철갑모"와 "창"의 그림자가 비치던, 젊은이들이 머무르던 이층집을 묘사하고 있다. 그리고 셋째 연에서는 그 젊은이들의 모습을 "용감한 병사 짜덴"에 중첩시켜 상상하고 있는 화자의 내면 정서를 표출하고 있다. 원작의 4연도 개작에서는 두 연으로 나누고 있다. 둘째 연에서는 파괴된 이층집의 모습을 묘사하고, 첫째 연에서는 그것을 바라보는 화자의 정서를 표현하고 있다.

그리고 원작의 5연을 개작에서는 두 연으로 나누고 있다. 첫째 연에서는 새로운 가족이 이사 와서 살림을 차린 이층집의 모습을 묘사하고, 둘째 연에서는 지친 걸음과 그 거리에서 밤을 새우고 싶은 마음의 대비를 통하여 화자의 정서를 표출하고 있다. 원작의 6연에서는 "나의 동무여! 늬들은 탐주병은 아니었마는 / 한번들 가선 소식이 없구나, / 아— 문허진 참호를 내 혼자 보게 되다니—"라는 행구분과 표현을 개작에서는 "나의 동무여! / 늬들은 한번들 가선 소식이 없구나, / 아, 무너진 참호를 보듯 / 나의 아픈 마음이여!"와 같이 고치고 있다. 즉, 통사구조와 정서의 흐름을 단위로 하여 분절하고 있는 것이다. 이에 따라서 "나의 동무여!"와 "나의 아픈 마음이여!"가 연의 첫 행과 마지막 행을 구성하면서 서로 호응을 이루어 정서를 극대화시켜주고 있다.

마지막으로, 원작의 7연에서는 연 구분의 변화는 없고 다만 2행 가운데 "지금은 폐허가 된 어지러운 싸움터를 헤매이며,"라는 수식어구를 개작에서는 생략하고 있다. 전체적으로, 개작에서는 현실 묘사와 주관 정서의 표출을 별개의 연으로 구분함으로써 시에 형태적 안정감을 부여하고 있다. 이것은 시에서 서사성보다는 리듬을 살리고자 하는 시인의 의도를 반영하는 것이다.[16]

　북한 서정시에서 주제를 형상화하는 방식을 살펴보면, 함축적 표현에서 전언적 표현으로 진술방식이 변화하고, 길고 장황한 데서 짧고 간결한 데로 행구분과 연구분의 형태가 변화하고 있으며, 한자어에서 고유어로 어휘 사용이 변화하고, 추상에서 구체로 표현방식이 변화하고 있다. 그리고 이것은 공통적으로 북한문학이 지향하는 목표의 하나인 '인민성'의 개념으로 수렴되는 것이다. 북한문학은 본질적으로 인민성과 대중성을 지향하는 문학이며, 따라서 문학이 보다 쉽게 인민 대중에게 이해될 수 있도록 하는 것을 무엇보다 중요한 목표로 삼고 있기 때문이다. 남한의 시 장르에서 의미의 모호성은 다의적인 해석을 가능하게 하는 미학적 특성으로 간주된다. 그러나 이와 같은 의미의 모호성과 다의성은 시를 난해하게 만드는 요소이

---

16 그 외에 한자어를 고유어로 바꾸거나, 아래와 같이 X로 표시했던 부분에 시어를 채워 넣어 복원시키는 유형도 발견할 수 있다.

市街가좁다고 몬지휘날리며 달리든 X X X X 自動車와 馬車 그것이 오늘의 X X X X 무엇이란말이냐 보아라 거리와거리에모혀슨 우리 X X X X 平素에 黙黙히일하든친구들의 오늘을! 街路에도 우리들의 데모 屋內에는 驚異에빗나는 저들 X X X —박팔양, 〈데모〉 원작 부분 (『조선지광』, 1928. 7. / 김성윤, 앞의 책, 298~299면에서 재인용.)	거리도 제것인양 먼지 휘날리며 달리던 놈들의 자동차와 마차들 그것이 오늘의 우리 앞에 무엇이냐? 보아라 거리 거리 모여 든 우리 대오 묵묵히 일만 하던 동무들의 오늘을! 거리에는 우리들의 데모! 집안에는 놀라움에 질린 저들의 눈동자 —박팔양, 〈데모〉 개작 부분 (박팔양, 『박팔양시선집』, 조선작가동맹출판사, 1959, 26~27면.)

기도 하다. 개작을 통해서 살펴본 바와 같이 북한 시의 특성은 이와 같은 의미의 모호성을 배제함으로써, 시의 의미를 보다 쉽고 명확하게 이해할 수 있도록 하는 것이다.

3) '주관적 표출'에서 '보편적 공감'으로: '전형성'의 창조

개작의 세 번째 유형은 '정서적 동일화의 방식'을 변화시키는 경우이다. '정서적 동일화'는 부분과 부분으로 흩어져 있는 세계 인식의 파편성을 극복하여 전체적인 보편성으로 확장시키는 과정이다. 다시 말해서 시적 인식의 주체인 서정적 자아가 표현하는 정서적 태도나 감정적 상태를 통하여, 개인의 주관적인 내면 정서를 객관적이고 보편적인 정서나 감정으로 승화하여 독자에게 전이시키는 과정이다. 서정시에서 '정서적 동일화의 방식'은 객관적 현실 상황이나 문학 담당계층의 세계관 혹은 현실관에 따라서 다양한 모습으로 나타난다. 특히, 일제 강점기의 우리나라에서와 같이 시대의 지배적인 이념과 개인의 세계 인식이 모순에 빠질 때는, 세계와 대결하는 인물 등의 서사적 요소를 시에 끌어오는 서사적 총체성에 의한 '정서적 동일화의 방식'이 사용된다.

> 알룩조개에 입마추며 자랐나
> 눈이 바다처럼 푸를뿐더러 까무스레한 네 얼골
> 가시내야
> 나는 발을 얼구며
> 무쇠다리를 건너 온 함경도 사내
>
> 바람소리도 호개도 인전 무섭지 않다만
> 어드운 등불밑 안개처럼 자욱한 시름을 달게 마시런다만
> 어디서 흉참한 기별이 뛰어들것만 같해

두터운 벽도 이웃도 못믿어운 북간도 술막

온갖 방자의 말을 품고 왔다
눈포래를 뚫고 왔다
가시내야
너의가슴 그늘진 숲속을 기어간 오솔길을 나는 헤매이자
술을 부어 남실남실 술을 따르어
가난한 이야기에 고히 잠거다오

네 두만강을 건너왔다는 석달전이면
단풍이 물들어 철리 철리 또 철리 산마다 불탔을겐데
그래두 외로워서 슬퍼서 초마폭으로 얼굴을 가렸더냐
두 낮 두 밤을 두루미처럼 울어 울어
불술기 구름속을 달리는양 유리창이 흐리더냐

차알삭 부서지는 파도소리에 취한듯
때로 싸늘한 웃음이 소리 없이 색이는 보조개
가시내야
울듯 울듯 울지 않는 절라도 가시내야
두어마디 너의 사투리로 때아닌 봄을 불러줄께
손때 수집은 분홍 댕기 휘 휘 날리며
잠깐 너의 나라로 돌아 가거라

이윽고 얼음길이 밝으면
나는 눈포래 휘감아치는 벌판에 우줄우줄 나설게다
노래도 없이 사라질게다
자욱도 없이 사라질게다

―이용악,「절라도 가시내」원작 전문[17]

위의 시는 이용악의 「절라도 가시내」 원작이다. 이 시에는 인물·사건·배경 등의 서사적 요소가 도입되고 있다.[18]

먼저, 주요 인물로는 "절라도 가시내"와 "함경도 사내"가 등장한다. "절라도 가시내"는 북간도 술막에서 술을 팔고 있는 여자이다. "단풍이 물들어 철리 철리 또 철리 산마다 불탔을겐데" "불술기 구름속을 달리는양 유리창이 흐리더냐" 등의 표현에서 나타나고 있듯이, 그녀는 석 달 전 가을에 기차를 타고 두만강을 건너 북간도로 왔다.[19] "외로워서 슬퍼서" "두루미처럼

---

17 『시학』, 1940. 8. (이용악, 『오랑캐꽃』, 아문각, 1947, 60~64면에서 재인용.)
18 1930년대 이용악의 시들은 임화의 단편서사시 「우리 오빠와 화로」의 실험정신을 계승하여 서정시에 서사적 요소를 도입함으로써 리얼리즘의 시적 성취를 가능하게 한 구체적인 사례로서 주목받아 왔다. 그의 작품 가운데서도 특히 「전라도 가시내」와 「낡은 집」은 1980년대 남한에서 활발하게 전개된 리얼리즘 시에 관한 논쟁의 주요 대상이 되어 왔다. 따라서 이용악이 월북 이후 이 작품들을 어떻게 개작하고 있는가 하는 것은 연구자들 사이에서 커다란 관심을 불러일으키기에 충분하다. 리얼리즘 시에 관한 논쟁의 연장선상에서 원작과 개작을 비교·분석해 봄으로써 개작된 부분이 갖는 의미를 추적해 보고, 그것을 통하여 남한에서의 리얼리즘 시의 개념과 북한에서의 리얼리즘 시의 개념 사이에 어떠한 편차가 존재하는가를 구체적으로 밝혀볼 수 있을 것이다.
19 '불술기'는 '기차'의 함경도 방언이다. 윤영천은 이 시의 화자인 함경도 사내를 현실주의자로 보고 있는데, 그 이유 가운데 하나가 "불술기"라는 단어를 '해 혹은 태양'으로 해석하고 있기 때문이다. 그는 "현실주의자란, 역사의 '불술기'(태양)의 필연적 도래에 대한 굳건한 믿음 속에서 고통스런 현재적 삶을 부단히 갱신함으로써 그 '필연적 도래'를 앞당겨 현실화하는" 것이라고 말하고 있다. (윤영천,「민족시의 전진과 좌절」,『이용악시전집』, 창작과비평사, 1988, 224면.) 그러나 이 시에서 '불술기'는 단지 "불술기 구름속을 달리는양 유리창이 흐리더냐"라고 하여 전라도 가시내가 눈물을 흘려 시야가 흐려진 것을 비유적으로 표현한 것에 불과할 뿐, 화자인 함경도 사내의 의식을 표현하고 있는 대목에서 사용되고 있지 않다. 또한, "두 낮 두 밤을 두루미처럼 울어 울어 / 불술기 구름속을 달리는양 유리창이 흐리더냐"에 대하여, 전라도 가시내가 눈물을 흘려 시야가 흐려져서 무엇인가의 유리창이 흐려진 정황을 해가 구름 속에 가려진 형상에 비유한 것이라고 해석한다면, 유리창과 결합을 이루는 어떤 대상이 제시되어야 한다. 그러나 이 시의 문맥에서는 아무런 정황 설명 없이 '유리창'이 나오고 있다. 따라서 '불술기

울어 울어" "싸늘한 웃음" 등에서 환기되고 있듯이 그 길은 비극적 이미지를 띠고 있으며, 고향을 등지고 "북간도 술막"까지 오게 된 전라도 가시내의 사연을 화자는 "가난한 이야기"로 지칭한다. 전라도가 우리나라 최대의 곡창지대이자 일제 강점기 최대의 수탈지역이었다는 점을 고려할 때, 그녀의 "가난한 이야기"는 가족의 생계를 위하여 "북간도 술막"으로 팔려 온 내용으로 유추할 수 있다. 따라서 "절라도 가시내"는 일제로부터 수탈과 억압을 당해 온 당대 우리 민족 전체를 대변하는 인물로서 전형성을 띠고 있다.

'함경도 사내'는 길을 가다가 북간도 술막에서 하룻밤을 보내게 된 남자이다. "발을 얼구며" "눈포래를 뚫고" 등에서 환기되고 있듯이, 그는 무엇인가 목적이 있어 자발적 의지로써 북간도에 왔다. 그러나 "바람소리도 호개[20]도 인전 무섭지 않다만" "시름을 달게 마시련다만" "어디서 흥참한 기별이 뛰어들것만 같애" "두터운 벽도 이웃도 못믿어운" 등에서 나타나고 있듯이, 그의 내면 정서는 불안과 두려움으로 가득 차 있다. 이처럼 의지와 정서의 극한적 대립을 노출하고 있다는 점을 고려할 때, 그리고 함경도가 일제 강점기 민족의식의 집결지로서 수많은 독립운동가가 양성되었던 지역임을 고려할 때, "함경도 사내"는 독립운동과 관련된 어떤 목적을 띠고 북간도로 온 것으로 유추할 수 있다. 이것은 "온갖 방자의 말을 품고 왔다"라는 구절을 통해서도 암시된다. 여기에서 '방자'라는 말은 "남이 못되거나 재앙을 받도록 귀신에게 빌어 저주하거나 그런 방술(方術)을 쓰는 일"이라는 의미로 해석될 수 있다.[21] 즉, 방자의 대상은 '일제'로, 방자의 주체인 "함경

(가) 구름속을 달리는양 (불술기의) 유리창이 흐리더냐와 같이, '구름'과 '유리창'이라는 두 가지 사물에 '불술기'가 이중적으로 결합을 이루는 것으로 보아서, 전라도 가시내가 눈물을 흘려 기차의 유리창이 흐리게 보이는 것을 기차가 구름 속을 달리는 것에 비유하고 있는 것으로 해석할 수 있다. 보다 결정적으로, 북한에서 출판된 『조선말 대사전 (2)』(사회과학원 언어학연구소, 사회과학출판사, 1992, 1859면.)을 찾아보면 '불술기'는 '태양'의 의미가 아니라 '기차'의 함경도 방언이라고 나와 있다.

20 "'승냥이'의 방언" (https://opendic.korean.go.kr)
21 '방자'라는 단어에는 다음과 같은 여섯 가지의 뜻이 있다. ① 남이 못되거나 재앙을 받

도 사내"는 독립운동과 관련된 인물로 유추해 볼 수 있다. 따라서 "함경도 사내"는 당시 일제의 억압에 저항하는 우리 민족 전체의 독립의지를 대변하는 인물로서 전형성을 띠고 있다.

다음으로, 주요 사건으로는 "절라도 가시내"와 "함경도 사내"가 조선 땅을 떠나 각각 북간도로 왔고, 추운 겨울 어느 날 밤 이들이 "북간도 술막"에서 만난다는 사실을 들 수 있다. 이때, 북간도는 경제적 빈곤으로 인해 고향에서조차 내몰린 민중들이 마지막으로 찾아드는 절망의 장소이자, 일제 경찰의 추격을 피하여 한반도로부터 숨어들어 온 독립 운동가들이 내일을 기약하며 절치부심하는 장소라는 이중성을 띤 공간이다. 바로 이러한 점에서 "절라도 가시내"와 "함경도 사내"가 북간도에서 만난다는 상황 설정은 우리나라의 식민지적 현실을 가장 전형적으로 드러내주는 것이라고 할 수 있다.

마지막으로, 이 시에서 화자는 "함경도 사내"이자 일인칭 서정적 자아인 "나"로 설정되어 있다. 화자는 북간도에서 만난 "절라도 가시내"를 통하여 우리 민족이 처한 비극적 현실을 또 한번 실감한다. 밤에서 아침으로의 변화를 나타내는 부사인 "이윽고"를 통하여 환기되고 있듯이, 지난 밤 "절라도 가시내"와의 만남은 화자의 내면에 커다란 변화를 초래한다. "나는 눈포래 휘감아치는 벌판에 우줄우줄 나설게다"에서 나타나고 있듯이, 앞서 "바람소리" "호개" "시름" "흉참한 기별" "못미더운" 등으로 표상된 화자의 불안한 정서는 이제 혁명적 낭만주의가 내포하는 비극적 낙관의 정서로 바뀌어 있다. 이는 특히 "우줄우줄"이라는 부사어를 통하여 단적으로 표현된다.

도록 귀신에게 빌어 저주하거나 그런 방술(方術)을 쓰는 일. ②고려시대에, 중국의 사신과 그 수행원이 머무는 사관(使館)에 속하여 허드렛일을 맡아보던 잡직. 조선시대에, 지방의 관아에서 심부름하던 남자 하인. 조선 시대에, 상궁이나 나인의 방에 속하여 잡역에 종사하던 여자 종. ③'방자하다'의 어근. 어려워하거나 조심스러워하는 태도가 없이 무례하고 건방지다. 제멋대로 거리낌 없이 놀다. ④투자(投資). 이익을 얻기 위하여 어떤 일이나 사업에 자본을 대거나 시간이나 정성을 쏟음. ⑤꽃처럼 아름다운 자태. ⑥차자(箚子). 조선 시대에, 일정한 격식을 갖추지 않고 사실만을 적어 올리던 상소문. (https://stdict.korean.go.kr)

"우줄우줄"은 "사람이 몸이나 어깨를 흔들며 걷는 모양을 나타내는 말"[22]로서, 능동적이고 적극적인 정서를 환기한다. 이것은 "눈포래 휘감아치는 벌판"으로 표상되는 외부현실의 부정적 이미지와 대립됨으로써, 시적 화자의 주관적 의지를 드러내주고 있는 것이다. "나설게다"로 표현되는, 고난의 현실에 맞서고자 하는 화자의 의지는 역설적으로 "~도 없이 사라질 게다"로 표현되는 주체의 소멸의지를 통하여 더욱 극대화되고 있다.

알룩조개에 입맞추며 자랐나
눈이 바다처럼 푸를 뿐더러 까무스레한 네 얼굴
가시내야 나는 발을 얼구며
무쇠다리를 건너 온 함경도 사내

바람 소리도 호개도 인전 무섭지 않다만
어두운 등불 밑
안개처럼 자욱한 시름을 달게 마시련다만
어디서 흉참한 기별이 뛰여 들것만 같애

---

[22] '우줄우줄'이라는 부사어는 대체로 다음과 같은 경우에 사용된다. ①물체가 가볍게 율동적으로 움직이는 모양을 나타내는 말. ②산발 같은 것이 줄루먹줄루먹하게 잇닿아 있는 모양을 나타내는 말. ③눈에 뜨일 정도로 빨리 자라거나 높아지는 모양을 나타내는 말. ④사람이 몸이나 어깨를 흔들며 걷는 모양을 나타내는 말. (사회과학원 언어학연구소, 『조선말 대사전 (2)』, 사회과학출판사, 1992, 1595면.)
노철은 이 시에서 시적 전망이나 비전을 찾지 못하고 오히려 비장감과 암울함을 느끼고 있다. (노철, 「이용악 시세계 변모과정 연구」, 고려대학교 석사학위논문, 1990, 22면.) 그런데 그가 이렇게 느끼게 되는 데는 '우줄우줄'이라는 어휘가 큰 몫을 하고 있다. 남한의 독자는 일반적으로 이 '우줄우줄'이라는 어휘에서 부정적인 이미지를 받게 된다. 부슬부슬, 주룩주룩 등과 마찬가지로 이 단어가 음성모음으로만 이루어져 있어서 어두운 이미지를 주게 되는 것 같다. 그러나 사실상 '우줄우줄'은 매우 씩씩하게 어깨를 흔들며 걷는 사나이의 모습을 표현해 주는 의태어로서 긍정적이고 밝은 분위기를 갖고 있는 어휘이다.

두터운 벽도 이웃도 못 미더운 북간도 술막

온갖 방자의 말을 품고 왔다
눈보라를 뚫고 왔다
가시내야 너의 가슴 그늘진 숲속을 기여간
설움많은 오솔길을 나두 함께 더듬자
술을 부어 남실남실 술을 따르어
가난한 이야기에 고이 잠거라

네가 두만강을 건너왔다는 석 달 전이면
산마다 단풍들어 천리 천리 또 천리 불탔을건데
그래두 외로워서 슬퍼서 치마폭으로 낯을 가렸더냐
두 낮 두 밤을 두루미처럼 울어울어
불술기 구름 속을 달리는 양 유리창이 흐리더냐

차알삭 부서지는 파도 소리에나 취한듯
싸늘한 웃음이 소리 없이 새기는 보조개
가시내야
울듯 울듯 울지 않는 전라도 가시내야
두어마디 너의 사투리로 때아닌 봄을 불러 줄게
손때 수집은 분홍 댕기 휘휘 날리며
잠간 너의 나라로 돌아 가거라

이윽고 얼음길이 밝으면
나는 눈보라 휘감아치는 벌판에 나설게다
노래도 없이 사라질게다
자국도 없이 사라질게다

―리용악, 「전라도 가시내」 개작 전문[23]

위의 시는 리용악의 「전라도 가시내」 개작이다. 원작과 비교해 볼 때, 이 작품에서 개작된 곳은 크게 세 부분으로 나타난다.

첫째, 1연과 3연에서는 원작의 "가시내야 / 나는 발을 얼구며"와 "가시내야 / 너의 가슴 그늘진 숲속을 기어간 ~"에서 나타나는 행구분을 없앴다. 이 시의 1, 3, 5연에서는 "가시내야"라는 호격 감탄사가 반복적으로 등장한다. 그런데 원작에서와 같이 각 연에서 동일하게 "가시내야"라는 호격을 하나의 행으로 구분해 놓을 때는, 주관적인 감정의 과도한 분출로 인해서 작품이 보다 감상적 성격을 띠게 된다. 반면에 개작에서와 같이 1, 3연에서는 "가시내야"라는 호격 감탄사를 별개의 행으로 구분하지 않다가 5연에서만 "가시내야 / ~ 전라도 가시내야"와 같이 별도의 행으로 구분해 줄 때는, 주관적인 감정을 절제하는 효과와 더불어 감정을 점차적으로 고조시켜 나가다 정점의 순간에 폭발시킴으로써 감정 분출을 극대화시킬 수 있는 효과가 있다.

둘째, 3연에서는 원작의 "너의 가슴 그늘진 숲속을 기어간 오솔길을 나는 헤매이자"를 개작의 "너의 가슴 그늘진 숲속을 기여간 / 설음많은 오솔길을 나두 함께 더듬자"로 바꾸었다. "나는 헤매이자"를 "나두 함께 더듬자"로 고침으로써 정서의 주체를 변화시키고 있다. 원작에서와 같이 "나는 헤매이자"라고 할 경우에는 화자가 "전라도 가시내"의 "가난한 이야기"를 주관적으로 내면화하는 것이라면, 개작에서와 같이 "나두 함께 더듬자"라고 할 경우에는 화자가 "전라도 가시내"의 "가난한 이야기"에 동참하는 것이 된다. 즉, 후자의 경우는 화자가 "전라도 가시내"의 "가난한 이야기"를 한 여인의 개인적인 삶으로 인식하는 것이 아니라 식민지 조선 여성의 보편적인 상황으로 인식함으로써, 민족의 비극적 현실에 대한 인식이라는 공감대를 형성

---

23 리용악, 『리용악 시선집』, 조선작가동맹출판사, 1957, 58~59면.

하는 것을 의미한다.

셋째, 6연에서는 원작의 "나는 눈포래 휘감아치는 벌판에 우줄우줄 나설 게다"에서 "우줄우줄"이라는 부사어를 생략하고 개작의 "나는 눈보라 휘감 아치는 벌판에 나설게다"로 바꾸었다. "우줄우줄"이라는 부사어를 제거함 으로써 과도한 감상성을 배제시키고 있는 것이다. 원작에서와 같이 "나는 눈포래 휘감아치는 벌판에 우줄우줄 나설게다"라고 할 경우에는 독자의 시 선이 "우줄우줄"에 집중됨으로써, 화자의 주관적인 내면 풍경이 강조된다. 반면에 개작에서와 같이 "나는 눈보라 휘감아치는 벌판에 나설게다"라고 할 경우에는 독자의 시선이 "눈보라 휘감아치는 발판"에 집중됨으로써, "전 라도 가시내"와 화자인 "함경도 사내"가 처한 고난의 현실이 더욱 강조된 다. 그리고 이와 같은 객관적 현실 상황의 강조는 역설적으로 "나설게다" "사라질게다"와 같은 행위로 표상되는, "봄"을 불러오기 위한 화자의 내면 적 결의가 지닌 치열성을 더 한층 부각시켜 주는 역할을 한다.

북한 서정시에서 검서적 동일회를 이끌어내는 방식을 살펴보면, 성서이 주관적 표출에서 정서의 보편적 공감으로 전달방식이 변화하고 있다. 그리 고 이것은 북한문학이 추구하는 창작방법의 본질인 '전형성'의 개념으로 귀 결되는 것이다. 북한의 문예이론은 기본적으로 마르크스-레닌주의에 입각 해 있다. 진정한 마르크스-레닌주의 문학론은 객관적 현실의 탐구에 기초 한다. 또한, 마르크스-레닌주의 미학원칙에 입각한 창작방법론의 핵심은 '전형'의 창조에 있다. 문학 작품은 "전형적인 상황하의 전형적인 인물의 진 실된 재현"[24]을 통하여 현실을 반영한다. 특히, 서정시에서 전형화는 '정서 의 전형성'을 통하여 구현될 수 있다. 이때, 서정시의 정서란 외부와 단절된

---

24 F. Engels, "마가렛 하크네스에게 보내는 편지", *On Literature and Art*(K. Marx & F. Engels), Progress Publishers, Moscow, 1978, pp. 89~92. (마르크스 · 엥겔스, 김영기 옮김, 『마르크스 엥겔스의 문학예술론』, 논장, 1989, 88면에서 재인용.)

내부적 정서가 아니라 외부의 사회적 실천과 역사적 사변들에 의하여 환기된 정서인 것이며, 여기에서 비로소 서정시는 주관성을 극복하고 보편성과 전형성을 획득할 수 있는 것이다.

3. 1950년대의 '개작'이 함의하는 시문학사적 의미

1950년대 후반 북한에서는 다수의 시인들이 해방 이전에 쓴 자신들의 작품을 개작하는 경향을 보이고 있다. 시인들의 이와 같은 집단적 움직임은 이전 시기에도 없었고, 이후 시기에도 없었던 특이한 현상이다. 따라서 그 개작의 이유를 밝히는 작업은 곧 1950년대 북한 시사(詩史)의 특수성을 규명해내는 일이 된다.

북한 시사에서 개작이 집중적으로 이루어진 시기인 1956~59년 무렵은, 사회주의의 발전에 따른 생활의 안정과 더불어 시작된다. 이 시기의 서정시에서는 시인들의 '개성'이 무엇보다 중요한 요소로 부각된다. 이러한 현상은 이전 시기까지 서정시에서 '사상성'이 가장 중요시되었던 것과 분명한 대조를 이룬다. 시인들의 개성은 시의 주제와 형식에서 '다양성'을 추구하는 경향으로 나타난다. 이 시기에 발표된 서정시들을 살펴보면, 무엇보다 서정시의 대상과 주제의 영역이 놀라울 정도로 확장되고 다양해졌으며, 생활의 진리와 활력을 형상화하기 위하여 다양한 방식으로 접근하고 있다는 점을 확인할 수 있다. 이와 같이 이 시기는 '도식주의 비판'의 흐름을 타고 그 어느 때보다도 자유로운 창작이 보장된 시기였다.

그런데 아이러니하게도 이 시기에 행해진 개작의 방향은 궁극적으로 시에서 주관적인 '감상성'을 배제하고 객관적인 '사상성'을 강화하는 경향으로 나타났다. '시적 형상화의 대상'을 변화시킴으로써 '당파성'을 확보하고, '주제의 형상화 방식'을 변화시킴으로써 '인민성'을 강화하고, '정서적 동일화의 방식'을 변화시킴으로써 '전형성'을 획득하는 방향으로 나아가고 있다. 그리고 이와 같은 개작의 현실적 동기는 바로 전쟁 직후의 시기에 광범위하게 이루어진 '임화의 시에 나타난 감상성의 비판'에서 찾을 수 있다.

해방 직후 북한문학은 카프문학의 비판적 계승으로부터 출발한다. 그러나 전쟁 직후 '남로당파'에 대한 숙청을 계기로 하여, 그것은 '카프문학'의 비판적 계승이 아니라 '카프문학'을 계승해야 할 유일한 혁명전통으로 세워 나가는 방향으로 변모하게 된다. 북한문학사에서 '남로당파'에 대한 숙청은 구체적으로 이들 작품에 대한 대대적인 비판으로써 표출되었다. 시문학계에서 그와 같은 비판은 특히 임화의 해방 전후의 작품에 집중되었다. 비판의 요지는 그의 문학 작품이 인민성을 체현하지 못하였다는 것이다. 인민 대중의 이익과 지향을 반영하며 인민 대중의 역사적·시대적 과업의 달성을 방조·추동할 대신에 오히려 패배주의 사상의 독소만을 퍼뜨렸다는 것이다.

전쟁 시기에 안함광은 임화의 시 세계에 대하여 기본적으로는 높이 평가하면서도, 그의 시가 보여주는 감상성의 부정적 측면을 예리하게 비판하고 있다. 우선, 안함광은 임화의 시 세계가 당대에 많은 시인들이 일반적으로 범하고 있는 구호적 성격과 기록주의적 성격에서 벗어나 있음을 지적하고 있다. 즉, 임화의 시는 독자의 정서에 호소함으로써 서정시의 본질인 서정성을 확보하고 있다는 것이다. 그러면서 이 서정성이 임화의 시에서는 대부분 감상성의 색채를 띠고 있음을 또한 지적하는 것이다. 하지만, 안함광은 임화의 시에서 풍기는 감상적 분위기를 부정적 의미로서의 센티멘털리즘과는 분명히 구분하고 있다. 왜냐하면 그것은 퇴폐적이고 소극적인 감상성이 아니라 "거대한 비애를 뚫고 나가는 스산함과 이 더러움 속에서도 미래를 확인 전망하는 낭만성",[25] 다시 말해서 인민적이고 혁명적인 의의와

---

25 안함광, 「싸우는 조선의 시문학이 제기하는 주요한 몇 가지 특징」, 『문학예술』, 1951. 8. (이선영·김병민·김재용 편, 『현대문학 비평 자료집(2)』, 태학사, 1993, 137면에서 재인용.)

결합되어 있는 감상성이기 때문이라는 것이다. 그러나 그 이후 상황은 급속히 달라지고 있다. 전후시기에 오면 안함광은 '싸우는 인민의 전투적 감정' 대신 '인테리적 감상'을 표현했다는 점에서, 임화의 시에 나타나는 '감상성'을 반인민성의 징표로서 지목한다.

임화의 시에서 인텔리적인 감상성의 요소가 발견되는 것은 사실이다. 그러나 '감상성'에 대한 평가가 시대적인 정황에 따라 달라지고 있음에 주목해야 한다. 전쟁 시기에는 '감상성'이 대중성을 확보하는 데 효과적으로 작용한다는 점에서 이것을 높이 사고 있는 반면에, 전후시기에 오면 '감상성'이 반당적·반국가적·반인민적 성격을 지닌다는 점에서 이것을 비판하고 있는 것이다. 이와 같은 모순은 전후시기에 그만큼 '사상성의 강화'가 사회적인 차원에서 절실히 요청되었다는 사실을 반증하는 것이라고 할 수 있다.

따라서 1950년대 후반 북한 시사에서 이루어지는 개작의 방향을 통하여 확인할 수 있는 것은, 그 어느 때보다도 자유로운 창작의 자유가 보장되었던 1950년대 후반의 시기에 시인들은 아이러니하게도 자기 시에서 사상성을 강화하기 위하여 감상성을 최대한 배제하고 있다는 사실이다. 이것은 '임화의 숙청'과 '임화의 시에 대한 감상성 비판'이 당대 시인들에게 그만큼 충격적인 사건이었음을 역설하는 것이다.

그리고 이러한 현상의 이면에는 1930년대에 대한 현실인식이 1930년대 당대와 비교할 때 1950년대 현재에 와서 전혀 달라지고 있다는 사실이 내포되어 있다. 1950년대적 관점에서 볼 때, 1930년대의 감상성은 항일무장혁명투쟁에 대한 부정으로 인식되고, 이에 따라 부르주아적 속성으로 비판 받을 수밖에 없다. 만약 1930년대 항일무장혁명투쟁의 역사를 궁극적으로 사회주의 국가건설 과정의 중심으로 규정한다면, 1930년대의 현실을 감상적으로 형상화하는 것은 역사발전의 합법칙성에서 벗어난 반역사적 행위가 되는 것이다. 따라서 1930년대 작품에 대한 개작은 역사발전의 시각에서 볼 때 그 시기의 역사적 상황이 감상성으로 기술될 수 없다는 것을 보여 주기 위한 것이다. 1930년대 작품에 나타난 감상성은 현실을 발전적으로 인식하지 못한 반인민적·반국가적 행위가 될 수밖에 없기 때문이다. 1930년대의 문학 행위가 해방과 사회주의 국가건설이라고 하는 미래의 낙관적 전망을 제시해야 한다는 역사적 당위성을 확보하기 위해서라도 개작은 불가피한 일이었다.

이러한 관점에서 볼 때, 궁극적으로 시인들의 개작 행위는 1950년대의 역사의식으로 1930년대의 현실을 재구성하고, 자신의 사상성을 확고하게 제시하고자 하는 작업이라고 할 수 있다. 시인들은 그 어느 때보다도 창작이 자유로운 상황 속에서 그 어느 때라도 비판 받을 소지가 될 수 있는 내용을 미리 제거하고자 하였다. 이러한 연유로 1930년대의 원작을 1950년대에 당의 문예정책이 제시하는 방향에 맞추어 개작하고 있는 것이다.

한편, 1958년 말과 1959년 초에 북한문학 내부에서는 치열한 사상투쟁이 벌어졌다. 이 시기에 나온 잡지 『전선문학』을 보면 문학의 각 분야에서 '부르주아적 잔재'라고 생각되는 작품과 작가에 대한 비판이 쏟아지고 있음을 알 수 있다. 리용악, 조벽암, 조령출, 김상훈, 리병철 등과 같은 대표적인 월북 기성시인들이나 월북 신진시인들, 그리고 박아지, 김순석, 김철, 허진계 등과 같은 재북 기성시인들이나 재북 신진시인들을 망라해서 거의 모든 시인들이 비판을 받고 있다.

또한, 이것은 1950년대 후반에 들어 한층 강화된 '항일혁명문학'의 강조와 맞물리는 것이다. 해방 직후 북한문학은 '카프문학'의 계승을 표방하면서 시작하였으나, 1956년 이후에 들어서면서 항일혁명문학에 대한 관심이 고조되었고, 나아가 항일혁명문학은 카프문학과 더불어 계승해야 할 양대 문예전통으로 자리 잡게 되었다. 그리고 1959년에 이르면 항일혁명문학을 혁명전통으로 강조하는 정도가 이전에 비해 한층 더 강화되었다. 이와 같은 일련의 과정을 거치면서, 이후 북한문학에서는 카프문학의 혁명전통을 부정하고 항일혁명문학을 유일한 혁명전통으로 인정하게 되는데, 이를 계기로 북한문학은 결정적으로 도식화된다.

이처럼 1959년 이후 북한문학이 다시 도식화되어 가는 문학사적 진행 과정에서, 바로 전 시기에 시인들이 감상성을 배제하고 사상성을 강화하여 미래에 대한 낙관적 전망을 제시하는 방향으로 원작을 개작하는 행위는, 그 자체로서 '도식주의의 전주곡'의 역할을 하고 있는 것이다. 물론 개작의 방향에서 볼 때도 그렇거니와, 1930년대의 원작을 1950년대의 틀에 맞추어 개작하고 있다는 점에서 볼 때도 그렇다. 작품은 그 시대의 사상과 정서를 반영하는 시대의 산물이다. 그리고 현실을 반영하는 기능을 하는 작품의 내용과 형식은 상호 긴밀한 상관성을 지니고 있다. 그래서 '감상성'을 배제하고 '사상성'을 강화하기 위해 어느 한 부분을 개작한다는 것은 그 자체로서 작위적인 도식성을 노출하기 쉽다. 이는 작품에 대한 가치평가와도 연관되는 문제라고 할 수 있다. 이와 같이 개작 과정에 대한 연구를 통하여 우리는 1950년대 북한 시사가 도식화되어 가는 과정과 그 계기를 더욱 분명하게 확인할 수 있게 된다.

서정시에서 '당'과 '여성'의 관계 맺기
—여성시에 관한 몇 가지 오해—

1. 여성과 여성시

　이 글은 '제3세계 여성 글쓰기'를 주제로 한 기획의 일환으로서 북한 여성시의 성격과 특징을 살펴볼 것을 목적으로 한다. 여기에서 '제3세계'란 제1세계와 제2세계에 대응되는 용어이다. 봉건주의에서 자본주의로 자연스럽게 발전한 구미자본주의 국가와 일본이 제1세계라면, 사회주의 노선에 따라 산업화를 이룬 소련과 동유럽 국가가 제2세계이다. 그리고 제1세계와 제2세계로부터 자본과 기술 및 이데올로기를 도입하여 산업화를 추진하고 있는 국가들이 제3세계에 해당한다.[1] 이 가운데 북한은 제2세계에 속하는 중국과 소련의 영향 하에서 산업화를 추진해 왔다는 점에서 제3세계로서의 보편성을 공유하고 있는 동시에, 동양적 봉건주의를 토대로 하면서 사회주의적 근대화를 추진해 왔다는 점에서 체제의 특수성을 지니고 있다.
　한 사회의 정치·경제구조는 그 사회의 문화구조와 긴밀한 상관성을 갖는다. 근대 산업화의 발전 과정과 맞물려 전개되어 온 여성문제에서도, 가부장제의 역사 속에서 차별 받아 온 여성문제에 대한 자각은 서구의 제1세

---

[1] 두산동아백과사전연구소 편, 『두산세계대백과사전 23』, 두산동아, 1996, 104면 참조.

계에서부터 시작되었다. 먼저, 제1세계에 기반을 둔 자유주의 페미니즘은 기본적으로 인간의 자유와 평등을 추구하는 근대의 보편적 민주주의 사상에 힘입어 여성의 참정권과 법적 재산권을 획득하게 된다. 하지만 계속되는 산업화의 추세는 대규모 농촌 인구의 대도시 집중현상과 핵가족화를 초래하였고, 이와 같은 사회 변화는 남성과 여성의 일의 영역을 공적 영역과 사적 영역으로 분리시키고 말았다. 이에 반하여, 제2세계에 기반을 둔 사회주의적 페미니즘은 기본적으로 산업자본주의가 인간을 하나의 상품 또는 노동의 도구로 격하시킴으로써 인간을 노동으로부터 소외시킨다고 보았다. 특히 산업자본주의 사회에서 여성은 사용가치 · 교환가치 · 잉여가치 중에서 사용가치의 창출―가사노동―에만 배치됨으로써 이중의 소외를 당한다고 보았다. 따라서 이와 같은 여성의 제도적 억압에 대한 해결책으로서 첫째 여성을 공적인 생산영역으로 이끌어낼 것과, 둘째 사적인 생산영역―가사노동―을 사회화시킬 것을 주장하였다. 이와 같은 여성문제에서도 북한은 제1세계와 제2세계의 뒤를 좇는 근대화의 후발주자이면서 제2세계의 사회주의적 페미니즘에 기반을 두고 여성문제를 해결해 왔다는 점에서, 다른 제3세계 국가의 여성문제와 비교하여 일정한 공통점과 차이점을 내포하고 있다.

  이 글은 북한의 여성시를 대상으로 하여 북한의 여성문제가 지닌 제3세계로서의 보편성과 특수성을 규명해 보고자 한다. 이와 같은 작업은 한편으로는 남한 여성문제와의 비교를 통하여, 그리고 다른 한편으로는 북한 남성시인이 쓴 여성시와의 비교를 통하여 보다 구체화되고 심화될 수 있을 것이다. 그러나 이 글에서는 일차적으로 북한의 여성시인이 쓴 여성시를 중심으로 그것을 살펴보고자 한다. 보다 구체적으로는 형식적 측면과 내용적 측면으로 나누어 살펴볼 것인데, 먼저 형식적 측면에서는 (1) 북한 서정시의 형태적 특징, (2) 화자의 유형에 따라 달라지는 시적 구조의 특징 등을 분석해 보고자 한다. 그리고 내용적 측면에서는 (1) 혁명적 여성상과 전통적 여성상의 관계, (2) 남성 노동과 여성 노동의 관계, (3) 개인과 국가 간의 관계를 인식하는 태도 등을 분석해 보고자 한다.

2. 여성시의 특징

1) 서정시 속에 도입된 서사적 요소

　북한의 여성시에서는 시에 이야기를 담고자 하는 경향이 강하게 나타난다. 그러나 북한의 여성시에 등장하는 이와 같은 서사적 요소의 도입은, 우리나라 전체 시사(詩史)에서 볼 때 해방 이후의 북한 문학사에서 처음 등장하는 현상은 아니다. 그것은 이미 1920년대 신경향파 시에서 시작하여 1930년대 초반 임화의 단편서사시에서 새로운 시 형식으로 평가받고 있으며, 이후 1930년대 후반에 접어들어 이용악, 백석, 오장환 등 많은 시인들이 서사적 사건을 서정적 진술 속에 담아내는 시를 창작하게 되면서 가장 보편적인 시적 전통의 하나로서 자리 잡게 되었다.

　북한의 여성시를 분석하면서 필자가 서정시 속에 나타나는 서사적 요소에 가장 먼저 주목한 이유는 다음과 같다. 첫째, 이러한 현상이 시 속에 현실을 반영하고자 하는 작가의 의도와 밀접하게 연관되어 있으며, 따라서 주제를 결정짓는 중요한 요소라고 판단되었기 때문이다. 둘째, 이러한 서사적 요소의 도입이 시에서 화자의 성격과 진술 방식을 결정하는 중요한 요인으로 작용한다고 판단되었기 때문이다.

　여기에서는 '시적 인물'과 '이야기' 등의 서사적 요소를 지니고 있는 서정시 작품의 한 예로서 김귀련의 「녀성 통신원」을 살펴보도록 하겠다. 이를 통하여 단편적으로나마 북한의 여성시에 나타나는 사실주의적 경향의 특징을 밝혀볼 수 있을 것이다. 참고로, 이 시는 다음의 2)-(1) 항목에서 다루게 될 '화자가 3인칭 서술자인 경우'의 서정시 가운데서 특히 '개인과 국가 간의 관계'를 보여주는 경우에 해당하는 것이다.

남편은 총을 메고 전선에로 가고
적들의 폭격 계속되던 그 날
발아래 감기는 어린것 다섯 안고
젊은 어머니는 눈물을 닦았네.

너무도 급히 온 불행을 박차고
남편이 메던 가방 어깨에 메면서
날마다 몇 십 리 길 어찌 쉬이랴
강남 땅은 강을 안은 넓은 농사 고장
어깨에 무거운 짐, 먼길에 발은 부르터도
그는 하루같이 一〇 년을 살아 름름하니

전선에서 보낸 아들들 편지 기뻐하고
『빨리 보내 주세요』 뒤따라 오며 말하는 처녀들
수줍어도 간절한 부탁 날마다 받을 때
몇 십 리 넓은 골이 한집안처럼 정다와,

맑은 날만이 아니였다
변덕스런 여름날 한 점 구름이 비를 몰아
나무 한 포기 없는 들판을 두드릴 때
치마 앞에 우리 당 기관지 싸고 또 싸는 마음

그럴밖에 당을 믿고 당을 따라 산 그,
수령의 말씀 신문엔 담겨 있거늘
그 말씀으로 마을마다 일이 시작되고
그 말씀 따라 온 나라 밝아지거니

지금은 통신원 어머니로 불리워지는
하루도 그를 못 본 마을 없는 강남 땅에서
세월을 앞당기는 온갖 련락을
두 어깨에 메고 날라 오갔거니

사람들이여,
제마끔 한 장 편지에만 고맙다 말라

무더운 여름 땀 흘리며 달리는 그에게
달도 없는 야밤에 전보 가지고 달리는 그에게
우리는 더운 불 앞에 있을 때도
눈보라 맞받아 몸을 휘이며 들판에 선 그에게.

―김귀련,「녀성 통신원」[2] 부분

이 시에는 '여성 통신원'이라는 시적 인물과 그녀가 '살아온 이야기'가 담겨 있다. 3인칭 서술자로서의 화자는, 젊은 나이에 전쟁으로 남편을 잃고 어린 자식들을 책임지게 된 그녀가 전쟁 전에 남편이 맡아 했던 통신원의 임무를 이어받아, "눈물"과 "불행"의 현실을 삶에 대한 의지로써 극복해 내었다는 이야기를 독자에게 전달하고 있다. 여기에서 한 여성이 전쟁으로 인하여 가장을 잃고 아이들과 함께 폐허 속에 남겨졌다는 사실은, 전쟁 직후의 시기에 북한 여성이 처한 현실을 보여주는 전형적 상황이다. 또한, 인민에게 편지를 전해주기 위하여 몇십 리 길의 "강남 땅"을 십 년을 하루같이 날마다 걸어 다닌 여성 통신원은, 사회주의 조국 건설시기에 여성 노동자로서 인민에게 모범을 보여주는 전형적 인물이다.

---

[2]『8월의 태양』, 조선작가동맹출판사, 1960, 186~189면.

이때, 화자는 시적 인물인 여성 통신원이 살아온 이야기를 직접적인 진술이 아니라 그녀의 성격과 내면세계를 통하여 묘사하고 있다. 전선에서 보낸 아들들의 편지를 받아보고 '기뻐하는' 부모들의 모습을 볼 때나, 전선에 나간 애인에게 위문편지를 보내는 처녀들로부터 빨리 보내달라는 "간절한 부탁"을 받을 때, 그녀는 통신원이라는 자신의 직업에서 커다란 보람과 행복을 맛본다는 것이다. "치마 앞에 우리 당 기관지 싸고 또 싸는 마음"으로 표현되고 있듯이, 그녀가 이처럼 즐거운 마음으로 자신이 맡은 바 일에 성심을 다할 수 있는 것은, 그녀의 마음속에 당과 수령에 대한 강한 믿음과 충성이 있기 때문이라는 것이다.

그러나 이 서정시가 지닌 힘의 근원은 여성 통신원이라는 인물과 그녀가 살아온 이야기의 전형성에 있는 것도 아니고, 여성 통신원의 성격과 내면세계의 표현에 있는 것도 아니다. 그것은 이 모든 것을 주관적으로 내면화하여 거기에 의의를 부여하는 3인칭 화자의 '서정'에 있다. 왜냐하면 이 시는 여성 통신원이라는 인물과 그녀가 살아온 이야기를 통하여 당대 여성 노동자들이 이루어낸 새 조국의 모습을 노래하고 있지만, 시인이 궁극적으로 형상화하고 있는 것은 바로 시인 자신의 '현실 긍정'의 정서이기 때문이다. "수령의 말씀 신문엔 담겨 있거늘 / 그 말씀으로 마을마다 일이 시작되고 / 그 말씀 따라 온 나라 밝아지거니"라는 3인칭 화자의 발화에서 확인할 수 있는 시인의 '현실 긍정'의 정서가 시적 인물인 여성 통신원과 그녀가 살아온 이야기를 통하여 구체화되고 있는 것이다.

하지만 서사적 요소를 도입한다고 해서 모든 시가 반드시 현실을 진실하게 반영하고 미래에 대하여 올바른 전망을 제시하는 사실주의 시가 되지는 않는다. 더구나 현실을 반영한다는 것은 현실에 대한 화자의 인식 태도와 밀접하게 관련되어 있다. 위에서 살펴보았듯이, 북한의 여성시에서는 대체로 시인이 현실을 긍정적으로 인식하고 있다. 이에 따라 사실주의적 경향으로서 북한의 여성시는 현실의 긍정적 요소에 대한 예찬과 미래에 대한 낙관적 전망의 모습을 드러내게 된다.

위의 시에서 3인칭 화자는 독자인 "사람들"을 향하여 말한다. 그녀의 성실한 자세에 대하여 "제마끔 한 장 편지에만 고맙다 말라"고. 즉, 그녀의 성실한 자세는 '편지 한 장'으로 표상되는 개인적 차원에 머무르는 것이 아니라, 당과 수령에 대한 충성심으로 표상되는 사회·국가적 차원의 의미로까지 확대 해석될 수 있다는 것이다. 이와 같이 시인은 당대의 현실을 긍정적으로 인식함으로써, 가장을 잃고 생활 전선에 뛰어든 한 어머니의 삶으로부터 당과 수령을 위해 일하는 애국 여성의 삶이라는 또 다른 의미를 주관적으로 읽어내고 있으며, 양자를 하나의 의미 체계로 무리하게 결합시키고 있다.

이런 점에서 볼 때, 시적 인물인 '여성 통신원'은 북한의 여성문제를 제시하기 위해서가 아니라 사회주의-공산주의 사회 건설을 위해 투쟁하는 '혁명적 인간상'을 제시하기 위해서 형상화된 것이라고 해석할 수 있다. 물론 당이 제시하는 문예정책에 따라서 창작을 해야 하는 북한의 문학 현실을 간과할 수는 없지만, 궁극적으로 북한의 여성시인들의 입장에서는 한 명의 여성으로서 북한 현실을 바라보는 것보다, 사회주의-공산주의 사회를 건설하는 과정에 있는 '인민'의 모습을 형상화하여 하나의 모범으로서 당대 '인민'에게 제시하는 것이 더 큰 관심사였다고 할 수 있다.

2) 화자와 시적 구조의 상관성

북한의 문예이론은 기본적으로 마르크스-레닌주의에 입각해 있다. 그리고 마르크스-레닌주의 미학원칙에 입각한 창작방법론의 핵심은 '전형'의 창조에 있다. 문학 작품은 "전형적인 상황하의 전형적인 인물의 진실된 재현"[3]을 통하여 현실을 반영한다. 그런데 일반적으로 현실의 반영과 전형성의

---

[3] F. Engels, "마가렛 하크네스에게 보내는 편지", On Literature and Art(K. Marx & F. Engels), Progress Publishers, Moscow, 1978, pp. 89~92. (마르크스·엥겔스, 김영기 옮김, 『마르크스 엥겔스의 문학예술론』, 논장, 1989, 88면에서 재인용.)

개념은 서사 장르에 더 잘 적용되고 서정 장르에는 잘 부합되지 않는 것이라고 생각하는 경향이 있다. 그러나 원론적으로 이 두 개념은 서정 장르에도 예외 없이 그대로 적용되는 것이다.

서정시에서 전형성의 담보 형태는 화자의 성격에 따라 달라지는데, 화자의 성격은 크게 (1) 3인칭 서술자로 설정될 경우와 (2) 1인칭 서정적 자아로 설정될 경우의 두 가지 유형으로 나누어 볼 수 있다. 이와 같은 화자의 성격은 시적 구조와도 긴밀한 상관성을 지니고 있어서, 전자의 경우에는 '인물과 상황의 전형성'을 통하여 현실을 반영하고, 후자의 경우에는 '정서의 전형성'을 통하여 현실을 반영한다. 또한, 시적 구조에서 가장 중요한 요소는 갈등의 형상화인데, 크게는 갈등이 나타날 경우와 나타나지 않을 경우가 있다. 갈등이 나타날 경우에는 그것을 어떤 방식으로 해결해 나가는가에 따라 전형성의 획득 양상이 달라질 수 있다.

이 글에서는 북한의 여성시에 나타나는 현실 반영의 양상을 '화자와 시적 구조의 관계 유형'에 따라서 다음과 같이 둘로 나누어 살펴보고자 한다.

(1) 화자가 3인칭 서술자인 경우

화자가 3인칭 서술자로 설정될 경우에는, 화자가 정서를 전달하는 기능을 하면서 서사적 사건을 이루는 인물들의 행위를 제시하는 시적 구조를 띠게 된다. 이에 따라 시인은 시적 인물과 그가 놓인 '상황의 전형성'을 통하여 현실을 반영한다.

　　―내가 그날 전선으로 떠날 때,
　　그 처녀는 산딸기를 싸 주며
　　단발 머리 귀밑까지 붉히더니
　　무사히 잘 있는지?⋯

　　그리움에 촉촉히 젖는 마음⋯

그러나 동구 밖에 이르러
전사는 발 멈추네— 어느 집일가?
—모두가 새 집이니 어느 집이….

김 매는 협동 조합 처녀들께
전사는 길손처럼 길을 묻는데
한 처녀의 빠른 눈이 반기며
전사의 곁으로 다가 오네.

…아, 흘러 가는 물 소리
숲에서 우지지는 새 소리…
물결치는 처녀의 가슴 우에
공로 메달 략장이 빛나라.

전사는 처녀의 눈동자에서
전보다 더 넓어진 들판을 보며
　—동무는 많이두 변했구려,
　딸기 맛은 여전하던데….

그만 처녀는 수집어
발끝만 굽어 보다 하는 말이
　—변했지요, 모든 것이 변했지요,
　그렇지만 딸기 맛이야 변하겠어요!

　　—리순영, 「산딸기」[4] 부분

---

[4] 『조선문학』, 조선작가동맹출판사, 1955. 4, 166면.

이 시에서는 3인칭 서술자로서의 화자가 시적 인물인 '처녀'와 '젊은 전사' 간의 애정을 노래하고 있다. 처녀와 총각은 한 고향에서 자라나 "협동조합"에서 함께 일해 온 사이이다. 총각은 지난 해 봄에 "전선"으로 떠났다가 지금 고향으로 돌아오고 있다. 그런데 고향 마을의 "동구 밖"에 다다른 전사는 놀라서 발걸음을 멈춘다. 마을 집 모두가 "새 집"으로 바뀌었고 "김매는 협동 조합 처녀들"에게 길을 물어야 할 정도로 모든 것이 변해 있었기 때문이다. 그 중에서도 가장 많이 변한 것은 바로 그 처녀였다. 전사 곁으로 다가온 처녀의 가슴 위에서는 "공로 메달 략장"이 빛나고 있다. 그것은 "전보다 더 넓어진 들판"으로 상징되는 '노력 노동'의 대가로서, 그동안 처녀가 한 사람의 당당한 '여성 노동자'로 새로 태어났음을 보여주는 것이다. 여기에서 변모·발전하는 농촌 마을은 전후 복구건설 시기의 북한 현실을 보여주는 전형적 상황이며, "공로 메달 략장"을 받은 협동조합의 처녀는 당대의 모범적인 '여성 노동영웅'을 보여주는 전형적 인물이다.

그런데 이 시에서 '처녀의 변신'은 총각과 처녀 사이에 갈등을 초래함으로써 그들의 애정관계에 대하여 하나의 위기로 작용할 가능성을 내포하고 있다. "동무는 많이두 변했구려, / 딸기 맛은 여전하던데…"에서 '딸기 맛'의 불변과 '처녀'의 변모를 대조시킴으로써, 전사는 그녀가 변화한 모습에 대하여 놀라움을 표현하고 있기 때문이다. 하지만 "변했지요, 모든 것이 변했지요, / 그렇지만 딸기 맛이야 변하겠어요!"에서 '노동자로서의 의식'의 변모와 '사랑의 감정'의 불변을 대조시킴으로써, 처녀는 전사에 대한 자신의 애정이 변함없음을 강조하고 있다. 이를 통하여 노동 영웅으로 거듭난 처녀의 변신은 한 남자를 사랑하는 애정의 문제와 별개의 것으로 표현되고 있다. 오히려 여성의 사회적인 활동과 개인적인 사랑의 감정을 상보적인 관계로 제시함으로써, 그것이 결코 갈등의 관계로 존재하는 것이 아니라는 점을 강조하고 있다.

이와 같이 시인은 처녀와 총각의 애정관계를 통하여 북한 여성의 '자아 정체성'을 두 가지 측면으로 제시하고 있다. 하나는 '여성 노동자'로서의 자아 정체성이고, 다른 하나는 '사랑하는 여성'으로서의 자아 정체성이다. 전자는 시대적인 변화와 요청에 따라 새롭게 형성된 '혁명적 여성상'이고, 후자는 시대적인 변화를 넘어서 지속되고 있는 민족 고유의 '전통적 여성상'이라고 할 수 있다. 이 두 가지 요소는 북한 사회가 여성에게 권장하는 이상적인 덕목인 셈인데, 이것이 지니는 실제적 의미는 다음과 같은 두 가지 방향에서 해석될 수 있다.

첫째, 이상적인 여성상을 '노동'의 측면과 '정절'의 측면이라는 이중적 성격으로 제시하는 것 자체는, 현대 북한 사회에서 새롭게 등장한 형태가 아니라 전통적으로 이미 존재해 왔던 형태라고 볼 수 있다. 예를 들어 정서촌의 「녕변 아가씨」[5]라는 시작품은 북한의 남성시인이 쓴 작품으로서 북한의 여성 이미지를 형상화하고 있다. 이 작품에서 형상화된 여성의 아름다움을 살펴보면, 위의 시에서와 마찬가지로 한편으로는 고운 마음씨·수줍어하는 자태·변치 않는 애정 등을 강조하고 있으며, 다른 한편으로는 야무지고 훌륭한 일솜씨를 강조하고 있다. 그런데 이 시에서 형상화된 여성에 대하여 당대의 평론가들은, 젊은 세대이면서도 순박하고 부지런한 우리나라 여인들의 전통적인 미덕을 그대로 간직하고 있다고 평가한다. 이와 같은 평가는 훌륭한 일솜씨 또한 전통적인 여성이 갖추어야 할 필수 덕목으로 간주되고 있다는 사실을 알려준다. 따라서 여기에서 알 수 있는 것은, 혁명적 여성상으로서 북한 사회가 여성에게 권장하는 '여성 노동자'로서의 자아 정체성은, 사실상 전통적인 여성의 덕목을 변형시켜 국가와 사회의 발전을 위해 여성의 노동력을 적극적으로 유도하고자 하는 정책적 의도를 합리화하는 성격을 지니고 있다는 점이다.

둘째, 한 남성에 대하여 '정절'을 지키는 여성의 이미지는 가부장제 사회 중에서도 특히 동양에서 발견할 수 있는 유교적인 덕목이라고 생각할 수 있다. 그러나 이것은 그 자체가 나쁜 것이 아니다. 남성과의 관계에서 볼

---

[5] 정서촌, 『가무재 고개』, 조선작가동맹출판사, 1958, 25~26면.

때 그것이 여성에게만 적용된다는 점에서, 그리고 사회적으로 강요된다는 점에서 문제가 있는 것이다. 따라서 이 문제에 대하여 평가할 때에는 북한 사회에서 과연 남성에게 부과되는 정조 관념은 어떠한지를 살펴보는 작업이 전제되어야 할 것이다. 예를 들어 리순영의 시「노을」[6]은 북한의 여성시인이 쓴 작품으로서 총각을 향한 처녀의 애정을 노래하고 있다. 그런데 이 시에 대하여 북한의 당대 평론가인 김명수는 "노을과 휘파람을 원망하고 야속스럽게 여기는 이 처녀의 감정에 첫사랑의 매혹적인 두근거림보다는 어딘가 사랑에 대한 순결성과 진지성이 부족하며 경박하고 들뜬 처녀의 그것을 련상시키는 점"이 있으며, "그것은 특히 휘파람만 휘―휘― 부는 총각의 형상과 배합되여 그런 인상을 더 깊이 하"[7]고 있다고 비판하였다. 여기에서 김명수는 정절이 아니라 태도를 문제 삼고 있는 것인데, 사랑에 대한 순결성과 진지성이 '사회주의적 인간형'이 갖추어야 할 덕목으로서 남녀 모두에게 해당되는 '민족적 정서'임을 강조하고 있다.

> 전차가 정류소에 미끄러지듯 멎으면
> 활짝 열리는 문에서 웃는 네 얼굴
> 이슬 머금은 꽃송이 같구나.
>
> 너는 차례로 통근권을 받아 쥐며
> 한 집안 식구처럼 맞아 들이고
> 사람들은 사랑스런 길잡이 너와 함께
> 하루의 첫길을 간다.
>
> 어제, 밤 깊어 돌아 갔던 공장 기사도

---

[6] 『조선문학』, 조선작가동맹출판사, 1955. 4, 164~165면.
[7] 김명수,「문학에서 《미학적인 것》을 바로 찾기 위하여」, 『조선문학』, 조선작가동맹출판사, 1957. 3, 143면.

새 기계 깎을 생각에 가슴 울렁이는 선반공도
아이들에게 새 과목 배워 주러 가는 녀교원도,

저의 집 아래'목처럼 반들거리는 자리에 앉으며
네 마음처럼 맑은 유리창 너머 생각한다,
한 초를 한 시간 맞잡이로 일하고 싶은
불타는 마음들이 흘러 넘친다.

나날이 늘어 가는 혁신자들과 영웅들을 모시고
바쁜 길 도우려 전차보다 네 마음은 몇 곱을 더 달리누나.

첫아들 안으려 새 포단 들고 병원에 가는 젊은 아버지도
오래간만에 휴가로 고향에 가는 직포공 처녀도
꽃다발 안고 결혼식장에 떠들썩 떼지어 가는 총각들도
대극장 공연에서 받은 깊은 감동 가시지 않는 어머니도,

전차 가득 모시고, 너는 온 거리에 넘치는 기쁨을 싣고,
거리와 거리를 누비며 살 같이 날으는 새와도 같구나.

너는 평양 구경 오신 산'골 할머니를 부축하여 태우며
엄마 따라 상점 가는 어린이를 안아 내리며
너는 우리 시대를 꽃 피워 가는 아름다운 이야기
노래하듯 쉬임 없이 손님들의 가슴에 부어 주는 기특한 선동원.

― 리계심, 「처녀 차장에게」[8] 부분

---

8 『청춘송가』, 조선문학예술총동맹출판사, 1964, 67~69면.

이 시에서 3인칭 서술자로서의 화자는 시적 인물인 '처녀 차장'에 대하여 이야기하고 있다. "전차"가 "정류소"에 멈추어 설 때마다 그녀는 "활짝 열리는 문"에 서서 "웃는" 얼굴로 사람들을 맞아준다. "차례로 통근권을 받아 쥐며" "한 집안 식구처럼" 그들을 맞아들인다. 그들을 위하여 언제나 "저의 집 아래'목처럼 반들거리는 자리"와 자신의 "마음처럼 맑은 유리창"을 준비한다. 그들의 "바쁜 길"을 돕고 싶은 생각에 그녀의 마음은 언제나 전차보다 앞서 "몇 곱을 더" 빨리 달려간다. 또한, 그들의 기쁨이 마치 자신의 기쁨인 양 더욱 신이 나서 "거리와 거리를 누비며" 나아간다. 이와 같이 자신이 맡은 일에 충실한 처녀 차장을, 화자는 당대를 대표하는 '여성 노동영웅'의 모범적 전형으로서 제시하고 있다.

처녀 차장을 지칭하여 화자는 그녀야말로 이 시대의 "기특한 선동원"이라고 말한다. 그런데 "너는 우리 시대를 꽃 피워 가는 아름다운 이야기 / 노래하듯 쉼 없이 손님들의 가슴에 부어 주는 기특한 선동원"이라는 구절에서, 화자는 '선동원'이 내포하는 의미를 이중적으로 표현하고 있다. "우리 시대를 꽃 피워 가는 아름다운 이야기"의 주체가 한편으로는 '너' 곧 "처녀 차장"의 생활 모습이 되기도 하고, 다른 한편으로는 처녀 차장이 전차 안에서 만나는 수많은 사람들의 생활 모습이 되기도 하기 때문이다. 전자의 경우에는 처녀 차장이 모범적인 자신의 행위를 통하여 사람들의 마음을 교화한다는 의미가 된다. 그리고 후자의 경우에는, 처녀 차장이 전차 안에서 보고 듣는 수많은 사람들의 아름다운 이야기를 매일 같이 만나는 또 다른 "손님들"에게 들려줌으로써 그들의 마음을 교화시켜 준다는 의미가 된다.

전차를 타고 가는 사람들 가운데는 늦게까지 일하고 "어제, 밤 깊어 돌아갔던 공장 기사"도 있고, "새 기계 깎을 생각에 가슴 울렁이"며 출근하는 "선반공"도 있으며, 열심히 준비한 내용으로 "아이들에게 새 과목 배워 주러 가는 녀교원"도 있다. "나날이 늘어 가는 혁신자들과 영웅들"인 이들이야말로 이 시대의 전형적 인물인 것이다. 또한, 전차를 타고 가는 사람들 가운데는 이제 막 태어난 첫아들을 안아보기 위하여 "새 포단 들고 병원에 가는 젊은 아버지"도 있고, 오랜만에 휴가를 내어 "고향에 가는 직포공 처녀"도 있으며, 꽃다발을 들고 직장 동료 혹은 친구의 결혼식장에 "떠들썩 떼지어 가는 총각들"도 있고, "대극장 공연에서 받은 깊은 감동"을 그대로 간직한 채 집으로 돌아가는 "어머니"도 있으며, "평양구경 오신 산골 할머니"도 있고, "엄마 따라 상점 가는 어린이"도 있다. 이처럼 "온 거리에 넘치는" 이들의 기쁨이야말로 이 시대의 전형적 상황인 것이다.

바로 여기에서 화자가 강조하고 있는 것은 처녀 차장뿐만 아니라 '인민들' 모두가 "우리 시대를 꽃 피워 가는 아름다운 이야기"의 주체들이며, 이들이 서로 한마음이 되어 나날이 발전하는 '사회주의 조국'을 만들어 나감으로써 '조국의 숨결'은 더욱 뜨거워지고 있다는 것이다. 즉, 처녀 차장과 '인민' 그리고 처녀 차장과 '사회주의 조국' 사이에는 어떠한 갈등도 존재하지 않는다는 것이다. 그녀는 보이지 않는 곳에서 '인민'을 위해 봉사함으로써 그들에게 기쁨과 행복을 줄 수 있고 이를 통하여 '조국'과 사회의 발전에 이바지할 수 있다는 점에서, 자신이 하는 일에 대하여 커다란 보람과 즐거움을 느끼고 있다는 것이다.

(2) 화자가 1인칭 서정적 자아인 경우

화자가 1인칭 서정적 자아로 설정될 경우에는, 화자가 자신의 내면 정서를 직접적으로 표출하는 기능을 하면서 자신의 각오와 삶의 자세를 내적 고백의 양식으로 제시하는 시적 구조를 띠게 된다. 이에 따라 시인은 서정적 자아가 표출하는 '정서의 전형성'을 통하여 현실을 반영하게 된다.

하얀 목화 송이에
저녁 노을 붉게 물드네,
그 총각이 지날 때면
내 얼굴도 붉어지지만
그 총각은 몰라 주네,

노을에 물든줄로 아는지
―그러니 그러니
　노을을 원망할 밖에….

래일은 그 총각이
뜨락또르 운전 배러 간다네
그래도 나를 보고 희― 희―
휘파람만 불며불며 지나네
알고도 모르는척 하는지,
몰라서 영영 몰라 주는지?
―그러니 그러니
　그 휘파람 야속할 밖에….

그렇지만 달은 열번
둥글었다 이지러져도
몸 성히 잘 배워 오기만
기다릴 내 마음이라네.
환송의 꽃다발 속에
편지 한장 써 넣으면 알는지?
―그러니 그러니
　내 마음 야릇할 밖에….

―리순영, 「노을」⁹ 전문

즌펼이 갈대 숲 저 건너

---

9 『조선문학』, 조선작가동맹출판사, 1955. 4, 164~165면.

바닷물 가로 막은 동마루
그 우에 아지랑이 아물거리네.
—아, 봄이 왔네, 봄이 왔네!

지난 가을 동막이 끝내던 날,
땀 배인 얼굴에 미소 띠우며
뜨락또르 운전 배러 떠나 가던 그 총각
—아, 그 총각이 돌아 올 봄이 왔네!

나는 이제 그 총각이 돌아 오는 날,
남 몰래 뒷동산에 보아 두었던
진달래꽃 안겨 주며 말하겠네
—이 꽃이 피기만 기다렸어요!

그리고 우리 하냥 웃으며
뜨락또르에 협동 조합 깃발 꽂고
즌펄이로 몰아 가며 속삭이겠네
—그 좋은 휘파람 불어 보세요!

—리순영, 「봄」[10] 전문

위에 제시한 두 편의 시작품은 내용상 상호 연속성을 띠고 있다. 이 시의 화자는 "협동 조합"에서 일하는 처녀인데, 처녀는 1인칭 서정적 자아로서 노동 현장에서 함께 일하는 총각에게 느끼는 사랑의 감정을 표현하고 있다.

---

[10] 위의 책, 165면.

먼저, 「노을」의 1연에서는 총각이 지날 때면 붉어지는 자신의 얼굴을 통하여, 그에 대한 애정과 그것을 몰라주는 것에 대한 "원망"의 감정을 표현한다. 그리고 2연에서는 "래일은 그 총각이 / 뜨락또르 운전 배러 간다"는 상황과 "그래도 나를 보고 희— 희— / 휘파람만 불며불며 지나"는 총각의 행위를 대비시킴으로써, 더욱 애가 타는 마음과 그것을 몰라주는 것에 대한 '야속함'의 감정을 표현한다. 더 나아가, 3연에서는 시상을 전환하여 '열 번 둥글었다 이지러지는 달'과 "몸 성히 잘 배와 오기만 / 기다릴 내 마음"을 대비시킴으로써, 총각에 대한 애정이 변함없을 것임과 그와 같은 마음을 "환송의 꽃다발"과 "편지"에 담아 전하고 싶은 생각을 '야릇함'의 감정으로 표현한다. 이와 같이 총각을 향한 서정적 자아의 애정은 '수줍음 → 애태움 → 기다림'으로 점점 깊어가고 있다.

그런데 여기에서 주목해 볼 것은, 서정적 자아의 내면 정서와 외적 상황 사이에서 발생하는 갈등을 형상화하는 문제이다. 총각이 뜨락또르 운전을 배우러 떠남으로 인하여 서정적 자아는 이별의 상황에 직면하게 된다. 그러나 사랑의 감정과 이별의 상황이 충돌함으로써 빚어지는 갈등을 서정적 자아는 '기다림'으로 해소시키고 있다. 이때, 총각의 떠남이 돌아옴을 전제로 한 일시적인 떠남이라는 점에서, 그리고 총각이 뜨락또르 운전을 배우러 떠나는 이유가 더 나은 기술을 배워 '사회주의 조국' 건설에 이바지하기 위한 것이라는 점에서, 그 기다림은 긍정적인 미래를 예고하고 있다. 즉, 서정적 자아의 기다림은 떠나간 님을 그리워하며 하염없이 눈물짓는 전통적인 여성상이 아니라, 자신의 사랑을 능동적으로 가꾸어 나가는 새로운 여성상의 단면을 보여주는 것이다. 그런 의미에서 이 시에 형상화된 갈등은 적대적 갈등이 아니라 비적대적 갈등이다.

또한, 서정적 자아의 기다림에는 다음과 같은 두 가지 의미가 내포되어 있다. 첫째, 총각을 향한 서정적 자아의 개인적인 사랑의 감정과 뜨락또르 운전을 배움으로써 '사회주의 조국' 건설에 이바지하고자 하는 총각의 조국애 중에서, 후자가 전자보다 우선하는 가치라는 사실이다. 둘째, 서정적 자아가 총각을 사랑하는 이유는 그 총각이 위와 같은 자질을 충분히 갖추고 있기 때문이라는 사실이다. 처녀가 사랑하는 총각은 협동조합에서 "동막이" 일을 끝내자마자 뜨락또르 운전을 배우기 위해 타지로 떠나는 성실성과 부지런함을 보이고 있으며, 힘든 일을 하면서도 "미소"를 잃지 않을 정도로 밝고 쾌활한 성격을 지니고 있다. 그러면서도 "나를 보고 희— 희—/ 휘파람만 불며불며"에서 나타나고 있듯이, 무미건조하거나 정서적 문맹이 아니라 유머러스하고 경쾌한 사랑의 감정 또한 지니고 있는 새로운 시대의 청년으로서 묘사된다. 즉, 이 시에서 서정적 자아가 사랑을 느끼는 총각은 '공산주의적 인간형'의 전형으로서, 북한 사회가 여성들에게 제시하는 이상적인 남성상이라고 할 수 있다.

한편, 「봄」에서 알 수 있듯이 서정적 자아의 기다림은 총각이 뜨락또르 운전을 배우러 떠나가던 "지난 가을"에서부터 그가 돌아오는 다음 해 "봄"까지 지속된다. "아, 봄이 왔네, 봄이 왔네!"에서 감탄사를 통해 나타나고 있듯이, 서정적 자아는 특별한 감회를 가지고 이 봄을 맞이하는데, 그 이유는 바로 "그 총각이 돌아올 봄"이기 때문이다. 이제 서정적 자아는 "그 총각이 돌아 오는 날" 기다림으로 더욱 깊어진 자신의 사랑을 "남 몰래 뒷동산에 보아 두었던 / 진달래꽃"에 담아 솔직하게 고백하고자 한다. 그리고 "우리 하냥 웃으며 / 뜨락또르에 협동 조합 깃발 꽂고 / 즌펄이로 몰아 가며 속삭이겠네"에서 나타나고 있듯이, 둘이서 아름다운 사랑을 이루어 나갈 것을 예감한다.

바로 여기에서 서정적 자아가 꿈꾸는 이상적인 남녀 간의 애정관계를 엿볼 수가 있는데, 그것은 노동 현장에서 함께 일하고 서로 격려해 주면서 상호 발전해 가는 가운데 사랑을 가꿔 나가는 평등한 관계로 그려지고 있다. 더 나아가 전통적인 남녀관계에서는 남성이 여성에게 꽃을 바침으로써 자신의 사랑을 표현하는 것이 관례인데, 사랑의 감정을 표현할 때 여전히 '꽃'이라는 관습적 상징을 사용하고 있으면서도, 이 시에서는 오히려 꽃을 주고받는 남성과 여성의 성 역할이 전도되어 있음을 발견할 수 있다.

비둘기장 같이 아늑한 산란통 칸칸마다에서
닭알을 꺼내여 한바구니 듬뿍 안으니
내 마음 설레이네,
가슴 우에 드리운 머리태도 물'결치네.

창문을 열면 안겨 오는 모란봉 기슭
대동강물도 출렁이며 노래 부르는 거리
어서 가거라, 둥실한 닭알들아
백발이 성성한 할아버지 진갑 잔치에도,
흥성거리는 많고 많은 매대 우에도
듬뿍 올라라 기쁨을 노래하며,

(중략)

솜씨 좋은 어머니와 언니들
방실방실 웃는 아기를 위해
건설장에 나가는 아저씨를 위해
모두 다정히 모여 앉을 즐거운 식탁을 위해
아침 저녁 고기와 계란 료리에 신이 나라고
나는 푸른 들에 닭을 치네,
불타는 우리의 노력 닭알 화수분을 만들려네.

사료 조리에 팔이 아프면 어떠리
수천 마리 닭몰이 힘겨운들 어떠리
시각마다 분초마다 흰닭 무리 늘어만 다오,
대성산 기슭을 구름처럼 덮어만 다오.

이래서 이 나라 모든 사람들
해'볕 같이 밝은 얼굴에 웃음을 주고
넘치는 건강을 자랑하라고
나는 오늘도 흰닭 무리를 치네,
푸른 들에 닭을 치네.

—리계심, 「흰닭 무리」[11] 부분

이 시의 화자는 "대성산 기슭"의 푸른 들판에서 "흰닭 무리"를 기르고 있는 여성이다. 화자는 1인칭 서정적 자아로서 지금 "산란통 칸칸마다에서 / 닭알을 꺼내여 한바구니 듬뿍 안"으며 느끼는 '설레임'의 감정을 표현하고 있다. 서정적 자아는 이제 곧 그 닭알들이 가게 될 곳을 상상해본다. "백발이 성성한 할아버지 진갑 잔치"를 위해, "흥성거리는 많고 많은 매대"를 위해, "솜씨 좋은 어머니와 언니들"을 위해, "방실방실 웃는 아기"를 위해, "건설장에 나가는 아저씨"를 위해, 그리고 "모두 다정히 모여 앉을 즐거운 식탁"을 위해 그 닭알들이 쓰일 것을 생각하며 기쁨에 겨워한다. 그들 모두가 "아침 저녁 고기와 계란 료리에 신이 나"기를 바라는 마음으로 열심히 "닭"을 치고 "닭알 화수분"을 만드는 것이다. 이 나라 모든 사람들의 '밝은 웃음'과 "건강"을 위하여 "사료 조리에 팔이 아"픈 것도 "수천 마리 닭몰이 힘겨운" 것도 잊어버리고, 기쁜 마음으로 "흰닭 무리"를 치고 있다.

그러나 한 사람의 여성 노동자로서 볼 때, 서정적 자아는 수천 마리의 닭을 기르는 고된 일을 하고 있다. 더구나 자본주의적 관점에서 볼 때, 이와 같은 일은 하찮은 것에 불과하다. 전문직도 아니고 임금이 비싼 직업도 아니기 때문이다. 따라서 이 시를 자본주의적 관점에서 이해한다면, 여성 노동이 상대적으로 값싸고 비전문적인 직종에 편중되고 있는 북한의 실상을

---

[11] 『조선문학』, 조선작가동맹출판사, 1959. 10, 110~111면.

보여주는 것이라고 해석할 수 있다. 그러나 사회주의적 관점에서 볼 때, 일의 가치는 그 일의 종류에 따라 매겨지는 것이 아니라 일에 대한 노동자의 마음가짐으로부터 발생하는 것이다. 이 시에서 서정적 자아는 결코 자신의 개인적 이익을 위해 일하지 않는다. 오히려 동시대를 살아가는 수많은 '인민'에게 닭고기와 계란을 충분히 제공함으로써 그들의 건강과 행복을 지켜 줄 수 있다는 점에서, 자신의 일에 대하여 커다란 책임감과 자부심을 느끼고 있다. 이와 같이 사회주의 체제하의 여성 노동자는 자신의 일을 통하여 '인민'과 그들의 삶을 위해 봉사하고자 한다는 것이다.

한편, 이 시를 북한의 남성시인들이 형상화한 여성 노동자의 이미지와 비교해 본다면, 다음과 같은 두 가지 의미를 유추해 낼 수 있다. 첫째, 1950년대 초반 남성시인들의 시에서는 남성 노동의 영역으로 진출하는 여성 노동자들을 집중적으로 형상화했다.[12] 반면에 위의 시가 쓰인 시기인 1950년대 후반 여성시인들의 시에서는 보다 보편적이고 다양한 직종에 종사하는 여성 노동자들의 모습을 형상화하고 있다. 이것은 시간의 흐름에 따라 그만큼 여성들의 사회 노동이 일반화되었음을 보여주는 것이라고 할 수 있다. 둘째, 남성시인들이 형상화한 여성 노동자들은 대체로 노동의 가치를 희생과 헌신에서 찾고 있다.[13] 반면에 여성시인들이 형상화한 여성 노동자

---

[12] 리찬의 시 「어로공 금녀」(리찬, 『리찬시선집』, 조선작가동맹출판사, 1958, 125~129면.)에서는 '첫 여성 어로공'인 금녀를 형상화하고 있다. 그녀는 동해바다의 첫 여성 어로공으로서 영예로운 공화국 훈장을 받았다. 그러나 자랑의 길, 영예의 길이자 노력여성의 길인 그 길은 평탄함보다는 간난과 신고로 가득 찬 길이었다. 하지만 "『웨 못 해요 남자가 하는 일을 / 저도 당원의 영예를 지키겠어요…』"라는 말에서 표현되고 있듯이, 금녀는 여성에 대한 새로운 자각으로써 자신을 일으켜 세울 수 있었다. 민병균의 시 「기념비」(민병균, 『민병균 시선집』, 조선작가동맹출판사, 1958, 133~135면.)에서는 '모범 단조공'이 된 한 여성을 형상화하고 있다. 낙동강 전투에서 남편을 잃은 채 어린 것을 데리고 건설의 현장으로 나온 그녀는, 구체적인 실천을 통하여 "녀인은 무쇠 앞에 약하다"는 통념을 깨뜨림으로써 모범 단조공이 되었고 새 생활의 주인이 되었다.
[13] 오영재의 시 「조국이 사랑하는 처녀」(오영재, 『행복한 땅에서』, 문예출판사, 1973, 132~135면.)는 모범적인 공산주의적 전형으로서 농촌의 한 처녀를 형상화하고 있다. 전야

들은 대체로 노동의 가치를 사랑과 봉사에서 찾고 있다. 이것은 여성들이 자신의 노동 가치를 보다 능동적이고 적극적으로 창출하고자 노력하고 있음을 보여주는 것이다.

흰 위생복으로 갈아 입고
유아실 문을 열면
눈이 없어질듯 웃으며 기여오는
아기와 엄마의 즐거운 상봉의 시간,

포근히 잠자는 요람, 예쁜 침대에서
이제 막 꿈나라에서 깬 아기
안고 놀던 애기인형과 재롱이 한창일 때
정다운 엄마의 부름에,

젖가슴에 안기여 볼이며 이마를
마구 비비는 아이를
추키며 흔들며 껴안는 나는
행복한 웃음 거두지 못했다.

(중략)

오늘 직포 책임량의

의 노동으로 하루의 일과를 보내는 처녀는, 자신의 노동의 대가로 거두어들이는 풍요한 수확을 '사회주의 조국'에 바치며 기쁨과 즐거움을 느낀다. 그러면서도 처녀는 자신의 힘을 다 바쳐 '조국'을 섬기는 것 외에는 바라는 것이 아무것도 없다. 화자는 가 버린 시대의 여인들과 비교할 때, 이 처녀야말로 "사회주의조국이 키워낸 / 맑고 굳고 빛나는 수정알"과 같은 존재라고 말한다.

벌써 절반을 넘어한 즐거움으로
아기를 내려보며 나는 속삭였다.
마치 그가 알아 듣기나 하듯…

『얼마나 많은 꿈을 가졌기에
속눈썹이 이다지 기냐?
옥아, 네게 엄마는
자꾸만 이야기 하구 싶어…

(중략)

조국이 걸어온 승리의 길
조선이 자랑하는 영웅의 이야기가
네 어린시절의 옛이야기로
너의 창창한 미래를 키워줄 때,

네가 어찌 알리,
　세균탄 나팜탄을…
네가 어찌 알리,
　저 맑은 하늘에 불비 쏟아지던 날을…

그러나 네 나이 서넛, 걸음마도 지나면
너는 알리라, 저—기
원쑤의 폭탄 구뎅이를 메꾸고 거인처럼
일어선 저 큰집들에 대한 이야기를…

그리고 네 봉선화의 아름다움 따져 물을 때

손끝에 물들이는 순박한 풍습과 함께
즐겨 네 창가에 날아오는
저 창공을 날아 자유로운 새들에 대하여도 이야기 하마』

―김귀련, 「행복」[14] 부분

이 시의 화자는 아기의 엄마이자 공장에 다니는 직장 여성이다. 화자는 1인칭 서정적 자아로서 공장 탁아소에 맡겨져 있는 아기를 찾아가 "즐거운 상봉의 시간"을 가지면서, 거기에서 느끼는 행복감을 노래하고 있다. '포근한 요람' "예쁜 침대" "애기인형" 등을 통하여 탁아소의 시설이 만족스러운 것임을 표현하고 있으며, "젖가슴에 안기여 볼이며 이마를 / 마구 비비는 아이"와 "추키며 흔들며 껴안는 나"의 신체적 접촉을 통하여 아기와의 강한 정서적 유대감을 표현하고 있다.

한편, 서정적 자아는 이와 같은 행복이 "오늘 직포 책임량의 / 벌써 절반을 넘어한 즐거움"으로 인하여 배가된 것으로 표현한다. '직포 책임량'은 일에 있어서 서정적 자아의 목표이며, 그 목표는 자신의 꿈을 이루기 위한 하나의 과정이다. 그런데 서정적 자아는 아기에게 들려주는 "이야기"를 통하여 자신의 꿈을 아기에게 투사한다. 따라서 서정적 자아가 아기에게 들려주는 이야기는, 자신의 꿈인 동시에 아기의 꿈을 형성하는 바탕이 되는 것이다. 서정적 자아는 아기에게 들려준다. 전쟁의 시기에 "조국이 걸어온 승리의 길"과 "조선이 자랑하는 영웅의 이야기"를, 그리고 전후 복구건설의 시기에 조국이 발전해 온 과정과 노동영웅에 관한 이야기들을. 또한, 사회주의-공산주의 사회를 향해 나아가는 조국의 밝은 미래에 관하여도. 이와 같이 서정적 자아는 아기에 대한 '모성애'를 노래하면서도 그것을 다만 개인적인 차원에서 노래하는 것이 아니라, 그처럼 '행복한 시간'이 '전쟁'과

---

[14] 『조선문학』, 조선작가동맹출판사, 1955. 3, 112~113면.

'불행'을 딛고 얻어진 '평화'와 '행복'임을 이야기함으로써, 그것을 '조국애'로 끌어올리고 있다.

이때, 서정적 자아의 모성애와 조국애 사이에는 아무런 갈등도 존재하지 않는다. 북한에서 국가의 개념은 '수령'이라는 상징적 존재를 통하여 실체화된다. 그리고 국가의 상징적 실체인 수령은 어머니와 아버지가 통합된 '어버이'의 이미지로 형상화된다. 이로써, 국가 공동체 내에서 '수령과 인민' 간의 관계는 '어버이와 자식' 간의 관계로 인식되는 것이다. 이처럼 모성애와 조국애가 동일 구조를 띰으로써 양자는 서로 긴밀하게 결합할 수 있게 되며, 자식에 대한 어머니의 사랑은 가정의 울타리를 넘어서 '당'과 '수령'에 대한 충실성으로까지 나아가게 되는 것이다.

3. 제3세계 여성과 북한

북한을 연구하는 남한 연구자들이 일반적으로 그러하듯이, 북한의 여성문제를 연구하는 남한 연구자들 또한 대부분 연구 대상을 주체사상 이후의 시기에 편중하고 있다. 이때 연구자들의 공통적 전제는, 해방 직후의 시기에 북한은 마르크스-레닌주의를 추구했으나 1960년대 후반에 들어서면서부터 주체주의로 전환하게 된다는 것이다. 또한, 이와 같은 정치문화가 북한의 여성문제에도 그대로 반영되어 1960년대 후반 이후에는 이전의 사회주의적 페미니즘의 기조와는 상이한 주체의 페미니즘을 개발·실천하고 있다는 것이다. 여기에서 주체의 페미니즘이란 여성의 정치·사회적 위상을 형식적으로 보장해주는 가운데 전통사회에서의 가족 내 성 역할 분담을 그대로 부여하는 북한의 독특한 여성주의를 말하는 것이라고 한다. 그것은 형식적으로는 사회주의적 페미니즘의 기조를 활용하면서도 실질적으로는 가부장적 사회문화를 그대로 유지하고 있는 이중성을 내포하고 있다는 것이다.[15]

이에 따라 남한의 연구자들은 북한에서 주체의 페미니즘이 발현되는 구체적인 현상으로서 다음과 같은 3가지 유형을 제시하고 있다.[16] (1) 북한에서는 인간은 모두 평등하다는 혁명정신을 계승하면서도 성적 차별에 근거한 현모양처형의 전통적 여성상을 강조하고 있다. (2) 북한에서는 노동의 영역에서 여성의 일과 남성의 일이 여전히 분리되어 있으며, 여성 노동은 남성 노동의 보조적 의미밖엔 가지지 못한다. (3) 북한에서 여성의 노동은 자아실현을 위해서가 아니라 국가를 위한 헌신의 차원에서 이루어지는 것이다.

그러나 이와 같은 세 가지 항목은 사실상 북한의 여성문제에만 적용되는 것이 아니라 남한의 여성문제에도 그대로 적용되는 것이다. 나아가, 남북한 여성뿐만 아니라 아시아의 유교문화권 여성들이 함께 겪고 있는 문제이기도 하다. 또한, 세 번째 항목의 경우는 개인과 국가 간의 관계를 어떻게 인식하느냐에 따라서 전혀 다른 가치평가를 내릴 수 있는 문제이기도 하다. 더구나, 위에서 제시한 세 가지 항목은 북한 여성의 실상을 제대로 설명하지 못하는 측면 또한 지니고 있다. 따라서 위와 같은 지적들은 북한 여성문제의 특수성을 밝혀주지 못할 뿐만 아니라, 오히려 북한 여성문제에 대한 편견과 부정적 시각을 더욱 강화시킬 뿐이다.

이 글에서는 앞에서 분석한 북한 여성시에 관한 내용을 토대로, 북한 여성문제에 대하여 보다 새로운 시각을 제시해 보고자 한다.

첫째, 북한문학에서도 남녀 간의 애정문제를 형상화한 작품들이 있다. 인민에 대한 교양은 '이성'을 통해서만 이루어지는 것이 아니라 '정서'를 통해서도 이루어져야 하기 때문이다. 그러나 남녀 간의 사랑을 시적으로 형상화할 때, 모든 사랑의 감정이 무조건적으로 긍정되는 것은 아니다. 따라서 이와 같은 작품들은 그들의 새로운 애정관과 애정표현 방식을 보여줄

---

15 이영애, 『국가와 성』, 법문사, 1999, 199~200면.
16 이화여자대학교 한국여성연구원 엮음, 『통일과 여성』, 이화여자대학교출판부, 2001.

뿐만 아니라, 북한 사회가 요구하는 이상적인 여성상·남성상과 남녀 간의 성 역할 구분 등을 드러내준다.

둘째, 여성 노동이 남성 노동의 보조적 역할에 머물러 있다고 보는 관점은 기본적으로 여성과 남성을 대립적 관계로 바라보는 것이다. 그러나 북한에서는 여성과 남성을 서로 도와주며 이끌어주는 동지적 관계로 인식하고 있다. 예를 들어 리순영의 시 「그런 줄은…」[17]에서는 협동농장에서 일하는 동료이면서 서로 애정을 느끼는 청춘남녀를 형상화하고 있는데, 여성이 남성보다 높은 지위에 있는 것으로 그려지고 있다. 그런데도 여기에서 남성과 여성은 둘 다 그 관계를 불합리한 것으로 인식하지 않고 자연스럽게 받아들인다.

셋째, 북한 여성의 노동은 궁극적으로 자아실현을 위한 것이 아니라 '조국'을 위한 것이라고 비판하는 입장은, 개인의 자아실현과 '조국'의 발전이 불일치하는 자본주의 사회의 특징을 반영하는 것이다. 사회주의 체제에서는 본질적으로 개인의 자아실현과 '조국'의 발전을 상보적인 것으로 인식한다. 따라서 아무런 노동의 대가 없이 조국을 위해 희생하고 헌신하는 노동영웅의 형상적 특징은, 남성 노동자와 대별되는 존재로서 '여성 노동자'들이 갖추어야 할 덕목이 아니라, 남녀 모두를 포괄하는 개념으로서 북한 사회가 요구하는 '공산주의적 인간형'이 갖추어야 할 덕목인 것이다.

지금까지 살펴 본 바와 같이, 북한 여성시인들의 시는 사회주의 체제 내에서 시대의 흐름에 따라 나름대로 변화해 왔다. 남한 사회에서 여성성은, 중세 유교 이념과 근대 자본주의 이념이 충돌할 때마다 남한의 사회적 특성에 맞게 재구성되어 왔다. 이와 마찬가지로 북한 사회에서도 여성성은, 중세 유교 이념과 근대 사회주의 이념이 갈등을 일으킬 때마다 북한의 독특한 사회적 특성에 맞게 재구성되어 온 것이다. 북한 여성시인들의 시에 나타난 여성성에 관한 연구에서 무엇보다 중요한 것은, 그 사회 체제의 특

---

[17] 『조선문학』, 조선작가동맹출판사, 1958. 6, 67면.

수성을 충분히 고려해야 한다는 것이다. 그러나 북한 여성시인들의 시에 반영된 북한의 현실과 여성문제를, 단순히 작품의 내용적 측면만을 추출하여 정치·사회학적 문제로 환원시켜 해석하는 태도는 지양되어야 한다. 이와 더불어 북한 여성시의 구조적 특성에 관한 미학적 접근이 함께 이루어져야 한다. 더 나아가 이들의 시를 여성주의적 관점에서뿐만 아니라 미래의 한국문학사 혹은 통일문학사의 한 부분으로 자리매김할 수 있는 보다 거시적인 관점에서의 평가 또한 필요하리라 생각한다.

주체사상 시기 서정시에서 요구되는 '서정성'의 실체

-1980년대 서정시를 중심으로-

1. 주체문예이론에서 제시하는 '서정성'의 개념

북한의 『문학예술사전』에 명시되어 있는 '서정시'에 대한 개념정의를 살펴보면, '서정, 서사, 극'이라는 장르 분류와 '서정적, 서사적, 극적'이라는 양식 분류를 구분하고 있는 서구의 문예이론[1]에서와 마찬가지로, 북한에서도 장르적 명칭으로서의 '서정시'와 문학적 속성으로서의 '서정성'을 구분하고 있음을 확인할 수 있다.

서정시: 외부세계에 의하여 환기된 인간의 사상, 감정, 지향 등을 직접 표현하는 문학형태. 서정시는 소설이나 극작품에서와 같이 사건을 전개시키거나 성격발전을 보여주지 않는다. 서정시의 주인공은 서정적 주인공이다. 서정적 주인공은 시인 자신일 수도 있고 제3자가 될 수도 있다. 사회주의적 사실주의

---

[1] "슈타이거는 '근본개념'(basic concepts) 또는 〈시학의 근본개념〉(1946)으로서 서정, 서사, 극의 양식(styles)을 논의하지 서정, 서사, 극의 '장르'(genres)를 논의하지 않는다. (중략) 슈타이거는 작품들을 장르로 분류하는 우리의 관심을 '서정적'(lyric), '서사적'(epic), '극적'(dramatic)이라는 기술적 용어들의 의미를 탐구하려는 노력으로 바꾸어야 한다고 제의한다." (폴 헤르나디, 김준오 옮김, 『장르론—문학분류의 새 방법』, 문장, 1983, 36~37면.)

서정시문학에서 서정적 주인공의 사상, 감정, 지향은 로동계급의 혁명적 사상과 시대정신을 체현하고 있다. 사회정치적 문제로부터 륜리도덕적인 문제 그리고 자연현상에 이르기까지 서정시가 포괄하는 령역은 매우 넓고 다양하다. 서정시는 이름 그대로 서정성을 어느 시형태보다도 풍부하게 체현하고 있다.[2]

먼저, '서정시'는 장르적 명칭이다. 사건을 전개시키는 소설이나 성격발전을 보여주는 극작품과 달리 "외부세계에 의하여 환기된 인간의 사상, 감정, 지향 등을 직접 표현하는 문학형태"라는 것이다. 다음으로, '서정성'은 형상화의 방법을 지칭하는 명칭이다. 소설이나 극작품에서도 '서정성'이 존재할 수는 있으나, 그것이 주된 형상화의 방법으로 활용되지는 않는다. 반면에, 서정시는 '서정성'을 드러낼 수 있는 특정한 방법들을 사용하여 대상을 형상화하고 있으며, "이름 그대로 서정성을 어느 시형태보다도 풍부하게 체현하고" 있다는 것이다. '서정시'라는 장르와 '서정성'이라는 형상화 방법에 대한 이러한 개념정의에서 볼 때, 북한의 서정시는 서구의 서정시와 공통점을 지니고 있으며, 우리는 이것을 북한 서정시의 '보편적 속성'이라고 이해할 수 있다.

그러나 북한 서정시에는 이와 같은 보편적 속성만 존재하는 것이 아니다. 역사적으로 볼 때, 서정시문학은 '순수 서정시' '모더니즘 서정시' '리얼리즘 서정시' 등의 유파로 분류될 수 있으며, 이 가운데서 특히 '리얼리즘 서정시'는 다시 '비판적 리얼리즘 서정시'와 '사회주의적 리얼리즘 서정시'의 계열로 분류될 수 있다. 이들 각각의 유파와 계열은 '현실인식'의 내용 면에서 차이점을 지니고 있는데, 북한 서정시는 바로 "사회주의적 사실주의 서정시문학"을 추구하는 것이며, 이것을 다시 '주체적 사실주의 서정시문학'으로 특화시키고 있다. "사회주의적 사실주의 서정시문학에서 서정적 주인공의 사상, 감정, 지향은 로동계급의 혁명적 사상과 시대정신을 체현

---

2 사회과학원 주체문학연구소, 『문학예술사전 (중)』, 과학백과사전종합출판사, 1991, 244면.

하고 있다."라는 구절에서 드러나고 있듯이, '사회주의적 사실주의 서정시문학' 그리고 그것의 특수형태인 '주체적 사실주의 서정시문학'은 노동계급 지향성을 보이고 있으며, 우리는 이것을 북한 서정시의 '개별적 속성'이라고 이해할 수 있다.

한편, 1980년대에 북한은 사회주의와 자본주의가 대결하는 국제정치적 상황 속에서 대외적으로 '주체사회주의'의 고수를 주창하였다. 그리고 대내적으로는 1980년 제6차 노동당대회에서 김정일 후계체제를 공식화한 것을 기점으로 하여 김정일 후계체제 구축사업을 본격화하였다. 후계체제의 정당성 확보를 위해서 당의 문예정책은 주체문예이론을 체계화하는 작업을 전개하였고, 그 성과의 하나로서 '수령형상문학'을 완성된 이론으로 정립하였다.[3] 이에 따라 문학 분야에서도 '주체문학'의 새로운 혁명적 앙양을 꾀하게 되었다. 특히, "위대한 령도자 김정일 동지께서는 시문학부문에서 산문화의 경향을 결정적으로 극복하고 시작품의 서정성을 더욱더 강화하며 우리 시대 인민들의 주도적인 사상감정을 진실하고 깊이있게 반영한 다양한 주제의 시작품들을 훌륭히 창작해내도록 시인들을 이끄시였다."[4]라는 구절에서 확인할 수 있듯이, 1980년대 북한 서정시 장르에서는 다른 어느 시기보다도 강력하게 시의 산문화 경향을 극복하고 '서정성'을 강화할 것이 요구되었다. 즉, 북한의 주체문학에서 "사상성과 예술성을 결합시키는 것은 문학창작에서 지켜야 할 기본원칙의 하나"[5]인데, 1980년대 북한 서정시에서는 '서정성'의 강화를 통하여 시의 '예술성'을 한층 더 높이고자 한 것이다.

더 나아가 아래의 인용문에서 나타나고 있듯이, 1980년대 북한의 주체문

---

[3] 1980년대에 전개된 '수령형상문학'의 이론화 작업과 김정일 후계체제의 정당성 확보 문제 사이의 상관성에 대해서는 김경숙, 「북한 '수령형상문학'의 역사적 변모양상—1960~1990년대 북한 서정시를 중심으로」, 『민족문학사연구』 51호, 민족문학사학회, 2013, 501~517면을 참조할 수 있다.
[4] 사회과학원 주체문학연구소, 『조선문학사 15』, 사회과학출판사, 1998, 19면.
[5] 김정일, 『주체문학론』, 조선로동당출판사, 1992, 35면.

예이론에서는 '서정성'을 강화하는 방법 즉 서정성의 특징적 요소로서 다음의 세 가지를 꼽고 있다. 첫째 주관적 정서의 일반화를 통하여 시대적 정서를 반영하는 문제, 둘째 비유적 표현을 통하여 개성을 살리는 문제, 셋째 운율의 조성을 통하여 산문화를 극복하는 문제 등이다.

친애하는 김정일 동지께서는 시문학의 실태를 구체적으로 분석하신 데 기초하여 그의 고유한 특성인 서정성을 높이는 데 시인들의 모든 창조적 탐구가 지향되도록 세심한 지도를 주시였다. 친애하는 지도자 동지께서는 시 창작에서 우리 시대 인민들의 신념과 의지, 념원을 비롯한 주도적인 감정을 옳게 반영하는 문제, 산문화와 류사성을 없애고 독창성을 살릴 데 대한 문제, 시적 체험을 깊이있게 하고 시적 일반화의 심오성을 보장할 데 대한 문제, 시적 운률을 잘 살리고 언어표현을 생신하게 할 데 대한 문제 등 우리 시문학의 서정성을 높이는 데서 나서는 모든 문제들을 전면적으로 명확히 밝혀주심으로써 우리 시문학은 시대정신의 우람찬 메아리로서 전성기를 소리높이 자랑하게 되였다.[6]

이에 따라 본고에서는 1980년대 북한 서정시를 대상으로 하여, 북한의 주체문예이론이 시에서 '서정성'을 강화하는 방법으로 제시한 위의 세 가지 요소가 작품창작 과정에 구체적으로 어떻게 적용되고 있는지를 분석해 보고자 한다. 이와 같은 과정을 통하여 1980년대 북한 서정시에서 요구되는 '서정성'의 실체가 무엇인지를 보다 명확하게 밝혀보고자 한다. 그리고 북한문학은 근본적으로 '당 문학'이라는 점을 고려할 때, 이것은 1980년대 북한의 당 문예정책이 추구하는 '서정성'의 사회적 기능과 역할이 무엇이며, 새롭게 당을 장악한 김정일 정권이 이를 통해 의도하는 정치적 목적이 무엇인지를 규명하는 작업이 될 것이다.

---

6 김하명, 「조선로동당의 현명한 령도밑에 개화발전한 주체문학」, 『조선문학』, 문학예술출판사, 1989. 6, 28면.

2. 주체사상 시기 서정시 속 '서정성'에 대한 남한 연구자의 시각 검토

1980년대 북한의 주체문예이론이 시에서 '서정성'을 높이는 방법으로 제시한 세 가지 요소, 즉 '주관적 정서 표출' '비유적 표현' '운율 조성'이 작품 창작 과정에 구체적으로 어떻게 적용되고 있는지를 살펴보기에 앞서, 이 세 가지 요소에 대한 남한 연구자들의 일반적 시각을 비판적으로 검토해볼 필요가 있다. 왜냐하면 이를 통하여 남한 연구자들 사이에 만연해 있는 북한 서정시에 대한 뿌리 깊은 고정관념을 극복할 때, 우리는 북한 서정시가 지닌 보편성과 개별성을 보다 객관적으로 이해할 수 있을 것이기 때문이다.

1) '주관적 정서 표출'의 문제

북한 서정시에서 '서정성'을 강화하기 위해 요구되는 첫 번째 요소인 '주관적 정서 표출'과 관련해서는, 북한 서정시에 관한 김재용의 시각을 비판적으로 검토해볼 수 있다.

(1) 북한에서의 서정시의 운명을 가늠하는 데 있어 가장 중요한 문제는 바로 개성이다. 이 문제는 두 가지 측면에서 고려되어야 한다. 하나는 서정시의 장르적 속성으로서의 개성이며 다른 하나는 국가 사회주의의 성격을 띠고 있는 북한 사회에서 개성의 발현 가능성 여부이다. (중략) 국가 사회주의적 성격을 가진 북한 사회의 현실에서 예술 작품은 구성원 개개인의 개성적 자각보다는 국가적 과제를 더 우선하도록 강제된다. (중략)
(2) 장르적 속성으로서의 개성과 북한의 국가 사회주의가 서로 충돌할 수밖에 없는 자리에 놓여 있는 북한의 서정시는 결코 순탄한 길을 걸어오지 못하고 내부적으로 치열한 논쟁과 상호비판을 겪게 되는데 특히 '개성'과 '개인취미' 사이의 갈등은 퍽 오래된 것이다. ①북한의 서정시가 도식화의 경향을 보

일 때 이에 대한 최대의 비난은 '개성'이 없다는 말이다. (중략) ② 그런데 반대의 경우도 존재한다. 북한의 문학 정책이 상대적으로 자유로웠다가 전반적으로 도식화되어 나갈 때 기존 문학에 대한 비판이 일어나는데 이때 최대의 공격이 바로 '개인취미'로 빠졌다는 것이다.[7]

「북한 사회와 서정시의 운명―김순석론」이라는 소제목의 글에서 김재용은 서정시 장르와 북한 서정시의 특징에 대해서 위와 같이 말하고 있다. 먼저, (1)에서 김재용은 서정시의 장르적 특징을 '개성'으로 꼽고 있으며, 사회주의 국가인 북한에서 과연 '개성의 발현'이 가능한가라는 의문을 제기하고 있다. 전자에 대해서 요점을 정리하면 '서정장르 = 개성'이라는 것이다. 그러나 이는 잘못된 인식이다. '서정장르'는 "개인의 감정이나 정서를 주관적으로 표현한 문예 양식"[8]을 지칭하는 명칭으로서 '개인 발화' 혹은 '개별 발화'[9]라는 발화 방식의 특징을 드러내는 것이다. 반면에 '개성'은 "다른 사람이나 개체와 구별되는 고유의 특성"[10]으로서 전고에 대한 모방을 추구했던 중세문학과 달리 근대 이후의 문학에서 추구하는 보편적 가치인 것이다. 즉, 개성은 서정장르의 특징이 아니라 근대 이후 모든 문학이 갖추어야 하는 덕목인 것이다. 한편, 후자에 대해서 요점을 정리하면 사회주의 국가인 북한에서는 개인보다 국가와 사회를 중시하고, 이에 따라 문학예술작품

---

[7] 김재용, 『분단구조와 북한문학』, 소명출판, 2000, 205~207면.
[8] 『국립국어원 표준국어대사전』(https://stdict.korean.go.kr)
[9] 서정시의 주관성 이론은 서정시를 열정적 감정의 직접적인 표현으로 파악한 19세기 헤르더의 관점으로부터 발생하여 이후 헤겔과 피셔의 미학에서 체계화되었다. 즉, 서정시의 특징은 '개인의 주관적인 발화'라는 것이다. 그런데 디이터 람펑은 서정시에 대한 이와 같은 개념정의가 너무 협소하여 합창시나 역할시 등의 전통 서정시 형식과 새로운 형태의 현대 서정시를 포괄하지 못한다는 사실을 지적하면서, '개인 발화'로서의 서정시 개념을 '개별 발화'로서의 서정시 개념으로 확장할 것을 제안한다. 즉, 서정시는 '개별 발화의 구조를 가진 시의 한 장르'로서 개념 규정할 수 있다는 것이다. (디이터 람펑, 장영태 옮김, 『서정시: 이론과 역사』, 문학과지성사, 1994, 98~103면 참조.)
[10] 『국립국어원 표준국어대사전』(https://stdict.korean.go.kr)

의 역할도 개인의 내적 표현보다는 국가적 과제 달성을 위한 도구로서 작용하는 것이므로, 개인의 주관정서를 표출하는 서정시가 존립하기 어렵다는 것이다. 그러나 이는 사회주의 문학예술에 대한 편견이 앞서는 인식이다. 국가적 과제 달성과 개인의 주관정서 표출은 반드시 대립하는 개념은 아니다. 개인의 주관정서 표출 방식을 활용함으로써 국가적 과제 달성을 더욱 효과적으로 성취할 수도 있는 것이다. 이는 곧 서정장르의 개별성과 보편성의 변증법적 통합을 통해 가능할 수 있다.

다음으로, (2)에서 김재용은 북한 서정시를 둘러싼 이론적 논쟁에서는 '개성'과 '개인취미'가 대립적 평가의 축을 이루고 있다고 전제한다. 전자에 대해서는 ①에서 부연설명하고 있는데, 요점을 정리하면 북한에서 '서정시가 도식화 경향을 띨 때 ⇒ 개성 없음을 비판'한다는 것이다. 그러나 이와 같은 비판의 공식은 북한 서정시만의 특징이 아니라, 모든 문학예술에 적용되어야 하는 특징이다. 위에서 언급했듯이, '개성'은 서정시의 특징이 아니라 근대 이후 문학예술이 갖추어야 할 기본 덕목이기 때문이다. 북한에서도 당연히 개성적인 작품을 창작할 것을 요구하고 있다. 후자에 대해서는 ②에서 부연설명하고 있는데, 요점을 정리하면 북한에서 '문학정책이 도식화 경향을 띨 때 ⇒ 개인취미를 비판'한다는 것이다. 그러나 이와 같은 공식 또한 북한 서정시만의 특징이 아니라 주관성과 객관성의 변증법적 통합을 추구하는 사실주의 문학예술의 특징인 것이다. 즉, 시적 일반화의 과정이 없이 주관성의 측면에만 머무르고 있는 경향을 '개인취미'로서 비판하는 것이다. 따라서 '개인취미' 비판은 '개성 비판'이 아니라 '주관성 매몰'에 대한 비판인 것이다.

결과적으로, 여기에서 확인할 수 있는 것은 서정시의 특징은 '개성'이 아니라 '주관적 정서 표출'이라는 것이며, 사실주의적 창작방법에서는 '주관적 정서'를 '객관적 정서'로 일반화함으로써 정서적 보편성을 획득하는 것을 목표로 한다는 것이다. 또한, "일반화와 개성화의 통일을 철저히 보장하는 것은 사상성과 예술성을 결합시키는 데서 나서는 중요한 문제"[11]라는 구절에서 확인할 수 있듯이, 시적 개성의 추구와 시적 일반화의 추구는 상충하는 개념이 아니라 북한문학이 추구하는 기본 전제조건이라는 것이다. 김재용이 범하고 있는 위와 같은 오류를 바로잡는 과정에서 우리가 주목해야 할 것은 북한 서정시를 '개별성'의 측면에서만 이해하려 하지 말고 '보편성'의 측면에서도 이해하려 해야 한다는 것이다.

시에서 '서정성'을 강화하는 첫 번째 요소인 '주관적 정서 표출'과 관련해서는 북한 서정시에 관한 정유화의 시각도 비판적으로 검토해볼 수 있다.

> 북한의 시문학은 정치, 사회의 구조적인 문제와 맞물려 있기 때문에 자율적인 성장과 발전을 거의 기대할 수 없는 실정이다. 그러다보니 시인들의 개인적 상상력은 사회적 상상력에 의해 억압당하게 되고, 결과적으로 개인적 상상력의 욕망은 사회적 상상력이 허락하는 범주 내에서 펼쳐질 수 있거나, 혹은 최소한의 사회적 상상력을 위장하여 우회적으로 그 욕망을 실현시킬 수밖에 없다.[12]

필자는 북한 서정시에서 시인의 개인적 상상력은 사회적 상상력에 의해 억압당하고 있으며, 이로 인해 시인은 사회적 상상력으로 위장하여 우회적으로 개인적 상상력을 표출한다고 평가한다. 그러나 북한문학은 기본적으로 당 문학이며, 당이 문학예술인들의 사상교육과 작품의 유통을 조직적으로 담당하고 있기 때문에 '위장'이나 '우회' 등 시인들의 의도적 일탈을 논하는 것은 무리이며, 만약 필자가 특정 시의 내용을 위와 같은 취지로 읽었다면 그것은 북한문학에 대한 필자의 편견이 작용한 오독일 확률이 높다. 물론, 현실적으로 북한 서정시에서는 개인적 상상력과 사회적 상상력이 변증

---

11 김정일, 앞의 책, 40면.
12 정유화, 「60년대 북한 시문학의 특성과 전개 양상」, 『북한문학의 이념과 실체』, 이명재 편, 국학자료원, 1998, 182~183면.

법적으로 통합되기보다는 작위적이고 도식적으로 결합되어 있는 경우가 많다. 따라서 북한문학 연구에서 중요한 것은 양자의 통합을 저해하는 요소가 무엇인지를 논리적으로 밝혀냄으로써 북한문학이 지닌 특수성 및 한계를 진단하는 일이라고 할 수 있다.

2) '비유적 표현'의 문제

북한 서정시에서 '서정성'을 강화하기 위해 요구되는 두 번째 요소인 '비유적 표현'과 관련해서는, 북한 서정시에 관한 염철의 시각을 비판적으로 검토해볼 수 있다.

(1) 북한의 서정시론은 '서정성'을 그 특징으로 하고 있다. (중략) 그런데 시의 서정성 문제에서 우리가 주목해야 할 점은 바로 '서정적 묘사 방식'이다. 이는 '인민성'의 원칙과 밀접하게 관련된 것으로 북한 시문학이 끊임없이 유사성과 도식성의 문제를 제기하는 중요한 요인이라 보여진다.
(2) ① '서정적 묘사 방식'이란 시인의 사상 감정을 '직접' 정서적으로 표현하는 시 창작 방법을 말한다. ② 그런데 이러한 창작 방법은 시적 표현의 참신성—그들에 의하면 부르주아 미학이라고 불려질—을 얻는 데 상당한 한계를 지닐 수밖에 없기 때문이다. 물론 정서를 직접적으로 표현한 것들이 모두 진부하다거나 문학적 감동이 떨어진다고 볼 수는 없다. 또한 그들이 '직접'이라는 표현으로 의미하고자 하는 바 역시 시적 형상화를 통한 깊이의 획득과 관련된 것이기는 하다. 그러나 그러한 시적 깊이는 시인의 독특한 시적 표현들과 만날 수 없을 때 금방 상투적인 것이 될 수밖에 없는 것이다.[13]

---

13 염철, 「1970~80년대의 북한 서정시 고찰」, 『북한문학의 이념과 실체』, 이명재 편, 국학자료원, 1998, 197면.

먼저, (1)에서 필자는 북한의 서정시론에서는 무엇보다 '서정성'이 강조되고 있는데, 그럼에도 불구하고 북한 서정시는 유사성과 도식성의 경향을 노출하고 있음을 지적한다. 그리고 그 원인을 밝혀보기 위해서는 북한 서정시가 구사하고 있는 '서정적 묘사 방식'이 어떤 특징을 지니고 있는지를 분석해 보아야 한다고 문제를 제기한다.

이에 따라 (2)에서 필자는 북한 서정시에서 나타나는 '서정적 묘사 방식'의 특징을 집중적으로 분석하고 있다. ①에서는 '서정적 묘사 방식'이란 '시인의 사상감정을 직접 정서적으로 표현하는 시 창작 방법'을 의미한다고 북한 문예이론상의 개념정의를 제시하고 있다. 사실, 이 정의가 내포하고 있는 의미를 명확히 이해하기 위해서는 '서사적 묘사 방식'과 대비시켜 볼 필요가 있다. 북한에서 시문학 장르는 크게 '서정시'와 '서사시'로 분류되는데, 서정시는 '서정적 묘사 방식'을 활용하고 있고, 서사시는 서사적 묘사 방식을 활용하고 있다. 이때, 서정적 묘사 방식은 시인의 사상감정을 주관적인 정서표출의 방식으로 드러내는 것이며, 서사적 묘사 방식은 그것을 객관적인 서사전개의 방식으로 드러내는 것이다. 여기에서 확인할 수 있듯이, '서정적 묘사 방식'에 대한 위의 개념정의에서 강조점은 "직접"이 아니라 "정서적으로"에 놓이는 것이며, "직접"이라는 단어가 함의하는 내용은 '주관성'으로서 이는 '서정성'의 첫 번째 특징을 지칭하는 것이라고 할 수 있다. 그런데 ②에서 드러나고 있듯이, 필자는 "직접"이라는 단어에 특별히 강조 표시를 하면서 '직접'이 함의하는 내용을 '직정성' 또는 '직설성'으로 왜곡시키고 있다. '서정적 묘사 방식'에는 정서를 직정적으로 표출하는 경우와 "독특한 시적 표현들"을 통해 우회적으로 표현하는 경우가 있는데, 소위 '부르주아 미학'에 의거한 남한의 서정시에서는 후자의 방식을 활용하여 참신성을 확보하고 있는 반면에, '부르주아 미학'을 거부하는 북한의 서정시에서는 전자의 방식을 활용하기 때문에 상투성을 드러내고 있다는 것이다. 그러나 필자가 말하는 "독특한 시적 표현들"은 은유와 상징 등의 '비유적 표현'을 의미하는 것으로서 이는 소위 부르주아 미학의 특징이 아니라 사실상 '서정성'의 두 번째 특징인 것이다. 이에 따라 북한의 당 문예정책에서도 시대를 불문하고 다양하고 참신한 비유적 표현들을 구사함으로써 서정성을 강화할 것을 시인들에게 주문하고 있다. 다만, 남한의 서정시에서는 보다 개인적이고 생소한 비유적 표현을 추구하는 경향이 강한 것과 달리, 북한의 서정시에서는 보다 보편적이고 친숙한 비유적 표현을 추구하는 경향이 강한데, 그 이유는 '인민성'의 원칙과 관련되어 있다. 왜냐하면 북한의 주체문학은 '민족적 형식에 사회주의적 내용을 담는 것'을 목표로 하는데, 이때 '민족적 형식'이란 '인민의 민족적 정서와 비위에 맞는' 표현 방식을 의미하기 때문이다.

결과적으로, 필자는 남한 서정시와 북한 서정시의 차이를 '독특한 시적 표현들'과 '직정적 표출'로 대응시키고 있지만, 사실상 이것을 '독특한 비유적 표현들'과 '친숙한 비유적 표현들'로 대응시키는 것이 논리적으로 더 타당할 것이다. 그리고 필자는 '독특한 비유적 표현들'은 참신하고 개성적이어서 서정성을 고양시키는 반면에, '친숙한 비유적 표현들'은 상투적이고 비개성적이어서 서정성을 약화시킨다는 인식을 지닌 것으로 볼 수 있다. 북한 서정시는 인민성의 원칙에 의거하고 있기 때문에 시에서 서정성을 고양하는 문제가 근본적으로 한계에 부딪힐 수밖에 없다는 필자의 서술에서 이를 확인할 수 있다. 하지만, 이와 같은 인식은 분명히 재고해 볼 필요가 있다. 첫째, 필자의 견해와는 정반대로 '독특한 비유적 표현들'은 독자와의 정서적 공감대가 좁기 때문에 서정성이 약화되는 반면에 '친숙한 비유적 표현들'은 독자와의 정서적 공감대가 넓기 때문에 서정성이 강화된다고 볼 수도 있다. 즉, 시인의 개인정서를 중심으로 볼 것인지, 독자의 보편정서를 중심으로 볼 것인지에 따라 '서정성'에 대한 가치판단은 달라질 수 있다. 둘째, 필자의 견해와 같이 '독특한 비유적 표현들'은 세련되고 고급하여 좋은 시인 반면에, '친숙한 비유적 표현들'은 촌스럽고 저급하여 나쁜 시라고 평가할 수도 있다. 그러나 이 또한 문학의 기능과 역할을 '개인적 표현'에 둘 것인지 '대중적 교훈'에 둘 것인지에 따라 달라질 수 있는 가치판단의 문제이다. 염철이 범하고 있는 위와 같은 오류를 바로잡는 과정에서 우리가 주목해야 할 것은, 남한의 표현주의 문학론을 잣대로 삼아 북한의 교훈주의 문학론에 의거해 창작된 작품들을 재단하는 것은 우리의 편견을 노출시키는 일에 불과하며 남북한 문학사의 이해와 발전에 전혀 도움이 되지 않는다는 사실이다.

3) '운율 조성'의 문제

북한 서정시에서 '서정성'을 강화하기 위해 요구되는 세 번째 요소인 '운율 조성'과 관련해서는, 북한 서정시에 관한 박주택의 시각을 비판적으로 검토해볼 수 있다.

(1) 산문화의 극복과 시적 운율의 강조라는 문예미학 상의 모색 시기에서 93년 『조선문학』 3월호에 발표된 한춘실의 「민들레꽃」은 종래에 보이던 사상미학 대신 서정성 확보라는 서정시 본래의 문학성과 운율의 미감을 동시에 보여주고 있다.

> 꽃망울같이 가슴 부풀던 시절 / 나는 사랑했네 이른 봄의 민들레를 /
> 피였다 스러짐이 아쉬워 씨앗에 날개 달아 멀리멀리 나는 / 정열의 그 꽃을 /
> 한철에 지여도 뜻을 남기고 / 한철에 지여도 래일을 기약하는 꽃 /
> 따스한 봄계절 이 땅의 산과 들 오솔길마저 선참으로 곱게 장식하는 그 모양 / 이 고와 /
> 뭇사람들 눈길 끄는 화려한 꽃밭에 / 한 번 제 얼굴 내보이진 않아도 /
> 다발의 꽃으로 련인의 가슴에 안겨 / 사랑과 희망의 상징으로 애무받진 못해도 /
> 나는 사랑하네 머리 흰 오늘까지 / 남모르는 곳에 홀로 펴도 향기를 남기는 꽃 /

나는 사랑하네 정열의 그 꽃을 / 소박해도 변색없이 피고 피는 민들레를 /

(2) (중략) 형식면에서도 단정적이고 격앙된 어조에서 '~하네'라는 차분한 영탄의 수사로 민들레꽃이 이 땅의 산과 들을 곱게 장식하고 있다라고 노래하고 있는 것이다. 또한 첫 연의 '사랑했네'와 마지막 연의 '사랑했네'[14]라는 반복적 수사를 통한 영원성의 강조, 2연의 '씨앗에 날개 달아 멀리멀리 나는 정열의 꽃'에서 보이는 의미의 확산과 비유적 표현 등은 과거의 시에 보이는 것과는 다른 양상의 변모를 보이고 있는 것이다.[15]

먼저, (1)에서 필자는 1980년 이후에 북한문학계에서는 "산문화의 극복과 시적 운율의 강조"를 통해 시에 '서정성을 확보'하고자 했는데, 그 구체적인 성과물로서 한춘실의 「민들레꽃」을 예시할 수 있다고 높이 평가한다. 한편, 필자가 생각하는 '운율의 미감'이 어떤 것인지는 위의 시에서 나타나는 운율을 구체적으로 분석하고 있는 (2)를 통해서 확인할 수 있다. 필자는 위의 시가 지니고 있는 형식적 특징을 두 가지로 요약하고 있는데, 첫째는 단정적이고 격앙된 어조가 아니라 '~하네'에서 확인할 수 있듯이 '차분한 영탄의 어조'를 사용하고 있다는 것이고, 둘째는 첫 연의 '사랑했네'와 마지막 연의 '사랑하네'에서 확인할 수 있듯이 '반복적 수사'를 사용함으로써 유려한 운율을 조성하고 있다는 것이다. 그리고 필자는 이와 같은 운율의 특징에 대하여 기존의 북한 시에서는 찾아볼 수 없었던 새로운 변모의 양상으로서 "문학방법상의 성숙한 단면"을 보여주는 것이라고 높이 평가한다. 그러나 이러한 필자의 분석과 평가는 근본적으로 재고해볼 필요가 있다. 첫째, 시에서 시적 화자가 표현하고자 하는 정서는 다양할 수 있으며, 화자의

---

14 이 구절은 필자가 시 원문 마지막 연의 "사랑하네"를 첫 연의 "사랑했네"와 동일한 것으로 착각하여 잘못 표기한 것이다.
15 박주택, 「1980년 이후 북한문학의 흐름」, 『북한문학의 이해』, 김종회 편, 청동거울, 1999, 112~113면.

'어조'는 그 정서에 걸맞게 선택되는 것이다. 즉, "차분한 영탄의 어조"는 서정시에 적합하고, "단정적이고 격앙된 어조"는 서정시에 부적합한 것이 아니다. 둘째, 시에서 '반복적 수사'의 사용과 이를 통한 운율의 조성은 지극히 흔한 일이며, 이는 북한 시에서도 마찬가지이다. 아니 북한 시에서는 남한 시에서보다 더욱 빈번하게 이와 같은 방법이 사용되고 있다. 위의 시에서만 해도 '반복의 수사'를 통한 운율의 조성은 필자가 지적한 것보다 훨씬 광범위하게 이루어지고 있다. "나는 사랑했네 이른 봄의 민들레를 ~ 정열의 그 꽃을"과 "나는 사랑하네 정열의 그 꽃을 ~ 피고 피는 민들레를"에서 나타나는 반복과 대구, 그리고 "한철에 지여도 ~ 한철에 지여도"와 "~ 내보이진 않아도 ~ 애무받진 못해도"에서 나타나는 반복과 대구를 찾아볼 수 있으며, 이 반복과 대구가 각각 1, 2행 3, 4행 5, 6행 7, 8행에서 대응을 이루고, "나는 사랑했네 ~를"과 "나는 사랑하네 ~를"이 1, 2행과 7, 8행에서 변형된 수미상관 구조를 이룸으로써 운율에 완결성과 안정성을 더해주고 있는 것이다.

또한, 남한 시가 현대로 올수록 운율의 파괴를 지향함으로써 읽는 시에서 보는 시로 옮겨가고 있는 것과 달리, 북한 시에서는 오늘날에도 여전히 규칙적인 반복성을 통한 운율의 창조를 지향함으로써 음악적인 낭송의 효과를 중시한다. 북한의 『문학예술사전』에서 "혁명하는 시대에 어울리며 우리 인민의 민족적 정서에 맞는 기백 있고 발랄한 새로운 운율을 끊임없이 창조해내는 것은 시작품을 훌륭히 창작해내기 위한 필수적 담보로 된다."[16]고 운율의 중요성을 강조하고 있는 데서도 이를 확인할 수 있다. 따라서 한춘실의 「민들레꽃」에서 나타나는 운율의 특징은 필자가 평가하고 있는 바와 같이 위의 시가 지니고 있는 특별한 미덕이라기보다는 북한 시 전반에서 흔히 찾아볼 수 있는 수준이라고 할 수 있다. 더 나아가, 규칙적인 운율을 지닌 시가 반드시 좋은 시라고 말할 수는 없다. 남한에서는 이와 같이 규칙적인 운율을 지닌 시들을 '전통 서정시' 유형으로 분류하고 있으며, 이와 달

---

16 사회과학원 주체문학연구소, 『문학예술사전 (하)』, 과학백과사전종합출판사, 1993, 661면.

리 후기 자본주의 시대를 살아가는 현대인의 감성을 표현하기 위해서는 오히려 운율을 파괴하거나 배제하기 때문이다.

결과적으로, 북한시사에서 운율은 시대를 막론하고 존재해왔으며 언제나 중요한 요소로서 고려되어 왔다. 따라서 북한 서정시에서 '서정성'을 강화하는 요소로서 특별히 강조되고 있는 운율을 연구하고자 할 때, 우리는 북한 서정시에서 집중적으로 나타나고 있는 운율의 특성이 무엇인지를 구체적으로 밝혀보아야 하며, 그러한 유형의 운율을 주로 사용하는 이유가 무엇인지를 즉 어떠한 효과를 위한 것인지를 논리적으로 분석해보아야 한다.

지금까지 시에서 '서정성'을 강화하는 대표적인 세 가지 방법인 '주관적 정서 표출' '비유적 표현' '운율 조성' 등을 중심으로 하여, 남한의 연구자들이 북한 서정시 속 '서정성'에 대해 지니고 있는 고정관념을 비판적으로 검토해 보았다. 그런데 이에 덧붙여 남한의 연구자들이 가장 광범위하게 공유하고 있는 또 하나의 편견으로는 '서정성 = 탈이데올로기성'이라는 공식을 지적할 수 있다. 그리고 이 공식이 현재까지도 집요하게 반복적으로 재생산되고 있음을 아래의 연구사 검토를 통해서 확인할 수 있다.

먼저, 이지엽은 「1990년대 북한의 서정시 연구」[17]라는 글에서 정치적, 사회적, 경제적 요인이 제거된 남녀 간의 순수한 사랑, 아름다운 풍광과 목가적 서정성, 어머니 사랑과 모성애 등을 일체의 거부감 없이 받아들일 수 있는 '서정성'이라고 언급한다. 또한, 박순선은 「1990년대 북한의 서정시 전개 양상」[18]이라는 글에서 주체문예이론의 제약이 느슨한 소재로서 일상적 삶의 모습, 남녀 간의 애정, 자연 풍경 등을 제시하면서, 이러한 탈이데올로기

---

17 이지엽, 「1990년대 북한의 서정시 연구—지방화시대의 통일문학—」, 『반교어문연구』 16권, 반교어문학회, 2004, 59~90면.
18 박순선, 「1990년대 북한의 서정시 전개 양상—『조선문학』을 중심으로—」, 『현대문학이론연구』 26권, 현대문학이론학회, 2005, 85~107면.

적인 소재들을 통해 '순수 서정성'이 확보되고 있다고 주장한다. 그리고 박승희는 「북한시의 서정과 개성 문제」[19]라는 글에서 1990년대 북한 시에서는 애정, 일상, 자연 등과 같은 탈이념적 주제의 서정시 작품들이 새롭게 등장하는데, 바로 여기에서 남북한 시의 동질화 가능성을 찾아볼 수 있다는 의견을 제시한다. 마지막으로, 윤은애는 「북한 시문학의 서정성 연구」[20]라는 논문에서 그동안 인민 교화의 수단으로만 여겨지던 북한 시문학의 효용이 점차 일상, 자연, 사랑 등을 매개로 한 개인의 주관적 감성 발현으로 옮겨가게 된 점에서 북한 시문학의 '서정성' 회복을 예견할 수 있지만, 북한 시문학이 아직은 사상적, 이념적 속성을 완전하게 탈피하여 개인 서정과 탈이데올로기라는 진정한 의미의 서정을 회복했다고 보기는 어렵다고 평가한다.

위의 연구사 검토에서 확인할 수 있듯이, 남한의 연구자들은 공통적으로 '서정성'과 '사상성'을 대립 개념으로 인식하고 있으며, 서정성을 긍정적 가치로 사상성을 부정적 가치로 판단하고 있다. 그리고 서정성이 부각될 수 있는 영역을 일상, 자연, 사랑 등으로 한정시키고 있다. 그러나 이와 같은 시각은 '문학은 정치나 이념과 관계없이 순수한 것으로서 사상적인 가치보다 예술적인 가치가 더 중요하다'고 생각하는 소위 '순수문학론'의 가치체계일 뿐, 모든 문학론이 추구하는 보편적인 가치체계라고 볼 수는 없다. 더구나 "문학에서 사상성과 예술성은 결코 서로 배제하는 관계에 있는 것이 아니다. 문학에서 사상성이 없으면 예술성도 없고 예술성이 없으면 사상성도 있을 수 없다."[21]라는 구절에서 드러나고 있듯이, 북한의 주체문학론은 사상성과 예술성의 결합을 작품 창작의 기본 원칙으로 설정하고 있다. 그리고 이 원칙은 일상, 자연, 사랑 등의 주제 영역에서도 예외 없이 동일하게

---

19 박승희, 「북한시의 서정과 개성 문제」, 『우리말글』 35호, 우리말글학회, 2005, 241~270면.
20 윤은애, 「북한 시문학의 서정성 연구―1980년대 이후를 중심으로―」, 상지대학교 석사학위논문, 2007, 1~67면.
21 김정일, 앞의 책, 36면.

적용되는 것이다. 따라서 남한의 연구자들이 범하고 있는 위와 같은 오류를 바로잡는 과정에서 우리가 주목해야 할 것은, 서로의 차이를 인정하는 상대주의적 관점이 아니라 자기중심의 절대주의적 관점에 의거해서 북한 서정시를 평가하는 행위는 결코 남북한 문학 사이의 진정한 소통을 지향하는 태도가 될 수 없다는 사실이다.

3. 1980년대 서정시에서 강조되는 '서정성'의 효용과 모순

이 글의 서론에서 밝힌 바와 같이, 1980년대 북한 서정시에서는 '서정성'의 강화를 통하여 시의 예술성을 높이고 문학창작의 기본원칙에 따라 이 예술성과 사상성의 결합을 더욱 공고히 함으로써, 주체문학의 새로운 도약을 모색하였다. 그런데 이와 같은 사실은 남한의 연구자들이 1980~90년대 북한 서정시 속 '서정성'을 '탈이데올로기성'으로 인식한 것과 정면으로 배치된다. 따라서 북한의 주체문예이론에서 강조하는 1980년대 북한 서정시 속 '서정성'의 실체가 무엇인지를 명확하게 밝혀볼 필요가 있으며, 이러한 작업은 북한문학의 본질을 이해하는 데 있어서 핵심적인 역할을 하게 될 것이다.

이에, 필자는 남한의 연구자들이 탈이데올로기적인 서정성의 영역으로 제시했던 '자연' '일상' '사랑'의 주제를 비교 기준으로 삼아, 1980년대 북한의 서정시 가운데 특히 '자연' '가족' '사랑'을 주제로 하는 작품들에 주목해보고자 한다. 위의 세 가지 주제 가운데서 '일상'을 '가족'으로 변경한 이유는 '일상'의 영역 가운데 가장 큰 비중을 차지하는 것이 바로 '가족'이라고 할 수 있기 때문이다. 필자는 각각의 주제 영역에서 '서정성'을 형상화하는 방법이 어떠한지, 그리고 그 서정성이 담당하는 기능과 역할은 무엇이며, 그로부터 파생되는 문제는 어떤 것인지를 구체적으로 분석해보고자 한다. 이를 통하여 북한의 '주체문학론'과 남한의 '순수문학론' 사이의 간극을 객관적으로 드러내보고자 한다.

한편, 대부분의 남한 연구자들이 당 문예정책의 변화에 따라 북한문학사를 시대구분하고 있는 것과 달리, 필자는 문학작품 자체의 변화에 따라 시대를 구분한 바 있다. 즉, 1960년~2000년 사이에 창작된 북한의 문학작품과 문학이론을 꼼꼼하게 읽고 분석함으로써 변화가 뚜렷하게 나타나는 시기를 발견하였고, 이를 기준으로 하여 '① 1965년~1972년, ② 1972년~1978년, ③ 1978년~1985년, ④ 1985년~1989년, ⑤ 1989년~1995년'과 같이 주체사상 시기 북한문학사에 대한 시대구분의 틀을 새롭게 정립하였다. 따라서 이 시대구분의 틀에 적용하여 볼 때, 본 논문의 연구대상 시기인 1980년대는 엄밀히 말해서 ③ 시기와 ④ 시기에 해당하는 '1978년~1989년'을 지칭하는 것이다.

1) '주관적 정서'의 공감력—'자연'을 통한 결속력 강화와 이념화한 자연

남한의 연구자들이 1980년대 북한 서정시에 특히 주목하는 이유는 바로 이 시기에 개인의 주관적 정서 표출이 눈에 띄게 증가하고 있다고 판단하기 때문인데, 그 대표적인 유형으로 제시하는 것이 자연에 대한 시인의 감흥을 노래하는 '자연시'의 출현이다. 물론, 자연을 소재로 한 시는 이전 시기에도 꾸준히 창작되어 왔지만, 이전 시기에는 자연을 김일성이나 김정일의 상징물로 사용하거나 조국을 아름답게 가꾸어준 김일성과 김정일의 은덕에 대한 감사를 이끌어내는 도구로 사용했다면, 이 시기에는 이념적·정치적 색채를 배제한 채 자연에서 느끼는 시인의 주관적인 감정 자체를 진솔하게 노래하거나 자연의 아름다움 그 자체를 묘사하는 내용으로 '자연시'의 성격이 변했다는 것이다. 그리고 이처럼 변모된 경향을 남한의 연구자들은 서정성 곧 탈이데올로기성의 강화로 인식하고 있다.

그러나 아래에 제시한 북한 『조선문학사 (15)』의 서술에서 드러나고 있듯이, 북한의 주체문예이론에서는 원칙적으로 순수자연을 노래하는 것을

경계한다.

    이 시기 시인들은 위대한 수령님과 위대한 령도자 김정일 동지께서 가꿔주신 조국 자연의 아름다움에 대한 찬양을 통하여서도 사회주의적 애국주의 정신을 열렬히 불러일으켰다. (중략) 조국의 자연을 노래함에 있어서 우리 시인들은 순수자연이 아니라 인간생활과 결부되고 시대의 기상이 느껴지게 그리는 데 깊은 관심을 돌렸다. 풍경시《비로봉에 올라》[주체 70(1981), 문재건],《사랑의 길을 따라》[주체 70(1981), 리범수],《묘향산의 두봉화》[주체 70(1981), 구희철] 등은 위대한 수령님과 당의 은정 속에 더더욱 아름다워지고 근로자들에게 민족의 긍지와 자랑을 안겨주는 내 조국의 산천경개에 대하여 노래하고 있다. (중략) 조국자연을 노래한 시작품들 가운데는 자연풍치 그 자체를 짙은 민족적 정서로 노래한 풍경시《상원동을 오르며》[주체 70(1981), 김석주],《진주담》[주체 76(1987), 유영하]과 같은 작품들도 있다.[22]

    위의 인용문에서 언급된 '자연시'의 두 가지 유형 가운데 두 번째에 해당하는 "자연풍치 그 자체를 짙은 민족적 정서로 노래한 풍경시"를 특히 '서경시'라고 할 수 있는데, 북한의 『문학예술사전』에서는 서경시에 대한 개념을 "자연을 노래한 서정시의 한 형태. 서경시에서 시인은 자연의 아름다움이나 특징을 노래하면서 자기의 사상미학적 리상을 형상적으로 구현한다."[23]라고 정의내리고 있다. 자연이란 시인의 사상미학적 이상의 등가물이라는 이 개념정의에서도 드러나고 있듯이, 북한에서는 자연을 노래한 그 어떤 시도 순수자연을 노래하는 것이 아니다. 『문학예술사전』은 이와 같은 사실을 아래와 같이 명확하게 밝히고 있다.

---

22 사회과학원 주체문학연구소, 『조선문학사 15』, 사회과학출판사, 1998, 181~182면.
23 사회과학원 주체문학연구소, 『문학예술사전 (중)』, 과학백과사전종합출판사, 1991, 238면.

인간학인 문학예술에서는 아름다운 자연도 인간과 생활을 뜻깊게 보여주는 데 복종될 때에만 의의있는 것으로 될 수 있다. 문학예술작품에서 인간성격, 사회현실과 동떨어져서 순수 자연만을 그리는 것은 자연주의적 창작경향으로서 사회주의문학예술 창작에서 허용될 수 없다.[24]

예를 들어, 윤은애[25]는 북한의 『조선문학사 (15)』에서 언급된 김석주의 시 「상원동을 오르며」를 분석하면서, 이 시가 어떤 사회주의적 이념도 정치적 목적성도 드러내지 않고 순수하게 자연의 정경만을 담고 있다고 평가한다. 하지만, 이 시는 《묘향산 기행시초》[26]라는 제목 아래 묶인 10편의 작품 가운데 하나인데, 작품 전체를 읽어보면 이 시초의 궁극적인 주제가 이처럼 아름다운 자연을 가꾸어준 당의 사랑과 은덕에 대한 고마움임을 쉽게 파악할 수 있다. 또한, 김재용[27]은 위의 시를 분석하면서, 이 시에서는 "조국에 대한 직접적인 예찬이나 격렬한 감정"은 없어도 "조국에 대한 작가의 숨겨진 무한한 찬사와 애정"을 느낄 수 있다고 평가한다. 즉, 이 시가 보편적으로 인간이 느낄 수 있는 '조국에 대한 애정' 곧 '조국애'를 표현한 것으로 인식하는 것이다. 하지만 앞의 인용문에서 확인할 수 있듯이, 북한의 『조선문학사 (15)』는 이 시가 '사회주의조국에 대한 사랑' 곧 '사회주의적 애국주의'를 표현한 것이라고 설명하고 있다.

한편, 북한의 '자연시'에서 가장 많이 다루어지는 시적 대상은 '백두산'이라고 할 수 있다. 북한문학에서 백두산은 '민족의 성산'이자 김일성 부대가 벌인 항일혁명투쟁의 근거지로서 강한 상징성을 지닌다. 하지만 백두산의 자연풍광에 대한 감상을 통해서 시인이 표현하고자 하는 사상과 정서는 각 시기마다 다르다. 따라서 1980년대 북한 '자연시'의 특징을 파악하기 위해

---

24 위의 책, 397면.
25 윤은애, 앞의 글, 25면.
26 김석주, 『들꽃』, 문예출판사, 1985, 145~154면.
27 김재용, 앞의 책, 199면.

서는 무엇보다 이 시기의 시인들이 '백두산'을 매개로 하여 어떤 사상과 정서를 표현하고자 했는지를 살펴보는 것이 효과적일 것이다.

아, 산같이 쌓아온 그리움
혁명의 성지에 한껏 쏟으며
내 지금
그리도 소원이던 백두산에 오르나니

(중략)

이깔은 이깔마다
숭엄한 기념비런가
한가닥 저 바람결조차
크낙한 숨결이 되여
내 심장에 흘러드는가

티없이 푸르른 너의 천지물은
바치는 삶에 진함없을 나의 피!
치솟아 아아한 너의 일만산악은
죽어서도 변치 않을 나의 신념!

(중략)

어버이수령님 우러러
내 만일 한점의 티라도 낀다면
어디서나 다시 백두산에 오르리
내 만일 꽃으로 폈다 시들면

여기 올라 다시 필 자리 찾으리

아 내 한생
어디서나 백두산에 오르리
삶의 순간마다
언제나 그 언제나 백두산에 오르리

―주옥양, 「어디서나 백두산에 오르리」(1982)[28] 부분

위의 시에 나오는 "내 지금 ~ 백두산에 오르나니"라는 구절을 통해 알 수 있듯이, 화자는 현재 백두산에 오르는 감격의 정서를 표출한다. 이때, "산같이 쌓아온 그리움"이라는 과거의 정서에 대응시킴으로써 백두산에 오르는 현재의 감격을 보다 효과적으로 드러내고 있다. 그런데 화자가 백두산에 오르기를 "그리도 소원"하는 이유는 바로 백두산이 "혁명의 성지"이기 때문이다. 화자는 "휘눈" "넝쿨이끼" "만병초" "이깔(나무)" "바람결" 등 백두산 속의 자연물 하나하나에 깊은 애정을 느끼는데, 이는 자연 자체의 아름다움 때문만이 아니라 그 자연물 속에 담긴 '인간적 가치' 때문인 것이다. 즉, 수령의 혁명역사가 화자의 "작은 심장"을 '사회주의조국에 대한 사랑'으로 고동치게 만든다는 것이다.

그 결과, 화자는 '너의 천지물 = 나의 피'라는 등식을 통해 사회주의조국과 인민을 위해 "바치는 삶"을 살고자 하는 '진정성'에 대한 다짐을, 그리고 '너의 일만산악 = 나의 신념'이라는 등식을 통해 인간중심의 주체사상을 "죽어서도" 지켜나가고자 하는 '순수성'에 대한 다짐을 격정적으로 토로하게 된다. 이처럼 화자는 '혁명의 성지'인 백두산에 오름으로써 '백두의 혁명정신'으로 "몸도 마음도 새로 태여나"고 있는 것이다.[29]

---

28 주옥양, 『어디서나 백두산에 오르리』, 문예출판사, 1984, 15~18면.

따라서 화자는 자신의 삶 속에서 언제나 백두산이 자기성찰의 기제인 '거울'로서 작동함을 강조한다. "내 만일 한점의 티라도 낀다면" "내 만일 꽃으로 폈다 시들면" 등에서 나타나듯이, 화자는 삶의 과정에서 초심을 잃을 때마다 '백두산'에 오를 것을 다짐한다. 아니, "삶의 순간마다" 백두산에 오름으로써 "내 한생" 동안 반드시 초심을 지켜나갈 것을 다짐한다. 즉, "어디서나 백두산에 오르리"와 "언제나 백두산에 오르리"라는 구절 속의 '어디서나'와 '언제나'에서 확인할 수 있듯이, 화자에게 있어서 '백두산'은 특정 공간에 위치한 자연의 대상물이 아니라 인간 내면에 존재하는 '혁명정신'의 표상인 것이다.

숫눈길 헤치고
겨울의 백두산마루에 올라서니
태고의 산악도 날려버릴듯
광란하는 폭풍
지동치는 눈보라

혹한에 숨막히고
털모자속에서도 귀가 어는 이 산정
없구나 여기엔
한포기 풀도
한그루 나무

---

29 "시초《어디서나 백두산에 오르리》는 백두산을 답사하는 과정에 보고 느낀 체험세계를 노래한 6편의 서정시로 묶어져 있다. 시초에 일관되여 있는 기본 시정신은 위대한 수령 김일성 동지께서 이룩하신 우리 당의 영광스러운 혁명전통을 견결히 옹호고수하고 길이 빛내이며 언제나 백두의 혁명정신으로 살며 일하려는 숭고한 사상적 지향과 불타는 열망이다." (사회과학원 주체문학연구소, 『문학예술사전 (하)』, 과학백과사전종합출판사, 1993, 497면.)

한줌의 흙도

여기에선
폭풍에 날릴것은
다 날려가고
눈보라에 얼것은 다 얼어붙고
강설에 묻힐것은 다 묻히고

다만
여기엔
정결함과
순결함
강의함만이
절정을 이루어 솟아있나니

(중략)

오, 백두산아, 너는
얼쿨수도
날릴수도
불태울수도 없는
넋과 정신 의지와 절개만을
소중히 품고있는 정화의 상상봉

―문동식, 「겨울의 백두산」(1985)[30] 부분

---

[30] 『서정시 선집 (1979-1985)』, 문예출판사, 1986, 157~158면.

위의 시에 나오는 "이" "여기엔" "여기에선" "여기서" 등의 지시어를 통해 알 수 있듯이, 화자는 "겨울의 백두산"을 목도하는 감회를 현재 시점으로 노래하고 있다. "숫눈길 헤치고" 올라선 "겨울의 백두산마루"에서 화자가 만난 것은 "광란하는 폭풍" '숨막히는 혹한' '지동치는 눈보라"이다. 이들로 인해 "풀" "나무" "흙"과 같은 생명체는 모두 "날려가고" "얼어붙고" "묻"혔다. 그런데 이와 같은 자연의 극한상황 속에서 "절정을 이루어 솟아있"는 백두의 "숭엄한 메부리"를 보면서, 화자는 오히려 "정결함" "순결함" "강의함"을 느낀다. '무(無)'라는 외적 현실과 '유(有)'라는 내적 인식 사이의 이 극적 반전을 화자는 "없구나 여기엔 ~ 다만 / 여기엔"과 같은 도치법과 대구법을 통해 강조하고 있다.

그런데 화자가 날리고, 얼어붙고, 묻히는 자연의 부정성 속에서 정결함, 순결함, 강의함이라는 인식의 긍정성을 견인해 낼 수 있는 이유는 바로 '백두산'의 품속에 자연의 혹독함을 이겨내는 '인간적 가치'가 담겨 있기 때문이다. 즉, 백두산은 자연 그 자체로서 신성한 것이 아니라, 그 속에 무엇으로도 "얼쿨 수도 / 날릴 수도 / 불태울 수도 없는" 정결하고 순결하고 강의한 "넋과 정신 의지와 절개"를 지닌 인간들을 품고 있기 때문에 신성하다는 것이다. 그 '인간적 가치'를 통해 이 나라 백성들의 마음을 '사회주의조국에 대한 사랑'으로 "정화"시켜 주고 있기 때문에 위대하다는 것이다.

지금까지 살펴본 바와 같이, 1980년대 북한의 '자연시'에서는 탈이념적·탈정치적 시각으로 자연을 예찬하는 것이 아니라 당이 추구하는 사회정치적 가치의 상징적 구현물로서 자연을 예찬하고 있다. 다만, 이전 시기에 자연에 대한 예찬이 김일성과 김정일에 대한 예찬을 의미하였다면, 1980년대에 그것은 사회주의조국에 대한 예찬을 의미한다. 그리고 이전 시기의 '자연시'가 주관적 정서의 일반화를 통해 추구하는 것이 '김일성과 김정일에 대한 인민의 충성'이었다면, 1980년대의 '자연시'가 추구하는 것은 '사회주의조국에 대한 인민의 사랑'이다. 전자가 지배자와 인민 간의 수직적 서열

관계를 확고히 구축함으로써 '정치적 장악력'을 강화하고자 한 것이라면, 후자는 인민과 인민 간의 수평적 연대관계를 공고히 다짐으로써 '이념적 결속력'을 강화하고자 하는 것이다.

결론적으로 말해서, 1980년대 북한의 '자연시'에서 자연이 아름다운 이유는 그 속에 혁명투쟁을 벌였던 과거의 시간이 내포되어 있기 때문이며, 그 혁명투쟁을 이어나갈 미래의 시간이 예정되어 있기 때문이다. 즉, 자연이 지닌 아름다움의 본질은 과거의 기억과 미래의 기대를 통해서 형성되는 '영속성'이라고 할 수 있는데, 이러한 자연과 마찬가지로 선열들의 혁명투쟁은 전설이 되고 그 전설을 후대들이 계승함으로써 조국의 혁명역사는 '불멸성'을 지닌다는 것이다. 예를 들어, 주옥양의 「어디서나 백두산에 오르리」에서 '백두산에 대한 그리움'이라는 화자의 주관적 정서를 촉발하는 계기는 '혁명의 성지'이며, 이것은 곧 김일성의 과거 혁명투쟁역사에 대한 기억이다. 그리고 그 기억은 "바치는 삶에 진함없을 나의 피!" "죽어서도 변치 않을 나의 신념!"이라는 자신의 미래 혁명투쟁에 대한 기대로 이어지고 있다. 또한, 문동식의 「겨울의 백두산」에서 백두산에 대한 화자의 주관적 정서를 촉발하는 계기는 "우러러 숭엄한 메부리"이며, 이것은 선열들의 과거 혁명투쟁역사에 대한 기억이다. 그리고 그 기억은 "조선의 맑은 하늘 푸른 강산 / 찬란한 미래" "무궁한 세월"이라는 조국의 미래에 대한 기대로 이어지고 있다.

그러나 지나간 과거에 대한 기억이나 다가올 미래에 대한 기대는 반드시 실재하는 현재에 대한 구체적인 감각과 관찰에 뿌리를 내리고 있어야 하는 것이다. 그런데 위의 두 시에서 과거 혁명투쟁역사에 대한 기억과 미래 혁명투쟁에 대한 기대를 연결해줄 현재에 대한 구체적인 감각 혹은 관찰은 드러나지 않는다. 각 시의 화자는 눈보라를 헤치며 백두산에 올랐고, '백두산'으로 상징되는 혁명정신을 이어나가기 위해서 현재 '우리'가 해야 할 일은 당을 따라 나아가는 것이라고 방법을 제시한다. 하지만 당이 현재 어떤 혁명의 목표와 방향을 세우고 있는지는 언급하지 않는다. 이것은 혁명정신에 대한 화자의 주관적 정서가 현재의 감각 혹은 관찰보다는 '이념화한 자연'에 의해 환기되는 과거 혁명역사에 대한 기억에 편향되어 있음을 반증하는 것이다. 이로 인해 이미 혁명투쟁의 과거를 역사로만 학습한 당대의 젊은 세대에게 혁명의 '현재성'을 심어주고자 할 때, 백두산에 대한 화자의 주관적 정서가 불러일으킬 수 있는 공감력은 일정한 한계를 노출할 수밖에 없다.

2) '비유적 표현'의 개성화—'가족'을 활용한 중의성 확보와 알레고리화 한 가족

디이터 람핑은 은유·상징 등과 같은 비유적 표현과 그것이 야기하는 다의성을 "서정적 발화의 각별한 특징"으로 지적한 바 있다.[31] 이와 마찬가지로 북한의 주체문예이론에서도 서정시를 창작할 때 다양하고 참신한 비유적 표현을 구사함으로써 서정성과 예술성을 강화할 것을 시인들에게 주문하고 있다. 특히 아래의 인용문에서 확인할 수 있듯이, 1980년대 북한 서정시에서는 "형상수법이나 수단 같은 것은 창작가가 자유롭게 골라야" 한다고 강조함으로써, 비유적 표현 등의 형상수법을 통해 시인의 개성을 발현할 것을 적극 독려하고 있다.

우리 당은 여기서부터 출발하여 로동계급의 당의 문학예술 창작과정에 대한 지도가 문학예술작품의 그 어떤 형식이나 형상수법에 관한 지도로 흐르는 것을 엄격히 경계하였다. 작품의 내용에서 정치적 선이 뚜렷이 선 이상 그것을 표현하는 형상수법이나 수단 같은 것은 창작가가 자유롭게 골라야 하며 오

---

[31] "특정한 서정적 발화 방식들을 구성해 줄 수 있는 그러한 넓은 의미에서의 은유적 혹은 상징적인 방식을 통해서 드물지 않게 다의성 속에 드러내 보이는 언어의 복합성은 발생한다." (디이터 람핑, 장영태 옮김, 앞의 책, 115면.)

직 이럴 때만이 고상한 사상성과 높은 예술성이 결합된 사회주의 문학예술을 건설할 수 있다는 데 대하여 밝혀주었다.[32]

그런데 남한의 연구자들은 '개성'과 '서정성'이 강조된 1980년대 서정시에서조차도 북한의 비유적 표현은 대부분 상투성을 띠고 있다고 평가한다. 예를 들어, 염철은 "시적 깊이는 시인의 독특한 시적 표현들과 만날 수 없을 때 금방 상투적인 것이 될 수밖에 없는 것"인데, 북한 서정시에는 이것이 결여되어 있기 때문에 "북한 시문학이 끊임없이 유사성과 도식성의 문제를 제기"[33]하게 되는 것이라고 말한다. 또한, 박주택은 "인민의 투쟁과 사회주의 낙원 건설을 위한 사회주의 예술관"을 지닌 북한 서정시에서는 "함축과 암시, 상징과 기호의 대상화 등 서정시가 가지고 있는 시적 장치"가 "시적 기능으로서의 역할을 충실히 해내고 있지 못하다"[34]고 말한다.

이처럼 1980년대 북한 서정시가 구사하는 비유적 표현에 대하여 '개성'을 주장하는 북한 측의 평가와 '상투성'을 주장하는 남한 측의 평가 사이에는 커다란 편차가 발생하고 있는데, 그 원인을 북한의 『문학예술사전』에 명시되어 있는 '비유법'에 대한 개념설명에서 찾아볼 수 있다. 『문학예술사전』에서는 "우리 시대의 요구와 인민들의 미감에 맞게 비유법을 널리 리용하는 것은 문학예술작품의 형상성을 높이는 데서 중요한 의의를 가진다."[35]라고 밝히고 있다. 이 구절에서 확인할 수 있듯이 북한의 주체문예이론에서는 "우리 시대의 요구와 인민들의 미감" 즉 '보편적 감성'에 부합하는 비유적 표현을 추구하는 반면에, 남한의 연구자들은 독특하고 참신한 미감 즉 '개별적 감성'이 돋보이는 비유적 표현을 추구한다. 물론, 양자 모두 비유적 표

---

32 강성만, 「우리 문학예술에 대한 당적 령도의 빛나는 실현」, 『조선문학』, 문학예술출판사, 1984. 10, 13면.
33 염철, 앞의 글, 197면.
34 박주택, 앞의 글, 112면.
35 사회과학원 주체문학연구소, 『문학예술사전 (중)』, 과학백과사전종합출판사, 1991, 136면.

현을 통해 자기만의 개성을 살리고자 하는 것이지만, 각각 친숙함과 낯설음이라는 서로 다른 방법을 활용하는 것이다. 따라서 친숙함을 지닌 비유적 표현이 반드시 비개성적이거나 상투적인 비유가 되는 것은 아니다.

한편, 북한의 서정시에서 사용되는 '비유적 표현' 가운데 가장 주목해 보아야 할 시적 대상은 '가족'이라고 할 수 있다. "조선민주주의인민공화국 가족법은 결혼, 가족제도를 공고 발전시켜 온 사회를 화목하고 단합된 사회주의 대가정으로 되게 하는 데 이바지한다."[36]라는 북한 '가족법'의 개념정의에서 확인할 수 있듯이, 북한에서는 '사회주의 대가정'이라는 용어를 통해 사회정치적 범주의 대인관계를 개인적 범주의 가족관계와 등치시키고 있다. 이에 따라 북한 서정시에서 가족관계는 특정 사회정치적 관계를 표현하는 일련의 '비유적 구조'로서 자리 잡게 된다.

대표적인 사례로서, 1980년대 이전까지 북한 서정시에서는 '어버이'를 '김일성 수령'과 결합시킴으로써 '수령과 인민' 간의 정치관계를 '어버이와 자식' 간의 가족관계와 등치시켜 왔다. 이와 같은 비유적 구조를 통해서 자식이 어버이에게 효성을 다해야 하듯이, 인민은 수령에게 충성을 다해야 한다는 '수직적 위계질서'를 강조해 온 것이다. 그런데 1980년대 북한 서정시에서는 '가족' 중에서 특히 '어머니'[37]가 집중적으로 다루어지고 있다. '어머니'를 '당'과 결합시킴으로써 '당과 인민' 간의 정치관계를 '어머니와 자식' 간의 가족관계와 등치시키고 있는 것이다. 따라서 이와 같은 비유적 구조를 통해서 이 시기의 북한 서정시가 강조하고 있는 것이 무엇인지를 분석

---

36 「조선민주주의인민공화국 가족법」, 1990. 10. 24.
37 1980년대 이전까지 북한 서정시에서 '어머니'는 특별한 비유적 구조를 형성하고 있지 않다. 예를 들어, '어머니'가 '김정숙'을 지칭하는 것으로 사용될 경우에도, 김정숙은 단지 남편인 김일성을 충성을 다해 보필하고 아들인 김정일을 정성을 다해 길러낸 모범적인 어머니의 '전형'으로서 그려지거나 사령관인 김일성을 목숨 바쳐 지켜낸 충성스런 부하의 '전형'으로서 그려질 뿐이다. 이처럼 김정숙 어머니가 가족관계와 군사관계 속 자신의 본분에 충실했듯이, 인민은 수령에게 충성을 다함으로써 정치관계 속 자신의 본분에 충실해야 함을 강조하는 것이다.

해 볼 필요가 있다.

    내 이제는
    다 자란 아이들을 거느리고
    어느덧 귀밑머리 희여졌건만
    지금도 아이적 목소리로 때없이 찾는
    어머니, 어머니가 내게 있어라

    기쁠 때도 어머니
    괴로울 때도 어머니
    반기여도 꾸짖어도 달려가 안기며
    천백가지 소원을 다 아뢰고
    잊을번한 잘못까지 다 말하는
    이 어머니 없이 나는 못살아

    (중략)

    내 조용히 눈길을 들어
    어머니의 모습을 다시 쳐다보노라
    그러면… 아니구나!
    이 어머니
    나 하나만이 아닌
    이 땅우의 수천만 아들딸들을
    어엿한 혁명가로 안아키우는
    위대한 어머니가 나를 굽어보나니

    (중략)

그대는 어머니!
피도 숨결도 다 나누어주고
운명도 미래도 다 맡아 안아주며
바람도 비도 죽음까지도
다 막아나서주는 우리들의 어머니
준엄한 싸움길에 하나의 전사 뒤떨어져도
천리길, 만리길을 다시 달려가
붉은기에 휩싸안아 대오에 세워주는
영원한 삶의 품! 혁명의 어머니!

―김철, 「어머니」(1981)[38] 부분

먼저, 이 시의 화자는 자신의 삶에서 '어머니'가 차지하는 비중과 역할에 대하여 토로하고 있다. 화자는 "다 자란 아이들"이 있는 "귀밑머리 희여"진 중년남성이지만, 여전히 "아이 적 목소리로 때없이" 어머니를 찾는다. 화자에게 있어서 어머니는 "기쁠 때도" "괴로울 때도" "반기여도 꾸짖어도" "달려가 안"길 수 있고 "천백 가지 소원"과 "잊을 번한 잘못"까지 고백할 수 있을 만큼 밀착된 존재이다. 이에 따라 "어머니 없이 나는 못살아"라는 구절을 통하여, 화자는 어머니에 대한 깊은 정서적 유대감을 표출하고 있다.

그런데 화자는 "나에게 젖조차 변변히 먹여줄 수 없었던 / 한 시골아낙네의 이름"인 어머니에서 "이 땅 우의 수천만 아들딸들을 / 어엿한 혁명가로 안아 키우는 / 위대한 어머니"로 '어머니'의 의미를 변화시키고 있다. '어머니'의 사전적 의미를 살펴보면, 첫째 "자기를 낳아 준 여자를 이르거나 부르는 말", 둘째 "사랑으로써 뒷바라지하여 주고 걱정하여 주는 존재를 비유적으로 이르는 말"이라고 명시되어 있다.[39] 이에 근거하여 볼 때, 전반부의 '어

---

[38] 김철, 『어머니』, 문예출판사, 1989, 32~36면.

머니'가 "자기를 낳은 여성"을 지칭하는 사실적 표현에 해당한다면, 후반부의 '어머니'는 "조선로동당"을 지칭하는 비유적 표현이라고 할 수 있다. "당을 구체적인 모성의 형상으로 바꾸어 놓음으로써 당과 인민과의 관계가 어머니와 자식이라는 구체적인 인간생활로 제시되면서 서정의 분수가 용솟음칠 수 있었다."[40]라는 인용문에서 확인할 수 있듯이, 북한의 문학사는 이 시의 특징으로서 비유적 표현의 활용을 지목하고 있으며, 이러한 비유적 표현이 시에 '서정성'을 부여하고 있다고 평가한다.

결과적으로 "그대는 어머니!"라는 은유구조로 명백히 드러나듯이, 이 시에서 화자는 '조선로동당'에 어울리는 "뜨거운 말"로서 '어머니'를 선택한 것이며, 이를 통해 '조선로동당'이 어머니와 같이 인민을 "극진히 보살펴주는 존재"임을 역설하고자 하는 것이다. 그리고 더 나아가 "~ 우리들의 어머니 / ~ 혁명의 어머니!"와 같은 점층적 반복구조를 통하여, 화자는 북한 인민의 삶 속에서 조선로동당이 차지하는 위상을 점진적으로 확장시켜나가고 있다. 즉, 조선로동당은 육친적 존재로서의 위상을 넘어서서 "우리들의 어머니"로 지칭되듯이 "나누어주고" "안아주며" "밀아나서 주는" 성서적 존재로서의 위상을 갖고 있을 뿐만 아니라, "혁명의 어머니"로 지칭되듯이 "뒤떨어져도" "세워주는" 사회정치적 존재로서의 위상 또한 갖고 있다는 것이다. 이와 같은 깨달음을 화자는 "어머니! 어머니 없이 나는 못살아!"라는 직정적 고백체로 표현하고 있다.

먼 산골길
학교에서 늦은 밤이면
령길에 나와 부르던 목소리
그것이 사랑이던줄은

---

39 『국립국어원 표준국어대사전』(https://stdict.korean.go.kr)
40 사회과학원 주체문학연구소, 『조선문학사 15』, 사회과학출판사, 1998, 150면.

모르며 자란것이 이제 와 더 뜨겁고

첫 작업복의 땀을 빨아주며
옷이 덟은건 빨기 쉬워도
마음이 덟은건 씻기 힘들다고
첫 로동이 대견한 그날에조차
다심하던 어머니

(중략)

변함없어라 그 마음
내 철없던 날에는 키우기에 근심 많았고
내 나이 든 오늘은
나라일에 보탬이 적을가봐
그것이 또 걱정이여서

드물게라도 잘있다는 소식이 오면
그날에는 일맛이 좋아 두곱을 한다고
지나가는 말처럼 외울 때
아, 내 그처럼 알면서도
다 모른것이 어머니였구나

(중략)

이것이 나의 어머니더라
그렇듯 다심하나니 나의 조국도
그때문에 내 그 무슨 일을 하여도

조국앞에 설 때 떠오르는 모습은
나의 어머니였구나

—동기춘, 「나의 어머니」(1981)[41] 부분

이 시에서 아들인 화자와 어머니는 '도시'와 '촌'으로 떨어져 살고 있다. 먼저, 화자는 지난날에 받은 어머니의 사랑에 대해서 회상한다. 청소년기에 "학교에서 늦은 밤이면 / 령길에 나와" 마중하고, 청년기에 "옷이 덟은 건 빨기 쉬워도 / 마음이 덟은 건 씻기 힘들다고" 충고하는 등 어머니의 "다심하던"[42] 마음이 곧 사랑이었음을 새삼 깨닫는다. 다음으로, 화자는 오늘날에도 변함없는 어머니의 사랑에 대해서 표현한다. "내 나이 든 오늘은 / 나라 일에 보탬이 적을가봐" 걱정하고 "잘 있다는 소식이 오면 / 그날에는 일맛이 좋아 두곱을 한다"는 등 어머니의 사랑이 얼마나 깊은지 아직도 다 알지 못했음을 깨닫는다.

그런데 화자는 "이것이 나의 어머니다라 / 그렇듯 다심하나니 나의 조국도" "조국 앞에 설 때 떠오르는 모습은 / 나의 어머니" 등에서와 같이 '어머니'와 '조국'을 병치시킴으로써 주요 시적 대상을 '어머니'에서 '조국'으로 이동시키고 있다. 이때, '어머니'와 '조국'의 공통분모는 '다심하다'라는 속성이며, 이를 통해 화자는 '조국과 인민'의 관계를 기존의 '아버지적 위계구도'에서 벗어나 '어머니적 상생구도'로 새롭게 정립하고 있다.

지금까지 살펴본 바와 같이, 1980년대 북한의 '가족시'에서는 가족을 개인적 차원의 가족공동체 관계에서 노래하는 것이 아니라, 사회적 차원의

---

41 동기춘,『인생과 조국』, 문예출판사, 1991, 82~84면.
42 '다심하다'의 사전적 의미는 "조그만 일에도 마음이 안 놓여 여러 가지로 생각하거나 걱정하는 게 많다."이다. (『국립국어원 표준국어대사전』(https://stdict.korean.go.kr))

정치공동체 관계를 나타내는 비유적 표현으로 노래하고 있다. 다만, 이전 시기에 '어버이와 자식'의 관계가 '수령과 인민'의 관계를 비유하는 것이었다면, 1980년대에는 어버이 대신 '어머니'가 부각되고 있으며 '어머니와 자식'의 관계는 '당과 인민'의 관계를 비유하는 것이다. 그리고 이전 시기의 '가족시'가 정서적 동일화의 과정을 통해 추구하는 것이 '어버이 수령'에 대한 인민의 '존경'이었다면, 1980년대의 '가족시'가 추구하는 것은 '어머니 당'에 대한 인민의 '신뢰'이다. 전자가 수령과 인민 간의 보호적 관계를 강조함으로써 '인민의 순종성'을 유도하고자 한 것이라면, 후자는 당과 인민 간의 소통적 관계를 강조함으로써 '인민의 자발성'을 유도하고자 하는 것이다.

결론적으로 말해서, 1980년대 북한의 '가족시'에서 '어머니'는 '당'이라는 추상적 대상이 지닌 본질과 특성을 명확히 밝히기 위해 선택한 비유적 표현이다. "어떤 현상이나 사물을 직접 설명하지 아니하고 다른 비슷한 현상이나 사물에 빗대어서 설명하는 일"[43]이라는 '비유'의 개념정의에서도 확인할 수 있듯이, 혈연적 관계인 '어머니'는 정치적 관계인 '당'과는 아주 다른 존재이지만 '사회주의가족공동체'로서의 그 본질적 속성은 동일하다는 것이다. 예를 들어, 김철의 「어머니」에서는 '어머니'와 '당'을 등치시키고 있는데, 이와 같은 비유구조는 "나를 낳아 젖 먹여준 그 어머니"의 '따뜻한 품' "정겨운 시선" "살뜰한 손길"이라는 우리가 익히 잘 알고 있는 사실을 이용하여 "조선로동당"의 "영원한 삶의 품" "준엄한 싸움 길" "필승불패의 향도"라는 우리가 잘 알지 못하는 사실을 명확히 밝혀주는 기능을 하고 있는 것이다. 또한, 동기춘의 「나의 어머니」에서는 '어머니'를 표면화하고 '조국'을 이면화한 이중구조를 띠고 있는데, 이와 같은 비유구조는 "나"에 대한 "걱정" "사랑" "근심"으로 가득한 "촌에 계신 어머니"의 '변함없는 마음'을 구체적으로 표현하면서, "조국 앞에 설 때 떠오르는 모습은 / 나의 어머니"라는 마지막 한 구절을 매개로 하여 "나의 조국"도 그러하다는 또 하나의 의미맥

---

[43] 『국립국어원 표준국어대사전』 (https://stdict.korean.go.kr)

락을 환기시키는 방법을 활용하고 있는 것이다.

그러나 비유적 표현은 언제나 일상 언어를 교란시켜 낯설게 만듦으로써 표현하고자 하는 대상에 주의를 집중시킬 수 있어야 한다. 그리고 그것은 반복적 사용으로 인하여 또다시 일상 언어화함으로써 그 자체에 더 이상 주의를 끌지 못하는 '죽은 비유'가 되어서는 안 되는 것이다. 물론 위의 두 시에서 이 시기에 새롭게 등장한 '어머니 = 당' '어머니 = 조국'이라는 비유적 표현은 '어머니'가 지닌 친숙함을 통해 개성적이면서도 쉽게 보편적 감성을 불러일으킬 수 있는 좋은 비유라고 할 수 있었다. 하지만, 아이러니하게도 그 친숙함으로 인해 위와 같은 비유적 표현은 이 시기에 문학예술인들 사이에서 반복적으로 재생산되었고, 더 나아가 사회 속에서 인민에 대한 교화를 목적으로 하는 알레고리적 표현으로 고착되기에 이르렀다. 그 결과 '어머니당' '어머니조국'이라는 표현은 개성을 상실한 채 아예 일반 명사화함으로써 또다시 일상 언어의 범주 속으로 편입할 수밖에 없는 한계에 직면하게 된다.

3) '운율'의 순화성—'사랑'을 매개로 한 화합 모색과 정형화한 사랑

북한의 『문학예술사전』에서는 "운률은 시에 서정성을 부여하는 중요한 요인으로 된다."라고 밝히고 있다. 이에 따라 "혁명하는 시대에 어울리며 우리 인민의 민족적 정서에 맞는 기백있고 발랄한 새로운 운률을 끊임없이 창조해"[44] 낼 것을 시인들에게 요구하고 있다. 또한, 북한의 시론서인 『조선현대시와 운률문제』에서는 "운률은 반드시 음조상에서 정서의 다양한 기복과 변화상태를 구현하지 않으면 안 된다는 것, 그리고 그것은 정서의 다양한 기복과 변화상태를 반영하기 위한 일련의 수단, 수법들의 활용에 의

---

[44] 사회과학원 주체문학연구소, 『문학예술사전 (하)』, 과학백과사전종합출판사, 1993, 660~661면.

해서만 조성될 수 있다는 것"⁴⁵을 명시하고 있다. 이와 같이 북한의 주체문예이론에서는 운율 조성의 궁극적인 목적이 "시의 정서적 효과를 달성"하는 데 있음을 명확히 밝히면서, 그 정서적 효과를 극대화하기 위해서는 시인들이 "일련의 수단, 수법들"을 보다 적극적으로 활용해야 함을 강조하고 있다. 특히 아래의 인용문에서 확인할 수 있듯이, 1980년대 북한 서정시에서는 "운율을 살림으로써 산문화를 극복"하는 것을 "현시대 시문학 앞에 절박하게 나서는 중요한 과제"로서 부각시키고 있다.

> 시는 산문이 아니라 운문이며 묘사가 아니라 운률을 필수적으로 요구하는 문학이므로 그의 풍부한 정서도 운률을 강화하지 않으면 존재하지 않게 된다. 친애하는 지도자 김정일 동지께서는 우리 시문학의 질적 수준을 높이는 데서 그의 서정성을 강화하는 것과 아울러 운률을 살리고 산문화를 극복하는 것이 현시대 시문학 앞에 절박하게 나서는 중요한 과제로 된다는 데 대하여 심오한 가르치심을 주시였다.⁴⁶

한편, 북한의 서정시에서 조성되는 '운율'의 특징을 살펴보기에 가장 적합한 시적 대상은 '사랑'이라고 할 수 있다. 인간의 다양한 정서 가운데 서정시가 다루는 가장 보편적인 정서는 바로 '남녀 간의 애정'이며, 북한 서정시에서도 매 시기 공통적으로 다루어지는 주제의 하나로서 이것을 꼽을 수 있기 때문이다. 1980년대 이전 시기에는 '청춘남녀 간의 애정'이 주조를 이루었고, 노동현장에서 일하는 상대의 모습에 매료되어 애정을 느끼게 되었다는 것이 중심내용으로 설정되었다. 이를 통해 사회적인 조건이나 말초적인 감각에 의거하는 소위 '부르주아 계급적 사랑'이 아니라, 노동하는 삶에

---

45 장정춘, 『조선현대시와 운률문제』, 문예출판사, 1989, 14면.
46 현종호, 「자주적 인민의 주도적 사상감정을 진실하게 노래하여온 주체적 시문학의 40년」, 『조선문학』, 문학예술출판사, 1985. 7, 14면.

대한 건전한 의식과 사회적 연대감에 의거하는 '프롤레타리아 계급적 사랑'
이 사회주의사회 속에서 청춘남녀가 추구해야 할 진정한 사랑임을 강조하
였다. 그런데 1980년대에는 '부부간의 애정'이 새롭게 등장하였으며, 가정
내에서 고락을 함께하고 격려해주며 한길을 걸어온 아내에게 감사의 마음
을 전하는 것이 중심내용으로 설정되고 있다. 따라서 '아내에 대한 사랑'을
통해서 이 시기의 북한 서정시가 모색하고 있는 것이 무엇인지를 살펴볼
필요가 있다. 그리고 그 과정에서 운율의 조성이 어떤 정서적 효과를 발휘
하고 있는지를 분석함으로써, 운율의 구체적인 작용력을 밝혀볼 필요가
있다.

  나는 그대를 사랑하노라! 그러나 안해여,
  이 말은 무엇인지 부족한것 같구나
  말하리라 세상에서 가장 귀중한 사람이라고—
  허나 이 또한 얼마나 새삼스런 말이랴

  그러면 감사하다고? 그렇다 그대에게 감사하노라!
  그대가 준 모든것에 대하여, 기쁨에 대하여
  그리고 나의 인생의 가장 어려운, 가장 슬픈 시각에
  그대가 나의 곁에 있었음을 감사하노라!
  그리하여 전진하는 시대의 큰 걸음에
  우리가 함께 발맞춰나갔음을…

  그러나 이 또한…

  용서하라, 나는 생각하고 또 생각했건만은
  끝내 그대에게 줄 말을 찾지 못하였노라
  다만 안해여, 이 세상에 그대가 있다는것은

안해라는 사람이 있다는것은 참말 좋구나!

―김상오, 「안해에게」 (1985)[47] 부분

먼저, 이 시의 화자는 '아내'에 대한 자신의 내면적 감정에 대해서 생각해보고 있다. 화자는 아내를 '사랑'한다. 그러나 사랑한다는 말은 무언가 '부족'하게 느껴진다. 함께 해온 생활의 무게가 담겨 있지 않기 때문일 것이다. 화자에게 있어서 아내는 "귀중한 사람"이다. 그러나 귀중하다는 말은 너무 '새삼스'럽게 느껴진다. 둘만의 친밀한 관계가 어색해지기 때문일 것이다. 화자는 아내에게 '감사'한다. 자신의 곁에서 '기쁨'을 주고, '어려움'과 '슬픔'을 위로해주며, "전진하는 시대"의 가치에 걸맞게 "함께 발맞춰" 인생을 살아왔음에 감사한다. 그러나 감사하다는 말 또한 꼭 맞는 표현이 아니라고 느껴진다. 오랜 세월 지속해온 삶의 공유가 가치 절하되기 때문일 것이다. 화자는 "그대를 사랑하노라! 그러나 ~" "말하리라 ~ 귀중한 사람이라고―/ 허나 ~" "그대에게 감사하노라! / ~ / 그러나 ~" 등과 같이 아내에 대한 감정을 표현하는 "말"과 그에 대한 부정을 표현하는 부사의 결합구조를 반복 제시함으로써, 아내에 대한 자신의 각별한 마음을 더욱 역설적으로 강조하고 있다.

다음으로, 화자는 '아내'에게 자신의 마음을 전해줄 가장 적합한 말이 무엇일지 생각해보고 있다. 하지만 "생각하고 또 생각했건만" 끝내 적합한 말을 찾을 수 없었음을 고백한다. 화자에게 있어서 '아내'는 '언어'의 한계를 넘어서는 존재라는 것이다. 즉, "이 세상에 그대가 있다는 것은 / ~ 참말 좋구나!"에서 알 수 있듯이, '아내'는 존재하는 것 자체만으로도 화자에게 커

---

[47] 김상오, 『나의 조국』, 문예출판사, 1988, 141~142면.
원문에 이 시의 창작년도가 1958년으로 표기되어 있으나 이는 1985년의 오기로 추정된다. 왜냐하면 이 시는 〈생활시편들〉이라는 제목 하에 묶여 있는 9편의 시 가운데 하나인데, 나머지 작품의 창작년도가 모두 1984년과 1985년으로 표기되어 있기 때문이다.

다란 행복감을 주는 사람이라는 것이다. 화자는 "용서하라, ~ / ~ 말을 찾지 못하였노라"라는 부정어법과 "~ 그대가 있다는 것은 / ~ 참말 좋구나!"라는 긍정어법을 병치시키고 있는데, 여기에서 "말"과 "있다는 것"의 대응관계로 표현된 언어와 존재의 대립, 그리고 '찾지 못하다'와 '참말 좋다'의 대응관계로 표현된 이성과 감성의 대립을 통해서, 아내로 인해 느끼는 자신의 정서적 충만감을 더욱 진솔하게 표현하고 있다.

한편, 이 시의 의미를 제대로 이해하기 위해서는 무엇보다 "이 세상에 그대가 있다는 것은 / 안해라는 사람이 있다는 것은 참말 좋구나!"라는 마지막 구절에 주목해볼 필요가 있다. 여기에서 "그대"와 "안해라는 사람"은 동일 인물인 '화자의 아내'를 지칭한다. "허나 안해여," "그러나 안해여," "다만 안해여," 등에서 나타나고 있듯이, 이 시는 "나"라는 일인칭 화자가 '안해'라는 이인칭 청자를 향해 발화하고 있기 때문이다. 하지만 "그대"가 인칭대명사로서 '화자의 아내'인 특정 인물을 지칭한다면, "안해라는 사람"은 일반명사로서 '남편의 아내'인 특정관계를 지칭한다. 즉, 이 시는 표면적으로는 화자가 인생의 동반자인 아내를 소중하게 생각하는 자신의 주관적인 마음을 진솔하게 토로하는 형태를 띠고 있다. 그러나 이면적으로는 인간이 사회공동체 속에서 가정을 이루고 건강한 삶을 영위하고자 할 때, 아내가 얼마나 중요한 존재인지를 역설하는 형태를 띠고 있는 것이다. '아내'는 '여성'과 변별되는 존재라는 뜻으로서 '아내'라는 사회적 지위를 부각시키고 있는 것이다.

> 그대 나의 푸른 숲
> 그속엔 있었네 그윽한 노을이
> 내 지칠 때면 언제나 아침처럼 피여부르던
> 그윽한 미소가
>
> 그대 나의 푸른 숲

그속엔 있었네 고운 새 한마리
괴로울 때면 고요히 심혼을 잠재워주던
정다운 노래가

그대 나의 푸른 숲
그속엔 있었네 나를 위한 열매들이
바라면 늘 소리없이 아낌없이 내여주던
묵묵한 열매가

(중략)

숲이여, 그대 나의 푸른 숲
내 한생 그 덕을 입어왔건만
때늦어 알았네, 회오에 잠겨
내 그 숲에 나무 한그루 심어주지 못한것을

―동기춘, 「그대 나의 푸른숲―안해에게―」(1989)[48] 부분

  이 시에서 화자는 "그대"에게 자신의 속마음을 고백하고 있는데, "그대 나의 푸른숲―안해에게―"라는 제목에서 알 수 있듯이, 청자인 "그대"는 바로 '아내'이다. 먼저, 화자는 "아내"를 "푸른 숲"에 비유함으로써 아내가 차지하는 생활 토대로서의 위상을 환기시키고 있다. 구체적으로는 '푸른 숲'을 구성하는 요소인 "노을" "새" "열매" 등에 빗대어 자신이 "지칠 때" "괴로울 때" "바라면" 언제나 아내가 건네주는 "미소" "노래" "열매" 등을 제시하고 있다. 이때, "그 속엔 있었네 ~ 노을이 / ~ 미소가" "그 속엔 있었네 ~ 새

---

[48] 동기춘, 앞의 책, 92면.

한 마리(가) / ~ 노래가" "그 속엔 있었네 ~ 열매들이 / ~ 열매가"에서 확인할 수 있듯이, 화자는 각 연에서 동일한 은유구조를 반복함으로써 '아내'의 역할을 확장시켜 나가고 있다. 그리고 도치법을 활용함으로써 "그윽한" "정다운" "묵묵한" 등으로 이미지화되고 있는 아내의 감성적 순화력을 더욱 부각시키고 있다.

다음으로, 화자는 아내에게 무심했던 자신에 대한 뉘우침의 감정을 토로한다. 아내는 모든 것을 내어주는 '푸른 숲'과 같은 존재였지만, 화자는 "그 숲에 나무 한 그루 심어주지 못"했다는 것이다. 그리고 "피여 부르던" "잠재워주던" "내여 주던" 등에서 아내에게 받은 "덕"을 "-던"이라는 과거시제로 표현한 데서 알 수 있듯이, 화자는 받기만 하고 아내에게 베풀지 못한 자신의 행동을 "때늦어" 깨닫게 된 것이다. 이로 인해 느끼는 "회오"의 감정을 화자는 "때늦어 알았네, ~ / ~ 못한 것을"이라는 도치법을 사용함으로써 더욱 극대화하고 있다.

한편, 이 시는 "—안해에게—"라는 부제목과 더불어 '그대'라는 2인칭 대명사를 사용함으로써 외형상으로는 '아내'를 청자로 설정하고 있지만, "있었네" "알았네" 등의 서술어에서 "-네"라는 1인칭 독백체의 종결어미[49]를 사용한 점에 주목해볼 때 의미상으로는 일반 독자를 지향하고 있음을 알 수 있다. 즉, 화자는 그동안 무심했던 자신에 대해 뉘우치는 마음을 아내에게 객관적으로 고백하는 것이 아니라, 지난날 자신이 무심했음을 깨달으면서 후회하는 마음을 지금은 없는 아내를 떠올리며 주관적으로 표출함으로써, 독자로 하여금 아내에 대한 자신들의 태도를 반성해 보도록 유도하고 있는 것이다.

---

[49] '-네'라는 종결어미의 사전적 의미는 다음과 같다. "혼잣말에 쓰여, 지금 깨달은 일을 서술하는 데 쓰이는 종결어미. 흔히 감탄의 뜻이 드러난다." (『국립국어원 표준국어대사전』 (https://stdict.korean.go.kr))

지금까지 살펴본 바와 같이, 1980년대 북한의 '사랑시'에서는 청춘남녀 간의 사랑을 다루는 것이 아니라, '부부간의 사랑' 특히 '아내에 대한 사랑'을 집중적으로 다루고 있다. 그런데 이와 같은 현상은 역으로 부부관계에서 기존의 가부장적 위계질서가 현실적으로 위기 상황에 봉착했음을 의미하는 것이다. 가정 내에서 여성들의 불만이 고조되었고, 이로 인해 부부 갈등이 새로운 사회문제로 등장했음을 의미하는 것이다. 따라서 이 시기에는 가정의 중심축인 부부의 문제를 전면화하고, '아내'의 존재가치에 대한 제고와 노고에 대한 감사를 부드러운 운율에 담아 진솔하게 표현함으로써, 부부간의 갈등을 순화하고 부부가 함께 걸어온 삶이 소중하다는 정서적 공감대를 형성하고자 하는 것이다.

결론적으로 말해서, 1980년대 북한의 '사랑시'에서 특별히 '아내 사랑'을 강조하는 이유는 가정 내의 부부관계를 '동반자적 관계'로 재정립하고, '가정적 화합'을 강화함으로써 사회적 안정을 꾀하기 위한 것이다. 즉, 생활과 혁명의 동반자인 '아내'야말로 가정의 행복을 창조하는 주체이며, 건강한 '가정'이야말로 사회공동체 유지를 담당하는 기본축이라는 것이다. 예를 들어, 김상오의 「안해에게」에서는 '사랑하다' '귀중하다' "감사하다" 등의 어휘들과 "그러나" "허나" 등의 부정부사를 결합시킴으로써 아내에 대한 화자의 마음을 에둘러 표현하고 있으며, "다만"이라는 예외를 나타내는 부사와 '좋다'라는 단어를 결합시킴으로써 화자의 마음속에서 아내가 차지하는 존재가치를 더욱 높여 표현하고 있다. 또한, 동기춘의 「그대 나의 푸른숲—안해에게—」에서는 '지치다' '괴롭다' '바라다' 등으로 표현되는 화자의 상황과 "미소" "노래" "열매" 등으로 표상되는 아내가 지닌 덕목을 대응시키고, 아내와 남편의 소통구조를 '주다와 받다' '베풀다와 입다'의 관계로 드러냄으로써 아내의 희생과 헌신을 효과적으로 부각시키고 있다. 한편, 위의 두 시에서는 아내에 대한 고마움의 정서를 부드러운 운율에 담아 표현하고 있는데, 이와 같은 운율은 동일형태 구문과 연의 반복성, 대구법과 도치법의 반복성, 자문자답과 각운의 반복성, 호격과 감탄사의 반복성 등을 통하여 부부간의 경직된 정서를 순화하고 치유하려는 목적을 띠고 있는 것이다.

그러나 케이트 밀렛은 서구 가부장제의 역사 속에서 볼 때, 낭만적 사랑과 남성이 베푸는 기사도는 "여성의 사회적 지위의 부당함을 일시적으로 완화해주는 동시에 그 부당함을 위장하는 기술"[50]이라고 분석한 바 있다. 여성의 지위에 대한 이와 같은 인식을 가부장제가 존속하는 북한사회에 적용해 볼 때, 이 시기 부부간의 사랑은 남성이 지배계급으로서 미덕을 발휘하여 여성에게 베풀어준 것에 불과하다고 볼 수 있다. 이와 동시에 아내에 대한 사랑은 가부장제의 한 축이라는 여성의 역할을 새삼스럽게 환기시킴으로써 오히려 가부장제 속 여성의 종속적 지위를 은폐하는 효과를 발휘한다고 볼 수 있다. 즉, 사적소유를 근간으로 하는 자본주의국가와 마찬가지로 공적소유를 근간으로 하는 사회주의국가인 북한에서도 이 시기에 여전히 여성의 사회적 지위는 남성을 통해서 획득된다는 공식이 답습되고 있음을 확인할 수 있다. 왜냐하면 아내는 "내 한생 그 덕을" 베풀어주고 "나의 인생의 가장 어려운, 가장 슬픈 시각에 / ~ 나의 곁에" 있어주었기 때문에 귀중한 존재라는 것인데, 여성에 대한 화자의 이와 같은 가치평가는 가부장제 속 남성 중심적 이해관계를 기준으로 하고 있는 것이기 때문이다. 그리고 반복구조의 과도한 사용으로 인한 운율의 단조로움은 1980년대 '아내 사랑'에 대한 개인의 정서와 사유가 지닌 복잡성과 새로움을 오히려 단순화하고 '정형화'하는 수단으로 작용하는 모순을 드러내게 된다.

마지막으로, 이 장에서 살펴본 내용을 토대로 1980년대 북한 서정시 속 '서정성'의 효용과 모순에 관하여 정리해 보면 다음과 같다. 1980년대 북한 서정시에서는 '주관적 정서' '비유적 표현' '운율' 등의 세 가지 요소를 적극적으로 활용함으로써 '서정성'을 강화하고자 하였다. 그러나 첫째 '주관적 정서'는 혁명역사라는 과거에 대한 기억 편향으로 인해 이념화함으로써 현

---

[50] 케이트 밀렛, 김유경 옮김, 『성 정치학』, 쌤앤파커스, 2020, 93면.

재적 공감대를 형성하는 문제에서, 둘째 '비유적 표현'은 사회적 재생산을 통해 알레고리화함으로써 개성을 확보하는 문제에서, 셋째 '운율'은 반복구조의 과도한 사용으로 인해 정형화함으로써 새로운 사유를 담아내는 문제에서 각각 모순을 드러내고 있다. 그리고 이와 같은 모순 발생의 근본적인 원인은 1980년대 북한의 서정시가 당대 인민들의 생활과 정서를 있는 그대로 담아냄으로써 인민대중과의 거리를 좁히고자 노력했음에도 불구하고, 여전히 '있어야 할 현실'을 제시함으로써 인민대중을 교화하고자 하는 주체사실주의의 교조적 성격을 탈피하지 못한 점에서 찾을 수 있다.

4. 주체사상 시기 서정시 속 '서정성'의 의의와 한계

원칙적으로 주체사상 시기 북한의 서정시는 '예술성'이라는 보편적 속성과 '사상성'이라는 개별적 속성을 동시에 지니고 있다. 하지만 현실적으로 양자의 무게비중은 해당 시대의 정치적 목적과 그의 반영인 당 문예정책에 따라 달라진다. 1980년대는 김일성에서 김정일로 정권이 교체된 시기로서, 김정일은 집권 이후 시의 예술성과 서정성을 강화하는 방향으로 당의 문예정책을 주도적으로 변화시켜 나갔다. 이로 인해 1980년대 북한 서정시에서는 다른 어떤 시기보다도 예술성이라는 보편적 측면이 강조되고 있으며, 이전 시기까지 주된 시적 형상화 방법으로 활용되었던 '서사성'에서 탈피하여 '서정성'을 적극 활용할 것이 요구되었다. 본래 '서사성'은 현실반영을 통한 객관적 현실인식을 지향하고 '서정성'은 정서교감을 통한 주관적 현실인식을 지향하는데, 역사적으로 새로운 시대가 도래하는 시점에는 '서사성'보다 '서정성'이 주된 현실인식의 방법으로 활용되기 마련이다. 왜냐하면 사회변혁기에는 일반적으로 논리적인 사유보다는 감성적인 반응이 먼저 작동하기 때문이다. 따라서 북한의 정권교체기인 1980년대에 당의 문예정책이 서사성에서 서정성으로, 현실반영에서 정서교감으로 현실인식의 방법을 변화시켜 나갔다는 것은, 당대에 김정일 정권이 추구하는 정치적 목표와 시대적 가치가 이전 시기와 달라졌음을 의미한다고 볼 수 있다.

그리고 이와 같은 논리에 근거하여 생각해 볼 때, 1980년대 김정일 정권이 제시하는 '사상성과 당성' 그리고 당 문예정책이 추구하는 '예술성과 서정성'은 서로 배치되는 요소가 아니라 상호 부합하는 요소임을 확인할 수 있다. 흔히, 남한의 연구자들은 '사상성'과 '서정성'을 대립개념으로 인식하면서, 기존의 북한 서정시에서는 '사상성'이 강조되었지만 1980~90년대에는 '서정성'이 강조되는 방향으로 변모하였다고 판단한다. 물론 이러한 변모에 대하여 당 문예정책에 의해 공식적으로 이루어진 것으로 판단하는 견해[51]와 문학인들 자체반성을 통해 비공식적으로 이루어진 것으로 판단하는 견해[52]로 나뉘기는 하지만, 이들은 공통적으로 북한 서정시 속 '서정성'이 강화됨에 따라 남북한 시문학 사이에서 '동질적 속성'을 찾아볼 수 있게 되었다고 주장한다. 그러나 1980년대 북한 서정시에서 요구되는 '예술성과 서정성'은 한편으로는 서정시의 '보편적 속성'을 확대시키는 기능을 하고 있지만, 다른 한편으로는 그것이 김정일 정권의 정치적 전략에 의해 선택

---

51 박상준은 김정일의 역할이 절대적이었던 문학예술 분야에서 일어난 변화의 징후들은 '당 정책'의 변화의 일환으로 보아야 한다는 의견을 제시한다. 김정일의 저서인 『주체문학론』의 서정시 이해가 전대의 서정시론에 비해 생활과 개성의 부면을 강조하였다는 점에서 굳게 닫힌 문학의 문이 살짝 열린 것을 확인할 수 있으며, 서정시의 이러한 변화가 당의 지침을 수용하는 과정에서 이루어진 공식적인 것이라는 점에서 남북한 문학 사이의 동질성 획득의 가능성은 그만큼 더 커진 것이라고 평가한다. (박상준, 「북한 서정시 연구」, 『겨레어문학』 24권, 겨레어문학회, 1999, 99~119면.)
52 박순선은 1990년대 이전까지 북한의 시문학은 당의 문예이념을 충실히 따르고 있으며 이로 인해 도식화 경향을 띠어 왔지만, 1990년대 북한의 시문학은 당의 통제에도 불구하고 북한 내부의 자체 반성을 통해 이를 극복하고자 하는 노력으로서 시에 서정성을 확보하려 했다는 의견을 제시한다. 김정일의 저서인 『주체문학론』은 이에 따른 문학적 대응이라 할 수 있으며, 서정성의 확보는 앞으로 북한 시문학이 나아갈 탈이데올로기 시의 전개라는 진로 방향을 제시해주는 도도한 역류라고 평가한다. (박순선, 앞의 글, 85~107면.)

된 것이라는 점에서 북한 서정시의 '개별적 속성' 즉 '사상성'을 강화하는 기능을 하고 있는 것이다.

한편, 1980년대 북한 서정시 속 '서정성'을 활용한 김정일 정권의 정치적 전략에 관해서는 다음과 같이 분석해 볼 수 있다. 김정일 시기에 당 문예정책이 추구한 '예술성과 보편성'의 강화 그리고 '자연' '어머니' '아내'로 표상되는 '화합과 결속'의 모색은, 이전 시기에 추구했던 '사상성과 개별성'의 강화 그리고 '건설현장' '아버지' '남편'으로 표상되는 '생산과 발전'의 달성을 우회적으로 비판하는 것이다. 나아가 사회적 목표와 시대적 가치의 이와 같은 재설정은 사실상 김일성 정권에 대한 일종의 '격하운동'이라고 볼 수 있다. 물론, 김정일 정권이 1980년대 북한 서정시 속 '서정성'을 통해 구사하는 정치적 전략의 궁극적인 목적은 당대 인민의 정서적 공감대를 확장하고 내부적 결속력을 고취시킴으로써, 분열된 사회를 통합하고 인민에게 사회주의조국의 미래에 대한 새로운 희망과 각오를 심어주고자 하는 것이다. 하지만 그에 앞서 보다 직접적인 목적은 미래에 대한 이와 같은 전망을 가능케 하는 현실적인 토대가 바로 '어버이 수령'에서 '어머니 당'으로 권력의 중심이 이동한 역사적 사건에 있음을 명확하게 환기시키려는 것이다. 이를 통해서 김정일의 후계체제에 객관적인 정당성을 부여하려는 것이다. 1980~90년대에 김정일이 단행했던 일련의 정책들, 첫째 김상오와 김철 등 이전에 숙청되었던 문학예술인들에 대한 복권, 둘째 미국과 한국 등 그동안 적대시했던 국가들과의 평화공존 모색, 셋째 한설야의 소설 등 당시까지 금지되었던 카프문학에 대한 재평가 등도 위와 같은 정치적 목적과 맥락을 같이하는 것이라고 볼 수 있다.

지금까지 살펴본 바와 같이, 1980년대 북한 서정시 속 '서정성'이 지닌 의의로는 지나치게 강화된 북한문학의 개별성에 대한 반성을 통해 문학의 보편성을 회복하고자 하는 노력이라는 점을 들 수 있다. 그리고 한계로는 문학의 보편성을 회복하고자 하는 이 노력이 역설적이게도 후계체제를 통해 정권을 재창출하고자 하는 김정일의 정치적 전략이라는 점을 들 수 있다.

이처럼 북한문학에 내재하는 보편성과 개별성은 긴밀한 연관성을 맺으면서 상호 공존하는 속성이다. 만약 개별성이 제거되고 보편성만 남는다면 그것은 이미 북한문학일 수 없고, 반대로 보편성이 제거되고 개별성만 남는다면 그것은 결코 문학일 수 없다. 그럼에도 불구하고, 남한의 연구자들이 1980~90년대 북한 서정시에 특별히 의미를 부여하는 이유는, 이 시기에 북한문학의 개별성이 축소되고 보편성이 확대되었으며, 이 보편성을 통해서 남북한 문학의 동질성을 회복할 수 있다고 믿기 때문이다. 하지만 북한문학의 보편성과 개별성이 상호 공존하는 속성임을 전제할 때, 이것은 북한문학의 개별성을 부정하는 견해이고 나아가 북한문학 자체를 부정하는 태도라고 할 수 있다. 그리고 이와 같은 태도를 통해서는 결코 남북한 문학 사이의 진정한 소통과 동질성 회복을 기대할 수 없다. 오히려 남북한 문학 사이의 진정한 소통은 서로의 차이를 인정하는 상대주의적 관점에 의거할 때 가능할 수 있으며, 그 첫걸음은 바로 북한문학의 개별성에 대한 정확한 이해라고 할 수 있다. 따라서 북한문학을 연구할 때 이제는 서로 같음을 확인하려는 강박증에서 벗어나 서로 다름을 이해하려는 포용력을 갖출 필요가 있으며, 이러한 가운데서 민족문학의 '보편성과 동질성' 또한 더욱 소중한 가치로서 빛날 수 있을 것이다.

참고문헌

1. 기본 자료

(1) 사전 (연대순)

사회과학원 주체문학연구소 편,『문학예술사전 (상)』, 평양: 과학백과사전종합출판사, 1988.

_____,『문학예술사전 (중)』, 평양: 과학백과사전종합출판사, 1991.

_____,『문학예술사전 (하)』, 평양: 과학백과사전종합출판사, 1993.

사회과학원 언어학연구소,『조선말대사전 (1, 2)』, 평양: 사회과학출판사, 1992.

(2) 조선문학사 (연대순)

한옥룡,『조선문학사 1』, 평양: 조선문학출판사, 1962.

김하명,『조선문학사 2』, 평양: 조선문학출판사, 1962.

_____,『조선문학사 3』, 평양: 미상.

김일성종합대학 어문학연구소 조선문학연구실 편,『조선문학사』, 학우서방, 1964.

이응수, 신구현, 김하명, 안함광 등,『조선문학사 (1-10)』, 평양: 미상, 1966.

사회과학원 문학연구소,『조선문학사 (1-5)』, 평양: 과학백과사전출판사, 1977~1981.

김춘택,『조선문학사 (I, II)』, 평양: 김일성종합대학출판사, 1982.

정홍교, 박종원,『조선문학개관 (1)』, 평양: 사회과학출판사, 1986.

박종원, 류만,『조선문학개관 (2)』, 평양: 사회과학출판사, 1986.

사회과학원 주체문학연구소,『조선문학사 (1-15)』, 평양: 사회과학출판사, 1991~1996.

(3) 잡지

『조선문학』, 평양: 문학예술출판사, 1960. 1.~1999. 12.

(4) 시집—서정시 (연도순)

리용악, 『리용악 시선집』, 조선작가동맹출판사, 1957.
조벽암, 『벽암 시선』, 조선작가동맹출판사, 1957.
리 찬, 『리찬 시선집』, 조선작가동맹출판사, 1958.
박세영, 『박세영 시선집』, 조선작가동맹출판사, 1959.
박팔양, 『박팔양 시선집』, 조선작가동맹출판사, 1959.
김조규, 『김조규 시선집』, 조선작가동맹출판사, 1960.
김 철, 『철의 도시에서』, 조선작가동맹출판사, 1960.
동승태, 『고원의 봄』, 조선작가동맹출판사, 1960.
『8월의 태양』, 조선작가동맹출판사, 1960.
『어머니 조국』, 조선작가동맹출판사, 1960.
백인준, 『벌거벗은 아메리카』, 조선작가동맹출판사, 1961.
전초민, 『건설의 나날』, 조선작가동맹출판사, 1961.
최영화, 『날개』, 조선문학예술총동맹출판사, 1961.
『당에 영광을』, 조선작가동맹출판사, 1961.
석광희, 『결전의 길로』, 조선문학예술총동맹출판사, 1963.
『단죄한다 아메리카』, 조선문학예술총동맹출판사, 1963.
리호일, 『수리개 날은다』, 조선문학예술총동맹출판사, 1964.
안룡만, 『새날의 찬가』, 조선문학예술총동맹출판사, 1964.
양운한, 『황금벌에 서서』, 조선문학예술총동맹출판사, 1964.
『천리마 나라』, 조선문학예술총동맹출판사, 1964.
『청춘 송가』, 조선문학예술총동맹출판사, 1964.
『영광의 길 우에』, 조선문학예술총동맹출판사, 1965.
『무지개』, 조선문학예술총동맹출판사, 1966.

『아름다운 강산』, 조선문학예술총동맹출판사, 1966.

『당의 기치 따라』, 문예출판사, 1970.

『영광의 노래』, 재일본조선문학예술가동맹중앙상임위원회, 1970.

『태양을 따라』, 사로청출판사, 1970.

『위대한 어머님께 드리는 노래』, 녀성출판사, 1972.

오영재, 『행복한 땅에서』, 문예출판사, 1973.

최승칠, 『빛나는 모습들』, 조선작가동맹출판사, 1974.

박호범, 『영원히 행군길에서』, 문예출판사, 1975.

최진용, 『삶의 노래』, 문예출판사, 1975.

정서촌, 『날이 밝는다』, 조선문학예술총동맹출판사, 1976.

『3대혁명 붉은기 휘날리며』, 문예출판사, 1976.

『빛나라 충성의 해발』, 문예출판사, 1976.

『우리의 축원』, 문예출판사, 1976.

『인민의 념원』, 문예출판사, 1976.

『조선은 하나다』, 문예출판사, 1976.

김두권, 『아침노을 타오른다』, 재일본조선문학예술가동맹중앙상임위원회, 1977.

조성관, 『영광의 노래』, 문예출판사, 1977.

『온 세상 인민들은 노래드리네』, 문예출판사, 1977.

『인민은 수령님의 만수무강 축원합니다』, 문예출판사, 1977.

『총진군의 포성 울리며』, 문예출판사, 1977.

『충성의 발파소리』, 문예출판사, 1977.

정문향, 『날이 가고 세월이 갈수록』, 문예출판사, 1978.

『태양은 빛나라』, 문예출판사, 1978.

『행복하여라 인민의 나라』, 문예출판사, 1978.

정　렬, 『병사시절』, 문예출판사, 1979.

『인민은 태양을 우러러』, 문예출판사, 1979.

『해방 후 서정시 선집』, 조선문학예술총동맹출판사, 1979.

정화수,『영원한 사랑 조국의 품이여』, 문예출판사, 1980.

『영원히 당과 함께』, 문예출판사, 1980.

리계심,『영원히 녀전사의 마음으로』, 문예출판사, 1981.

남시우,『조국에 드리는 송가』, 문예출판사, 1982.

리찬,『태양의 노래』, 문예출판사, 1982.

『금수강산 내 나라』, 문예출판사, 1982.

『만민은 우러러 노래드리네』, 문예출판사, 1982.

『수령님께 드리는 축원의 노래』, 문예출판사, 1982.

『영광 빛나라 불패의 대오여』, 문예출판사, 1982.

『영원한 충성의 노래』, 문예출판사, 1982.

『오대륙의 축원』, 동방사, 1982.

리 맥,『푸른 하늘 아래서』, 문예출판사, 1983.

『승리한 인민』, 문예출판사, 1983.

『온 세상 인민들은 노래드리네』, 문예출판사, 1983.

『조국의 품에서 부르는 노래』, 문예출판사, 1983.

김우협,『언제나 조국과 함께』, 문예출판사, 1984.

주옥양,『어디서나 백두산에 오르리』, 문예출판사, 1984.

『빛나라 충성의 해발 (2)』, 문예출판사, 1984.

김두권,『조국, 그 이름 부를 때마다』, 문예출판사, 1985.

김석주,『들꽃』, 문예출판사, 1985.

김학연,『푸른 언덕 우에서』, 문예출판사, 1985.

김희종,『어디가나 사랑의 바다』, 문예출판사, 1985.

구희철,『숫눈길』, 문예출판사, 1986.

김북원,『남해가 보인다』, 조선문학예술총동맹출판사, 1986.

김준학,『나는 공상을 즐긴다』, 금성청년출판사, 1986.

림호권,『눈석이』, 문예출판사, 1986.

박영빈,『인간을 사랑하라』, 문예출판사, 1986.

『서정시 선집 (1979-1985)』, 문예출판사, 1986.

『열정』, 금성청년출판사, 1986.

김윤호, 『내 고향』, 문예출판사, 1987.

리영옥, 『어머니』, 금성청년출판사, 1987.

박세옥, 『봄노래』, 문예출판사, 1987.

심봉원, 『전호속의 나의 노래』, 문예출판사, 1987.

홍현양, 『나의 추억』, 문예출판사, 1987.

『만민의 축원』, 문예출판사, 1987.

『시대의 찬가』, 문예출판사, 1987.

김상오, 『나의 조국』, 문예출판사, 1988.

리선을, 『나의 거리』, 문예출판사, 1988.

오영환, 『숨쉬는 땅』, 문예출판사, 1988.

『너를 사랑해』, 금성청년출판사, 1988.

『백두의 노을』, 문예출판사, 1988.

김 철, 『어머니』, 문예출판사, 1989.

김태경, 『배고동소리 울려라』, 문예출판사, 1989.

리광제, 『우리는 배낭을 벗지 않으리』, 문예출판사, 1989.

박명빈, 『우리 수령님』, 문예출판사, 1989.

『향도의 빛발아래(1)』, 문예출판사, 1989.

구희철, 『청춘이 빛나는 곳』, 금성청년출판사, 1990.

리정술, 『영원히 한길을 가리라』, 문예출판사, 1990.

리호근, 『새벽은 창가에』, 평양출판사, 1990.

『1980년대 시선』, 문예출판사, 1990.

『세기의 념원』, 문예출판사, 1990.

강립석, 『땅의 노래』, 문예출판사, 1991.

김상훈, 『흙』, 문예출판사, 1991.

동기춘, 『인생과 조국』, 문예출판사, 1991.

한원희,『삶은 어디에』, 문예출판사, 1991.

『백두의 눈보라』, 문예출판사, 1991.

김영근, 박함집, 황명성,『(3인 시집) 청춘』, 문예출판사, 1992.

리범수,『영생의 봄』, 문예출판사, 1992.

리호근,『조선은 하나다』, 평양출판사, 1992.

박산운,『내가 사는 나라』, 문학예술종합출판사, 1992.

박팔양,『박팔양 시선집』, 문학예술종합출판사, 1992.

허남기,『조국에 바치여』, 평양출판사, 1992.

『궤도를 따라』, 문예출판사, 1992.

『따르는 한마음』, 문예출판사, 1992.

『백두의 별』, 문예출판사, 1992.

『빛나는 세월』, 문예출판사, 1992.

『인민의 태양』, 문예출판사, 1992.

『천지에 비낀 마음』, 문예출판사, 1992.

『청춘』, 문예출판사, 1992.

김정수,『꿈같은 소원』, 문학예술종합출판사, 1993.

한찬보,『모란봉 기슭』, 문학예술종합출판사, 1993.

백인준,『백인준시선집』, 문학예술종합출판사, 1993.

손승태,『삶과 미래』, 문학예술종합출판사, 1993.

『따르는 마음』, 문학예술종합출판사, 1993.

『청춘시집』, 문학예술종합출판사, 1993.

『향도의 빛발아래(3)』, 문학예술종합출판사, 1993.

『환호성』, 금성청년출판사, 1993.

리호근,『뜨락에 딸기 무르익을 때』, 평양출판사, 1994.

방금숙,『고향의 해변에서』, 문학예술종합출판사, 1994.

송찬웅,『내 삶의 푸른 언덕』, 문학예술종합출판사, 1994.

『력사의 메아리』, 문학예술종합출판사, 1994.

김희준, 『백두산에 안기리라』, 일본: 구국전선사, 1995.

리병철, 『내 삶의 한생은』, 문학예술종합출판사, 1995.

정준기, 『생의 노래』, 문학예술종합출판사, 1995.

『우리의 생명』, 금성청년출판사, 1995.

『태양은 빛나라』, 문학예술종합출판사, 1995.

『향도의 빛발아래 (4)』, 문학예술종합출판사, 1995.

리호근, 김남호, 『통일행진곡』, 평양출판사, 1996.

『혁신의 나날에』, 문학예술종합출판사, 1997.

허옥녀, 강명숙, 『봄향기』, 문학예술종합출판사, 1998.

『위인의 초상』, 문학예술종합출판사, 1998.

오흥심, 『사랑의 요람』, 문학예술종합출판사, 1999.

정서촌, 『정서촌시선집』, 문학예술종합출판사, 1999.

『향도의 빛발아래 (5)』, 문학예술종합출판사, 1999.

(5) 시집—서사시 (연도순)

박팔양, 『눈보라 만리』, 조선작가동맹출판사, 1961.

박세영, 『밀림의 력사』, 조선문학예술총동맹출판사, 1962.

전동우, 손승태 공저, 『인간의 노래 불타는 용해장』, 조선문학예술총동맹출판사, 1964.

리 맥, 「하나의 길 우에서」, 『조선문학』, 문학예술출판사, 1965. 10.

오영재, 「아메리카를 녹이라」, 『조선문학』, 문학예술출판사, 1966. 07.

집체창작, 「우리의 태양 김일성원수」, 『조선문학』, 문학예술출판사, 1969. 04.

집체창작, 「푸른 소나무 영원히 솟아 있으리」, 『조선문학』, 문학예술출판사, 1969. 08~09.

정문향, 『새세대의 노래』, 문예출판사, 1970.

집체창작, 「조선의 어머니」, 『조선문학』, 문학예술출판사, 1970. 08.

박명도, 「해당화」, 『조선문학』, 문학예술출판사, 1977. 01.

집체창작, 「천만년 대를 이어 길이 모시리」, 『조선문학』, 문학예술출판사, 1977. 12.

『인민의 위대한 태양』, 문예출판사, 1978.

집체창작, 「인민의 나라 주체의 조국이여」, 『조선문학』, 문학예술출판사, 1979. 03.

박세옥, 문재건, 「영원한 충성의 해발」, 『조선문학』, 문학예술출판사, 1979. 12.

림금단, 『사랑의 노래』, 금성청년출판사, 1980.

『조국의 진달래』, 문예출판사, 1980.

오영재, 『철의 서사시』, 문예출판사, 1981.

림금단, 『새싹이 움틀 때』, 금성청년출판사, 1985.

오영재, 『대동강』, 문예출판사, 1985.

장건식, 『지평선』, 문예출판사, 1986.

정문향, 『눈보라』, 문예출판사, 1986.

안창만, 『삼도만의 봄』, 문예출판사, 1987.

김정길, 『군자마을 사람들』, 문예출판사, 1988.

동기춘, 『고요한 바다』, 문예출판사, 1989.

리범수, 『조국과 청춘』, 문예출판사, 1989.

안충모, 『사랑의 메아리』, 문예출판사, 1989.

박산운, 『내 고향을 가다』, 평양출판사, 1990.

_____, 『두더지 고개』, 평양출판사, 1990.

한원희, 『삶은 어디에』, 문예출판사, 1991.

김 철, 『끝나지 않은 담화』, 문예출판사, 1992.

김희종, 『동지』, 문학예술종합출판사, 1992.

오영재, 『인민의 아들』, 문예출판사, 1992.

최승칠, 『창조의 영웅』, 평양출판사, 1992.

김병두, 『인간찬가』, 문학예술종합출판사, 1993.

민병준, 『꽃세상』, 금성청년출판사, 1993.

리호근, 『뜨락에 딸기 무르익을 때』, 평양출판사, 1994.

차영도, 『불타는 태양』, 문학예술종합출판사, 1994.

안충모, 『전승의 서곡』, 문학예술종합출판사, 1995.

리범수, 『들국화』, 문학예술종합출판사, 1996.

『위대한 스승』, 문학예술종합출판사, 1998.

박세옥, 『살아서 만나라』, 문학예술종합출판사, 1999.

(6) 문학이론서 (연도순)

『전진하는 조선 문학』, 조선작가동맹출판사, 1960.

과학원언어문학연구소 문학연구실, 『우리나라에서의 맑스-레닌주의 문예리론의 창
조적 발전』, 과학원출판사, 1962.

박종식, 『새 시대의 문학』, 조선문학예술총동맹출판사, 1964.

김일성, 『우리 혁명에서의 문학예술의 임무』, 조선로동당출판사, 1965.

안함광, 『문학의 탐구』, 조선문학예술총동맹출판사, 1966.

김일성, 『천리마시대에 맞는 문학예술을 창조하자』, 조선로동당출판사, 1969.

『혁명의 위대한 수령 김일성동지의 주체적문예사상』, 사회과학출판사, 1972.

『위대한 수령 김일성동지께서 밝혀주신 온 사회의 혁명화, 로동계급화에 이바지하는 혁
명적 문학예술에 관한 사상』, 사회과학출판사, 1973.

『주체사상에 기초한 문예리론』, 사회과학출판사, 1975.

『위대한 수령 김일성동지께서 밝히신 작가 예술인들을 사상예술적으로 튼튼히 준비
시킬데 대한 사상』, 사회과학출판사, 1976.

『위대한 수령 김일성동지께서 창시하신 사회주의적 문학예술의 당성, 로동계급성, 인
민성에 관한 독창적인 사상』, 사회과학출판사, 1976.

김일성, 『군중예술을 더욱 발전시키자』, 조선로동당출판사, 1977.

김하명, 『문학예술작품의 종자에 관한 리론』, 사회과학출판사, 1977.

김일성, 『혁명적문학예술을 창작할데 대하여』, 1978.

『사회주의적 문학예술에서 생활묘사』, 과학백과사전출판사, 1979.

한중모, 『주체사상에 기초한 사회주의적 사실주의리론의 몇 가지 문제』, 과학백과사
전출판사, 1980.

류만, 김정웅 공저, 『주체의 창작리론 연구』, 사회과학출판사, 1983.

한중모, 정성무 공저, 『주체의 문예리론 연구』, 사회과학출판사, 1983.

김정웅, 『종자와 작품창작』, 사회과학출판사, 1987.

정성무, 『시대와 문학예술형태』, 사회과학출판사, 1987.

한중모, 『주체의 인간학』, 조선로동당출판사, 1987.

김정웅, 『주체적 문예리론연구 2: 종자와 그 형상』, 문예출판사, 1988.

류　만, 『현대조선시문학연구-해방후편』, 사회과학출판사, 1988.

리수립, 『주체적 문예리론연구 12: 혁명송가문학』, 문예출판사, 1989.

사회과학원문학연구소 편, 『북한의 문예이론: 주체사상에 기초한 문예이론』, 도서출판 인동(영인본), 1989.

장정춘, 『조선현대시와 운률문제』, 문예출판사, 1989.

강성만, 『주체의 시가문학 건설: 위대한 령도 빛나는 업적』, 문예출판사, 1990.

리동원, 『주체적 문예리론연구 3: 작품의 주인공』, 문예출판사, 1990.

장용남, 『서정과 시창작』, 1990.

윤기덕, 『주체적문예리론연구 11: 수령형상문학』, 문예출판사, 1991.

최길상, 『주체문학의 새 경지』, 문예출판사, 1991.

김정웅, 『주체적 문예리론의 기본 2: 문학예술작품창작』, 문예출판사, 1992.

김정일, 『주체문학론』, 조선로동당출판사, 1992.

김려숙, 『작품의 심리묘사』, 문학예술종합출판사, 1994.

2. 국내 논저

(1) 저서

권영민 편, 『북한의 문학』, 을유문화사, 1989.

권형진, 이종훈 엮음, 『대중독재의 영웅 만들기』, 휴머니스트, 2005.

김경숙, 『북한현대시사』, 태학사, 2004.

김대행, 『북한의 시가문학』, 문학과비평사, 1990.

김동규,『북한학 총론』, 교육과학사, 1999.

김문환,『북한의 예술』, 을유문화사, 1990.

김성수,『통일의 문학 비평의 논리』, 책세상, 2001.

김연철,『북한의 산업화와 경제정책』, 역사비평사, 2001.

김용제,『한반도 통일론—통일정책의 전개와 전망—』, 박영사, 2009.

김윤식,『북한문학사론』, 새미, 1996.

김재용,『북한문학의 역사적 이해』, 문학과지성사, 1994.

＿＿＿,『분단구조와 북한문학』, 소명출판, 2000.

김종회 편,『북한문학의 이해』, 청동거울, 1999.

＿＿＿＿,『북한문학의 이해 2』, 청동거울, 2002.

＿＿＿＿,『북한문학의 이해 3』, 청동거울, 2004.

＿＿＿＿,『북한문학의 이해 4』, 청동거울, 2007.

김종회, 고인환, 이성천,『작품으로 읽는 북한문학의 변화와 전망』, 역락, 2007.

민족문학사연구소,『북한의 우리문학사 인식』, 창작과비평사, 1991.

민족화해협력범국민협의회 정책위원회 편,『북한주민의 일상생활과 대중문화』, 오름, 2003.

박재환,『사회갈등과 이데올로기』, 나남, 1992.

박태상,『북한문학의 현상』, 깊은샘, 1999.

박호성,『남북한 민족주의 비교연구』, 당대, 1997.

북한연구학회 편,『북한의 사회』, 경인문화사, 2006.

＿＿＿＿＿＿,『북한의 여성과 가족』, 경인문화사, 2006.

『북한인명사전』, 서울신문사, 2005.

서대숙,『김일성』, 청계연구소, 1989.

세종연구소 북한연구센터 엮음,『북한의 사상과 역사인식』, 한울, 2006.

신일철,『북한 주체사상의 형성과 쇠퇴』, 생각의 나무, 2004.

신형기, 오성호 지음,『북한문학사』, 평민사, 2000.

엄형섭, 윤여탁 편,『한국현대시사자료집성: 시집편 (1~46권)』, 태학사, 1982~1988.

여문환, 『동아시아 전쟁기억의 국제정치』, 한국학술정보, 2009.
오성호, 『북한시의 사적 전개과정』, 경진, 2010.
윤영천 편, 『리용악 시전집』, 창작과비평사, 1988.
윤재근, 박상천 공저, 『북한의 현대문학II』, 고려원, 1990.
이명재 편, 『북한문학의 이념과 실체』, 국학자료원, 1998.
이상숙 외, 『북한시학의 형성과 사회주의 문학』, 소명출판, 2013.
이선영, 김병민, 김재용 편, 『현대문학 비평 자료집: 이북편 (1~8권)』, 태학사, 1993~1994.
이신철, 『북한 민족주의운동 연구』, 역사비평사, 2008.
이용악, 『오랑캐꽃』, 아문각, 1947.
이종석, 『조선로동당 연구』, 역사비평사, 1995.
_____, 『북한-중국관계』, 중심, 2000.
이형기, 이상호 공저, 『북한의 현대문학I』, 고려원, 1990.
이화여자대학교 통일학연구원 편, 『북한문학의 지형도 2』, 청동거울, 2009.
전진성, 『역사가 기억을 말하다』, 휴머니스트, 2005.
_____, 이재원 엮음, 『기억과 전쟁』, 휴머니스트, 2009.
최동호 편, 『남북한 현대문학사』, 나남출판, 1995.
한국역사연구회 북한사학사연구반, 『북한의 역사 만들기』, 푸른역사, 2003.
홍기삼, 『북한의 문예이론』, 평민사, 1981.
홍민, 박순성 엮음, 『북한의 권력과 일상생활』, 한울, 2013.
홍용희, 『통일시대와 북한문학』, 국학자료원, 2010.

(2) 논문
고형진, 「1920~30년대 시의 서사지향성과 시적 구조」, 고려대학교 박사학위논문, 1991.
김경숙, 「북한 '수령형상문학'의 역사적 변모양상-1960~1990년대 북한 서정시를 중심으로」, 『민족문학사연구』 51호, 민족문학사학회, 2013.
김관웅, 「북한 주체문학시기 수령형상문학의 전근대성」, 『비평문학』 제20호, 한국비평문학회, 2005.

김성윤, 『카프시전집 (I, II)』, 시대평론, 1988.

_____, 「한국 근대자유시 형성기 연구」, 연세대학교 박사학위논문, 1999.

김은정, 「석윤기의 『시대의 탄생』과 『전사들』에 나타난 한국전쟁 수용양상」, 『국제어문』 제54집, 국제어문학회, 2012.

김종회, 「북한문학에 나타난 6.25동란」, 『한민족어문학』 제49집, 한민족어문학회, 2006.

남원진, 「미제와 승냥이」, 『비교문화연구』 제25집, 경희대학교 비교문화연구소, 2011.

박상준, 「북한 서정시 연구」, 『겨레어문학』 24권, 겨레어문학회, 1999.

박순선, 「1990년대 북한의 서정시 전개 양상-『조선문학』을 중심으로」, 『현대문학이론연구』 26권, 현대문학이론학회, 2005.

박승희, 「북한시의 서정과 개성 문제」, 『우리말글』 35호, 우리말글학회, 2005.

송명희, 「북한의 문학과 주체문예이론-수령형상시를 중심으로」, 『한국문학이론과 비평』 제4집, 한국문학이론과비평학회, 1992.

윤은애, 「북한 시문학의 서정성 연구-1980년대 이후를 중심으로」, 상지대학교 석사학위논문, 2007.

이지엽, 「1990년대 북한의 서정시 연구-지방화시대의 통일문학-」, 『반교어문연구』 16권, 반교어문학회, 2004.

(3) 기타

『국립국어원 표준국어대사전』(https://stdict.korean.go.kr)

3. 국외 논저

Bruce Cumings, 김자동 옮김, 『한국전쟁의 기원』, 일월서각, 1986.

디이터 람핑, 장영태 옮김, 『서정시: 이론과 역사』, 문학과지성사, 1994.

Eric Hobsbawm, 강성호 옮김, 『역사론』, 민음사, 2002.

E. H. 카, 김택현 옮김, 『역사란 무엇인가』, 까치, 1997.

게오르그 루카치, 반성완 역, 『소설의 이론』, 심설당, 1985.

_____ 외, 이춘길 편역, 『리얼리즘미학의 기초이론』, 한길사, 1985.

케이트 밀렛, 김유경 옮김, 『성 정치학』, 쌤앤파커스, 2020.

Lenin, V. I., 이길주 역, 『레닌의 문학예술론』, 논장, 1988.

Marx, Engels, 김영기 옮김, 『마르크스 엥겔스의 문학예술론』, 논장, 1989.

_____, 김재기 편역, 『마르크스·엥겔스 저작선』, 거름, 1988.

미셸 마페졸리, 앙리 르페브르 외, 박재환, 일상성·일상생활연구회 엮음, 『일상생활의 사회학』, 한울, 1994.

누시노프, 세이트린, 백효원 옮김, 『사회주의 문학론』, 과학과 사상, 1990.

폴 헤르나디, 김준오 옮김, 『장르론-문학분류의 새 방법』, 문장, 1983.

Raymond Williams, 박만준 옮김, 『마르크스주의와 문학』, 지식을만드는지식, 2009.

Robert A. Scalapino, 이정식 공저, 한홍구 옮김, 『한국 공산주의 운동사 3-북한 편』, 돌베개, 1987.

루이스 A. 코저, 박재환 옮김, 『갈등의 사회적 기능』, 한길사, 1980.

소련과학아카데미 편, 신승엽 외 역, 『마르크스레닌주의 미학의 기초 이론 (1, 2)』, 일월서각, 1988.

소련연방 과학아카데미, 편집부 역, 『미학의 기초 (I, II)』, 논장, 1988.

_____, _____, 『미학의 기초 (III)』, 논장, 1989.

소련아카데미연구소, 편집부 역, 『미학강의』, 논장, 1994.

시바다 미노루, 이원복 옮김, 『김일성의 야망』, 겸지사, 1986.

와다 하루키, 서동만, 남기정 옮김, 『북조선』, 돌베개, 2002.

_____, 남기정 옮김, 『북한 현대사』, 창비, 2014.

찾아보기

ㄱ

『가무재 고개』 340
「가실 때에는」 31
『갈등의 사회적 기능』 127
강능수 48, 114
「강반석어머님」 20
강성만 254
강정구 123
강진 83
「강토의 웨침」 165
「걷어치우라 거짓말을」 165
「걸어서 가자」 266
「겨울의 백두산」 256
「경기장에서」 155
계훈 210
「고난의 행군」 18
『고요한 바다』 93
고형진 300
구희철 242
『국가와 성』 356
「국경의 밤」 283
권오윤 240
『궤도를 따라』 271
「그날도…」 201
「그날의 노래소리 가슴에 울려온다」 193
「그대 나의 푸른숲」 256
「그대곁에 우리곁에」 266
「기계 같던 사나이」 296
「기념비」 351
「길을 잃고서」 256
김경미 268

김경숙 65
김관웅 12
김귀련 334
김기호 165
김룡산 20
김명수 341
김병두 101
김병만 18, 187
김병민 326
김북원 248
김상오 33, 147
김상훈 129, 139
김석주 28, 255
김성윤 285
김성조 75
김수철 271
김용제 119
김우협 33, 186
김윤호 49, 50, 155
김은영 268
김은정 180
김일성 147
김재용 16
김재윤 210, 242
김정일 361
김종회 16, 122
김철 43
김하명 362
김학연 41, 52
김희종 248, 263

ㄴ

「나는 너를 떠날수 없다」 155
「나는 사랑하네, 그 불보라를」 255
「나는 수표한다」 217
「나는 알아」 255
『나의 거리』 210
「나의 어머니」 256
「나의 조국」 256
『나의 조국』 33, 147
「나의 처녀시절」 272
『나의 추억』 43
「날이 가고 세월이 갈수록」 31
「낡은 집」 283
『낡은집』 299
「남녘의 해돋이」 128
『남북한 민족주의 비교연구』 171
남원진 179
『내 고향』 155
「내 눈앞에서 몸부림치고 있다」 139
『내가 사는 나라』 155
「내고향」 49
「너는 가고있다」 155
『너를 사랑해』 210
「넋추리」 283
「네 모습 내 모습」 217
「녀성 통신원」 334
「녀인들도 철마를 타고」 248
「녕변 아가씨」 340
「노을」 345
노철 321
노희준 122
「농장벌의 쉴참」 248
「눈 내리는 보성의 밤」 283
「눈내리는 고개길」 201

ㄷ

「다시 4월에」 128
「단발머리 그 시절에」 210
「당생활의 첫 지점을 돌이켜보며」 187
『당의 기치 따라』 20
「당장 걷어치우라,《팀 스피리트》」 155
『대동강』 83
「대망」 296
「데모」 283
「돌출부의 세 당원」 187
동기춘 46
『동아시아 전쟁기억의 국제정치』 175
「두고 떠나신 마음」 43
『들꽃』 28
「등교차 떠나간다」 248

ㄹ

람펑 364, 385
「량심은 혀끝에 있는가」 271
레닌 14
『레닌의 문학예술론』 14
「력사는 매국노를 심판한다」 139
『력사의 메아리』 217
「련락병이 왔다」 217
「로병들의 노래」 217
「로병들의 상봉」 217
「로장의 말」 248
루카치 65
류만 38
류찬열 230
리계심 31
리광근 217
리광수 272
리광제 266
리금녀 242
리동후 28

리맥 18, 33
리맥재 18
리명수 271
리범수 193
리선을 210
리수립 55
리순영 338
리영백 248
『리용악 시선집』 304
리용악 283
리종섭 210
리찬 283
『리찬시선집』 288
리춘성 271
리충평 272
리효운 199
「림산마을의 아침」 242
림호권 128

ㅁ

『마르크스 엥겔스의 문학예술론』 111
마르크스 111
『만민의 축원』 210
「명령」 193
명일식 209
『모란봉 기슭』 217
『무지개』 128
문동식 256
문재건 147, 165
『문학예술사전 (상)』 15
『문학예술사전 (하)』 372
『문학예술사전(중)』 13
『미학의 기초 II』 14
『미학의 기초 I』 14
「민들레꽃」 371
『민병균 시선집』 351
민병균 351

「민족의 태양을 우러러」 128
밀렛 402
「밀영의 깊은 밤에」 28

ㅂ

「바람」 272
박명도 75
박산운 128, 155
박상준 404
박세영 283
『박세영시선집』 313
박세옥 28, 30, 147
박순선 373
박승희 374
박재환 125
박주택 371
박창화 248
박춘택 51
박팔양 283
박함집 217
박호범 248
박호성 171
방연승 26
「배낭」 210, 248
「백두산」 18
「백두산에 오르신다」 57
「백두의 새날」 45
백하 55
『벽암시선』 295
변홍영 147
「병사들이 안고간 노래」 217
「병사시절」 187
『병사시절』 31, 139
「복수자의 선언」 128, 135
「봄」 346
『봄노래』 147, 186
「북두칠성이 바라보이는 령마루에서」

129
『북한 주체사상의 형성과 쇠퇴』 23
『북한문학의 역사적 이해』 16
『북한문학의 이념과 실체』 16
『북한문학의 이해 4』 122
『북한문학의 이해』 16
『북한의 사회』 240
『북한주민의 일상생활과 대중문화』 264
『북한현대시사』 65, 181
「분계선 패말앞에서」 155
「분노의 노래」 139
「분노의 목소리」 147
「분노한 남녘이여!」 147
「분노한 조선의 목소리」 147
『분단구조와 북한문학』 364
「분렬의 장벽은 무너지리」 155
「불길이 되라」 165
『빛나는 모습들』 18, 129
「빛나는 훈장」 217

ㅅ

「사랑의 시편들」 271
「사랑의 화면」 248
「사랑의 흐름선」 248
『사회갈등과 이데올로기』 125
「산딸기」 338
『삶과 미래』 57
『삶은 어디에』 101
『삶의 노래』 128, 242
『3대혁명붉은기 휘날리며』 248
『(3인 시집) 청춘』 217
「상봉」 265
「상봉의 기쁨속에」 217
「상처입은 강토의 아픔은 컸어도」 210
『새세대의 노래』 68
「새아침을 불러오시려고…」 20
『생각해보라』 165

『생의 노래』 271
『서정시: 이론과 역사』 364
석광희 186
「설레이라 벼바다 강냉이 바다여」 75
『성 정치학』 402
「세월이 갈수록」 194
『소설의 이론』 65
「소조원과 함께」 248
손승태 57, 91
송명근 201
송명희 12
『숫눈길』 242
「승리의 명절」 217
「승리의 봄」 201
「승리의 봉우리여 길이 빛나라」 193
「시대의 봄언덕우에서」 41
신순현 128
신일철 23
「11년제 배움의 길우에」 255

ㅇ

「아, 만경대여」 40
「아버지와 딸」 248
「아직은 말못해」 266
안병모 210
안창만 75, 139
안함광 326
「안해에게」 256
「양보하래요」 271
「어디서나 바라보이는 향도의 별이여」 33, 35
「어디서나 백두산에 오르리」 255
『어디서나 백두산에 오르리』 256
「어디에 있느냐」 165
「어로공 금녀」 351
「어머니, 대답해주세요」 272
「어머니」 256

「어머니에게」 271
「어머니의 눈빛」 271
「어머니의 당부」 201
『어머니』 389
「어버이사랑에 대한 이야기」 28, 30
「언제나 조국과 함께」 255
『언제나 조국과 함께』 33, 187
엄호석 71
엥겔스 111
여문환 175
『역사가 기억을 말하다』 227
『역사란 무엇인가』 176
『열정』 210, 266
염철 367
『영광 빛나라 불패의 대오여』 201
『영광의 길 우에』 186
『영광의 노래』 139
「영원한 사랑의 불빛」 28
「영원히 녀전사의 마음으로」 194, 242
「영원히 행군길에서」 248
「옛 전선길에서」 210
오대석 248
『오랑캐꽃』 318
오승련 24, 68
오양열 266
오영재 18, 20, 57
오재신 165
「오직 한마음 억년청춘을」 49, 50
오필천 217
와다 하루끼 176
『와다 하루끼의 북한 현대사』 176
「우리 소조원동무」 248
「우리는 다른 6월을 원치 않는다」 147
「우리는 배낭을 벗지 않으리」 266
「우리는 원한다」 165
「우리는 함께 간다」 186
「원한」 147
「위대하여라 우리 령도자」 57, 60
「위대한 날에」 40

「위대한 새벽」 52
『위대한 어머님께 드리는 노래』 20
「위대한 영상」 43
윤두만 20
윤병규 266
윤상현 48
윤석범 139
윤영천 318
윤영탁 217
윤은애 374
「은인」 46
「이 청년들을 사랑하라」 271
이명재 16
이상숙 264
이선영 326
『이용악시전집』 318
「2월의 영광을 노래합니다」 33
「2월의 찬가」 43
「2월의 흰 눈송이」 41, 42
이지엽 373
『인간 찬가』 101
「인민의 념원」 33
『인민의 념원』 18, 28
『인민의 위대한 태양』 75
『인생과 조국』 46
임채욱 266
「입당」 186

ㅈ

장건식 93
『장르론─문학분류의 새 방법』 359
장정춘 395
장형준 115
「저 화점을 나에게!」 202
「전라도 가시내」 283
전병구 55, 56
「전사의 상봉」 193

「전선으로 가시는 길」 210
「전쟁이 일어나기 전날밤에」 210
전진성 227
「전호속의 이야기」 18, 193
정동찬 31
정렬 139
정문향 31, 33
정서촌 40
정유화 366
「정일봉의 해맞이」 55, 56
정준기 271
「조국이 사랑하는 처녀」 351
조렴해 217
조벽암 283
『조선말 대사전 (2)』 321
『조선문학사 (1~15)』 120
『조선문학사 (1~5)』 119
『조선문학사 13』 74
『조선문학사 14』 132
『조선문학사 15』 91
「조선은 하나다」 139, 147
『조선은 하나다』 18, 139
「조선의 영광」 40
『조선현대시와 운률문제』 395
조성관 31, 139
조인학 114
조재희 58
조태현 186
「주고주신 그 사랑 끝이 없건만」 31, 33
주명옥 272
주옥양 255
『주체문학론』 361
「주체의 태양」 18
『지평선』 93
「진달래」 31
「징벌하라」 165

ㅊ

차균호 186
차승수 248
차영도 49
「창밖에 비가 와도 눈이 내려도」 28
「처녀 차장에게」 342
「1211고지」 186, 193
『1980년대 시선』 49
「철뚝」 283
『철의 서사시』 83
「철창속에서」 128, 131
「철창을 부시자」 139
「청춘, 우리는 개척자」 242
「청춘송가」 342
『청춘시집』 272
『청춘이 빛나는 곳』 272
「초불」 139
「최고사령부의 밤」 186
최광조 217
최대석 264
최승칠 18
최언경 92
최영화 40
최진용 128, 242
「축원」 49
「출범」 296
「충성의 미소」 31
『충성의 발파소리』 248
「친애하는 지도자 동지께 드리는 말씀」 33

ㅋ

카 176
커밍스 176
코저 127

ㅌ

「태양은 누리를 비친다」 18
『태양은 빛나라』 57
『통일과 여성』 356
『통일시대와 북한문학』 123

ㅍ

『8월의 태양』 334
「포구의 아낙네들」 242
「포차와 함께 땅크와 함께」 193
「포화속의 글소리」 210
「푸른 소나무」 20, 21
『푸른 언덕 우에서』 41
『푸른 하늘 아래서』 33

ㅎ

「하나의 길우에서」 68
「하늘에 새긴 글발」 55
『한국전쟁의 기원』 176
『한반도 통일론—통일정책의 전개와 전망—』 119
한원희 101
한찬보 217
한춘실 371
「해당화」 75
「행군의 쉴참에」 210
「행복」 354
『행복하여라 인민의 나라』 201
「행복한 땅에서」 139
『행복한 땅에서』 18
『향도의 빛발아래 (4)』 165
『향도의 빛발아래 (5)』 165, 217
『향수』 294
허우연 147

헤르나디 359
「혁명의 비바람속으로 아드님을 이끌어 가시며…」 20
「혁명의 한쪽수레바퀴」 242
「혁명전위에 대한 생각」 248
『현대문학 비평 자료집(2)』 326
『현대조선시문학연구 (해방후 편)』 120
현종호 395
현창성 210
홍용희 123
홍욱화 268
홍창원 210
홍현양 41, 42
「화문보로 가린 二층」 283
황성하 165
「황수령을 넘으며」 242
황승명 217
황용남 271
「회령고향길」 31
「흙」 129
『흙』 155
「흰닭 무리」 350